社会转型与文明社会的启蒙

本书为国家社科基金项目结题成果，出版受到安徽省教育厅高校优秀青年人才项目、安徽建筑大学城市管理中心资助。

启真馆 出品

社会转型与文明社会的启蒙

18 世纪苏格兰启蒙运动研究

项松林 著

ZHEJIANG UNIVERSITY PRESS
浙江大学出版社
·杭州·

图书在版编目（CIP）数据

社会转型与文明社会的启蒙：18世纪苏格兰启蒙运动
研究 / 项松林著. —杭州：浙江大学出版社，2023.2
ISBN 978-7-308-23270-8

Ⅰ.①社… Ⅱ.①项… Ⅲ.①启蒙运动—研究—苏格兰—18
世纪 Ⅳ.① B561.2

中国版本图书馆 CIP 数据核字（2022）第 216874 号

社会转型与文明社会的启蒙：18 世纪苏格兰启蒙运动研究
项松林　著

责任编辑	王志毅
文字编辑	杜婵婵
责任校对	黄梦瑶
装帧设计	王小阳
出版发行	浙江大学出版社
	（杭州天目山路 148 号　邮政编码 310007）
	（网址：http://www.zjupress.com）
排　　版	北京大有艺彩图文设计有限公司
印　　刷	河北华商印刷有限公司
开　　本	635mm×965mm　1/16
印　　张	26.25
字　　数	339 千
版 印 次	2023 年 2 月第 1 版　2023 年 2 月第 1 次印刷
书　　号	ISBN 978-7-308-23270-8
定　　价	88.00 元

序

    启蒙运动是孕育现代文明的思想摇篮。18世纪欧洲的启蒙运动，以法国启蒙运动最为光彩夺目。这场由伏尔泰、卢梭和百科全书派等灿若群星的启蒙哲人掀起的思想风暴，戏剧性地在法国大革命中结出了硕果，而这场大革命被广泛地视为现代世界的开端。

    在英吉利海峡西岸，英国启蒙运动虽然没有狂飙突进的法国启蒙运动的戏剧性，却是启蒙运动的思想源头。启蒙运动对现代性的追寻，正是以英国为现代文明之典范。在英伦三岛，16世纪叛离罗马天主教会和以新教为国教的宗教改革，17世纪以牛顿力学为中心的科学革命，1688年"光荣革命"的宪政化政治转型，18世纪瓦特蒸汽机引领的工业革命，使英国成为现代文明的中心。

    培根、洛克、牛顿不仅是英国启蒙运动的思想先驱，而且是法国启蒙哲人的思想导师。法国启蒙运动有一股崇英热，孟德斯鸠和伏尔泰都对英国的思想自由和政治自由心向往之。

    在18世纪的爱丁堡和格拉斯哥，苏格兰启蒙运动与法国启蒙运动交相辉映。以大卫·休谟、亚当·斯密和亚当·弗格森为杰出代表的苏格兰哲学家以其追寻现代文明的卓越思想探索，谱写了一曲英国启蒙运动的华彩乐章。18世纪的苏格兰处于大英帝国崛起的太平盛世。

"光荣革命"完成宪政转型后，1707年英格兰与苏格兰合并，联合王国政治稳定，迎来了工业革命的时代，现代世界由英伦三岛诞生，无远弗届地走向全球。在18世纪中叶的苏格兰，斯密的市场经济理论与瓦特的蒸汽机革命联袂出世，表征着一个新兴的工业化时代的来临，它使苏格兰成为这一大转型时代的现代思想高地。对于苏格兰哲学家来说，探索新兴的商业社会的伦理原则和秩序原理，成为工业化时代之核心的现代思想主题。

休谟创立了欧洲第一个不可知论哲学体系，打破了康德的形而上学"独断论迷梦"，并引发了康德哲学的"哥白尼式革命"。他26岁出版的《人性论》虽然没有引起学术界足够的关注，但其道德哲学从"仁慈"到"正义"的转向，揭示了现代道德哲学的方向。在经济领域，休谟提出了现代文明三原则：财产的稳定占有、经同意的转移、遵守契约。休谟关于政治体制的设计要基于官员无不具有自私的人性弱点的"无赖假设"，以直抵人性根底的幽暗意识为法治国家奠定了理论基础，它深刻地影响了美国宪法之父麦迪逊的政治思想，以及阿克顿勋爵的权力腐败论。

亚当·斯密深刻地预见了现代社会的来临，并致力于为现代商业社会探寻新价值理念和新社会原理。在《道德情操论》中，斯密从人性之"自爱"出发，建立了以"同情"为基础的情感主义道德哲学，阐明了自利的人通过主体间的共情而达到行为之合宜性的道德心理学机制，从而揭示了现代商业社会的道德原理。作为古典经济学之父，斯密在其经济学巨著《国富论》中阐发了市场经济理论：以分工为基础的市场经济是一个自由竞争的自动均衡系统，借由分工和自由贸易，市场经济的"看不见的手"可以整合每一个人之自利的经济活动，促进社会总体利益的增长，从而达到富民裕国的经济繁荣。这本被誉为市场经济之"圣经"的《国富论》，成为苏格兰启蒙运动最璀璨的思想路标。在《法学讲义》中，斯密提出的"有限政府"的政府职能论，阐述了现代政府职能的基本原则。

社会自发秩序理论是苏格兰启蒙学派社会理论最具特色的成果之一。在《文明社会史论》中，弗格森将文明社会秩序的演进归结为一个自生自发而未经理性设计的演化过程。他和休谟、斯密一样反对社会契约论，主张没有任何体制是经协商共同议定的，也没有任何政府是计划的翻版。哈耶克将"自生自发秩序"归为自由主义社会理论的核心理念，并将其归功于苏格兰启蒙学派。另一方面，弗格森思想中还具有反思现代性的公民共和主义倾向。他将公民德性归为自由的基础，对商业社会以经济自由代替政治自由的趋势忧心忡忡，担心政治自由和公民精神的衰微最终将断送自由。弗格森揭示了文明社会的一个深刻悖论：公民美德是文明社会的基础，但文明社会的演进却以公民美德的衰落为代价。文明社会进步从分工、财富、大国三方面侵蚀了公民美德。弗格森虽然反对社会契约论，但其对商业文明的反思却与卢梭式的批判理论不谋而合。

　　苏格兰启蒙运动代表了英国古典自由主义的思想传统，它是市民社会理论最早的思想源头。苏格兰思想家的人性论、道德观、宗教观、社会观和经济理论多围绕市民社会这一核心主题而展开。市民社会理论的探究，反映了18世纪初英国社会进步的历史趋势。亚当·B.塞利格曼指出：哈奇森、弗格森、斯密对社会中个体存在的问题做出了不同于洛克的新评价。"在很大程度上，市民社会的发展观念是在苏格兰启蒙运动的背景下出现的，目的是要找到或者毋宁说是假定许多社会生活中日益感觉到的逐渐形成的矛盾的综合。这些个人与社会、私人与公共、利己与利他间的对立，还有就是用理性还是感情来主导生活间的对立，事实上已经构成了我们在现代社会中存在的基本要素。"①

　　苏格兰启蒙运动对古典自由主义基本原则第一次作了系统性论述，其之于西方现代文明的形塑影响深巨。哈耶克曾对苏格兰启蒙运动与法国启蒙运动作过比较分析：英国自由传统主要是由一些苏格兰道德哲学家所阐明的，他们当中的杰出者首推大卫·休谟、亚当·斯密和亚当·弗格森，以及同时代的英格兰思想家塔克、埃德蒙·柏克等。这些思想家所利用的思想资源主要是植根于普通法法理学中的思想传统。

---

① B.塞利格曼：《公民社会的脆弱伦理观》，载［英］布赖恩·特纳编：《公民身份与社会理论》，吉林出版集团有限责任公司，2007，第167页。

与其观点相反的乃是以笛卡儿、卢梭和百科全书派为代表的法国启蒙运动的传统。英国传统为一种经验主义的且非系统的自由传统，法国传统则为一种思辨的唯理主义的自由传统。两者的根本分歧，在于经验主义的演化论与唯理主义的设计理论。唯理主义传统假定，人与生俱来的知识和道德禀赋，使其能够根据审慎思考而形构文明；而演化论者则认为文明乃是经由不断试错、日益积累而艰难获致的经验总和。苏格兰自由主义者早已知道，协调利益间的冲突需要依靠各种制度和传统。他们的问题在于：自爱这种人性中最普遍的动力，如何能够在追求自己利益的种种努力中增进公共利益的实现。实际上，能够促使个人努力对公共利益的实现产生有益作用的，并非"天赋自由"，而是经过进化发展得以形成的种种确保生命、自由和财产的制度。①苏格兰哲学家所共同持有的对历史发展进程的反唯理主义的洞见，使他们得以最早理解各种制度与道德、语言与法律是如何以一种累积性发展的方式而逐渐形成的，而且只有依据这一累积性发展的框架和在此框架内，人的理性才能得以发展并成功地发挥作用。②

苏格兰启蒙运动与法国启蒙运动虽然同处于 18 世纪，二者的思想旨趣和风格却大异其趣：如果说苏格兰启蒙运动是一场政治转型和宗教改革已然完成的后革命启蒙，其启蒙哲学是一种以演化论为基础的发展哲学，这一发展理论的中心主题是建构商业社会的社会伦理秩序；那么，法国启蒙运动则是一场导引了大革命的意识形态变革，其启蒙哲学是一种以建构论为基础的"解放哲学"（普列汉诺夫语），这一解放哲学的主旋律是走出中世纪。希梅尔法布将英法启蒙运动的特性概括为：英国启蒙运动之"美德的社会学"，法国启蒙运动之"理性的意识形态"。苏格兰启蒙运动虽然与法国启蒙运动处于同一时段，但其思想主题却超越了法国启蒙运动整整一个时代，它表征着英国现代化的先进性。海峡两岸这两场进步思想运动，由于其建设和批判的时代落

---

① ［英］哈耶克：《自由秩序原理》（上），生活·读书·新知三联书店，1997，第 61—69 页。
② 哈耶克：《自由秩序原理》（上），第 65 页。

差，以及岛国和大陆的地理文化差异，而呈现出和风细雨和急风暴雨的迥异风格。

在转型中国"新启蒙"与"启蒙反思"颉颃激荡的思想语境中，启蒙运动研究一直是中国学术界的"显学"。但在20世纪90年代之前，在"启蒙运动""法国启蒙运动"等概念之外鲜有使用"苏格兰启蒙运动"概念。与西方苏格兰启蒙运动研究的当代复兴相比，中国学界的研究相当滞后。国人对苏格兰启蒙运动的了解，始于旅美学者林毓生先生的《从苏格兰启蒙运动谈起》（《读书》，1993年第1期）一文，文中运用哈耶克的理论范式阐释苏格兰启蒙运动的自由主义思想。2006年，浙江大学罗卫东教授出版了《情感、秩序、美德——亚当·斯密的伦理学世界》（中国人民大学出版社），古典经济学之父斯密开始以启蒙时代道德哲学家的形象浮现于国内学术界。2009年，浙江大学出版社启真馆推出"启蒙运动经典译丛""启蒙运动研究译丛"，21世纪国内苏格兰启蒙运动研究遂由冷寂而渐趋活跃，并由思想家个案研究推进到关于苏格兰启蒙运动的社会环境、思想学说、历史影响与意义的专题研究。尽管近十年来国内苏格兰启蒙运动研究已有较大起色，但其与国外研究相比尚有很大差距，尤为欠缺苏格兰启蒙运动的整体性、综合性、系统性研究。

本书是我的学生项松林在其博士论文的基础上扩展完成的国家社会科学基金课题的研究成果。这一国内第一本系统性、综合性的苏格兰启蒙运动研究专著，其内容广涵苏格兰启蒙运动的历史背景、理论渊源、思想内涵、理论特色、历史影响、时代价值等方面。作者以宏阔的理论视野，还原苏格兰启蒙运动的历史情境和启蒙思想家的生存情境，梳理18世纪学术传统与苏格兰启蒙思想的思想谱系，对苏格兰启蒙运动之人性论、社会观、政治经济学、道德哲学、政治法律思想、宗教思想、科学与艺术等丰富思想内涵进行了跨学科和综合性的阐释，进而深入探究苏格兰启蒙运动对苏格兰经济社会转型、对英国建构"第一个现代性社会"的巨大推动作用，以及其对美国、法国、德国等国家的思想启蒙的深远影响。

18世纪是一个"启蒙的世纪"，然而长期以来法国启蒙运动几乎成了启蒙运动的同义语，"单数的启蒙运动"概念遮蔽了启蒙运动的多元性、差异性、民族性。苏格兰启蒙运动研究的当代复兴以"复数的启蒙运动"概念有力地挑战了"单数的启蒙运动"概念。本书呈现的苏格兰启蒙运动的独特思想图景，丰富和深化了"复数的启蒙运动"研究。与法德等欧陆启蒙运动不同，苏格兰启蒙运动是一场政治转型已然完成的后革命启蒙，其主要思想旨趣不再是政治革命而是经济与社会的发展，不再是现代政治文明的建构而是商业社会和市民社会的新价值与新秩序的建构。与法国启蒙运动的激进主义、理性主义、极权主义、反教权主义不同，温和的苏格兰启蒙运动追寻的是"自由、正义、文明"的现代社会。

苏格兰启蒙运动的主要旨趣是经济发展与社会进步，它与转型中国的时代主题高度契合。苏格兰哲学家关于市民社会中的人性、生存方式、伦理规范、社会与国家等问题留下的珍贵思想遗产，对于大转型的中国无疑可以提供深刻的思想借鉴。18 世纪地处北部英国一隅的苏格兰"小地方"却产生了现代文明的"大智慧"，值得身处 21 世纪的我们在文明互鉴的意义上不断进行思想的"再启蒙"。这也是本书深刻的现实旨趣。

本书的学术特色，在研究方法上注重"思想"与"情境"的互动，在历史情境和历史语境中开展"观念史"研究。同时，注重通过苏格兰启蒙运动与法德启蒙运动的比较研究而揭示其思想差异与理论特质。而本书之视野开阔的哲学、伦理学、政治学、经济学、社会学、美学、宗教学等多学科的综合研究，为我们展示了一幅苏格兰启蒙思想"百科全书"式的恢宏思想图景。

高力克

2020 年 9 月于浙江大学

前　言

　　苏格兰是 18 世纪启蒙运动的另一重镇。与法、德等欧陆启蒙运动不同，苏格兰启蒙运动是一场政治转型已然完成的后革命启蒙，它的主要关切不再是政治革命而是经济与社会的发展，不再是政治社会的建立而是文明社会的运行与民众的幸福新生活。

　　本书秉持"复数的启蒙运动"理念，以"问题"为导向，以"文本"解读为着力点，循依"思想与情境"之互动，深入揭示了苏格兰启蒙运动的历史情境与生存情境，爬梳了苏格兰启蒙运动的思想谱系、思想主题与思想气质，多学科、多维度、多专题探究了苏格兰启蒙运动的理论学说，综合考察了苏格兰启蒙运动的历史影响与时代价值。

　　在第一部分即"导论"部分，本书首先立论了苏格兰启蒙运动作为 18 世纪多元启蒙运动的重要一极，阐释了在现时代背景下"回到苏格兰启蒙运动"，有助于我们深刻认识启蒙运动的多元性与差异性，树立"复数的启蒙运动""复数的文明"的理念，进一步增强"四个自信"；有助于正确把握在由古典古代向近现代思想转型中苏格兰启蒙运动承前启后的重要作用与价值；有助于我们现时代背景下"再启蒙"，不断推进新时代中国特色社会主义现代化建设。本书继而爬梳了国外苏格兰启蒙运动当代复兴以来的研究进展与动态，粗略地把 21 世纪以来国内的苏格兰启蒙运动研究划分为两个九年（以 2009 年浙江大学出版社推出"启蒙运动经典译丛""启蒙运动研究译丛"为标志），并揭示出国内苏格兰启蒙运动从"个案"研究转向"专题"研究的变化趋势，提出未来新的研究方向应是系统性的"整体"研究。

全书的第二部分是第 2 章，是从"情境"与"思想"概论苏格兰启蒙运动，即通过考察苏格兰启蒙运动的历史情境与思想家的具体生存情境，从中找寻苏格兰启蒙运动的思想谱系——从传统的经验主义到科学经验主义，从科学经验主义到自然主义，并从中揭示苏格兰启蒙运动的思想主题——市民社会的启蒙，并在此基础上揭示了苏格兰启蒙是另一种不同气质的启蒙。

本书第三部分是从第 3 章到第 9 章，通过七个维度的立体式考察，苏格兰启蒙运动的丰富思想内涵及其理论魅力与思想气质被渐次勾画出来：

与唯理主义者不同，他们走的是一条情感主义的路径，将人看成是情感的动物；他们既不像曼德维尔那样把人看作是无恶不作的恶魔，也不像严苛道德哲学家那样要求人人成为一个仁慈家；而是站在两者的中间，肯定人既有自私的一面也有有限慷慨的一面，既有利己的一面又有同情的一面，既有个体性的一面也有社会性的一面；他们认为通过"道德感"的认同与赞许，公序良俗完全可能。

与契约论者不同，他们认为社会是自生自发的"无意识之后果"；社会的演进是自然的历史过程，是生存方式、财产关系等使然；社会的发展充满着历史的辩证法。与各种形式的干涉主义者不同，他们力主商业植根于自由，推崇市场自身的逻辑；同时又深信商业能开出自由之花、结出文明之果，尽管对"商人"社会中分工的异化、财富与德性的张力、公共精神的缺失与政治奴役之忧虑的认识不一。

与形形色色的道德怀旧主义不同，苏格兰启蒙思想家的道德哲学与近代的自然法传统一脉相承，同时又立足于英国商业社会与工业革命兴起的新时代，回应新的道德问题，积极推动了从"共同体的道德"向"社会"与"个体的道德"的伦理转型，充分立论了正义优先于善，促进了现代正义伦理学的兴起。

　　与法国启蒙之激进态度不同，在他们的政治法律思想中，有着浓郁的稳健、渐进与调和的政治风格。他们既不鼓吹"威权国家"，也不倾心于"最小国家"，而是主张一种"有限国家"与"法治国家"；既强调"权利原则"，又不否认"实利原则"；既将统治者看作"无赖"，又规劝公民要有忠诚感；既积极伸张公民"法律下的自由"，同时又对"反抗权"与政治革新甚为谨慎。

　　与激进的反教权主义不同，他们是迷信与狂热、无知与愚昧的病理医生，通透地诠释了宗教的情感基础，创造性地转换"理性"的自然神论为"情感的"自然神论，有力推进了"真正宗教"的启蒙，为18世纪"最棘手的"宗教启蒙留下了丰富的思想资源。

　　与卢梭派的忧郁情怀完全不同，苏格兰启蒙思想家尽情点赞新时代与新趣味，他们自信在知识、自由、美德、文雅、幸福之间有一道链索，自信科学文明的时代亦是社会文明的时代、人性与趣味闪耀的时代。

　　本书的第四部分综合考察了苏格兰启蒙运动的历史影响与时代价值，回应了社会科学领域的"希尔伯特问题"："小地方"为什么会产生"大智慧""大成就""大影响"？

　　"小地方，大能量。"苏格兰启蒙运动对现代社会的基本特性——非伦理化的政治、非政治化的经济、非宗教化的伦理、非神秘化的"真正的宗教"、新趣味与新时代的雅致生活——进行了卓有成效的思想启蒙，积极推动了英国成为第一个现代性国家、现代性社会。

　　"小地方，大影响。"苏格兰启蒙思想"输出"美国，演绎理论学说在大共和国成功试验与实践的历史佳话。作为18世纪启蒙运动的"双骄"，苏格兰启蒙与法国启蒙通过"互动"相映成趣，孔多塞的"经济情操论""社会情操论""科学情操论"是启蒙时代的合成版。在德国，苏格兰启蒙思想是各个启蒙学派"批判性的转化"之重要灵感与资源，门德尔松那里如此，康德那里亦然。

　　"小地方，大智慧。"苏格兰启蒙运动铺就了知识进步的阶梯，把知识、自由、美德、文雅等建立在社会进步的基石上，找到了通往幸福生活的锁钥。苏格兰启蒙运动是一场知识主义、发展主义、幸福主义的思想与行动的大启蒙。时至今日，苏格兰启蒙运动依然重要。

目　录

1 导论

在 18 世纪的欧洲史领域，苏格兰启蒙运动是最为紧迫的研究课题之一。[①]

——弗兰科·维特里

1.1 "回到苏格兰启蒙运动"

1.1.1 从启蒙运动到苏格兰启蒙运动

在思想史上，18 世纪被称为启蒙世纪[②]。启蒙运动[③]是继宗教改革

---

① Franco Venturi, Utopia and Reform in the Enlightenment, Cambridge University Press, 1971, p.133. also, John Robertson, "The Scottish Contribution to the Enlightenment", in Paul Wood, ed., The Scottish Enlightenment: Essays in Reinterpretation, Rochester: Rochester University Press, 2000, p.38.

② 《启蒙运动百科全书》将"启蒙世纪"作为一个"词条"，认为"这个惯用语的字面意思是'光明的世纪'"，该书中对"启蒙"给出的定义是："启蒙"（法语 lumières，德语 Aufklärung），意思是"光明"，"指代的是智慧"。参见赖尔、威尔逊，《启蒙运动百科全书》，刘北成等编译，上海：上海人民出版社，2004，第 11、13 页。编者按：参考书名前述提及的，以下正文中的脚注为避免冗繁，只保留书名、作者名、页码等主要信息。

③ 《布莱克维尔政治学百科全书》中对"启蒙运动"的界定是：18 世纪遍及（转下页）

和文艺复兴之后，人类历史上一场重大的思想、文化运动。如果说精神世界与世俗世界的冲突是宗教改革和文艺复兴的核心，那么启蒙运动则是在此基础之上，集中为世俗世界本身缔造现实的社会秩序。可以说，现代社会正是在启蒙运动的启发下不断发展而来的，此后一切社会领域的重大事件，皆深深留下了启蒙运动的烙印。例如，英国的经济革命、法国的政治革命、德国的哲学革命，以及美国的独立和新秩序范式的确立。福柯在一篇《何为启蒙》的文章中，对此有相当精彩的评论："'启蒙'是一种事件或事件以及复杂的历史性进程的总体，这总体处于欧洲社会发展的某个时期。这总体包含着社会转型的各种因素、政治体制的各种类型、知识的形式、对认知和实践的理性化设想——所有这些，难以用一句话加以概括。"[1]

然而，正如安东尼·帕戈登开篇所指出的："当今世界思想上的分歧很多，但其中最为持久，最令人不安，而且日益最能引发争议的分歧是对启蒙运动遗产的争夺。"[2] 我们姑且不论有关启蒙运动的价值分歧，就是有关启蒙运动的历史事实也没有定论，甚至启蒙运动本身的存在都受到了质疑。对此，有的学者感叹：

> 描述某一具体主题（如滑铁卢之战）的史家们一开始就处在一个有利的位置上——人们对于此一战争之前因后果的看法容或不同，但是他们却都同意：它确曾发生过，它在某

（接上页）欧洲各国（和美国）的一场思想变革运动。其根本目的是把人们的理性从偏见和迷信（特别是从被确立了的宗教）的束缚下解放出来，并将之用于社会和政治改革事业。所有启蒙运动的思想家们都坚定地信奉进步。参见米勒、波格丹诺主编，《布莱克维尔政治学百科全书》，邓正来等译，北京：中国政法大学出版社，2002，第243页。同时，《启蒙运动百科全书》给出的定义是：用来描述18世纪的一场重大思想、文化运动的术语，这场运动的特征是深信人类知识能够解决现存的基本问题。参见赖尔、威尔逊，《启蒙运动百科全书》，第11页。

[1] 福柯，《何为启蒙》。参见：杜小真编选，《福柯集》，上海：上海远东出版社，1998，第537页。

[2] 安东尼·帕戈登，《启蒙运动：为什么依然重要》，王丽慧等译，上海：上海交通大学出版社，2017，"序"，第1页。

一特殊的时地上发生过，而且法国战败了。但是，从另一方面来看，启蒙运动却唯有在我们能够使某些"信仰""思想方式""行为方式"孤立起来，并且使它们成为某一特定时代之特征的时候，才会显得真实。我们充其量也只能把它看作是一种非常具有意义的统计学上的集中现象，而不能把它看作是一个事件。不论我们如何为"启蒙运动"下定义，它的某些特征都曾在大多数的时代中出现过，但是却没有任何一个时代全部接纳了它的特征。何况，这些特征也只是一些"态度"而已，而非"事实"……①

在启蒙运动"事实"之争方面，相较于启蒙运动发生的"时间"②而言，启蒙运动发生的"空间"问题争论更多，比如启蒙运动率先在哪里开始的，是英国、意大利、荷兰，还是法国？而这些问题的歧义，归根结底还是对启蒙运动的价值时空有不同的研判，尤其是启蒙运动是"一种"还是"多元的"。彼得·盖伊是"一种启蒙运动"的倡导者："18世纪有许多启蒙哲人，但是只有一个启蒙运动。从爱丁堡到那不勒斯，从巴黎到柏林，从波士顿到费城，文化批判家、宗教怀疑论者、政治改革者形成了一个松散的、非正式的、完全没有组织的联盟。这些启蒙哲人构成了一个喧闹的大合唱。他们之中有一些不和谐的声音，但是令人惊讶的不是那偶尔的嘈杂，而是整体上的和谐。"③盖伊承认有许多启蒙哲人，有广泛的国际规模，但认为他们是"同质的"。

---

① 汉普生，《启蒙运动》，李丰斌译，台北：联经出版社，1984，"序"，第1页。
② 关于启蒙运动的确切时间，学者们一直认为存在争议。现在大多数人同意把1680年作为一个大致的起点。一些学者认为启蒙时代结束于法国大革命开始的1789年，另一些学者将启蒙运动的下限推迟到整个法国大革命和拿破仑统治结束的1815年。另一种观点则把启蒙运动的下限延至1815年以后，至少应该把德国思想界的启蒙运动下限推到1815年以后。赖尔、威尔逊，《启蒙运动百科全书》，第11页。
③ Peter Gay, The Enlightenment: An Interpretation: The Rise of Modern Paganism, New York: A.Knopf, 1977, p.3. 不知道出于何种考量，中译本居然把文题中"一种诠释"这样的关键题眼、关键主题词删除了。参见彼得·盖伊，《启蒙时代：现代异教精神的兴起》，刘北成译，上海：上海人民出版社，2015，"序曲：启蒙运动的世界"，第1页。

在盖伊看来，这种整体和谐的同质性就是："提倡世俗主义、人道、世界主义，尤其是自由的纲领。"[①] 这一启蒙运动的"纲领"，或者用盖伊《启蒙运动：一种诠释》两卷本的书名来表述的话，那就是："现代异教精神"与"自由的科学"。

"现代异教精神"与"自由的科学"，或者通俗地说反宗教与倡导自由，是否能涵盖各国启蒙运动的共同呼声，一直引发广泛的争议，盖伊的"一种启蒙运动"的看法更是批评声比赞誉声多得多。哈耶克就明确地提出批评："人们在论及启蒙运动的时候，就好像它代表着一套由同质性理念组成的思想体系。"在哈耶克看来，18 世纪的"启蒙运动"有"两个不同脉络的学者：一方面是从伏尔泰到孔多塞的法国哲学家，另一方面是从曼德维尔经由休谟和亚当·斯密，再到埃德蒙·柏克的苏格兰和英格兰思想家"，"笼而统之地归在一起的做法，实际上就是要掩盖他们之间的差异。因为从这些学者对 19 世纪的影响来看，他们之间所存在的差异要比他们之间可能存在的任何表面上的相似性重要得多"。[②]

强调与凸显启蒙运动的"差异性"重于"相似性"，开始成为主导启蒙运动研究的另一个方向，并日渐形成多元的启蒙运动、"复数的启蒙运动"的新理念、新看法。"复数的启蒙运动"是波考克（J. G. A. Pocock）在一部关于英国历史学家爱德华·吉本（Edward Gibbon，1737—1794）的著作中明确提出的概念术语。在波考克看来："启蒙运动是在许多形式中发生的，单一的定义和历史只是它的一个部分，而且我们最好考虑到启蒙运动有一个家族，并阐述其家族相似和内部争执。"[③] 波考克不仅通过提出"复数启蒙运动"（Enlightenments）的理念向长期流行的"单数启蒙运动"（Enlightenment）的理念发起了挑战，而且着力挖掘了同样受到长期忽视的英格兰启蒙运动。

---

① 彼得·盖伊，《启蒙时代：现代异教精神的兴起》，"序曲：启蒙运动的世界"，第 1 页。

② 哈耶克，《哈耶克论文集》，邓正来译，北京：首都经济贸易大学出版社，2001，第 483 页。

③ John Pocock, Barbarism and Religion, Cambridge University Press, 1999, p.150.

如果不带有偏见的话，我们应该承认：是苏格兰人，而非英格兰人对十八九世纪的英国经济革命或者说工业革命做了最为有力、最为全面、最为系统的辩护。其中最为显著的例证是，这一时期，英伦三岛上启蒙学者中绝大多数是苏格兰人；苏格兰的首府爱丁堡在当时享有"北方雅典"的美誉，是大不列颠重要的学术中心，只有18世纪下半叶的主要学术中心巴黎堪与媲美。[1] 与同时期的法国启蒙哲人相比，苏格兰启蒙学者也毫不落下风："当我们谈及18世纪的启蒙运动时，我们通常只会想到法国的启蒙运动，但与之同时发生在苏格兰的启蒙运动其实与法国理性主义者所开创的启蒙在很多方面一样举足轻重。确切地说，（在这一期间）法国都没有产生能与休谟比肩的哲学家与心理学家，也没有能与亚当·斯密相媲美的经济学家，而弗格森却与孟德斯鸠旗鼓相当——作为社会哲学家与研究罗马的历史学家。并且法兰西的哲学家们对当代社会科学的思想与方法方面的贡献还不能与苏格兰启蒙运动同日而语。"[2]

在一长串强调苏格兰启蒙运动重要性的当代学者的名单中，阿瑟·赫尔曼（Arthur Herman）的名字不得不提。他的一本畅销书讲述了"一个西欧最穷的国家"逆袭的"真实故事"："苏格兰人如何发明现代世界"[3]。该书对苏格兰启蒙运动的主题及其精神的把握也非常深刻，他是通过苏格兰启蒙学者的著作参透到的。我们详细转引一下：

> 苏格兰启蒙运动可能没有那么轰轰烈烈，但在许多方面
> 比法国启蒙运动更健全、更有独创性。重要的是，它的影响

---

[1] 斯温杰伍德，《社会学思想简史》，陈玮、冯克利译，北京：社会科学文献出版社，1988，第18页。

[2] Harry Elmer Barnes, Review on Man and Society: the Scottish Inquiry of the Eighteenth Century, The American Historical Review, Vol. 51, No. 3 (Apr., 1946), p.497.

[3] Arthur Herman, How the Scots Invented the Modern World: The True Story of How Western Europe's Poorest Nation Created our World and Everything in it, New York: NY, 2001. 很让人费解的是，中译本的书名移译为《苏格兰：现代世界文明的起点》。阿瑟·赫尔曼，《苏格兰：现代世界文明的起点》，启蒙编译所译，上海：上海社会科学院出版社，2016。

也重大而深远。如果我们挑选一批在 18 世纪最后 25 年支配欧洲思想界的著作，那么苏格兰作者名列前茅。亚当·斯密的《道德情操论》和《国富论》，大卫·休谟的《人性论》和《道德、哲学及文学随笔》，威廉·罗伯逊的《苏格兰史》和《查理五世统治史》，亚当·弗格森的《文明社会史论》，约翰·米勒的《阶级差别起源》，托马斯·里德的《从常识的原则探讨人的心灵》……其中排最前面的是哈奇森的《道德哲学体系》和凯姆斯勋爵的《人类历史纲要》。

这是一张令人叹为观止的书单。如果要把这些作品的主题大致分成两类，那就是"历史"和"人性"。最早把这个主题联系在一起的是苏格兰人。[1]

"历史"与"人性"的主题与盖伊所谓的"现代异教精神"与"自由的科学"有着很大的不同。正是在对"历史"与"人性"、"财富"与"德性"、"自由"与"文明"等问题的理论思考与辩护中，发展出了声势浩大、影响深远的苏格兰启蒙运动，并构成 18 世纪多元启蒙传统——法国启蒙运动、德国启蒙运动、美国启蒙运动等——中非常重要的一极。下面我们拟就一些基础性问题做一简单的阐释，进一步了解 18 世纪启蒙运动的另一重镇——苏格兰启蒙运动。

关于苏格兰启蒙运动的起止时间有各种不同的版本[2]，但基本上都

---

[1] 阿瑟·赫尔曼，《苏格兰：现代世界文明的起点》，第 58 页。

[2] 阿米·斯特基斯将苏格兰启蒙运动的起止时间定格为 1714—1817 年，认为曼德维尔于 1714 年出版的《蜜蜂的寓言》开启了苏格兰启蒙运动的时代，苏格兰启蒙运动的私淑弟子李嘉图（David Ricardo）于 1817 年出版的《论政治经济学与赋税原理》，宣告了苏格兰启蒙运动的总结。阿米·斯特基斯，《古典自由主义的兴起、中衰与复兴》，载拉齐恩·萨丽等著，《哈耶克与古典自由主义》，秋风译，贵阳：贵州人民出版社，2003。在亚历山大·布罗迪编写的"与苏格兰启蒙运动相关事件年表"中以 1681 年斯达尔（Viscount Stair）的《苏格兰的法律制度》（*The Institution of the Laws of Scotland*）发表为开篇，以 1795 年亚当·斯密的《哲学类论文》（*Essay on Philosophical Subjects*）的整理出版为终端。参见 Alexander Broadie ed. The Cambridge Companion to the Scottish Enlightenment, Cambridge University Press, 2003, Preface, p.3。

认同其高潮时期是约 1740 年（休谟的《人性论》第三卷的出版）至 1790 年期间（斯密的《道德情操论》第六版即最后一次修订）。[1] 一般认为，苏格兰启蒙运动的主要思想家有弗朗西斯·哈奇森、大卫·休谟、亚当·斯密、亚当·弗格森、威廉·罗伯逊、亨利·霍姆（即后来的凯姆斯勋爵）、托马斯·里德、詹姆斯·斯图亚特爵士、约翰·米勒。在上述名单中，除哈奇森外，其他均为苏格兰人。尽管哈奇森出生在爱尔兰，但是双亲是苏格兰人，并在自己的大学母校苏格兰的格拉斯哥大学长期任教，将其列为苏格兰启蒙思想家没有任何争议，并且他被视为"苏格兰启蒙运动之父"[2]。稍有争议的是，有一些学者也将曼德维尔[3] 列入其中，尤其是哈耶克。我的看法是，不论曼德维尔在名义上能否被划入苏格兰启蒙学者之列，他对苏格兰启蒙运动之影响都是巨大的。尽管休谟、斯密、弗格森等人在著作中点名道姓地批评曼德维尔，特别是他惊世骇俗的悖论式的"私恶即公益"之话语更为他们所不齿，但是，正如皮埃尔·罗桑瓦隆所评论的，休谟、斯密他们"即使没有采取同样的语气，也采取了同样的行动"[4]，"两者的推理方式却是相

---

[1]　Christopher J. Berry, Social Theory of the Scottish Enlightenment, Edinburgh University Press, 1997, Preface, vii.

[2]　T. D. Campbell, Francis Hutcheson: "Father" of the Scottish Enlightenment in R. H. Campbell & A. S. Skinner (eds.), The Origins and Nature of the Scottish Enlightenment, Edinburgh, 1982, pp.167−185.

[3]　曼德维尔（Bernard Mandeville, 1670—1733），出生于荷兰的鹿特丹，在莱顿大学研读哲学和医学，并于 1691 年获医学博士学位。他在 17 世纪 90 年代中期移居英国，之后在伦敦结婚并定居下来。其最重要的著作是《蜜蜂的寓言：私人的恶德，公众的利益》(The Fable of the Bees: or Private Vices, Public Benefits, 1714)。该书最初的雏形是 1705 年发表的讽刺诗《抱怨的蜂巢，或骗子变作老实人》。1714 年，在原诗之外，曼德维尔加进《道德的起源》和附注二十二条，并正式以《蜜蜂的寓言：私人的恶德，公众的利益》为书名出版。1723 年，又加进了《社会本质之研究》《论慈善和慈善学派》等论文再版。1728 年，他又为此书增加第二卷，包括六篇对话。对曼氏生平及其著述参见《蜜蜂的寓言》中译本序言，第 2—3 页；另见米勒、波格丹诺主编，《布莱克维尔政治学百科全书》，第 477 页；又见赖尔、威尔逊，《启蒙运动百科全书》，第 171—172 页。

[4]　皮埃尔·罗桑瓦隆，《乌托邦资本主义：市场观念史》，杨祖功等译，北京：社会科学文献出版社，2004，第 164 页。

同"①，哈耶克径直宣称，"休谟在很大程度上得益于曼德维尔"②。因而，甚至可以说，曼德维尔是苏格兰启蒙运动的"药引"或者说"先导"。本书在很多问题上将其视为苏格兰启蒙运动的一个重要的参照背景予以探究。

毋庸置疑，休谟、斯密是苏格兰启蒙运动中的佼佼者，以致他们的光芒使其他苏格兰人的学术贡献相形见绌；然而，苏格兰启蒙运动不是孤立的事件，不是孤立的一两个人的灵光乍现，而是一个整体，是一个群体。其主要缘由有：首先，哈奇森、凯姆斯勋爵以及其他人不仅在思想理念方面为后继者们在理论探讨上提供了精神食粮，而且在物质上提供了实实在在的帮助。其次，他们生活在一个紧密的社会与学术圈子里，组织了许多社团、学会、俱乐部，形成了思想论辩的公共领域，斯莫特（Smout）幽默地称其为"交流的头脑"（cross-fertilization of minds）。③ 比如，斯密的传世名作《国民财富的性质和原因的研究》（以下简称《国富论》）的许多重要资料就是从政治经济俱乐部获得的。或许正是由于这种论辩的平台、这种"交流的头脑"现象，以致要在这些学者的作品中发现哪些观点是完全原创性的是相当困难的，这甚至引发了一些学术公案。④ 再次，他们的思想中深深地烙印上了苏格兰固有的思想传统，尤其是深受苏格兰的宗教、教育、法律体系之独特性的影响。最后，最为关键的是，他们的整体风格与法国等欧陆启蒙运动大异其趣，有着鲜明的"苏格兰"特色。这方面的

① 于海，《西方社会思想史》，上海：复旦大学出版社，2004，第 133 页。

② 哈耶克，《哈耶克论文集》，第 485 页。

③ T. C. Smout, A History of the Scottish People (1560-1830), London: Fontana, 1972, p. 478.

④ 譬如，弗格森的《文明社会史论》的出版还在斯密与弗格森之间引发了一段学术公案。事情缘起于斯密 1790 年有关他的一些未经发表的观点曾遭人剽窃的谈话。有些学者断定，斯密的这种表态是针对弗格森尤其是其最重要的著作《文明社会史论》的。但是，斯密的传记作者令人信服地证明了这种说法纯粹是臆测的产物（约翰·雷著，胡企林、陈应年译，《亚当·斯密传》，北京：商务印书馆，1983，第 442—443 页）。其实，弗格森在借鉴别的学者的观点的同时，他的许多观点也曾被别人采纳，比如，他的历史观点就曾对苏格兰启蒙运动著名的历史学家罗伯逊产生过重要的影响。这方面的研究参见：翟宇，《论苏格兰启蒙思想家弗格森的政治思想》，吉林大学硕士学位论文，2007。

内容，我们下文再具体考察。

同样毋庸置疑，这一群体在很多问题上有共识，但也有差异、有分歧乃至思想立场上的根本对立，甚至还有很多个人之间的恩恩怨怨。比如，以阿伯丁为大本营的哲学常识派就是爱丁堡学者们尤其是休谟的怀疑论哲学的坚决反对者，这种冲突甚至使得里德的追随者阿伯丁大学的贝蒂教授扬言要"摧毁"休谟。然而，我们不能由此走向另一个极端，质疑或否认苏格兰启蒙运动："苏格兰启蒙运动是复杂的历史性事件，将其进行普遍概括的意图是危险的"[1]；"苏格兰启蒙运动这一短语，并不能用来描述一种统一的经验，而仅是对大量不同现象的一种便捷的表达（convenient expression）而已"。[2] 尽管这些见解充分考虑到了苏格兰启蒙运动的内部差别及其思想谱系的复杂；但是，正如约翰·罗伯逊（John Robertson）所评述的，这种敏锐性往往误解或违背了这一新主题的倡导者的初衷[3]。在我们看来，要求苏格兰启蒙运动群体在任何问题上都完全步调一致，这无疑过于苛刻而有失公允。其实，在任何启蒙阵营中都存在不同的思想流派，都存在不同观点的争论乃至根本对立。譬如，法国启蒙运动的政治理论家们就派别林立，信奉着不同的"主义"，分化成以伏尔泰为首的保皇主义者、以孟德斯鸠为首的议会主义者和以卢梭为首的共和主义者三个阵营。[4] 再比如，美国启蒙运动也是色彩纷呈，杰斐逊的激进主义、麦迪逊的温和论与汉密尔顿的美国式托利主义都有各自坚定的拥趸。即使是德国启蒙运动阵营中，康德的声音也不是独一无二的，他的道德自律、意志自由，甚至那句被奉为经典的启蒙定义——"启蒙运动就是人类脱离自己所

[1] Duncan Forbes, Hume's Science of Politics, in G. Morice ed., David Hume: Bicentenary Papers, Edinburgh: Edinburgh University Press, 1977, p.42.

[2] Martin van Gelderen&Q.Skinner, Republicanism: A Shared European Heritage, Cambridge: Cambridge University Press, 2002, vol.2, p.177.

[3] John Robertson, The Scottish Contribution to the Enlightenment, in The Scottish Enlightenment: Essays in Reinterpretation, p.37.

[4] 对于这三个流派的主要思想观念及其理论渊源，《布莱克维尔政治学百科全书》的编撰者们做了细致全面的梳理，参见：米勒、波格丹诺主编，《布莱克维尔政治学百科全书》，"法国启蒙运动"，第293—296页。

加之于自己的不成熟状态。……要有勇气运用你自己的理智！这就是启蒙运动的口号。"①——就受到了门德尔松的挑战，后者像同时代的大多数德国人一样担心意志完全独立而自由的个人会对社会构成威胁，因而试图"把德意志启蒙运动转变成获得理性的过程，从而把启蒙运动与教化联系起来"。② 可见，存在思想观点的差异与取向的不同乃是启蒙运动的常态。在我们看来，这恰恰是启蒙运动的魅力与价值之所在，如果只是一种声音在说话，那岂能带来智慧之光呢！因而，在本书的写作中，一方面，我力图寻求苏格兰启蒙思想家在相关问题上的共识，同时也如实地揭示他们之间的争鸣。也就是说，本书反而将这种争鸣看作是一种优势，能提供多层面多角度的视野。庸俗地比喻一下，思想启蒙如同铁匠铺，也需要千锤百炼。

在谈及苏格兰启蒙运动时，我们还需追问一个问题，为什么苏格兰人力压英格兰人演奏了"第一小提琴"③，并能与欧陆启蒙运动争奇斗艳且风格迥异？在上文谈及苏格兰思想家之所以构成一个群体时，我们涉及了苏格兰特色鲜明的思想文化传统与思想家们个体的"生存情境"；此外还特别需要回到苏格兰在那个时代所面临的"历史情境"。④ 这种历史情境，正如邓肯·福布斯所言，"有一种特殊的历史情境：那就是急剧的、大跨度的历史变迁对于人们的心灵和思想所产生的冲击，并且是以一种强制的方式。这使苏格兰人深深地体验到改变

---

① 康德，《答复这个问题："什么是启蒙运动？"》，载康德《历史理性批判文集》，何兆武译，北京：商务印书馆，1990，第22页。

② 赖尔、威尔逊，《启蒙运动百科全书》，第356页。

③ 恩格斯有句名言，"经济上落后的国家在哲学上仍然能够演奏第一小提琴：18世纪的法国对英国来说是如此，后来的德国对英法两国来说也是如此"。参见：中共中央马克思恩格斯列宁斯大林著作编译局，《马克思恩格斯选集》第4卷，北京：人民出版社，1995，第704页。笔者妄加猜测，恩格斯可能也没怎么注意到苏格兰启蒙运动，因为即使在纯哲学方面，苏格兰启蒙思想家也并不逊色于18世纪的法国，即使是"后来的德国"之古典哲学，其源头也还是苏格兰。

④ "生存情境"与"历史情境"是张灏先生提出的两个范式，前者强调思想家个体的生活与情感经历，后者是一个时代之境况。参见：张灏，《危机中的中国知识分子：寻求秩序与意义》，王跃、高力克译，北京：新星出版社，2006，第5—6页。

的需要，以及那些不愿变化或者不适应变化的人群的命运……"① 具体地说，首先，这种"改变的需要"源于生存环境的困顿与恶劣。正是为了解决粮食生产、工业原料、交通与资源等问题与困难，苏格兰人致力于发明创造与理论探究："苏格兰人成了化学家，以便发现新的肥料、漂白剂和染料；他们成了地理学家，以便发现新的矿藏。与此同时，他们不得不去思考从根本上改善这些境况所需要的社会的与政治—经济的变迁。"② 而后者，正是本书中这批启蒙学者共同关注的思想主题。其次，这种"改变的需要"源于地区间经济社会发展差异的强烈反差。不用说苏格兰与英格兰的经济发展差距明显，即使在苏格兰内部，高地与低地也犹如"二重天"：与英格兰相毗邻的低地地区较早从政治合并中得到好处，经济迅速发展，城市化、商业化、工业化加速推进；而高地地区甚至还徘徊在中世纪之前的部落时代，经济主要以渔猎和游牧为主，部族组织主导着人们的社会经济生活。这种境况是苏格兰启蒙思想家共同置身其间的最大的"省情"，并强烈地刺激着他们。如何消除苏格兰社会发展的不平衡性，根除高地地区的落后与愚昧，是激发与导引苏格兰知识分子群体以极大的精力关注社会的发展、关注商业文明的形成与演进、关注政治与经济的互动机制最直接的诱因。因而有理由认为，苏格兰的思想启蒙首先是针对落后、野蛮的高地地区，致力于该地区的政治、经济、文化、生活习性等方面的"启蒙"。最后，这种"改变的需要"更直接地源于政治与经济的变迁。可以说，主要是为了换取经济的发展与广阔的市场，苏格兰放弃了多个世纪苦苦支撑的独立主权，于 1707 年与英格兰合并，自己的议会和枢密院（Privy Council）被取缔，政府机构按照英格兰的模式进行

---

① 参见：Duncan Forbes, Hume's Science of Politics, in David Hume : Bicentenary Papers, p.42。着重号为笔者所加。
② Roger Emerson, "The contexts of the Scottish Enlightenment", in Broadie ed., The Scottish Enlightenment, pp.9–11.

设置。^① 在这样一个"特有的政治真空"（the peculiar political vacuum）下，面对一个突然"沦落"为"后联盟"时代的"省籍"的苏格兰（provincialism of post-union Scotland）^②，苏格兰人势必会发愤地寻求生财致富之道，当然有的学者也仍然在思考如何在这样的背景下保持苏格兰在文化上、精神上的独立与自主，后者如安德鲁·弗莱彻、弗格森等。总之，这几个方面的因素既促动与激发了苏格兰人的聪明才智，也在一定程度上形塑了他们思想启蒙之主要关切。

1.1.2　研究意义

与启蒙精神的对话，是各个时代无法回避的重要问题。基于这样的问题意识，20世纪施密特为我们汇编了一本很好的文献资料——《启蒙运动与现代性：18世纪与20世纪的对话》。该书围绕"什么是启蒙"收录了18世纪晚期和20世纪的一批思想家，如康德、哈曼、费希特、哈贝马斯、霍克海默、福柯等人对这一问题的回答、回应和分析，是那两个时代的哲人们留给我们不断进行思想再启蒙的重要财富。^③ 时代在发展，社会在急剧地变化，我们应该怎样对待启蒙及其思想遗产，我们应该怎样继续启蒙，这不仅是开展苏格兰启蒙运动研究的出发点，也是落脚点与最终归宿。我们简要地阐释一下在新时代"回到苏格兰启蒙运动"的意义及其启迪价值。

首先，"回到苏格兰启蒙运动"，有助于我们深刻认识启蒙运动的多元性与差异性，树立"复数的启蒙运动""复数的文明"的理念，进一步增强"四个自信"。

正如前文所揭示的，长期以来，"单数的启蒙运动"主导着对启蒙

---

① Jane Rendall, The Origins of the Scottish Enlightenment, New York: St. Martin's Press, 1978, pp.2–3. Christopher J.Berry, Social Theory of the Scottish Enlightenment, Edinburgh University Press, 1997, p.9.

② Norbert Waszek, The Scottish Enlightenment and Hegel's Account of "Civil Society", Boston: Kluwer Academic Publishers, 1998, p.34.

③ 詹姆斯·施密特，《启蒙运动与现代性》，徐向东、卢华萍译，上海：上海人民出版社，2005年。

运动的认识，启蒙运动的多元性、差异性、民族性被严重忽视了。对 18 世纪启蒙运动另一重镇——苏格兰启蒙运动的全面研究，有助于纠偏这一认识，克服对启蒙运动同质化、简单化理解的思想倾向，树立"复数的启蒙运动"的理念。

需要着重强调的是，"复数的启蒙运动"的理念，不仅仅指在地域时空上，18 世纪或先后发生了多个国家或地域的启蒙运动，具有广泛的国际规模；也不仅仅是指在文化时空上，18 世纪各国发生的启蒙运动有不同的启蒙思想家、有不同的理论学说、有不同的理论特色；而更主要是在价值时空上，18 世纪的启蒙运动不只是一种启蒙运动、一种启蒙主义。因而，形成"复数的启蒙运动"的理念，有助于我们对文明的多样性、多元的现代性有进一步的认知与认同。

长期以来，在论及文明的多样性时，往往关注的是东西方文明的差异。实际上，正如愈来愈多的学者所认识到的，西方文明内部的差异性丝毫不亚于东西方文明之间的差异。通过对苏格兰启蒙运动进行系统的研究，展现这一群体在人性论、社会观、政治经济学、道德哲学、政治法律思想、宗教思想、科学、美学等理论学说与思想气质上迥异于法国启蒙运动、德国启蒙运动的特色与魅力，能让我们深刻感受另一种不同的启蒙、另一种不同的价值诉求、另一种不同的文明、另一种不同的现代性。

当前，在反思启蒙旗号之下，启蒙运动的局限与限度日渐被夸大，这无疑走向另一个极端。究其内在根源，除了缺乏客观、历史、公允的研究态度外，更重要的是把启蒙运动格式化为一种模式、一套话语体系，很大程度上是用某个单一大国的启蒙运动去对其他国家的启蒙运动进行简单的化约与置换。因而，从这个意义上说，"回到苏格兰启蒙运动"，树立"复数的启蒙运动"的理念，有助于让我们深刻认识到复数的启蒙运动催生了复数的现代性之路、复数的发展模式、复数的文明形态。故而，我们对英美启蒙运动所滋养的盎格鲁模式的原生型现代性、德国启蒙运动所孕育的普鲁士模式的后发型现代性不能简单地厚此薄彼，更不能在我国盲目照搬西方任何一套模式，而应该立足国情，坚定不移走中国特色社会主义道路。[①]

其次，"回到苏格兰启蒙运动"，展示其启蒙思想的多维视野，有助于正确把握其在由古典古代向近现代思想转型中承前启后的作用与价值。

在后面的文献综述部分，我们将指出，苏格兰启蒙运动是自由主义、公民人文主义、社群主义等思潮寻根拜祖的过程中被发掘的。然而，值得深思的是，无论是缅怀美德的以麦金太尔为代表的社群主义，还是推崇法律制度、正义规则的自生自发的以哈耶克为代表的新古典自由主义，抑或是关注社会正义的以罗尔斯为代表的新自由主义，对于 18 世纪的苏格兰政治思想家都没有给予整全性的解释，都没有揭示他们思想中的多维视野，都存在理解上的偏失，特别是麦金太尔的"休谟的英国化颠覆"杂陈着很多偏见与敌视，尽管也不乏真知灼见之处。

在《谁之正义？何种合理性？》中，麦金太尔从社群主义的立场，以德性为维度重述了从古典到现代的思想传统及其演变："亚里士多德式的正义和合理性的解释是从古代城邦的冲突中突显出来的，但随后却是由阿奎那以一种逃避城邦限制的方式加以发展了。所以，奥古斯丁式的基督教见解在中世纪时期便进入了复杂的对抗性关系之中；稍后又进入了一种综合；再后又进入与亚里士多德主义的持续对抗。所以，在后来一种殊为不同的文化情境中，奥古斯丁式的基督教（现在是一种加尔文主义的形式）与亚里士多德主义（现为一种文艺复兴的翻版）在 17 世纪的苏格兰进入了一种新的共生关系之中。所以，随之便产生了这样一种传统，该传统却又在它达到其辉煌顶峰的时候遭到了来自内部由休谟掀起的颠覆。最后是现代自由主义，它在与所有传统的对抗中产生……"[②] 在我们看来，这段话是麦金太尔政治与伦理思想的总纲，因而不厌其烦地全部予以引用。也正是在这里，他提出了"休谟的英国化颠覆"，即休谟颠覆了 17 世纪苏格兰加尔文主义与亚里

---

① 项松林、李虹，《18 世纪启蒙运动比较研究：意义、进展和思路》，载《理论探索》，2015 年第 3 期。
② 麦金太尔，《谁之正义？何种合理性？》，万俊人等译，北京：当代中国出版社，1996，第 14 页。

士多德主义共生交融的思想传统，从而使第三阶段的传统为第四阶段的现代自由主义的传统所取代。需补充一点的是，尽管在该书中麦金太尔从个人生活到著作思想专章批判了休谟的"英国化"，尽管在该书中麦金太尔充满了对休谟无比的厌恶与愤慨，并从个人生活到著作思想专章批判了休谟的"英国化"，几近乎人身攻击的程度；但他还是冷静地指出，在 18 世纪的苏格兰，"颠覆"运动是群体性的事件，"参战者全是苏格兰人"，"休谟几乎代表了这一冲突的所有重要方面，而实际上亚当·斯密也代表这些方面。尽管他是哈奇森最尊贵和最受青睐的学生，却偏偏要抛弃奇特的苏格兰思维模式，而去赞成鲜明不同的英国式和英国化的那种理解社会生活及其道德结构的方式"。① 他的这种补正，使得"休谟的英国化颠覆"命题中的"休谟"无疑可以替换为整个苏格兰启蒙运动。

麦金太尔的这一命题杂陈着卓识与偏见。其卓识在于，他既看到了加尔文主义与亚里士多德主义固有的冲突使苏格兰的道德传统继续存在受到了质疑，又看到了休谟、斯密、托马斯·里德和杜格尔·斯图尔特等苏格兰启蒙思想家与传统德性观的不同取向——从共同体主义转向个人主义，从德性到规则，从目的论、至善论到工具主义。其谬误与偏见主要在于，他对苏格兰启蒙思想家这一顺应从"共同体"到"社会"的思想推进却持批评与否定性的态度，以亚里士多德的政治德性观与目的论审视休谟、斯密等人的德性观与正义论，忽视商业社会的兴起所带来的近代社会的转型以及城邦共同体的政治德性向市民社会的市民德性转型的历史必然性，漠视以目的论为指向的古典美德的局限，漠视苏格兰启蒙思想家正义规则的积极作用。他所使用的"颠覆"术语也极为不恰当，实际上无论是休谟，还是斯密，更不用说弗格森，他们并没有抛弃亚里士多德的德性论与公民人文主义传统，他们积极倡导自制、审慎等德目，并深刻认识到在市民社会中正义优先于善。质言之，他们所持的并不是麦金太尔所理解的祛德性的规则至上论，他们对古典古代的传统不是"颠覆"而是在新的历

---

① 麦金太尔，《谁之正义？何种合理性？》，第 371 页。

史条件下的一种"拓展"。

遗憾的是，社群主义者没有看到的东西，自由主义者也不同程度地忽视了。正如高全喜所指出的，"现代自由主义之所以面临着重大的危机，并且受到各种各样的挑战，其中一个重要的原因便在于其人性学说的薄弱，特别是缺乏自己的道德情感和公共美德理论。现代自由主义应该感到惭愧的是，他们完全遗忘了十七八世纪英国古典自由主义理论中的那个丰厚的道德与人性理论的资源。早在二三百年前休谟和斯密的政治哲学和政治经济学中就已经实现了自由主义的政治制度论与人性论和美德论的结合，可惜的是自由主义在 19 世纪、20 世纪的演变中越来越趋于僵硬，变成与人性情感相隔膜的所谓价值中立的制度机制，因此受到社群主义的批评乃是必然的。社群主义确实为自由主义补了一课，但需要指出的是，社群主义对于道德情感、美德传统和公共利益的解说是极为片面的。他们无视休谟和斯密思想中的道德学与制度论的两个维度的互动关系，对于苏格兰历史学派政治理论的解读与批判大多是荒谬的"。[①]"早在 18 世纪初出现的自然同感和道德情操在此不见了，因而越来越难以使这种个体扎根于共同体中，且因此难以提出一种超越个体成员的统一的社会观。这种社会表征的困难直到今天仍然困扰着自由主义理论。……这种现代状况使得当代社会理论家重新回到原初苏格兰启蒙运动的市民社会思想中去，将其看作是一种解开当代困境的可能性方案。"[②]

因而，"回到苏格兰启蒙运动"，展示其政治思想的多维视野，不仅有助于揭示苏格兰启蒙思想的真实意蕴，展示其在近现代政治思想与德性传统转型（即从"共同体的德性"到"个体的德性"）等方面的理论贡献；而且有助于走出自由主义与社群主义之争，并给它们各自的完善化提供药方，对这各据一方的两大阵营进行"再启蒙"。

最后，"回到苏格兰启蒙"，再现思想家们在社会转型时期的历史

---

① 高全喜，《休谟的政治哲学》，北京：北京大学出版社，2004，"前言"，第 5—6 页。
② 塞利格曼，《公民社会的脆弱伦理观》，载布赖恩·特纳编，《公民身份与社会理论》，郭忠华、蒋红军译，长春：吉林出版集团有限责任公司，2007，第 182 页。

思考与忧虑，对当下的中国有着重要的借鉴与启迪意义。

苏格兰启蒙运动在近现代思想转型中承前启后的重大作用，从根本上说是源于对社会转型的敏锐观察与理性思考。正如众多评论家所言，苏格兰启蒙"主要关注的是对社会的理解及其进步"。[1]更具体地说，他们思考的是如何将落后的苏格兰引向像英格兰一样富强、文明、自由、民主的发展轨道。如果说哲学革命与精神自由、政治革命与政治自由分别是德、法启蒙运动的风向标的话，那么经济改善与社会发展无疑是苏格兰启蒙运动的思想旗帜，而后者与当下之中国的问题意识应该说是最为切合的。他们在市民社会中的人性、市民社会的生存方式、市民社会的伦理与行为规范、市民社会与国家等问题上留下极为集中、极为丰富、极为多样化的思想遗产。对于转型期的中国而言，这应该是一部如何成功步入现代文明社会的很好的教科书。

难能可贵的是，在市民社会兴起之初，在商业文明之花含苞待放之时，苏格兰启蒙思想家就既洞见到了市民社会之"利"，又识破了社会"市场"化、"市民"化等消极面向。因而在他们的思想启蒙中，既能看到市民社会是可欲可求的鼓动话语——私利能促进公益，奢侈能推动技艺的精良与完善，商业能开出自由之花，还能孕育"守时、开明、守信、富有进取"的商业精神[2]，"看不见的手"遥控下的市场民富国强；又能看到他们对人的自利性、分工的异化、财富与德性的紧张、公共关怀的缺失、公民的私人化症状、市民社会对国家的离心或者说非政治性的倾向等深层问题的忧思。这些问题，也是在大力推进市场经济的当下中国所应着力解决的难题。此外，较之革命氛围中的思想启蒙运动如法国启蒙乃至中国的"五四"启蒙，苏格兰启蒙运动旨趣渐进而稳重，如沐春风。因而，重温"苏格兰式"的思想启蒙，尤其是其丰富厚重的人性论、道德哲学、市民社会理论，对于长期

---

[1] John Robertson, "The Scottish Contribution to the Enlightenment", in Paul Wood ed., The Scottish Enlightenment: Essays in Reinterpretation, Rochester: Rochester University Press, 2000, p.38.
[2] 弗格森，《文明社会史论》，林本椿、王绍祥译，沈阳：辽宁教育出版社，1999，第159页。

浸淫在"启蒙—革命"语境中的中国思想界而言无疑也是一场很好的"再启蒙"。

1.2　文献综述

1.2.1　国外文献概览

尽管 1900 年就有了"苏格兰启蒙运动"这一新词[①]，尽管大卫·休谟、亚当·斯密、亚当·弗格森等人一直是思想史上的耀眼"明星"，但即使在西方也很少有人将他们作为一个整体与苏格兰启蒙运动联系起来。这种冷清的局面一直持续到 20 世纪 60 年代、70 年代才开始得到改观。1969 年，著名的思想史家弗兰科·维特里振臂呼吁，"在 18 世纪欧洲史领域，苏格兰启蒙运动是最为紧迫的研究课题之一"。之后，在乔治·达维（George Davie）、邓肯·福布斯（Duncan Forbes）、约翰·波考克、罗纳德·米克（Ronald Meek）、安德鲁·斯金纳（Andrew Skinner）、尼古拉斯·菲利普森（Nicholas Phillipson）和唐纳德·温奇（Donald Winch）等人的努力下，对苏格兰的道德哲学、政治经济学、社会学、法学及其地域文化特色有了新的认识，苏格兰启蒙运动的当代复兴蔚然成势。[②]下面，我们粗略地梳理一下国外苏格兰启蒙运动的基本概貌，扼要地介绍国外苏格兰启蒙运动复兴的背景、研究传统以及主要研究论域。

按照洪特（Istvan Hont）、伊格纳蒂夫（Michael Ignatieff）的说法，苏格兰启蒙运动的当代复兴是在以下三个方面的学术研究的推动下促成的：一是霍布斯、洛克以及三次英国革命（1641，1688，1776）的政

[①] 据考察，"苏格兰启蒙运动"这一术语最初出现在 1900 年，出现在威廉·罗伯特·斯科特将弗朗西斯·哈奇森称为"苏格兰启蒙运动的先驱（prototype）"这一话语之中。参见：William Robert Scott, Francis Hutcheson: His Life, Teaching and Position in the History of Philosophy, Cambridge University Press, 1900, p.265. aslo, Alexander Broadie ed. The Scottish Enlightenment, Cambridge University Press, 2003, Preface, p.3。

[②] Istvan Hont and Michael Ignatieff, Wealth and Virtue: The Shaping of Political Economy in Scottish Enlightenment, Cambridge University Press, 1983, Preface, vii.

治哲学研究；二是欧陆的自然法传统；三是英国新哈林顿主义——一种马基雅维里的公民人文主义。[①]因而，之后的苏格兰启蒙运动的研究路径基本上是沿着这三个方向进行的，形成了三种研究传统，即自由主义传统、自然法传统与公民人文主义传统。不过，前两者基本上是趋同的。因而，有关哈奇森、休谟、斯密、弗格森等人的思想研究或与格老秀斯以降的自然法传统联系起来[②]，或被列入公民人文主义传统下，后一条路径的主要代言人是波考克、斯金纳。一般认为，作为一种政治探讨方式，公民人文主义在18世纪的大不列颠得到广泛传播，塔西托、萨鲁斯特、西塞罗、马基雅维里、哈林顿、西德尼等经常被熟知、被谈及、被崇拜。苏格兰如同不列颠的南方一样也经历了公民人文主义思想的影响。安德鲁·弗莱彻[③]被认为是18世纪初期典型的公民人文主义者，亚当·弗格森[④]和约翰·米勒[⑤]被视为18世纪后期苏格兰公民人文主义的主要人物。在这前后之间，苏格兰启蒙运动的

[①] Istvan Hont and Michael Ignatieff, Wealth and Virtue: The Shaping of Political Economy in the Scottish Enlightenment, Preface, vii.

[②] 这方面最为系统的研究参见：Knud Haakonssen, Natural Law and Moral Philosophy: From Grotius to the Scottish Enlightenment, Cambridge University Press, 1996。哈肯森认为18世纪道德哲学的重要部分极大地受到在格老秀斯之后的新教教义内发展起来的自然法理论影响，苏格兰启蒙运动中的道德哲学尤其如此，并在该书中分章节分别研究了哈奇森、休谟、斯密、米勒、里德、杜格尔德·斯图尔特、詹姆斯·麦金托什（James Mackintosh）、詹姆斯·密尔（James Mill）等人的自然法思想。此外，在这一传统下的研究文献还有：Knud Haakonssen, The Science of a Legislator, Cambridge University Press, 1981; Fobes, Hume's Philosophical Politics。

[③] 弗莱彻公民人文主义思想的研究参见：J. Robertson, The Scottish Enlightenment at the limits of the civic tradition, in Istvan Hont and Michael Ignatieff eds., Wealth and Virtue, pp.141-151; Caroline Robbins, The Eighteenth-Century Commonwealthman, Harvard University Press, 1959, pp.180-184; J. G. A. Pocock, The Machiavellian Moment: Florentine Political Thought and The Atlantic Republican Tradition, Princeton, N.J.: Princeton University Press, 2003, pp.426-432。

[④] 弗格森公民人文主义思想的研究参见：Martin van Gelderen & Q. Skinner, Republicanism: A Shared European Heritage, Cambridge: Cambridge University Press, 2002, vol.2, pp.177-196; J. G. A. Pocock, The Machiavellian Moment, pp.499-501; Caroline Robbins, The Eighteenth-Century Commonwealthman, pp.199-203。

[⑤] 米勒公民人文主义思想的研究参见：Michael Ignatieff, "John Millar and Individualism", in Wealth and Virtue, pp.317-343。

重要人物如哈奇森[①]、休谟[②]和斯密[③]皆被认为兼有公民人文主义和自然法理论两种思想传统。[④]

在苏格兰启蒙运动复兴思潮的推动下，不仅对休谟、斯密的研究日益突破了传统的道德哲学、历史、政治经济学等领域而向政治学、法学、社会学等领域拓展，而且各种专题式研究、整体性研究盛行，如在人性论、道德哲学、政治经济学、社会学、政治学、法学乃至自然科学等主题上都有相应的成果问世[⑤]。苏格兰启蒙运动的历史背景、

---

① 哈奇森公民人文主义思想的研究参见：T. Miller: Francis Hutcheson and the civic humanist tradition, in A. Hook and R. Sher (eds.), The Glasgow Enlightenment, East Linton: Tuckwell Press, 1995, pp.40-55。

② 休谟公民人文主义思想的研究参见：J. G. A. Pocock, The Machiavellian Moment, pp.498-502；James Moore, Hume's political science and the classic republican tradition, Canadian Journal of Political Science, 10, pp.809-939; J.Robertson, The Scottish Enlightenment and the Militia Issue, Edinburgh, 1985。

③ 斯密公民人文主义思想的研究参见：Edward J. Harpham, Liberalism, Civic Humanism, and the Case of Adam Smith, The American Political Science Review, Vol. 78, No. 3 (Sep., 1984), pp.764-774; Nicholas Phillipson, Adam Smith as civic moralist, in Wealth and Virtue, pp.179-202; J. G. A. Pocock, The Machiavellian Moment, p.498, p.502; J. Robertson, "Scottish political economy beyond the civic tradition: government and economic development in the Wealth of Nations", History of Political Thought, 4, (1983), pp.451-482; A. Chitnis, The Eighteenth Century Scottish intellectual inquiry: context and continuities versus civic virtue, in Aberdeen and the Enlightenment, J.Carter & J.Pittock (eds.), Aberdeen University Press, 1987, pp.77-92。

④ M. M. Goldsmith, Regulating Anew the Moral and Political Sentiments of Mankind: Bernard Mandeville and the Scottish Enlightenment, Journal of the History of Ideas, Vol. 49, No. 4. (Oct. -Dec., 1988), p.588.

⑤ 除前几条注释中出现的相关文献外，主要还有：P.Jones (ed.) The Science of Man in the Scottish Enlightenment: Hume, Reid, and their contemporaries, Edinburgh University Press, 1989; G. Bryson, Man and Society: the Scottish Inquiry of the Eighteenth Century, Princeton University Press, 1945; Christopher J. Berry, Social Theory of the Scottish Enlightenment; A. Chitnis, The Scottish Enlightenment: a social history, London:Croom Helm, 1976; D.Allan, Virtue, Learning and the Scottish Enlightenment, Edinburgh University Press, 1993; Alan Swingewood, Origins of Sociology: The Case of the Scottish Enlightenment, The British Journal of Sociology, Vol. 21, No. 2 (Jun., 1970), pp.164-180; P. Jones, Philosophy and Science in the Scottish Enlightenment, Edinburgh: John Donald, 1988; M. Hopfl, From Savage to Scotsman: Conjectural History in the Scottish Enlightenment, British Journal of Sociology, Vol. 17, No. 2 (Spring, 1978), pp.19-40; T. Sakamoto, H. Tanaka, The Rise of Political Economy in the Scottish Enlightenment, London: Routledge, 2003; Fania OZ-Salzberger, "The Political theory of the Scottish Enlightenment", in Alexander Broadie ed., The Scottish Enlightenment, pp.157-177。

文化传统尤其是教育与宗教方面的特色也成为探究的热点。[①]

在对苏格兰启蒙思想家研究方面，这三位学者被认为最富有创见性和最富有成果：邓肯·福布斯、安德鲁·斯金纳、乔治·达维。现简单枚举一下他们的贡献。[②] 邓肯·福布斯的主要贡献首先在于，他提出了"科学的辉格主义"（scientific Whiggism）、"怀疑的辉格主义"（sceptical Whiggism）这一类新概念，并用以解读休谟、斯密、米勒的思想，反对将他们大而化之地或归为"托利党"或归为"辉格党"，尤其强调他们不是"庸俗的辉格主义"（vulgar Whiggism），[③] 从而使这一群体的政治理念从层层偏见与误读的迷雾之中科学地释放出来。第二，福布斯强调，18 世纪的苏格兰知识分子群体的核心关切是"社会的进步"，并指出由此理念出发能将苏格兰人之间各种不同的观念统一起来。第三，他是从自然法传统这一路径研究苏格兰学派的主要奠基人与推动者。至于乔治·达维，他最为引人注目的成就在于，他有力地佐证了贝克莱（Berkeley）对苏格兰学派形成的影响。[④] 其次，在于他对苏格兰启蒙精神的解读上，他将苏格兰启蒙运动看作是一群具有公共精神的知识分子在落后的苏格兰致力于解答这样一个时代难题："怎样才有可能使落后的苏格兰繁荣富强？"[⑤] 最后，在于他发掘了

[①] Roger Emerson, "The contexts of the Scottish Enlightenment", in Broadie ed., The Scottish Enlightenment, pp.9–30; Jane Rendall, The origins of the Scottish Enlightenment, New York: St. Martin's Press, 1978; R.H.Campbell, A.S.Skinner, The Origins and Nature of the Scottish Enlightenment, Edinburgh: John Donald, 1982; R.Sher, Church and University in the Scottish Enlightenment: the Moderate Literati of Edinburgh, Edinburgh University Press, 1985.

[②] 主要参考了: Norbert Waszek, The Scottish Enlightenment and Hegel's Account of "Civil Society", pp.36–37。

[③] Duncan Forbes, Scientific Whiggism: Adam Smith and John Millar, The Cambridge Journal, 7, pp.643–670; Duncan Forbes, Hume's Philosophical Politics, esp.chapter 5 "scientific and vulgar Whiggism", pp.125–192; Duncan Forbes, "Sceptical Whiggism, Commerce, and Liberty", in A.S. Skinner &T. Wilson ed., Essays on Adam Smith, Oxford University Press, 1975, pp.179–201.

[④] G. E. Davie, Berkeley's Impact on Scottish Philosophers, Philosophy, Vol. 40, No. 153 (Jul., 1965), pp.222–234.

[⑤] G.E. Davie, Anglophobe and Anglophil, Scottish Journal of Political Economy, Vol. XIV(1967), pp.291–302, here p.295.

文人学者在形塑苏格兰大学之"通才"（generalist）教育传统中的突出作用，他将苏格兰的社会精英称为"民主知识分子"（the democratic intellect）。安德鲁·斯金纳的思想贡献仅罗列两点：第一，他对詹姆斯·斯图亚特爵士著作的编著与开创性的研究工作，并认为在关键问题上，詹姆斯·斯图亚特爵士与苏格兰启蒙主要思想家是一致的。第二，他是斯密研究专家，他极为强调应在斯密的"社会科学体系"下对其伦理学、法学与政治经济学做整全性的研究。[①]

在西方，经过几代学者的努力耕耘，苏格兰启蒙运动研究成为思想史上最引人注目的领域。一般认为，近半个世纪以来，国外苏格兰启蒙运动的研究聚焦以下几个方面的论题：（1）解读苏格兰启蒙运动生发及其独特性的历史根源。对此，一部分学者把1707年苏格兰与英格兰的政治合并及其所带来的社会巨变视为决定性的因素，而另一部分学者推崇苏格兰思想文化传统的独特性。（2）多学科阐释苏格兰启蒙学者的思想学说。苏格兰启蒙运动最具成果的道德哲学、政治经济学、历史学引起广泛关注与热烈讨论，并且研讨的触角还进一步拓展到政治学、社会学、法学、人类学、宗教学、科学、美学等学科领域，产生了一大批深具影响的研究成果。（3）在"复数的启蒙运动"理念下展开对苏格兰启蒙运动与英法美启蒙运动的比较研究。这方面最有影响的首推哈耶克，其明确提出两种不同的思想谱系。也有学者从思想主题上对比英法美启蒙运动，认为英国启蒙运动关注的是"美德的社会学"，法国启蒙运动热衷的是"理性的意识形态"，美国启蒙运动聚焦的是"自由的政治"[②]。（4）评述苏格兰启蒙运动的理论贡献与历史影响。西方学者既充分肯定了苏格兰启蒙运动对康德、席勒、黑格尔、马克思等德国思想家的理论影响，也高度评价了其对英美民主宪政的实践影响。此外，还在反思法国启蒙运动与法国大革命的问题意识下，

[①]　A. Skinner, A System of Social Science：Papers Relating to Adam Smith, Oxford University Press, 1979. 在该书中，有一节专门探究了斯密对市民社会中的道德问题的思考。Cf "Moral Philosophy and Civil Society: Ethnics and Self-love", pp.51-75.

[②]　格特鲁德·希梅尔法布，《现代性之路：英法美启蒙运动之比较》，上海：复旦大学出版社，2011。

立论苏格兰启蒙运动不同的时代价值，为现代性寻求更好的思想资源。这或许是西方苏格兰启蒙运动研究经久不断的最深层的根源。

1.2.2 国内研究新动态

相较于其他思想史论题，启蒙运动研究一直是国内学界的"显学"。"救亡"与"启蒙"的论争与反思自"五四"启蒙以来持续发酵，霍布斯、洛克、休谟、斯密、卢梭、伏尔泰、康德、莱辛、黑格尔等思想巨擘一直是汉语界学术研究的重心。但在启蒙运动、法国启蒙运动、法国启蒙思想家等概念术语之外鲜有使用"苏格兰启蒙运动""苏格兰启蒙思想家"，更遑论将休谟、斯密与其联系起来进行研究的。因而，与西方苏格兰启蒙运动研究的当代复兴相比，我们滞后了二三十年。

国内研究苏格兰启蒙运动的首篇论文是林毓生的《从苏格兰启蒙运动谈起》（《读书》，1993 年第 1 期）。该文运用哈耶克的理论范式解读苏格兰启蒙运动的"理性观"与"秩序观"，是国内苏格兰启蒙运动研究的开山之作，遗憾的是，之后十年，接续这一研究的成果依然凤毛麟角，我们苦苦寻觅似乎也仅有一根独苗：李强教授在专著《自由主义》（中国社会科学出版社，1998）之《自由主义与启蒙运动：法国、美国与苏格兰的贡献》的章节中，考察了"苏格兰启蒙运动"的思想概况以及休谟、斯密等苏格兰思想家"主义"谱系的复杂性与多重面向。因而，可以说，国内的苏格兰启蒙运动研究状况进入 21 世纪之后才得以改观。粗略地看，我们可以以 2009 年为界，将中国苏格兰启蒙运动研究分成两个 9 年，从中既可以窥探出研究的基本进程与发展变化，也可以正确研判其方向与趋势。除了前后期时限正好相同外，这样的界分也有其标志性的事件，即浙江大学出版社自 2009 年开始了"启蒙运动经典译丛""启蒙运动研究译丛"，以及自 2009 年开始国内苏格兰启蒙运动研究出现的新变化。

2009 年之前，国内的苏格兰启蒙运动研究文献非常有限。在中国学术文献网络出版总库中，按检索项"题名＝苏格兰启蒙"（这涵盖了苏格兰启蒙运动、苏格兰启蒙思想家、苏格兰启蒙等思想或学说、学派之类）进行检索，共 8 篇文献[①]；以检索项"关键词＝苏格兰启蒙"进行检索，仅 6 篇文献，其中 5 篇与前面搜索重合，只新增 1 篇[②]。在著作方面，在中国国家数字图书馆的图书中，无论是检索"中文普通图书"还是检索"港台图书及海外出版的中文图书"中均无苏格兰启蒙方面的图书，这不仅意味着汉语界没有撰写这方面的著作，国外这方面的研究也均没有被翻译过来出版。当然以苏格兰启蒙为视域，重新阐发苏格兰启蒙思想的论著也有几部，下文的文献综述中我们会提及。

2009 年以后，随着浙江大学出版社"启蒙运动经典译丛"[③]"启蒙运动研究译丛"[④]等陆续移译，国内苏格兰启蒙研究乃至启蒙运动研究开始呈现繁荣景象，相关研究论文有 60 余篇、著作多部，并显现出从苏格兰启蒙的"个案"研究推进到"专题"研究。

以苏格兰启蒙运动为背景、为视域对个别苏格兰启蒙思想家进行

---

① 以时间为序，分别为：1. 林毓生，《从苏格兰启蒙运动谈起》，载《读书》，1993 年第 1 期；2. 李雪丽，《苏格兰启蒙运动概论》，载《湘潭大学学报》，2005 年增刊第 2 期；3. 徐鹤森，《试论苏格兰启蒙运动》，载《杭州师范学院学报》，2005 年第 6 期；4. 毕建宏，《苏格兰启蒙运动中的商业秩序与公民美德》，北京大学硕士学位论文，2006 年；5. 周保巍，《"自由主义"的自由与"共和主义"的自由——苏格兰启蒙运动中的观念冲突》，载《华东师范大学学报》，2006 年第 1 期；6. 周保巍，《走向"文明"——苏格兰启蒙运动中的"历史叙事"与"民族认同"》，载《浙江学刊》，2007 年第 3 期。7. 周保巍，《苏格兰启蒙运动中的"道德原则"与"社会变迁"——以"勤勉"观念为个案的考察》，载《浙江学刊》，2008 年第 3 期；8. 翟宇，《论苏格兰启蒙思想家弗格森的政治思想》，吉林大学硕士学位论文，2007 年。
② 其中五篇为上条注释中的第 3、4、5、6、8 篇，新增加一篇为：吕宏波，《康德"道德情感"理论的转变》，载《唐都学刊》，2007 年第 3 期。
③ 浙江大学出版社"启蒙运动经典译丛"推出的作品主要有：哈奇森的《论激情和感情的本性与表现，以及对道德感官的阐明》（2009）、《逻辑学、形而上学和人类的社会本性》（2010）和《道德哲学体系》（上、下卷）（2010），里德的《论人的理智能力》（2010）、《论人的行动能力》（2011），休谟的《论政治与经济》《论道德与文学》及弗格森的《文明社会史论》（2010）等。
④ 浙江大学出版社"启蒙运动研究译丛"，主要译介当代西方学术界研究苏格兰启蒙运动的重要著作：亚历山大·布罗迪主编的《剑桥指南：苏格兰启蒙运动》（2010）、努德·哈孔森的《自然法与道德哲学：从格老秀斯到苏格兰启蒙运动》（2010）和《立法者的科学：大卫·休谟与亚当·斯密的自然法理学》（2010）、伊什特万·洪特和米凯尔·伊格纳季耶夫主编的《财富与德性：苏格兰启蒙运动中政治经济学的发展》（2013）、克里斯托弗·J.贝瑞的《苏格兰启蒙运动的社会理论》（2013）等。

"个案"研究是前一个阶段的主要特色。主要代表性的著作有：李非教授的《富与德：亚当·斯密的无形之手》（天津人民出版社，2001）在"市场社会的架构"下多视野地解析了"无形之手"的伦理学、经济学、法学含义。高全喜教授在他的著作《休谟的政治哲学》（北京大学出版社，2004）中批评了哈耶克、麦金太尔对休谟政治哲学解读的偏失，强调在休谟的思想中有多个维度，他还经常在论及某个专题时联系苏格兰启蒙运动，尤其是斯密的思想。在《情感、秩序、美德——亚当·斯密的伦理学世界》（中国人民大学出版社，2006）中，罗卫东教授通过考察《道德情操论》各版本的变化，从中找寻斯密思想的转变线索，尤其是对市民社会中的人性伦理、财富与德性等问题的看法及其变化，是斯密研究的一部力作，也是对斯密所处时代特点深刻挖掘的力作。此外，还有以此为视角的几篇很有深度的学位论文——翟宇的硕士学位论文《论苏格兰启蒙思想家弗格森的政治思想》、周保巍的博士学位论文《走向"文明"——休谟启蒙思想研究》、杨芳的博士学位论文《"商业社会"的建构——亚当·斯密启蒙思想研究》，它们可以说是姊妹篇。

2009 年之后，在前期研究的基础上，国内的苏格兰启蒙研究有一个明显的转向就是出现了专题式的系统研究。诚然，前期阶段也有这样的奠基之作，比如：于海教授在他的《西方社会思想史》（复旦大学出版社，2004）中专章探讨了"18 世纪苏格兰学派社会思想"，是国内目前对苏格兰学派社会思想所做的最为全面的研究；在《自由主义的基本理念》（中央编译出版社，2003）中，尽管"启蒙时代的自由主义"中没有苏格兰启蒙学派的影子，但在"英国古典自由主义"的名目下顾肃教授撰写了休谟、斯密的自由主义思想。高力克教授在《五四的思想世界》（学林出版社，2003）著作的导论部分，展示了18世纪西方丰富多元的启蒙传统；但是未形成总体趋向。随着"剑桥指南"《苏格兰启蒙运动》的引介，国内学者专题式研究苏格兰启蒙运动的论著日渐增多，粗略地看，主要关涉以下三个方面的"专题"：

（一）对苏格兰启蒙运动的社会环境与历史条件的专题式研究。代表性的论文主要有：翟宇的《苏格兰启蒙运动的兴起》（《贵州社会科学》，2009 年第 10 期）、项松林的《苏格兰启蒙运动的历史、思想及其现实意义探析》（《浙江社会科学》，2009 年第 11 期）和《生活史视野下的苏格兰启蒙运动》（《中南大学学报》，2010 年第 4 期）等。

（二）对苏格兰启蒙运动的主要思想学说的专题式研究。国内学者广泛论及了苏格兰启蒙运动的人性论、道德哲学、历史学、科学、政治经济学、政治法律思想、宗教思想等，涵盖很全面，有的研究亦非常有深度。限于篇幅，我们就每个专题扼要地提及几篇代表性的成果。苏格兰启蒙思想家的人性论与道德哲学关注最多，成果较多，如杨晓东的《苏格兰启蒙学派的人性论与社会秩序建构逻辑——大卫·休谟和亚当·斯密的视角》（《华北电力大学学报》，2012 年第 6 期）、高力克的《正义伦理学的兴起与古今伦理转型：以休谟和斯密的正义论为视角》（《学术月刊》，2012 年第 7 期）、陈晓曦的《理性、情感与道德区分——兼论苏格兰启蒙运动中情感主义学派的论证及意义》（《湖南社会科学》，2011 年第 5 期）、李虹和项松林的《道德的民主化启蒙——以苏格兰启蒙运动为中心的考察》（《学术界》，2012 年第 5 期）、张正萍的《情感正义论：从诗性正义回到苏格兰启蒙》（《浙江大学学报》，2014 年第 3 期）等。在历史学方面，国内出现首部苏格兰启蒙专题研究的专著，即李勇主著的《启蒙时期苏格兰历史学派》（上海三联书店，2017）。苏格兰启蒙运动的社会理论是国内苏格兰启蒙运动研究关注的热点论题，相关研究成果极具洞见，而且不约而同聚焦市民社会理论，比如，臧峰宇的《苏格兰启蒙运动与青年马克思的市民社会理论》（《天津社会科学》，2014 年第 2 期）、张翼飞和张国清的《苏格兰启蒙运动和建构公民社会的渐进路径》（《江苏行政学院学报》，2012 年第 6 期）、项松林的《苏格兰启蒙运动的思想主题：市民社会的启蒙》（《同济大学学报》，2011 年第 2 期）等。在政治法律思想方面，主要有周保巍的《"自由主义"的自由与"共和主义"的自由——苏格兰启蒙运动中的观念冲突》（《华东师范大学学报》，2006 年第 1 期）、李虹和项松林的《在洛克、孟德斯鸠与黑格尔之间——苏格兰启蒙思想家论市民社会与国家》（《湖南师范大学社会科学学报》，2012 年第 2 期）、项松林的《苏格兰启蒙学者的政治思想探究》（《武汉科技大学学报》，2012 年第 2 期）等。政治经济学是苏格兰启蒙运动的最主要的贡献之一，项松林的《苏格兰启蒙运动对古典政治经济学创建的意义及启示》（《经济纵横》，2013 年第 7 期）做了很好的历史梳理与揭示，周保巍的《苏格兰启蒙运动中的"道德原则"与"社会变迁"——以"勤勉"观念为个案的考察》（《浙江学刊》，2008 年第 3 期）、王超的《奢侈概念的现代性诠释——苏格兰启蒙时代的奢侈思想研究》（《山东理工大学学报》，2012 年第 6 期）、项松林的《英国古典政治经济学视域中的市民社会与商业文明》（《中南大学学报》，2011 年第 4 期）等都研讨了苏格兰启蒙思想家对商业与自由、财富与德性等问题的思考与启蒙。在科学、宗教思想等主题上，专题式研究很少，孟建伟和郝苑的《苏格兰启蒙运动与科学》（《自然辩证法通讯》，2012 年第 1 期）及刘晓燕和刘海霞的《论苏格兰启蒙运动时期的宗教世俗化——以休·布莱尔的宗教思想为中心》（《学术交流》，2015 年第 3 期）有待进一步深化研究。李丽颖的《英格兰、苏格兰合并过程中的宗教问题》（《世界宗教研究》，2011 年第 2 期）在比较视域下对苏格兰的宗教及其演变提供了非常好的文献资料。此外，也有开始同时兼论几个思想专题的，项松林的博士学位论文《苏格兰启蒙思想家的市民社会理论研究》首先进行了这样的尝试，在市民社会理论的视域下综合地研究了苏格兰启蒙思想家的"人"论、社会观、政治经济学、道德哲学、政治法律思想等内容。

（三）对苏格兰启蒙运动的历史影响与意义的专题研究。在论及苏格兰启蒙思想家的主要思想学说的同时，一般也兼论了其影响与价值，这一部分文献就不再赘述，主要提及以下几个"点"。苏格兰启蒙对美国立国与宪政体制的影响，是国内外关注的"显学"，国内这方面研究成果不多，主要有任裕海的《苏格兰启蒙思想与美国宪政生成关系简论》（《学海》，2012 年第 3 期）、孙于惠的硕士学位论文《麦迪逊宪政思想与苏格兰启蒙思想》等。高力克教授两篇有关苏格兰启蒙思想与严复的论文，即《严复的伦理观与苏格兰启蒙哲学》（《哲学研究》，2009 年第 2 期）和《斯密与严复：苏格兰启蒙运动在中国》（《浙江社会科学》，2014 年第 11 期）提供了这方面极具开拓性的论域。对于苏格兰启蒙运动的历史价值，主要还是运用现代性范式进行阐释，如王超的《苏格兰启蒙运动与现代性关系初探》(《求是学刊》，2010 年第4 期)、项松林的《启蒙理想与现代性：以苏格兰启蒙运动为中心的考察》(《贵州社会科学》，2013 年第 4 期)。

综上所述，近段时间国内苏格兰启蒙研究已有较大进展与突破。然而，毋庸讳言，与国外研究相比，我们还有很大的差距与不足，研究的层次有待进一步提升；在研究的视角与方法上，基本上也还是沿袭西方学者的分析范式，研究路径创新方面任重道远。尤其近两年国内苏格兰启蒙运动研究又开始冷清下来，苏格兰启蒙运动研究遭遇新瓶颈，亟待从"专题"研究再向前跨越一步，进入整体性、综合性、系统性研究。我们一直是国内苏格兰启蒙运动研究的积极参与者，上文的文献综述中，也忝列了个人几篇拙文，尽管贻笑大方，但这种努力我们会一直继续。本书就是自国家社科基金立项以来，在前期研究的基础之上的进一步拓展与深化，以期进一步推进国内的苏格兰启蒙运动的"整体性"研究。

1.3　研究方法与内容结构

1.3.1　研究方法

在《苏格兰启蒙运动的社会理论》一书中，贝瑞（Berry）梳理出三种"阅读苏格兰启蒙运动"的方法："意识形态的"（ideological）、"文化的"（cultural）、"知识的"（intellectual）。意识形态的阅读方法主要意指从那些看似无偏见的、公正的、真理式的著述中"读"出其阶级出身（class origins）、党派利益（partial interest）与政治思想取向。在这种阐释话语下，斯密等苏格兰启蒙思想家或被马克思主义者视为"仍旧是革命的资产阶级"，"在同封建残余势力做斗争"，或被视为是在为商业社会与市场经济进行辩护的自由主义者。在文化的解读模式下，按贝瑞的考察形成了分歧严重的两大阵型：一方把政治与经济的变迁视为苏格兰启蒙运动及其思想风貌的决定性的构成性力量（decisive formative force），一方强调 17 世纪与 18 世纪的思想文化传统的连贯性（continuity）；前者以特维尔－罗普尔（Hugh Trevor-Roper）、霍恩（T. Horne）、菲利普森等人为代表，后者以坎贝尔（R. H. Campell）、奇尼斯（A. Chitnis）、埃莫森（R. Emerson）等人为代表。所谓知识的解释方式，是指从观念、知识、思想本身的内在逻辑和演化来理解苏格兰学派的启蒙思想。在这一路径下，贝瑞除了考察前文提及过的自然法研究传统与公民人文主义研究传统之外，还探究了罗格·埃莫森的"科学"阅读方法与麦金太尔的"德性"阅读方法。[①]毋庸置疑，这三种解读模式都有其合理与科学之处，都值得吸收与借鉴。其实，这些方法也不是相互排斥与对立的，它们只是侧重点不同、视角不同而已，即有的偏重"身份"，有的偏重"文化传统"，有的偏重"学术思想"。

总的来说，贝瑞所归纳与提炼的上述三种解读模式偏重于"文本"阅读。但是，仅仅对著作文本做诠释式的解读还是不够的，还需要把思想放在当时的社会背景下加以考察，以鲜活的历史情境再现思想家们对时代问题的回应能力。这方面，著名的已故汉学家史华慈提出了诸多颇具启发性的指导性意见：第一，史华慈指出，"思想史的中心课题就是人类对于他们本身所处的'环境'（situation）的'意识反应'（conscious responses）"[②]，即思想史研究的对象不是静态的思想内涵（thought），而是动态的思想过程（thinking），是"情境"与"意识"的互动。第二，史华慈认为整部思想史，乃至非物质层面的文化，都可以视为环绕各种"问题意识"（problematique）而展开的对话。而思想间的辩论与对话，在一定程度上势必要分享共同的关切（concern）、共同的议题（issue）、共同的预设（assumption），当然不同的思想家对这些议题所提的主张会有不同。第三，将思想谱系和问题意识相结合。按照林毓生的理解，"问题意识"（problematique）其实乃是"无法获

---

① Christopher J. Berry, Social Theory of the Scottish Enlightenment, chapter 8 "Reading the Scottish Enlightenment", pp.185–194.

② 本杰明·史华慈，《关于中国思想史的若干初步考察》，载许纪霖、宋宏编，《史华慈论中国》，北京：新星出版社，2006，第 4 页。

得破解的问题"，它反映了各个时代各个民族的人们所面临的普适性问题，而"思想谱系"揭示了不同时代不同地区的思想精英们对"问题意识"不同的思考与忧虑。①

因而，在本书中，我试图借鉴和运用这两个方面的研究成果，以"问题"为导向，以"文本"解读为切入点，循依"思想与情境"之互动，探究苏格兰启蒙思想中涵盖的对人、对社会、对国家、对道德生活、对经济发展、对宗教信仰、对新趣味与雅致生活的理论思考与思想启蒙，并将其思路取向与法、德等欧陆启蒙运动进行对比，在比较中"放大"他们的时代关怀。此外，鉴于研究对象与主题的综合性与广泛性、18 世纪学科体系尚未分化的特点以及启蒙思想家"百科全书"式的造诣，本书试图综合运用政治学、哲学、伦理学、社会学等学科方面的知识，多层面、多维度立体式地考察这一群体的启蒙思想。

1.3.2 内容结构

从总体上看，本书是"总—分—总"的结构构架，共四部分十一章。此外还有附录《苏格兰启蒙运动大事年表》。现对各章的主体内容做一简单介绍。

第一部分即第 1 章，是全书的"导论"。 我们详尽介绍了本书的研究对象、研究主题、研究意义、国内外文献综述以及研究方法。

第二部分即第 2 章，是苏格兰启蒙运动"概论"。 我们秉持"思想"与"情境"之互动，在第 2 章我们主要是再现苏格兰启蒙运动的"历史情境"与苏格兰启蒙思想家群体的"生存情境"，并主要关注苏格兰启蒙运动的思想传统与学术谱系、理论主题与思想气质。

第 3 章到第 9 章是第三部分， 是从不同维度、不同视野立体式地全面探究苏格兰启蒙运动的理论学说：

在第 3 章"人的科学——苏格兰启蒙运动的'人'论"中，我们

---

① 参见：林同奇，《他给我们留下了什么——史华慈史学思想初探》，载许纪霖、宋宏编，《史华慈论中国》，第 252—296 页。

关注的是苏格兰启蒙思想家的人的科学及其对人性的新启蒙。一般而论，"人"的学科研究主要涉及这样三个问题：关于人之构成要素中，如感觉、理性、情感、经验等，何者更为主导与关键；关于人之性善与性恶之争；关于人之个体性与社会性及其关系的问题。苏格兰启蒙思想家对这些问题进行了卓有成效的思想启蒙。与唯理主义者不同，他们走的是一条情感主义的路径，首先重点立论了人是情感的动物。在人性善恶的问题上，休谟、斯密、弗格森等苏格兰启蒙学者进行了很好的综合与创新：他们既不像曼德维尔那样把人看作是无恶不作的恶魔，也不像哈奇森那样要求人人都成为一个仁慈家；而是站在两者的中间，肯定人既有自私的一面也有有限慷慨的一面，既有利己的一面又有同情的一面，既有个体性的一面也有社会性的一面。这较为真切地揭示了市民社会中的人格形象。在对人性深度剖析的基础上，他们反思了市民社会如何可能、公序良俗如何可能，并在人的情感中找到了社会有序化的新杠杆。

在第4章"'社会学先于孔德'——苏格兰启蒙运动的社会观"中，探讨的是被后世称作"苏格兰历史学派"的这一群思想家对社会的整体认识，即社会的起源、社会的演进、社会的发展。与契约论者不同，苏格兰启蒙思想认为社会是自生自发的"无意识之后果"；社会的演进变迁是自然的历史过程，是生存方式、财产关系之使然；社会的发展充满着历史辩证法。这些丰富的思想意蕴是"社会学先于孔德"说法的很好注解，同时也构成马克思历史唯物主义的思想来源。

在第5章"从'政治的计算'到'财富的科学'——苏格兰启蒙运动的政治经济学"中，我们首先从经济学的发展史中，揭示了苏格兰启蒙运动对古典政治经济学的贡献及其对现代经济学的价值。接着围绕三个核心理念展开——"商业植根于自由""商业能开出自由之花""商业能结出文明之果"，即他们对市场社会的启蒙。在这部分内容中还重点考察了政府与市场的关系，阐述了他们对市场自身逻辑的强调、对干涉主义的敌视。在最后一节，主要探究了斯密与弗格森这两个"亚当"对"商人"社会之忧虑，如分工的异化、财富与德性的张力、公共精神的缺失。

在第 6 章 "'正义优先于善'——苏格兰启蒙运动的道德哲学"
中，我们关注的是苏格兰启蒙思想家对转型时代的道德问题的理论思
考与思想启蒙，他们不是坐而论道的空洞家，他们的道德哲学有着鲜
明的问题导向，推动了正义伦理学的兴起。本章首先详细梳理了西方
德性传统从 "共同体的道德" 到 "个体的道德" 的转型，并从中凸显
了苏格兰启蒙思想家之理论贡献。接着分别探讨了他们的德性论与正
义论。在德性论中，本书既考察了休谟、斯密等人的 "社会性的德性"
及其主要德目，也辨析了弗格森的公民美德。在正义论中，苏格兰启
蒙思想家着力强调了正义优先于善与规则之治。最后，回应了当代自
由主义与社群主义关于德性伦理与规则伦理之争。

在第 7 章 "稳健与调和——苏格兰启蒙运动的政治思想" 中，我
们诠释了苏格兰启蒙思想家在政治权威与政治义务、国家观与政体理
论、自由观等方面的丰富思想。扼要地说，在国家权力的边界与职能
上，他们既不鼓吹 "威权国家"，也不倾心于 "守夜人" 式的国家，而
是主张一种权力受到限制的 "有限国家" 与 "法治国家"；在政治权
威与政治义务问题上，他们既强调 "权利原则" 又强调 "实利原则"，
既将统治者看作是 "无赖"，又强调公民要有忠诚感；在自由与秩序
上，他们积极伸张公民 "法律下的自由"，同时又对 "反抗权" 甚为谨
慎。因而，与法国启蒙思想家之激进态度不同，在苏格兰启蒙学者的
政治思想中，有着浓郁的稳健、渐进、调和的政治风格。

信仰是启蒙时代无法回避的主题，亦是当时思想启蒙最艰巨、最
复杂、最棘手的课题，苏格兰启蒙运动也不例外。在第 8 章 "最棘手
的启蒙——苏格兰启蒙学者的信仰观" 中，我们关注苏格兰启蒙学者
的宗教思想。一般而论，启蒙时代的显著特征之一是批判宗教、敌视
宗教。与激进的反教权主义不同，苏格兰启蒙思想家的宗教观念更平
静、更温和，即使是休谟也是如此。他们卓有成效地引领了苏格兰教
会改革，推动了苏格兰社会的世俗化与生活化；多学科视野地回应了
启蒙时代的宗教之争，创造性地转换 "理性" 的自然神论为 "情感的"
自然神论，有力推进了 "真正宗教" 的启蒙，为 18 世纪 "最棘手的"
宗教启蒙留下了丰富的思想资源。

　　启蒙时代不仅要对"传统"或破旧立新，或推陈出新，或返本开新，还要回应新的时代、新的生活。18世纪不仅是哲学的世纪、理性的世纪，也是正在开启科学的新时代、文雅的新时代。与卢梭派的忧郁情怀完全不同，苏格兰启蒙思想家尽情点赞新时代与新趣味，他们自信在知识、自由、美德、文雅、幸福之间有一道链索，自信科学文明的时代亦是社会文明的时代、人性与趣味闪耀的时代。这些内容构成我们第9章"新时代与新趣味——苏格兰启蒙思想家论科学与'美的情操'"的主题。

　　第四部分由第10章和第11章构成，分别探究苏格兰启蒙运动的历史影响与价值。

　　在第10章"'小地方大影响'——苏格兰启蒙运动的历史影响"中，我们既关注其对英国现代性社会的成形之"历史性"影响，又关注其对欧美启蒙运动的"思想性"影响。第一节主要是围绕黑格尔的一句名言——"市民社会是在现代世界中形成的，现代世界第一次使理念的一切规定各得其所"[①]，评述了苏格兰启蒙运动的理论生命力，即对现代社会的基本特性——非伦理化的政治、非政治化的经济、非宗教化的伦理、非神秘化的"真正的宗教"、新趣味与新时代的雅致生活——之卓有成效的启蒙。第二节主要探究苏格兰启蒙思想的国际影响力：苏格兰启蒙思想"输出"美国，演绎理论学说在大共和国成功试验与实践的历史佳话。作为18世纪启蒙运动的"双骄"，苏格兰启蒙运动与法国启蒙运动通过"互动"相映成趣，孔多塞的"经济情操论""社会情操论""科学情操论"是启蒙时代的合成版。在德国，苏格兰启蒙思想是各个启蒙学派"批判性的转化"之重要灵感与资源，门德尔松那里如此，康德那里亦然，甚至反启蒙的浪漫主义者哈曼、赫尔德等都发现了苏格兰启蒙思想的妙用。

　　在最后一章的结语中，我们试图从苏格兰启蒙运动中走出来，置身于18世纪整个启蒙运动。苏格兰启蒙运动有"破"有"立"。相较于法国启蒙运动、德国启蒙运动而言，苏格兰启蒙运动关注更多的是

---

① 黑格尔，《法哲学原理》，第197页。

"生产功能"，而非"批判功能"。苏格兰启蒙运动铺就了知识进步的阶梯，把知识、自由、美德、文雅等建立在社会进步的基石上，找到了通往幸福生活的锁钥。苏格兰启蒙运动是一场知识主义、发展主义、幸福主义的思想与行动的大启蒙。时至今日，苏格兰启蒙运动依然重要。

2 苏格兰启蒙运动的历史情境与思想特质

很少有社会像 18 世纪的苏格兰那样经历着政治制度业已确立与经济发展需求之间的尖锐冲突，也很少有思想家们像苏格兰启蒙思想家那样对这一问题做如此透彻的思考。[①]

——约翰·罗伯逊

2.1 "后革命"时代：苏格兰启蒙运动的历史情境

恩格斯曾深刻指出，"经济上落后的国家在哲学上仍然能够演奏第一小提琴：18 世纪的法国对英国来说是如此，后来的德国对英、法两国来说也是如此"。[②]其实，18 世纪的苏格兰对于英格兰来说更是如此，并且是在多个领域演奏了"第一小提琴"：休谟和麦金托什（Mackintosh）为英国现代史奠定了基础；亚当·斯密精心创设的经济理论，为英国作为贸易大国提供了理论架构；詹姆斯·穆勒（James

---

① John Robertson, "The Scottish Enlightenment at the limits of the civic tradition", in Istvan Hont and Michael Ignatieff eds., Wealth and Virtue, p.137.

② 《马克思恩格斯选集》第 4 卷，北京：人民出版社,1995，第 704 页。

Mill）在他的著作《英属印度史》（*History of British India*，1818）中描绘出了大不列颠帝国的未来……①要洞悉苏格兰启蒙运动之历史独特性的奥秘，我们需要走进苏格兰。

2.1.1　地理环境

一走进 17、18 世纪之交的苏格兰，我们首先被它的地理环境之恶劣震撼。根据罗杰·爱默森的考察，18 世纪苏格兰拥有三万平方英里的土地，其中可耕地还不到十分之一，牧场约占百分之十三，森林覆盖率仅为百分之三，而其他大部分的土地要视海拔、土壤、气候等情况来决定其使用方式。其次在交通上，尽管苏格兰有长长的海岸线，但大多数河流离瀑布线距离过短，因而不能像英格兰和法国的那样用于内陆航行。再者，瀑布本可以作为工业生产的动力，但苏格兰的瀑布线大部分远离原料充足、人口集中的地方。最后，这样的土地状况与资源环境必然限制了苏格兰人口的增加。1700 年，苏格兰境内人口仅为 110 万人。为了谋生，他们不得不背井离乡，有的在本国内部不停地迁徙，有的甚至漂洋过海去往异国他乡。然而，生存环境的困顿是一把双刃剑，正如罗杰·爱默森在文中一再强调的，正是为了解决粮食生产、工业原料、交通与资源等问题与困难，苏格兰人致力于发明创造与理论探究："苏格兰人成了化学家，以便发现新的肥料、漂白剂和染料；他们成了地理学家，以便发现新的矿藏。与此同时，他们不得不去思考从根本上改善这些境况所需要的社会的与政治—经济的变迁。"②而后者，正是本书中启蒙学者共同关注的思想主题。

至于苏格兰的地理环境，有一点不得不着重提及，那就是高地与低地。在苏格兰历史的初期，高地与低地的划分纯粹是地理意义上的，但随着历史的发展，邓巴顿至斯通黑文这条分界线逐渐超出了空间海拔的意义而具有时序上的先进与落后之别，甚至在 17、18 世纪一度使

---

① Neil Davidson, Origins of Scottish Nationhood, London, 2000, p.99.

② Emerson, "The contexts of the Scottish Enlightenment", in Broadie ed., The Scottish Enlightenment, pp.9–11.

苏格兰呈现出严重的区域分化与社会断裂：与英格兰相毗邻的低地地区较早从政治合并中得到好处，经济迅速发展，城市化、商业化、工业化加速推进；而高地地区甚至还徘徊在中世纪之前的部落时代，经济上主要以渔猎和游牧为主，部族组织主导着人们的社会经济生活。高地—低地这样的"二重天"是苏格兰启蒙思想家们共同置身其间的最大的"省情"。如何消除苏格兰社会发展的不平衡性，根除高地地区的落后与愚昧状况，是激发与引导苏格兰知识分子群体以极大的精力关注社会的发展、商业文明的形成与演进、政治与经济的互动机制最直接的诱因。因而有理由认为，苏格兰的思想启蒙首先是针对落后、野蛮的高地地区，致力于该地区的政治、经济、文化、生活习性等方面的"启蒙"。

2.1.2　政治与经济的变迁

与 1603 年的王位联姻（Union of Crowns）相比 [①]，1707 年苏格兰和英格兰的合并法案（Treaty of Union of England and Scotland）对于苏格兰人来说似乎是一次"政治事变"，长期以来苦苦维系的主权被英格兰鲸吞了。不过，历史地看，这既是情势所逼，也是时事所趋。1688年"光荣革命"后，王室权力衰微，苏格兰议会也可以像英格兰议会一样宣称自己在境内拥有最高的政治权力；然而，同英格兰相比，苏格兰每况愈下、举步维艰，尤其是连续多年的饥荒、欲在巴拿马建立殖民地的"达里恩计划"（Darien Project）的失败，致使苏格兰连主权独立都难以为继。正是在这种背景下，与英格兰的"合并"被提上了苏格兰的政治日程。而在英格兰方面，通过合并，既可以解除长期以来苏格兰高地贵族强有力的对抗力量，又可以在苏格兰建立忠诚于汉

---

① 　1603 年英国女王伊丽莎白一世死后无嗣，苏格兰的国王詹姆斯六世同时成为英格兰的国王詹姆斯一世，两国实现了王位统一。这种联合更多的是王室意义上的，而不是政治实体意义上的。历史地看，它为 1707 年苏格兰与英格兰的正式合并创设了政治条件并做好了心理准备。罗杰·爱默森甚至认为，自 1603 年苏格兰与英格兰共有一主以来，苏格兰就不可能真正独立。参见：Emerson, "The contexts of the Scottish Enlightenment", in Broadie ed., The Scottish Enlightenment, p.11。

诺威王朝的政权，斩断苏格兰高地贵族与推翻斯图亚特王朝的势力之间的勾结，同时还可以挫败英国的宿敌——法国同苏格兰结盟的图谋，从而为争夺欧洲乃至世界霸主的地位赢得筹码。当然，这一合并也是双方利益博弈与政治妥协的产物。与英格兰合并后，苏格兰放弃了独立的主权，议会和枢密院（Privy Council）被取缔，政府机构按照英格兰的模式进行设置；然而，在经济上，苏格兰赢得了梦寐以求的能够无限制进军英格兰的广阔市场，在大不列颠帝国内享有贸易自由与关税统一的权利。同时，苏格兰还在英国国会中享有 16 个上议院议席和 45 个下议院议席；根据合并条约，苏格兰自己的法律体系、教育体制、宗教等都能幸存下来。①

毋庸讳言，对于苏格兰而言，与英格兰进行政治联合的最根本的动机来自经济方面。如果这种经济方面的好处没有如约而至，合并的正当性就受到质疑，不满情绪甚至叛乱就会产生。譬如，1712 年就曾有终止合并的企图，不满情绪曾激起并酿成了 1715 年和 1745 年的两次叛乱。②反过来，当经济前景在十八世纪四五十年代全面改观后，合并的论争就渐渐平息下来。对于这正反两个方面，亚当·斯密理解得非常透彻："在当时看来，这种好处的前景既很遥远，又有些捉摸不定；而它的直接影响是有损于国内每个阶层的直接利益，贵族的尊严将受到打击。绅士中的大多数人习惯于在他们自己的议会内代表他们的国家，此后在不列颠议会中要永远放弃行使这样的代表权的一切希望。商人甚至在开始时似乎已受到损害。与殖民地进行贸易，对他们确实是开放的，但是他们对这种贸易一无所知。他们所熟悉的是，对法国、荷兰和波罗的海一带的贸易。但是其间新发生的困难重重，那个最重

---

① Cf Jane Rendall, The Origins of the Scottish Enlightenment, pp.2–3. Christopher J. Berry, Social Theory of the Scottish Enlightenment, p.9.

② Emerson, "The contexts of the Scottish Enlightenment", in Broadie ed., The Scottish Enlightenment, p.13. 诚然，这两次叛乱也有深层次的政治原因。英国发生"光荣革命"后，詹姆斯二世（即苏格兰的詹姆斯七世）逃往法国，获得了人身保护。他在法国聚集起一批忠实的追随者，这些人被称作"詹姆斯党人"。这两次叛乱主要就是他们策划的，意图是重新挽回斯图亚特后裔的王位继承权，同时也打着恢复苏格兰的独立的旗号。

要的部门差不多已被完全消灭。还有教士，他们当时所处的地位并不
是无足轻重的，然而对于教会的前途也感到忧心忡忡。这就难怪在那
个时候，所有各阶层人民对有损他们直接利益的措施，要群起而攻之。
现在他们子孙的见解跟他们的却大不相同，但是我们的祖先只有少数
能领会这种见解，而且即使有所领会，也是模糊的、不完整的。"[1]

18 世纪的苏格兰是幸运的，政治合并带来了经济的发展和繁荣[2]，
加快了苏格兰由传统向近代商业社会的转型。苏格兰启蒙运动的大幕
就是在这样广阔的舞台上徐徐拉开的，活跃在这一舞台上的"剧作者"
与"剧中人"[3]不仅凭依他们的学识，凭依他们在哲学、伦理学、历史
学、经济学、政治学等领域富有原创性的著作而赢得世界性的广泛认
同，而且在曾经贫瘠的土地上真正播种下了自由、富裕与文明的种子，
推动了社会的转型与发展。

2.1.3　宗教改革、大学教育、法律体系的独特性

由"合并法案"引起的政治与经济的重大变迁无疑是导引苏格兰
启蒙运动的重大引擎，但又不能过分夸大，同时要看到苏格兰启蒙运
动的内源性资源，特别是其宗教、教育、法律体系的独特性。不过，
也不能由此走向另一极端，否认政治合并的突出作用，因为在很大程

---

[1]　欧内斯特·莫斯纳、伊恩·辛普森·罗斯编，《亚当·斯密通信集》，林国夫等译，
北京：商务印书馆，1992，第 104—105 页。

[2]　政治合并后的经济效应相当显著，尽管有些姗姗来迟。在 1751 至 1801 年间，苏
格兰人口增长超过四分之一。这一期间，城市化进程加快：格拉斯哥人口由 27500 增长
到 77400；爱丁堡人口由 52250 增长到 82500。从 18 世纪 40 年代开始，苏格兰传统的
优势领域，诸如亚麻、烟草、牛羊贸易等领域，出现了大幅度的增长。其中，亚麻在产
量上增长了 3 倍，在产值上增长了 4 倍。在烟草贸易中，苏格兰在大不列颠中的份额由
1738 年的 10% 上升至 1769 年的 52%，格拉斯哥更是不失时机地成了欧洲烟草贸易的中
心。造纸业、肥皂业、染织业、玻璃业、酿造业、纺织业等轻工业迅猛扩展，采矿、化
工、冶金等重工业也开始起步，特别是随着资本的投资，银行业也蓬勃发展起来……
Cf Christopher J. Berry, Social Theory of the Scottish Enlightenment, p.11; Jane Rendall, The
Origins of the Scottish Enlightenment, p.12.

[3]　马克思从唯物史观的角度强调，人既是历史的"剧作者"，又是"剧中人"。参见：
《马克思恩格斯全集》第 4 卷，北京：人民出版社，1960，第 149 页。

度上，政治合并重新调适与整合了这些资源。下面谈及的宗教问题就充分反映了这一点。

1690 年，苏格兰教会重新由长老会（Presbyterians）把持，实行严格的加尔文教义，对苏格兰的宗教和社会生活全面进行控制。一个典型的案例就是，1696 年一名年仅十九岁的学生 Thomas Aikenhead 因对神学教义出言不逊而被判以亵渎罪（blasphemy），并被执行绞刑（即使他后来公开撤回自己的言论）。但 1707 年合并后，长老会的迫害不能维系下去了。1712 年《宽容法案》（the Toleration Act）不仅促使长老会宽容其他教派，而且禁止世俗的官员执行教区的判决，从而使教会主要关注自己的事务。自 18 世纪 30 年代以后，苏格兰各界对加尔文教义的态度日趋多元：一些人依旧坚守他们奉为权威的加尔文教义；一些人则对此采取更加理性的方式；另一些人则强调宗教对社会的义务与个人得救一样重要。这些变化在很大程度上使得长老会渐渐远离了严格的加尔文教义，放松了对社会生活的控制，从而促成了教会与苏格兰启蒙之关系的和解亲善。① 在 18 世纪中后期，尤其是当温和党（the Moderate Party）在圣公会（the Established Church）中占主导地位，以及像爱丁堡大学校长威廉姆·罗伯逊这样的人管理教会之时，教会甚至逐渐成为启蒙运动的机构。②

与教义方面相类似，教会在管理方式上经历着大约相同的变化。在光荣革命后，长老会把持着苏格兰教会，建立了严格的等级制度（凡夫俗子与牧师都被纳入其中），形成了教堂—长老会—地方教会会议—会员大会（the General Parliament）这样的层级管理体制，并且牧师由教堂任命，而不是由捐赠人来指定。特别是后者，在当时的有志之士看来是完全的倒退。因为，即便是在复辟时期，凡俗的捐赠人都被赋予了指派地方牧师的权利。1712 年《捐赠法案》（the Patronage Act）重新确认了捐赠人的这一权利，并在威廉·罗伯特、休·布莱尔

---

① Christopher J. Berry, Social Theory of the Scottish Enlightenment, p.13.

② Emerson, "The contexts of the Scottish Enlightenment", in Broadie ed., The Scottish Enlightenment, pp.14–15.

等温和派理性而灵活的周旋下,《捐赠法案》逐渐被长老会接受与认可。① 这意味着,从此以后,凡俗的捐赠人有权指派那些与自己"背景"相似的人为牧师,而不是那些唯教区是从的人。长远地看,这不仅带来了更温和、更开明的教会,而且有助于拓展社会各阶层参与教会的管理,使会员大会成为重要的商谈场所。② 教会组织与教会管理上的变化是苏格兰政治民主化进程中的一件大事,并深深鼓舞与激励着年轻的苏格兰启蒙学者。

与苏格兰落后的经济面貌不同的是,苏格兰的教育无论在水平还是规模上都是当时欧洲国家中比较发达的。1696 年,苏格兰议会通过法案要求每个教区都有责任设立一所学校,这一设想大约于 1760 年在苏格兰低地成为现实。③ 其影响如同斯密所言:"在苏格兰,这种教区学校的设立,几乎叫全体人民都会诵读,使一大部分人民都会写算。"④ 与基础教育相类似,苏格兰的大学教育也比较发达,它的四所主要大学在 15、16 世纪就全部建立了起来——圣安德鲁斯大学(1417 年)、格拉斯哥大学(1451 年)、阿伯丁大学(1494 年)、爱丁堡大学(1583 年),并在 17、18 世纪之交进行了一系列的改革。大学教育的革新与苏格兰启蒙运动互为表里,它不仅是苏格兰启蒙运动能够兴起的重要原因之一,更是塑造苏格兰启蒙运动特殊面貌的重要力量。弗朗西斯·哈奇森、亚当·斯密、托马斯·里德、约翰·米勒是格拉斯哥大学的教授,亚当·弗格森、道格拉斯·斯图亚特和威廉姆·罗伯特是爱丁堡大学的教授,而他们的学生则主导着阿伯丁大学和安德鲁斯大学。而在法国启蒙运动中,大学的作用并不特别突出。⑤

苏格兰的法律传统也有着自己的鲜明特色。与英格兰不同,苏格兰法律主要建基于罗马法与宗教法规,属于大陆法系(或罗马法

---

① Christopher J. Berry, Social Theory of the Scottish Enlightenment, p.14.

② Jane Rendall, The Origins of the Scottish Enlightenment, pp.4–5.

③ Jane Rendall, The Origins of the Scottish Enlightenment, p.6.

④ 亚当·斯密,《国民财富的性质和原因的研究》(下卷),郭大力、王亚南译,北京:商务印书馆,1974,第 342 页。

⑤ 赖尔、威尔逊,《启蒙运动百科全书》,"启蒙运动"词条,第 11 页。

系）。因而在职业教育传统上秉承大陆法系，注重律师的法学理论知识，苏格兰律师纷纷出国去往荷兰的莱顿（Leyden）、格罗宁根（Groningen）、乌得勒支（Utrecht）等地学习法律，同时这也增强了他们对外部的了解，开阔了视野。与英格兰遵从先例与习惯法不同，到 1681 年，苏格兰的私法原则就相当明晰，并被编撰成典。[1] 高级法官（Law Lord）斯达尔（Stair）的著作《苏格兰的法律制度》（*The Institution of the Laws of Scotland*,1681）更被看作是苏格兰启蒙谋篇布局（set the scene）之作。[2] 受这种法律传统的熏陶，苏格兰的启蒙政治思想家特别注重研讨政治与经济生活中"自然的""普遍的"法律与正义规则，自然法传统甚至成了他们自身思想的一个基本底色，并为众多研究者所热烈关注。

2.1.4 社团与思想论辩的公共领域

正如《启蒙运动百科全书》的编撰者所指出的，启蒙运动的精英们并不是埋头于尘封的书房里皓首穷经的学者。相反，研究工作是在一种引人注目的社交活动中进行的。知识分子、新闻记者、作家、政府官员以及拥有其他兴趣的人，聚在沙龙、咖啡馆或科学院中共同交流思想。[3] 在苏格兰，如前文所述，爱丁堡大学、格拉斯哥大学、阿伯丁大学、圣安德鲁斯大学成为启蒙运动的中心与摇篮，它们为启蒙运动的精英们提供了广阔的舞台。不仅如此，这些精英们还以此为依托，组织和参与了各种各样的社会团体与俱乐部，如"择优学会"（Select Society）、"拨火棍俱乐部"（Poker Club）、"文学会"（Literary Society)、"政治经济俱乐部"（the Political Economy Club）、"哲学学会"（Philosophy Society）等。这些学会、俱乐部基本上都不是纯学术的团体，除了学界名人如休谟、斯密、弗格森、罗伯逊等积极参与其中之外，也有政界、商界人士的身影。后者的参与不仅使得学者们获

---

① Jane Rendall, The Origins of the Scottish Enlightenment, p.6.
② Christopher J. Berry, Social Theory of the Scottish Enlightenment, p.10.
③ 赖尔、威尔逊，《启蒙运动百科全书》，"启蒙运动"词条，第 11 页。

得了一个交流思想观念的平台，更使得学者们从政界和商界人士的宏观视野以及商业操作实践方面学到了不少东西，并使之理论化，斯密的传世名作《国富论》的许多重要资料就是从政治经济俱乐部中获得的。当然，不同的学会、社团在成员构成、思想理念上也存在很大的差异。在阿伯丁，学会成员和教会人员的联系更多；在格拉斯哥这座商业之城，学者、商人以及律师之间的互动颇为密切；而在享有"大不列颠的雅典"美誉的爱丁堡，社团的社会基础最为广泛，市民、文人、军人和公务人员都曾参与其中。不同学会间、不同思想流派间，甚至同一流派与社团内部也论争不断，形成了异常活跃的进行思想传播与论辩的"公共领域"。这既是当时市民社会发育成长的标志，反过来也有力地推动了市民社会的发展与成熟。

2.1.5 "资助"

当我们把视线投向苏格兰启蒙思想家这一群体的职业、阅历、生活时，"资助"成了一个很重要的关键词，他们几乎无一例外地都受到过资助。以阿盖尔公爵（Duke of Argyll）为例，他是苏格兰首要的资助人，从1723年至他逝世的1761年期间，他直接或间接资助过活跃在苏格兰启蒙运动中各行各业的领军人物：如大法官安德鲁·弗莱彻、查尔斯·厄斯金（Charles Erskine）、亨利·霍姆（即凯姆斯勋爵）；如文人学者弗朗西斯·哈奇森、亚当·斯密；如牧师威廉·罗伯特、亚当·弗格森、乔治·坎贝尔；如医生威廉·库伦（William Cullen）、约瑟夫·布莱克（Joseph Black）；如艺术家威廉·亚当（William Adam）、阿兰·拉姆塞（Allan Ramsay）；如科学家和商人亚历山大·威尔逊（Alexander Wilson）、詹姆斯·赫顿（James Hutton）。在列举这一长串名单后，罗杰·爱默森深有感触地评论道："如果要说有人是苏格兰启蒙运动之父的话，阿盖尔公爵三世当之无愧。因为他比任何人对那些使启蒙理念体系化的天才们的谋生创业给予的资助都多。"[①]

---

① Emerson, "The contexts of the Scottish Enlightenment", in Broadie ed., The Scottish Enlightenment, p.16.

尽管在 18 世纪的欧陆启蒙运动中，资助也是其重要的背景，但在苏格兰启蒙运动中，资助有其自己的特色：一，自 1723 年之后，特别是在罗伯特·沃波尔（Robert Walpole）、阿盖尔公爵治理苏格兰期间，苏格兰人享有更多的自治权，这使得苏格兰的资助者们比欧陆那些集权人士更愿意给予地方精英更多的权利与自由；二，苏格兰的资助者的人数比较少，这是因为苏格兰的统治阶层主要是地主与商人，在 1700 年这一群体仅有 1300 人，到 1800 年也不超过 2600 人，资助群体的稳固与集中有助于资助行为的一贯与持续；三，苏格兰的资助者较为开明。在 18 世纪的苏格兰，资助不仅特色鲜明，而且对启蒙运动的功用不可估量，亚当·斯密、亚当·弗格森等从中受益良多。1764 年，斯密结束了他在格拉斯哥大学为期十三年的教书生涯，接受了当时的政治家查尔斯·汤申德的邀请，担任其子巴克勒公爵的私人教师，并陪同其赴法国游学。正是由于这趟法国之旅，斯密不仅广泛结识了伏尔泰、达朗贝尔、霍尔巴赫、爱尔维修、魁奈、杜尔阁等法国知识界的知名人士和重农学派的代表人物，而且为《国富论》收集了许多"新颖的对比和思考的材料"，因为"在 18 世纪下半叶，没有一个国家像法国那样有那么多的经济方面和制度方面的重要而又饶有兴味的问题需要人们研究"[1]；正是由于有高额资助金的保障，斯密衣食无忧，专心在老家科卡尔迪创作《国富论》。另外，亚当·弗格森更是为了担任切斯特菲尔德勋爵的私人家庭教师而不惜与爱丁堡大学对簿公堂，从侧面可以看出资助金的巨大魅力。资助的功用不仅仅表现在对启蒙思想家个人的职业与生活方面的影响，"这些间接或直接的资助对那些思想家们的安全与稳定是不可少的"[2]；更主要的是它有助于整个启蒙运动事业，"苏格兰启蒙的成功源自资助，资助者们在很多方面与这些启蒙人士共享着相同的理念，并有能力将他们的价值与思想付诸一个不怎么情愿（变革）的社会"[3]。资助关系在很大程度上使"这些思想家与那

---

① 约翰·雷，《亚当·斯密传》，胡企林、陈应年译，北京：商务印书馆，1983，第 6 页。

② Jane Rendall, The Origins of the Scottish Enlightenment, p.15.

③ Emerson, "The contexts of the Scottish Enlightenment", in Broadie ed., The Scottish Enlightenment, p.17.

些开明的苏格兰地主阶级之间的利益分歧甚少，而这或许可以解释在他们的著作里为什么缺乏政治激进主义"。①

总之，作为 18 世纪启蒙运动之一枝，苏格兰启蒙运动在很大程度上是其独特的历史情境的产物。对于这种独特性，《布莱克维尔政治学百科全书》的编撰者们给予了很好的总结："1707 年，苏格兰与英格兰合并，通过这一合并，苏格兰人以自己的独立的议会换取了与英格兰及其帝国自由贸易的机会。这种合并绝不只是苏格兰经济增长或苏格兰启蒙运动灵感产生的原因，但是，它自然而然地要求人们关注制度和经济发展之间的关系。宗教解放、大学改革（使爱丁堡大学、格拉斯哥大学、阿伯丁大学、圣安德鲁斯大学成为新教欧洲的一流大学）以及诸如爱丁堡选举社这种自愿社团和俱乐部的增加，这一切无疑是启蒙运动的先决条件，也为苏格兰思想家提供了学习和表明自己对于社会伦理和文化框架的重要性及其与物质进步的关系的看法的场所。况且，这些苏格兰经验的特殊方面并没有使启蒙运动成为特别激进的运动。苏格兰思想家们虽然并不清高自得，而且也不急切地想以各种方式影响国家的发展，但是，他们对未来却充满了信心，矢志以自己的大部分精力研究当时鲜为人知的改革。"②

最后，我想再次回到导论中一再强调的一个基本论点——18 世纪的启蒙运动是一场深具国际规模（主要集中在欧美地区）的思想文化运动，"民族性"与"国际性"、"同源性"与"多元性"是其内在的两种基本面向，并相映成趣。因而，在凸显苏格兰启蒙运动历史背景之民族、地域、文化独特性的同时，我们不能由此走向另一极端，忽视它的**"欧洲背景"**（European contexts）。对此，奥兹 - 萨尔茨伯格有着深刻的认识：苏格兰启蒙运动的欧洲背景经常被忽视。其实，它的鲜明特色唯有以欧洲启蒙运动为轮廓才能描绘出来。大卫·休谟、亚当·斯密、威廉·罗伯逊、约翰·米勒和亚当·弗格森都是欧洲知识

---

① Jane Rendall, The Origins of the Scottish Enlightenment, p.15.
② 米勒、波格丹诺主编，《布莱克维尔政治学百科全书》，第 738 页。

传统很微妙的门徒（subtle disciple），并熟谙大量的启蒙文化。[①]

2.2 路径依赖与路径创新：苏格兰启蒙运动的思想谱系

"路径依赖"（path dependence）最初发现于自然史中，由生物学家古尔德（Gould）在分析物种的演化中提出，其显著特征是某物种以一种相关方式影响未来的发展。受生物学理念的启发，大卫（David）、阿瑟（Arthur）、诺斯（North）等人将"路径依赖"运用于技术演变与制度变迁。路径依赖的核心理念是：个体、组织与制度发展中的每一个连续行动都强烈地受到以前所具有的路径的影响，它具有自我增强的反馈环路性质，形成某种"锁定状态"（lock-in），这意味着历史的重要。"路径创新"（path creation）不把锁定过程看作是一个随机事件或历史偶然性，而是强调行为主体在环境或制度形成中以及主体与环境或制度的相互作用中的作用[②]。"路径依赖"与"路径创新"主要用于分析技术演变与制度变迁。其实，在思想运动、思想发展上，"路径依赖"与"路径创新"更为突出。

启蒙最直接的方式就是用"知识"启迪民智。启蒙时代正值"认识论""观念论""知识论"革故鼎新之际，一方面它们是启蒙之子所承继的思想传统与理论工具；另一方面这些又是他们首先需要进行启蒙与批判的对象。在 18 世纪欧陆启蒙运动中，各国启蒙思想家都首先或系统或非系统地进行正本清源，都留下了诸多论及这一时期思想状况、思想谱系的经典名篇，比如达朗贝尔为《百科全书》写的"绪论"、康德《纯粹理性批判》的"第一版序"、《未来形而上学导论》的"导言"。苏格兰启蒙思想家亦不例外，休谟在《人类理解研究》之"各派哲学"中研究了"精神哲学"之"两种途径""两种方法"，里德在《按常识原理探究人类心灵》的"前言"与"结论"对观念论的流

---

① Fania Oz-Salzberger, "The political theory of the Scottish Enlightenment", in Alexander Broadie ed., The Scottish Enlightenment, p.157.
② 参见：宁军明，《路径依赖、路径创造与中国的经济体制转轨》，载《学术月刊》，2006 年第 4 期。

变提供了非常详尽的分析与反思等等。诚然，除了这种"认识论""观念论"的学术谱系外，其他思想主题上都存在传承转合的问题，比如斯密在《国富论》中对重商主义、重农主义的扬弃，在《道德情操论》第七卷中考察了不同的道德哲学体系，休谟在《宗教的自然史》《自然宗教对话录》等宗教题材的著作中与自然神论、怀疑论、正统神学之间的"对话"，苏格兰启蒙思想家群体在社会起源上对契约论的拒斥等等；后面这些论题我们在相关章节再进行具体的梳理，这里关注更为根本性的观念论的思想谱系，并在此基础上揭示苏格兰启蒙运动在思想路径上的突破及其创新，回应苏格兰启蒙研究中自然法传统与公民人文主义传统。

2.2.1 启蒙运动的思想资源

正如有的研究者所洞察到的，启蒙时代有鲜明的历史意识："前进发展的思想是这个时代的一大成就。以往的时代从不考虑要为自己的存在辩护。古希腊罗马时代从不要求了解自己的先辈是谁，基督教把自己的出现归之于天意，甚至连充当两种先前文化冲突的仲裁人的文艺复兴时代都不把向前发展当作自己的任务，反而把返回原始时代当作自己的目的。启蒙运动第一次意识到自己是一个新时代。这样一来它就接近于把历史主义当作一种思维方式。尽管不是所有的启蒙主义者都能够做到用历史观点来看待事物，但历史观点的根子却已深埋在这个时代之中了。"[①] 简单地说，与文艺复兴时代的思想家不同，启蒙时代的思想家既对文艺复兴之前的两种文化——古希腊罗马文化与基督教文化进行历史甄别，也对文艺复兴时期的思想遗产进行历史审视，还要对从 17 世纪兴起的科学革命进行现实观照。因而，一般认为，启蒙时代的思想资源主要是这四个方面：古希腊罗马文化、基督教文化、文艺复兴时期的人文主义、科学主义。

在《启蒙时代：现代异教精神的兴起》中，彼得·盖伊将这些思想资源概括为两种——"基督教遗产"和"异教遗产"，并认为启蒙哲

---

① 阿尔森·古留加，《康德传》，贾泽林等译，北京：商务印书馆，1981，第 8—9 页。

人深谙辩证法："启蒙哲人的经历乃是争取独立自主的辩证斗争，是消化他们继承的两种遗产——基督教遗产和异教遗产——的尝试：使之相互对抗，从而确保它们各自独立。""他们的反叛乃是一种用异教反抗其基督教遗产，他们依赖的是古代的异教；但是他们的反叛也是一种从古典思想和基督教教条下解放的现代异教。"他的两卷本的《启蒙时代》详细阐释了这一辩证过程："在本书中，我将研究启蒙哲人接受的教育：我将追溯批判如何从它在古代异教时代的繁荣和上千年间基督教时代的衰落转向在文艺复兴时期和 16、17 世纪的重新崛起。我在第一卷里说的'对古代的追慕'和'与基督教的矛盾'乃是在启蒙运动的激进纲领逐渐形成的辩证过程中的两个因素。在第二卷中，我将讨论这种激进纲领，这种斗争的合题——'现代性的追求'。因此，这两卷书乃是同一主题下的两个部分，分别展开分析，但具有内在的统一性。在第一卷里，我将论述启蒙哲人如何争得了自由；在下一卷里，我将论述他们如何运用这种自由。"[①] 彼得·盖伊将启蒙哲人称为"现代异教徒"赢得的掌声估计不比批评声多。因而，在研讨苏格兰启蒙运动的思想谱系时，我们不打算照搬这一引起众多争议的分析框架。

在苏格兰启蒙运动的当代复兴中，形成两种研究传统——自然法传统与公民人文主义传统。对于这两种传统，我们在文献综述中简要介绍过，在后面很多议题中我们也还会提及，我们总体认为，这两种研究维度一定程度上揭示了苏格兰启蒙思想与其两种思想资源之间的关联，一定程度揭示了苏格兰启蒙思想的两个面向——重视"自然法"传统与重视人的权利与幸福，一定程度上揭示了苏格兰启蒙运动独特的思想魅力，具有很好的阐释力度，在推动苏格兰启蒙运动的当代复兴中也颇有建树。然而，我们不得不承认，这两种研究维度各自都具有一定的限度，难以对苏格兰启蒙运动做整全性的展示，这些不同的研究传统本身及它们之间的相互争辩就是很好的说明。尤为严重的是，无论是自然法的研究传统还是公民人文主义的研究传统，都试图将苏格兰启蒙运动或置于自由主义或纳入共和主义谱系解读。然而，考察

---

① 彼得·盖伊，《启蒙时代：现代异教精神的兴起》，"前言"，第 2—3 页。

身处于 18 世纪这一现代意识形态尚未完全成形时代的苏格兰思想家的
思想倾向时，把他们归为一种现代政治意识形态的做法是非常危险的。
我们在后面的章节里要进一步揭示：在苏格兰启蒙思想家那里存在多
种复杂的"主义"谱系。因而，我们还是要慎用自然法传统与公民人
文主义传统，尤其是揭示其整体趋向时。那么我们怎样去爬梳苏格兰
启蒙运动的思想源泉及其流变呢？其实，如本节开篇所说，里德为我
们提供了非常好的版本。

　　在具体展开里德的版本之前，我们还是啰唆几句，用意主要是申
辩一下这个版本很切题。其实，启蒙的时代，还是哲学的时代，很多
学科、很多视野还是裹挟在"哲学"的母体之中。在法国大革命之前，
似乎所有启蒙知识分子都可以称呼为"哲学家"，"哲学"一词在 1789
年之后平添了凶恶的意涵。[①] 不过，在近代，哲学的主题从本体论（存
在论）转向了认识论（观念论）。

2.2.2　"观念论"的思想谱系

2.2.2.1　从"亚里士多德的体系"到"笛卡儿的体系"：里德的版本

　　在《按常识原理探究人类心灵》中，里德认为"人们有两种途径
可以形成他们关于心灵、心灵的力量和运作的观念"，一条是"通向真
理的途径"，另一条是"最通用的途径"，前者是"反思之途"，后者
是"类比之途"。在里德看来，靠与自己更熟悉的事物的类似，每个人
都容易形成他自己关于难以理解的事物或不太熟悉事物的概念；这种
境况使我们有充分的理由认为，"有关心灵及其运作的语言、日常概念
都是类比的，源自感官的对象"，"我们有专门的而非类比的词汇，表
达我们通过触觉、视觉、味觉之类的感觉来知觉外在对象的各种方式，
但是我们常常不得不类比地使用这些词汇来表达本质完全不同的其他
心灵能力。此外，包含一定程度反思的能力，一般只有类比化的名称。
思维的对象被说成存在于心灵之中，被领会、理解、想象，保存、掂

---

① 　道格拉斯·阿代尔，《"政治或可化约为一种科学"——大卫·休谟、詹姆斯·麦
迪逊和〈联邦主义文集〉第十篇》，载《政治思想史》，2010 年第 4 期。

量和沉思"。客观地说，里德这种洞察还是相当深刻的，他对类比缺陷的揭示也很大程度上是客观的，"这些类比容易欺骗哲学家和平常人，容易导致他们把心灵及其能力物质化"。①

在进行了这种类型化的理论设定后，里德把有关此主题的哲学区分为"旧哲学"和"新哲学"："旧哲学到笛卡儿为止，他给了它致命一击，自那以后，旧哲学逐渐衰落，现在近乎灭绝。在此主题上，笛卡儿是新哲学之父，自他那个时代起，新哲学在他制定的原则上逐渐改善。旧哲学似乎纯粹是类比化的，新哲学更多源于反思，但仍在相当大程度上混杂着旧的类比概念。"在里德眼里，"旧哲学"的典型代表是"亚里士多德的体系"，"亚里士多德的体系统治了欧洲学院上千年，几乎没有遇到一个竞争对手，后来坍塌在笛卡儿的体系前"；"新哲学"是笛卡儿开创的，"现已被普遍接受的有关心灵及其运作的体系，不仅在其精神实质上源自笛卡儿，而且其基本原则也出自他；即便在马勒伯朗士、洛克、贝克莱和休谟对之做了改进之后，它仍可称作笛卡儿体系"。② 在对这一新哲学体系的评论中，里德没有简单地就事论事，而是纵横古今，成就一部教科书式的观念史，乃至有的研究者认为这是里德最突出的哲学贡献。因而在转述的过程中，我们尽量要原汁原味。

第一，"笛卡儿追求的方法自然而然地引导他比以前的任何哲学家更多地靠精确反思来关注心灵的运作，更少地信任在此主题上做的类比推理"。是"反思"还是"类比"，这是里德划分新旧哲学的标尺。里德深谙笛卡儿哲学体系的"基础"与"第一原则"——"我思故我在"，用里德自己的评论性话语来说，"为了在新的基础上建立体系，他首先决意除绝对肯定和显明的东西之外，不承认任何东西。他假定他的感觉、记忆、理性，以及我们日常生活中信任的任何其他能力，都可能是虚假的；他决定不相信任何事情，除非由于不可反驳的证据才不得不予以承认。按这种方法，首先确定、明白地呈现给他的，是他

---

① 托马斯·里德，《按常识原理探究人类心灵》，第 252、254、255 页。
② 托马斯·里德，《按常识原理探究人类心灵》，第 255、258 页。

思想、他怀疑、他深思。一句话，他意识到的自己心灵的运作，必定是真实的，决不是虚幻的；而且，即使其他所有能力会欺骗他，他的意识也决不会欺骗他，因此他把这看作是第一原则。……不是类比，而是细心的反思引导他观察到，思维、意志、记忆以及其他心灵性质……"里德认为这些观察首先是由笛卡儿做出的，而且比起以前那些有关此主题所说的，它们更加重要，为此主题提供了更多的线索。[①]

第二，"就如亚里士多德体系有种物质化心灵及其运作的倾向，笛卡儿的体系有种精神化物体及其性质的倾向。两种体系犯了一个相同的错误，它导致前者在类比中步入了前面的那种极端，导致后者在反思中陷入后面的那种极端"。如果说第一点是肯定笛卡儿作为新哲学之开创者的贡献，那么第二点就是毫不避讳其"极端化"的缺陷。里德在对比中刻画了两种极端化的倾向：亚里士多德的体系把物体及其性质的真实存在看作是理所当然的——它们就是我们通常认为的那个样子；他还从它们推断出感觉的本质。推理方式如下：感觉是可感觉的对象给心灵造成的印象，我们还可以把它比作印章在封蜡上的印象；印象是印章的意象或形式，而不具备它的质料；同样，每种感觉是对象某种可感觉到的性质的意象或形式。这就是亚里士多德的推理，他明显有种把心灵及其运作物质化的趋势。相反，笛卡儿的体系认为，物体或其任何性质的存在都不应被看作第一原则；除利用合法推理从感觉中能推演出的东西之外，我们不应该承认任何东西；他还知道，我们能靠反思形成关于感觉的清楚明白的概念，而不需要靠类比从感官的对象那里借用关于感觉的概念。因此，笛卡儿主义者开始关注他们的感觉，首先发现，相当于第二性质的感觉不可能相似于物体的任何性质，因而笛卡儿和洛克推断，被平常人当作物体性质的声音、味道、气味、颜色、热和冷并非物体的性质，而只是心灵的感觉。后来睿智的贝克莱更仔细地考虑了感觉的普遍本质，他发现并证明了，无论什么样的感觉都不可能相似于无感觉能力的存在者（如物体）的任何性质；他还非常正确地由此推断：认为广延、形状以及所有第一性

[①]　托马斯·里德，《按常识原理探究人类心灵》，第258—259页。

质都只是感觉，其理由与认为第二性质都只是感觉的理由相同。这样，如果按照笛卡儿的原则进行合法的推理，那么物质就被剥夺了全部的性质；新体系靠一种形而上学的升华，把物质的一切性质转变为感觉，并把物质精神化，有如老体系把精神物质化。里德指出，为了避免这两种极端，就要承认我们看作或感受为第一原则的东西的存在，承认我们意识到的事物的存在；既要像亚里士多德学派的学者那样，从我们的感觉明证中吸取对物体性质的概念，又要像笛卡儿主义者那样，从意识的明证中吸取对感觉的概念。[①]

第三，"现代怀疑论是新体系的自然产物；尽管它直到 1739 年才产下这个怪物，我们还是可以说新体系一开始就孕育了它"。这是里德直接将矛头对准《人性论》的作者休谟，我们下文要专门讨论这个争论，这里简单了解一下在里德的思想里"笛卡儿体系"怎样孕育了"怀疑论"。里德在这里又突然开始怀念"老体系"，"老体系不要求任何证据，就把所有的常识原则看作是第一原则予以承认；因此，尽管它的推理通常是含糊的、类比的、晦涩的，但它是建立在宽广的基础之上的，而且没有导致怀疑论的倾向。我们没有发现有哪位亚里士多德学派的学者认为自己有义务证明一个物质世界的存在"；相反，"新体系"不可避免地导致怀疑论倾向，"新体系只把一条常识原则当作第一原则予以承认……但任何其他的事物必须用理性之光来照亮自己"。"这一体系的自然产物是怀疑论……一个简单的二难推理就剥夺了它们的存在：或者这些事物是关于感觉或反思的观念，或者不是；如果它们是关于感觉或反思的观念，那么它们只有在被我们意识到的时候才会存在；如果它们不是关于感觉或反思的观念，那么它们就是没有任何意义的词汇。"[②]

第四，"人类理解是自然的天赋，而非我们推理的产物。新体系为它的配置提供的说明是极其蹩脚和不完善的"。这一条是里德为自己的常识哲学立论。在里德看来，人类理解的天然配置可以分为两类：一

---

① 托马斯·里德，《按常识原理探究人类心灵》，第 260—261 页。
② 托马斯·里德，《按常识原理探究人类心灵》，第 261—265 页。

是我们对事物的概念或简单领悟；二是我们对它们所做的判断或信念。至于我们的概念，新体系把它们划归为两类：关于感觉的观念和关于反思的观念。前者被看作是感觉的摹本，保留在记忆或想象中；后者是使我们意识到的心灵运作的摹本，同样保留在记忆和想象中；新体系还教导我们，这两者构成了人类理解中被用到的或能被用到的全部内容。至于我们对事物的判断，或有关事物的信念，新体系不承认有哪个部分是自然的馈赠，而认为它们是理性的产物，靠比较我们的观念以及知觉到它们的一致和不一致获得。最后，里德得出论证的结论，"当一个人用形而上学的论证来使自己脱离常识原则的推理，我们就可以把这称为形而上学式的精神错乱"。这样，笛卡儿的哲学体系，包括休谟的怀疑论，都被贴上了"形而上学式的精神错乱"。[①] 不仅如此，里德还一方面号召"割断形而上学的罗网"："一个人若发现自己身陷形而上学的罗网，而找不到其他的逃生之路，就让他勇敢地割断他不能松开的网结，诅咒形而上学，并劝阻那些准备与之纠缠的人吧！因为，如果我去追逐那虚幻的目标，而被引入沼泽和泥潭，除了警告他人要当心外，还能有更好的做法吗？如果哲学自相矛盾，愚弄她的信徒，剥脱了他们值得追求和享受的任何对象，那就把她打回地狱吧，她肯定是在那里诞生的。"[②] 另一方面，他主张要大胆拥抱拒斥形而上学的常识哲学，"是否因为笛卡儿和他的后继者都失败了，我们就要表示绝望吗？决不。胆怯只会有损于我们自己，也会有损于真理"，"明智的人从不怀疑日常生活中的事物，对此主题已有的或将有的言论，他们嗤之以鼻，因此容易得到治疗。他们说，那是形而上学，谁会在意？就让那些故弄玄虚的诡辩家作茧自缚吧！无论他们怎么颠三倒四，我决意相信我自己的存在，相信其他事物的存在；相信雪是冷的，蜜是甜的。劝我丧失理性的人，要么是个傻瓜，要么想把我变成傻瓜"。[③]

---

① 托马斯·里德，《按常识原理探究人类心灵》，第 261—269 页。
② 托马斯·里德，《按常识原理探究人类心灵》，第 19 页。
③ 托马斯·里德，《按常识原理探究人类心灵》，第 18 页。

扼要而论，里德版本的"观念史"不乏新视角，从研究方法上界分两种不同的认识途径与认识论体系；不乏新思路，把马勒伯朗士、洛克、贝克莱和休谟等都纳入"笛卡儿的体系"，一定程度上克服了传统经验主义与理性主义二分的偏狭；亦不乏新观点，揭露了"亚里士多德的体系"与"笛卡儿的体系"之"物质化"与"精神化"之"两极"，揭露了"笛卡儿的体系"对"信念"与"常识"的忽视，揭露了"怀疑论"是新体系的必然产物……然而，里德对建构超越"亚里士多德的体系"与"笛卡儿的体系"之新路径思考不多，其视野主要是批判休谟的怀疑论，其青睐的"常识论"并不能代表苏格兰启蒙的整体倾向。

不过，对问题的揭示往往意味着解答问题的新思路与新方向，那就是要超越传统的经验主义和理性主义，同时亦要克服怀疑主义。苏格兰启蒙哲人非常幸运的是，18世纪的思想领域正提供这样的变化与契机，为他们的"科学的经验主义"或者说"自然主义"提供了生长的土壤。

2.2.2.2　科学的经验主义：从"笛卡儿主义"到"牛顿主义"

在前文提及的启蒙运动的四大思想资源中，17世纪的科学革命是最为重要的一环，然而却经常被忽视。"科学革命通常指源于17世纪初期科学理论和科学实践的一系列变革……与科学革命相关的思想、方法和新机构为启蒙运动思想的建构提供了一些基本要素。"[1]从发生学上看，17世纪的科学革命源起于自然哲学领域的革命，这场革命要"革"当时占主导地位的亚里士多德主义和中世纪经院哲学的"命"，进而创造出新科学、新方法、新工具。在这一进程中，笛卡儿是一个重要的中间环节，他把自然哲学从"亚里士多德主义"推进到"笛卡儿主义"阶段。从某种程度上说，17—18世纪科学革命的主题就是用"牛顿主义"取代"笛卡儿主义"。

上文关于"笛卡儿主义"我们已经详尽地介绍过里德的批判。卡西尔在《启蒙哲学》中对"笛卡儿主义"的思维特征也曾做过精彩的

---

① 赖尔、威尔逊，《启蒙运动百科全书》，第87—88页。

解读，将其特征概括为"理性主义""演绎法""体系癖"。卡西尔写道："18世纪抛弃了这种演绎和证明的方法。它不再在体系的严密和完美方面与笛卡儿、马勒伯朗士、莱布尼茨和斯宾诺莎一争短长了。它所探寻的是关于真理和哲学的另一种概念，其功能是扩展真理和哲学的范围，使它们更灵活、更具体、更有生命力。"[①]这种方法就是"牛顿主义"的方法。

牛顿被称为"启蒙运动之父"，他为启蒙运动简明扼要、条理清晰地表述了科学方法，所以人们最经常把他的名字与科学方法联系在一起。牛顿在《自然哲学的数学原理》一书中，阐述了科学方法的四条准则：第一，"除那些真实而又足够说明现象的原因外，不必再去寻求自然界事物的其他原因"。依据这条准则，科学不再探求自然现象的终极原因，而是集中考察人类能够直接观察到的关系。这是基于这样的假设，即只有上帝才知道终极原因，人类的理性不论有多么深刻，都无法揭示这些原因。第二条准则提出，"对于自然界中同一类结果，必须尽可能归之于同一原因"。换句话说，相似的现象产生于相似的原因。第三条准则提出，"物体的属性，凡是既不能增强也不能减弱者，又为我们试验所能及的范围内的一切物体所具有者，就应视为所有物体的普遍属性"。这条准则确立起牛顿的物质学说，重新阐述了不同于笛卡儿的机械哲学观点。物质在我们观察时没有发生变化的特性，即为物质的基本属性。牛顿列举了这些属性：广延性（几何形状）、硬度、不可入性、移动性、惯性等。物体发生变化的方面，如颜色和声音，都属于次要属性，不构成物质的本质。第四条准则提出，"在实验哲学中，我们必须把那些从各种现象中运用一般归纳而导出的命题当作完全正确的，或者是非常接近于正确的，虽然可以想象出任何与之相反的假说，但是没有出现其他现象足以使之更为正确或者出现例外以前，仍然应当给予如此对待"。这条准则断言，我们能够从对现象的观察和经验中发展出我们视为真实的普遍规律，除非新的观察提出了相反的证据。牛顿的这一准则通常被称为实验方法，并因其经验主义

---

① 卡西尔，《启蒙哲学》，顾伟铭等译，济南：山东人民出版社，2007，第5页。

倾向而备受称道。[①] 这四条准则，就是牛顿的"科学经验主义"的科学指南，"启蒙运动时期，科学经验主义主导了几乎所有的科学研究"。[②]

2.2.3 自然主义：路径创新

2.2.3.1 苏格兰启蒙思想的自然主义取向

通过对启蒙时期思想资源的评估以及"观念史"的流变，我们层层剥离出了苏格兰启蒙运动的思想谱系，即是从"亚里士多德主义""笛卡儿主义"之中走出来的"科学的经验主义"。这种"科学的经验主义"，在苏格兰启蒙思想家那里又被进一步提升为"自然主义"。"自然主义"的核心要义是"自然"，苏格兰启蒙思想家在论及很多问题时都曾辨析过"自然"的含义，哈奇森、休谟、斯密、弗格森等苏格兰启蒙思想家群体将"自然"更多地诠释为"天然""本然""本性"，并不仅狭隘理解为效法自然界，或者说在他们的思想深处，无论自然、人、社会，还是心灵、情感，都有其自然的本真面相。因而，从这个意义来说，他们的自然主义的取向完全涵盖了自然法的研究取向与公民人文主义的研究取向。后文要在各个论题下详细展示他们的"自然主义"思想与取向，比如：在人性论上，他们关注的是人的天然本性；在社会观上，他们关注社会的自生自发；在道德哲学上，他们认为有自然的同情共感机制；在政治思想上，他们关注人的自然权利；在宗教问题上，他们深究宗教的自然史；等等。因而，在这里我们就不展开分析。当然，要立论这种自然主义的立场，一个最迫切的任务就是如何处理里德常识论、休谟的怀疑论与自然主义之间的关系。

2.2.3.2 休谟的怀疑论与自然主义

19 世纪爱丁堡哲学家托马斯·布朗（Thomas Brown）说过这样一段话被广为引用："里德大声喊道：'是的，我们必须相信外部世界的存在！'然后他又小声嘀咕说：'但我们却无法证明这一信念。'休谟大声喊道：'我们根本无法证明这一主张！'然后他又小声嘀咕说：'但我

---

① 赖尔、威尔逊，《启蒙运动百科全书》，第 89—90 页。
② 赖尔、威尔逊，《启蒙运动百科全书》，第 26 页。

承认我们没有办法摆脱这种想法.'"当然，这有反讽与戏谑的味道。不过，托马斯·布朗是学界最早主张二人其实"殊途同归"的。[①] 这种洞见在 20 世纪得到诺曼·肯普·史密斯（Norman Kemp Smith）的响应[②]，他提出了"自然主义"这一新的研究范式，认为若是完全从怀疑论角度来解读休谟的理论，则抹杀了休谟在人类知识问题上提出的那些积极正面的自然主义观点，他还进一步宣称，其实休谟自己就是个常识论派哲学家。无独有偶，诺顿（Norton）也指出，休谟在社会政治领域并非一个道德怀疑论者，而是一个"常识道德主义者"（commonsense moralist）[③]。这些学者都认为，正是由于休谟理论中的这种自然主义倾向，因此休谟从未公开迎击过里德和比蒂（Beattie）的批判。

《剑桥指南：苏格兰启蒙运动》中收录了海纳·克莱梅一篇非常精彩的论文《怀疑论与常识》，在文中他层层剥离了休谟的自然主义，又解读了休谟在何种意义上从自然主义滑向了怀疑主义。这里我们转引其中一段核心的分析："（1）从研究方法上看，休谟是一位描述性的自然主义者（descriptive naturalist），因为他希望描述在形成信念时我们的各种能力如何运作。（2）休谟也是一位规范性的自然主义者（normative naturalist），因为他宣称，我们完全有理由相信某些特定的事物或事件（比如，明天太阳会照常升起）。这些理由来自风俗和习惯，也可被称为证明性理由（justifying reasons），因为我们在科学研究与日常生活中依赖的正是这些理由。（3）然而，当这些证明性理由被看作概念性理由（conceptual reasons）时，休谟便成为一位怀疑论者。概念性理由是指独立于我们由风俗习惯所获信念的那些理由。笛卡儿、

[①] 转引自：亚历山大·布罗迪编，《剑桥指南：苏格兰启蒙运动》，贾宁译，杭州：浙江大学出版社，2009，第 113、315 页。

[②] Norman Kemp Smith, "The Naturalism of Hume", Mind 14 (1905), pp.149–173, pp.335–347; The Philosophy of David Hume: a Critical Study of its Origins and Central Doctrines, London: Macmillan, 1941.

[③] David Norton, David Hume: Commonsense Moralist, Skeptical Metaphysician, Princeton University Press, 1982.

里德和康德认为，我们具有概念（或形式）理由，但休谟却显然并不这样认为。（4）规范性的自然主义不仅有肯定性的一面，同时也具有否定性的一面。它表明：首先，笛卡儿哲学是错误的；其次，我们对自己的随意性判断务必慎之又慎；再次，人们对事实的信念有时其实并无真凭实据，或是未经深入思考。因此，常识不能自证其明，常识必须经过哲学的批判性考察。（5）在规范性的自然主义中，没有任何证明性理由可以克服我们思维中固有的矛盾与悖论。"[①]

这一段评述中概念术语比较多，有些观点还相当思辨、晦涩，不过还是很有助于我们把握休谟是什么样的"自然主义"，不是什么样的"怀疑主义"：首先，休谟的自然主义不仅是方法论上的自然主义、描述性的自然主义、解释性的自然主义，也是规范性的自然主义，这排除休谟的怀疑主义是方法论的怀疑主义（如笛卡儿），亦非存在论上的怀疑主义（如贝克莱）。其次，休谟对规范性的自然主义有所保留。"证明性理由"与"概念性理由"表征的是事实与价值的不同，真与善的悖论："就自然规律必须通过实验和观察所发现而言，它们是纯描述性的。它们揭示现象的有序关系，使其服从于规则。它们揭示的是'什么'而不是'应当是什么'。试图从自然科学提取一种道德规范是无望的。启蒙运动的哲学家们希望从自然得到更多的东西。对于他们来说，自然规律和理性包含了道德律令。他们建立一门客观的道德科学的主张，看来包含着固有的矛盾。"[②]再次，休谟的自然主义是一种积极的自然主义，包括肯定与否定的两个面向，是一种审慎的自然主义，正如休谟的怀疑主义是一种改良的怀疑主义、温和的怀疑主义。最后，最为重要的是，这样全面看待自然主义与怀疑主义之后，两者不是对立的，而是相容的。

2.2.3.3　里德的常识论与自然主义

接下来我们讨论里德的常识论与自然主义。海纳·克莱梅认为，

---

① 亚历山大·布罗迪编，《剑桥指南：苏格兰启蒙运动》，第 124 页。

② 托马斯·L. 汉金斯，《科学与启蒙运动》，任定成等译，上海：复旦大学出版社，2000，第 7 页。

里德的常识哲学同样也具有自然主义观，但这与休谟的自然主义观却并不相同。第一，人类构成的初始原则并不能通过所谓的描述性自然主义而获得。相反，这些原则的基础应该是直觉。第二，里德与特恩布尔一样，也是位"天命论自然主义者"：他认为，我们大可信任自己的能力，我们都是上帝的子民。[①] 从直觉主义与自然神论那里寻找里德常识论的自然主义根基是学界较为常见的维度，也是里德常识论显露的最为明显的维度。在这里，我们拟增加两个维度，拓展对里德常识哲学的进一步认知。

一是从概念的对立面的维度。任何概念、学说的所指都有着明确的针对性，因而，从其对称的概念着手也是很好的路径。正如里德在梳理观念之流变史所强调的，他的"常识"不同于"哲学"："在常识和哲学间的这种不平衡竞争中，后者总是会以名誉扫地和失败收场；除非敌视消失了，哲学不再横加干涉常识，两者恢复了真诚的友谊，哲学才可能兴盛起来——因为在现实中，常识不包含任何哲学成分，也不需要它的帮助。但另一方面，哲学除了常识原则外没有别的根源——它产生于常识，从常识中获得养分。割断了这个根源，哲学的花环就会枯萎，活力就会衰竭，就会凋谢和腐烂。"（《按常识原理探究人类心灵》，12）这里的哲学，既包括里德所说的"旧哲学"（亚里士多德的体系），也包括"新哲学"（笛卡儿的体系），尤其是后者。在里德对笛卡儿的体系的批判中，他最为不满的是其对"感觉的观念"与"反思的观念"的区分。其实，这种区分是洛克与休谟认识论的基石与前提。而在里德看来，两者是自然一体的："我们已经表明，感觉的各种运作本质上隐含着判断或信念，以及简单领悟。比如说，当我感到脚趾痛风的疼痛时，我们不仅有对疼痛的概念，还有对其存在的信念，对引起脚趾疼痛的某种失调的信念；这一信念不是靠比较观念、知觉到它们的一致和不一致来获得的；而是包含在感觉的本性之中。当我知觉到面前的一棵树时，视觉为我提供的不仅是对树的概念或简单领悟，还提供对它的存在、形状、距离和大小的信念；这一

---

① 亚历山大·布罗迪编，《剑桥指南：苏格兰启蒙运动》，第 125 页。

判断或信念不是靠比较观念得来的，它是包含在知觉的本性之中。我们已经在这一探究过程中注意到信念的若干初始原则；当考察心灵的其他能力时，我们会发现在对五种感觉的考察中没出现的更多初始原则。"这种初始的、自然的判断是自然为人类理解提供的一部分配置。它们有如我们的概念或简单领悟一样，是上帝的授意。它们为我们的一些日常事务提供指导，而理性能力在这些事务上把我们带进黑暗。它们是我们构造的一部分，是理性做出发现的基础。它们构成了我们称作的人类常识……它们的效力是良好的判断力，往往可以在那些不精于推理的人身上发现。"简单地说，"人类理解是自然的天赋，而非我们推理的产物"。①

二是概念术语的比较维度，找寻相同或相近的"家族"概念。"常识"与哪个概念相近呢？看看它的英文形式"common sense"我们就能够豁然开朗，因而有的研究者提出有另一种译法的看法与论证非常富有洞见："对于common sense，通常有两种译法：或译作'常识'，或译作'共通感'。在休谟这里，人们似乎更乐意于使用前一种译法。它不能表征里德的这个概念。在里德的《人类心灵研究》和《论人类的理智能力》两部著作中，'common sense'具有多种含义：它有时指低级程度的理性；有时指一系列最初的或第一的原则；有时指人类心灵中尤以认识最初的或第一原则的能力；有时指人类对于一个特定问题的普遍共识或信念；有时指人们具有的世俗智慧；等等。在《论人的理智能力》中，里德把他的这个概念溯源于沙夫茨伯里的常识（sensus communis）概念和洛克、哈奇森、贝克莱以及休谟等人对sense的不同使用如 external sense、internal sense、moral sense 等。根据里德对 common sense 概念的使用和溯源来看，译作'常识'显然偏颇，译作'共通感'似乎更妥帖些。"②应该说，译作"常识"符合里德作品的本意，但确实与"道德感""美感""内在感官""同胞感"等无

---

① 托马斯·里德，《按常识原理探究人类心灵》，第268、266页。
② 斯图亚特·布朗主编，《英国哲学和启蒙时代》，高新民等译，北京：中国人民大学出版社，2009，第366页。

疑构成同一个家族。

2.3　市民社会的启蒙：苏格兰启蒙运动的思想主题

苏格兰启蒙运动不同于法、德乃至美国启蒙运动最为显著而独特的方面，那应该就是"苏格兰启蒙运动是一场政治转型和宗教改革已然完成的后革命启蒙"[①]。苏格兰启蒙运动发生于光荣革命之后，1707年与英格兰的政治合并更进一步确认与保障了苏格兰的自由宪政体制，因而可以说它本身就是在一种自由主义的政治生态下兴起的。对于这一"时代优势"，约翰·格雷在《自由主义》中做了很深刻的分析："在整个18世纪下半叶，自由主义在欧洲大陆的历史与启蒙运动的传播必须被看作是同一个思潮与实践的两个方面，而在英国却并非如此。1688年光荣革命中议会力量的胜利使一个个人主义的秩序在辉格党贵族的庇护下保持了长期的社会和政治的稳定。在法国，自由主义是在封建主义的实践与绝对主义的制度这一背景之下产生和发展的……法国的自由主义不是与宗教非国教主义联系在一起，而是与思想自由和反教权主义联系在一起……"[②]这种社会与政治的历史大背景是我们把握各国或地区启蒙运动之多样性的基本出发点，尽管哈耶克所着力解释的"唯理主义"与"反唯理主义"思想传统上的差异也不容忽视。

当然，这并不意味着我们要否认18世纪启蒙运动有共同的关切、共同的母题。对于启蒙运动之"同源性"与"多元性"，沃特金斯有一段非常通俗而又辩证的论述。沃特金斯写道，启蒙运动体现了"中产阶级的觉醒"，满足了"以有效的战斗信念唤醒整个阶级"的需求，"该运动并非源于某一人的著作，而是数世纪来政治与社会思想共同努力的结果。启蒙运动的作家们在不同的时间和地点写作，关心的却是同样的问题，也就是如何将创造力从古老的社会体系束缚中解放出来

[①]　高力克，《严复的伦理观与苏格兰启蒙哲学》，载《哲学研究》，2009年第2期。
[②]　约翰·格雷，《自由主义》，曹海军、刘训练译，长春：吉林人民出版社，2005，第25页。

的问题。这一问题层面极多，许多有功于该运动的人又得从不同的利益及意见，阐发自己的观点。苏格兰经济学家亚当·斯密主要关心自由贸易问题，伏尔泰攻击愚蠢的文学与知识检查制度，而贝加利亚则专注于刑法改革。个别国家盛行的思想学派，具有地域性的特色，与该地情况的特殊性相符合。法国的经济以农业为主，则早期法国经济学家的领袖，即所谓的'重农学派'，关心的即是如何使农业合理化；在英国，则因经济利益范围很广，则英国的功利主义者注意的问题便倾向于如何使国际贸易合理化"①。

　　具体地说，作为一种"后革命"时代的苏格兰启蒙运动，法国同人之政治革命的任务已经完成，康德式的隐晦的哲学思辨又无必要，他们必然"侧重考虑经济变革以及对这一变革的伦理和政治条件和后果"②。如果说哲学革命与精神自由、政治革命与政治自由分别是德、法启蒙运动的风向标的话③，那么苏格兰启蒙思想家的最大关切就应该是经济自由与社会发展，即为工业革命、商业革命鸣锣开道，致力于探究社会的发展与改善，尤其市民社会之培育。这方面，法国学者皮埃尔·罗桑瓦隆与我们的看法非常吻合："18 世纪是英国世纪，这个世纪反映了一种回归到具体的广阔的运动。比法国更为明显的，**这一运动把所有注意力都集中到市民社会的实际运转上了**。要解释法国与英国之间的这种差异并不难。由于法国还处于绝对君主专制时期，对专制主义的批判似乎更为紧迫和必要。社会的建立问题仍属重中之重。而在英国，洛克的观点已经得到迅速传播，特别是随着这种传播建立了一种君主立宪制度。这里为创新思索提供了更为有利的土壤，尽管

---

① 沃特金斯，《西方政治传统》，黄辉、杨健译，长春：吉林人民出版社，2001，第76 页。

② 米勒、波格丹诺主编，《布莱克维尔政治学百科全书》，第738 页。

③ 康德曾对自己所心仪的以人的内在价值与精神自由为鹄的的德式启蒙进行过自画像——"这一启蒙运动除了自由而外并不需要任何别的东西，而且还确乎是一切可以称之为自由的东西之中最无害的东西，那就是在一切事情上都有公开运用自己理性的自由"，从而明确地将其与以政治革命与政治自由为主要诉求的法国启蒙运动划清界限。参见：康德，《答复这个问题："什么是启蒙运动？"》，载《历史理性批判文集》，何兆武译，北京：商务印书馆，1990，第24 页。

芒什海峡两岸相互间极为丰富的知识交流告诫我们不要过分夸大这种差异。"①

正如在"导论"中我们确认了"苏格兰启蒙运动"这一关键词之真实性与历史价值，这里同样要确认本书的另一个关键词"市民社会"（civil society）②在苏格兰启蒙思想家，尤其是在社会理论家与政治思想家那里（本书主要关注的对象）的真实意蕴，这关系到本书之论域能否成立的问题。对于市民社会概念之内涵及其历史演变，在"导论"部分，我们仅强调两点：第一，在休谟、斯密、弗格森等苏格兰启蒙思想家那里，市民社会与政治社会（political society）、国家（政府）不再被等同。第二，不仅不再将二者视为同一，而且做了明确的界分。限于篇幅，这里简单做一立论。

譬如，以《人性论》为例，休谟除了频度极高地使用"社会"（society）一词外，还经常使用"文明社会"（polished society, civilized society）、"大型社会"（large societies），也使用了"市民社会"的概念，并明确将它们与"政治社会"或"政府"相区别。我们简单摘抄几句为证："正如人数众多的文明社会离开了政府便不能自存…"；"在一切大的文明社会中，政府依然是必要的"；"正义规则虽然足以维持任何社会，可是他们并不能在广大的文明社会中自动遵守那些规则：于是他们就建立政府"。③其实，在休谟那里，这些文明社会、大型社会的术语表达的也就是人们今天使用的市民社会概念。比如，将下面这两句话联系起来看的话就非常明显了，休谟所说的"大型社会"就是商业发达的市民社会。一方面，他否认了这样一种观点，即"当所有物和人生乐事是稀少的并且没有多大价值的情形下"，"人类离了政

---

① 皮埃尔·罗桑瓦隆，《乌托邦资本主义：市场观念史》，第33—34页。黑体为笔者所加。

② David Hume, The Philosophical Works of David Hume (4 volumes), edited by T.H.Green&T.H.Grose, Scientia Verlag Aalen, 1964, vol.2, p.309, p.333；在商务版中译本中，这两处分别被译为政治社会与文明社会。

③ David Hume, The Philosophical Works of David Hume, vol.2, p.308, p.310, p.317；休谟，《人性论》（下册），关文运译，北京：商务印书馆，1980，第584、586、595页。

府就完全不能组织社会"；另一方面，他坚持认为，"在大型社会中，一方面有那样多的财物，一方面又有那么多的实在的或想象的需要"，因而需要政府与服从政治义务。[①] 再比如，休谟已完全意识到"大型社会"不再是"熟人社会"，而是"陌生人社会"。他这样写道："我们虽然必须承认人性中具有慷慨这样一种美德，可是我们同时仍然可以说，那样一种高贵的感情，不但使人不能适合于大型社会，反而和最狭隘的自私一样，使他们几乎与社会互相抵触。因为每个人既然爱自己甚于爱其他任何一个人，而且在他对其他人的爱中间，对于自己的亲戚和相识又有最大的爱，所以这就必然要产生各种情感的对立，因而也就产生了各种行为的对立；这对于新建立起来的结合不能不是有危险的。"[②] 如果这些还有推论的嫌疑的话，我们还发现一个更重要的细节：休谟在同时使用政治社会、政府时用的连词是"和"，而在同时使用市民社会与政府时用的是连词"或"——"尊重财产对自然社会固然是必要的；而服从对于市民社会或政府（civil society or government）也是同样必要的"；"让我们回忆一下我们前面关于政府和政治社会（government and political society）所已确立的理论。各人如果自作主人，并根据他现前的利益和快乐来破坏或遵守社会法律，那么在社会中就不可能维持任何稳定的秩序……"[③] 可见，在休谟那里，市民社会与政府相界分的思想是相当清晰的。

再譬如，以斯密的代表作《道德情操论》与《国富论》为例，在这两部著作中斯密比休谟更喜欢使用"社会"，在《国富论》中也间或使用"商业社会"（commercial society）、"文明社会"（civilised society）、"大社会"（great society），在《道德情操论》中主要使用过"大社会"、"文明社会"、"最大的社会"（the greatest society）、"广大

---

① David Hume, The Philosophical Works of David Hume, vol.2, pp.304–305, p.309；休谟，《人性论》（下册），第 584、586、595 页。

② David Hume, The Philosophical Works of David Hume, vol.2, pp.260–261；休谟，《人性论》（下册），第 527—528 页。

③ David Hume, The Philosophical Works of David Hume, vol.2, p.309, p.317.

的社会"（wider society）。^① 稍显遗憾的是，市民社会在《国富论》中只出现一次，原文为"在各种争论中，关于教会的统治及教会职务的任命这两者，也许和市民社会的和平与福利最有关系"^②。在《道德情操论》中出现两次，其中有一句很深刻的话语，"当对正义的违反成为人们相互之间决不会容忍的事情时，地方行政官就会运用国家的权力来强行实践这种美德。没有这种预防措施，市民社会（civil society）就会变成杀戮和骚乱的舞台"；另一句话为，"那些可憎的激情的过分强烈的发泄会把人变成一个普遍叫人害怕和厌恶的客观对象，我们认为应把这种人像野兽那样驱逐出市民社会"。^③ 无论是"大社会""文明社会"还是"市民社会"，无疑都既相对于斯密社会演进"四阶段论"之中前三个阶段即狩猎社会、游牧社会、农业社会而言，也是相对于政治社会而言的。对于后者，斯密一方面赋予了社会"经济体"的含义，另一方面与休谟一样将社会看作先于国家。对此，诸多学者评论道："亚当·斯密似乎是第一个而且远远早于黑格尔从经济上懂得了市民社会"^④，"把社会勾画成一'经济体'（economy）的图景，即认为社会是一系列相互关联的生产行为、交换行为和消费行为的总和，它有着自己的内在动力和自主性规律。此一图景集中体现……在亚当·斯密的著作中"。^⑤ "对市民社会模式最完整的描述是亚当·斯密，尽管斯密

---

① 笔者检索了一下，在《国富论》中 great society 共出现 7 次，civilised society 共出现 12 次，commercial society 共出现 2 次，political society 共出现 2 次。在《道德情操论》中，great society 共出现 3 次，civilised society 共出现 1 次，the greatest society 共出现 1 次，wider society 共出现 1 次。

② Adam Smith, An Inquiry into The Nature and Causes of The Wealth of Nations, Beijing: China Social Sciences Publishing House, 1999, p.292.

③ Adam Smith, The Theory of Moral Sentiments, Beijing: China Social Sciences Publishing House, 1999, p.40, p.340. 商务版的中译本中第二处被译为"文明社会"。

④ 皮埃尔·罗桑瓦隆，《乌托邦资本主义：市场观念史》，"前言"，第 76 页。

⑤ 查尔斯·泰勒，《市民社会的模式》，载邓正来、J. C. 亚历山大主编，《国家与市民社会》，北京：中央编译出版社，1999 年，第 18 页。

并未使用这一术语。"① 约瑟夫·克罗波西对斯密的社会演进"四阶段论"评价甚高，认为"用的完全是非政治性的术语"，并洞见到明显存在着"国体"与"社会"的分野。克罗波西指出一个重要例证，"狩猎者被形容为生活在社会里面，然而他们'既没有君主，也没有国家'"②。

在市民社会与国家相区分的问题上，对斯密的评价同样适用于弗格森。据考察，他是第一个以"civil society"为书名的著作家，并在书中反复使用这一概念。他的《文明社会史论》很多学者建议汉译为《市民社会史论》③。在苏格兰启蒙思想家之中，弗格森最为强调社会之自生自发与"无意识之后果"，他虽然没有沿袭斯密的社会演进"四阶段论"，但他的"三阶段论"——野蛮（savage）—未开化（barbarous）—文雅（polished）——也完全是自然变迁的历史过程，并被龚普洛维奇（Gumplowicz）誉为"第一部关于社会的自然史"。④ "社会的自然史"的要义在于认为社会演进的动力机制是生存模式、生产方式、经济关系（财产关系为其核心），并将其视为社会上层建筑⑤之基础，而这两部分的内容是《文明社会史论》一书中的核心内容。这说明弗格森不是在一般意义上考察社会史、文明史、"政策和艺术的历史"，而是隐含着市民社会与国家相区分的问题意识于其中，即从历史源头上揭示市民社会自身的历史，并从这一历史中凸显市民

---

① 爱德华·希尔斯，《市民社会的美德》，载邓正来、J. C. 亚历山大主编，《国家与市民社会》，第 34 页。爱德华·希尔斯也有疏忽，其实如我上面考究过的，斯密使用了"市民社会"这一概念。

② 约瑟夫·克罗波西（一译克罗普西），《国体与经体：对亚当·斯密原理的进一步思考》，邓文正译，上海：上海人民出版社，2005，第 86 页。

③ 对于"civil society"的翻译，国内理论界众说纷纭，有市民社会、民间社会，甚至政治社会等多种译法。这主要是因为"civil"的意思众多，主要有公民的、市民的、文明的、世俗的、国内的、有教养的、民法的等多重含义，由此意味着"civil society"的意思也会多样化。很有意思的是，在西方政治思想史中，这些层面的含义几乎无一例外地被使用过，而且具有几种语言表现形式，使问题更为复杂。我们在后文将继续探讨。在国内，从词源学与思想传统上梳理得最为细致的当推这篇文献：方朝晖，《市民社会的两个传统及其在现代的汇合》，载《中国社会科学》，1994 年第 5 期。

④ 于海，《西方社会思想史》，第 133 页。

⑤ 弗格森明确使用了"上层建筑"一词。参见：弗格森，《文明社会史论》，林本椿、王绍祥译，沈阳：辽宁教育出版社，1999，第 184 页。

社会先于、外在于国家。

诚然，正如本书的主体内容所显示的，他们的市民社会理论是丰满的，其中有"文明"社会的含义在其中，甚至可以说是最为核心最为主要的，因为"市民社会是在现代世界中形成的"[①]，文明肯定是题中应有之意。但是，"文明社会"的概念之中没有与国家相反的含义，文明社会往往囊括的是处于文明阶段的整个社会，既包括国家也包括市民社会自身。为此，应将弗格森使用的"civil society"与文明社会区分开来。其实，在书中，涉及后者的概念时，弗格森明确使用"polite society""polished society"，正如在休谟与斯密那里，这两个概念也曾分别用了两个不同的术语。

因而，现在越来越多的学者认识到，以前过分夸大了黑格尔对市民社会理论的首创作用。[②]也就是说，在黑格尔之前，在苏格兰启蒙思想家这里已经产生了相当明晰的市民社会与国家相分的认识。

苏格兰启蒙思想家不仅是在概念上明确界分了市民社会与国家，为市民社会与国家划界，而且深入思考了市民社会生长关涉的方方面面的问题，涵盖了对人、对社会、对国家、对道德生活、对经济发展、对世俗的宗教生活与审美活动等内容，形成了一个优势的思想共同体。尽管他们之间有争论、有分歧乃至思想取向上的对立；但是，相对于其他方面，正如邓肯·福布斯所评论的，"苏格兰启蒙运动是一个复杂的历史事件，对它进行普遍化归纳总是危险的。但是，也许它的社会和政治理论是唯一的例外"[③]。"……当从他们各自的体系来看的话，每一个人对社会进步的理解都各不相同，这常常不过是些微妙的细微差别而已。"[④]总的来说，这一群体在市民社会的形成、维系与发展等问题

---

① 黑格尔，《法哲学原理》，范扬、张企泰译，北京：商务印书馆，1961，第197页。

② 邓正来教授的提法很妥当，他认为，黑格尔只是完成了市民社会与国家的学理分野。参见：邓正来，《市民社会与国家——学理上的分野与两种架构》，载邓正来、J. C. 亚历山大主编，《国家与市民社会》。

③ Duncan Forbes, Hume's Science of Politics, G. Morice (ed.), David Hume: Bicentenary Papers, Edinburgh: Edinburgh University Press, 1977, p.42.

④ Duncan Forbes, Hume's Philosophical Politics, Cambridge University Press, 1975, p.xi.

上分享如下共识：与唯理主义者不同，他们走的是一条情感主义的路径，将人看成是情感的动物，并认为通过"道德感"的认同与赞许，公序良俗是完全可能的。虽然在人性上有"高调的人性"与"低调的人性"的冲突，但主导的观念是肯定人既有自私的一面也有有限慷慨的一面，既有利己的一面又有同情心的一面。与契约论者不同，他们认为社会是自生自发，"无意识之后果"；社会的演进是自然的历史过程，是生存方式、财产关系等使然；社会的发展充满着历史的辩证法。与各种形式的干涉主义者不同，他们强调商业植根于自由，强调市场自身的逻辑；同时又坚信商业能开出自由之花、结出文明之果，尽管对"商人"社会中分工的异化、财富与德性的张力、公共精神的缺失之忧虑不一。与后继者黑格尔、马克思的市民社会概念不同，在他们的市民社会理论中还存续着"德性之维"，都认同市民社会不需要国家的道德救济，在伦理上是自足的。与法国启蒙之激进态度不同，在他们的政治思想中，有着浓郁的稳健、渐进与调和的政治风格。譬如，在国家权力的边界与职能上，他们既不鼓吹"威权国家"，也不倾心于"守夜人"式的国家，而是主张一种"有限国家"与"法治国家"；在政治权威与政治义务问题上，他们既强调"权利原则"又强调"实利原则"，既将统治者看作是"无赖"，又强调公民要有忠诚感；在自由与秩序上，他们既积极伸张公民"法律下的自由"，同时又对"反抗权"与政治革新甚为谨慎。与激进的反教权主义不同，他们是迷信与狂热、无知与愚昧的病理医生，通透地诠释了宗教的情感基础，创造性地转换"理性的"自然神论为"情感的"自然神论，有力推进了"真正宗教"的启蒙，为 18 世纪"最棘手的"宗教启蒙留下了丰富的思想资源。与卢梭派的忧郁情怀完全不同，苏格兰启蒙思想家尽情点赞新时代与新趣味，他们自信在知识、自由、美德、文雅、幸福之间有一道链索，自信科学文明的时代亦是社会文明的时代、人性与趣味闪耀的时代。在本书后续的七章中，我们将分别展开论述。

2.4　另一种启蒙的"气质"：苏格兰启蒙运动的思想气质

何谓启蒙？福柯的理解甚为深刻，启蒙是一种"态度"、一种"气质"；而且他从"否定性方面"与"积极方面"为启蒙辩护的思路也颇具启迪①。在这里，我们也澄清一下苏格兰启蒙运动是什么，苏格兰启蒙运动不是什么，从中把握苏格兰启蒙运动的思想气质。

2.4.1　否定性方面

当下，对启蒙的批判成为一种时髦，凡是能够想象得到的坏名声似乎都可以扣在启蒙运动头上。美国学者詹姆斯·施密特在《启蒙运动与现代性》的开篇就遍搜对启蒙运动的各种指责："由于许多东西，启蒙运动已经饱受责备。一些作者认为，它应该对法国革命负责，对极权主义负责，对自然只是一个要被统治、处置和开拓的对象这个观点负责。它已经以某种方式暗示了欧洲帝国主义和资本主义的某些最具威胁的方面。当一些人已经强调说，它关于'绝对价值'的怀疑论以一种'虚无主义的迟钝'感染了我们的文化时，其他人则建议说，自由的社会应该使自己摆脱启蒙运动对'哲学基础'的惦记。启蒙运动对权利和自由的激情释放出一种毁灭性的个人主义，这种个人主义削弱了对共同体的任何感觉。然而，也有人已经争辩说，启蒙运动假设人性是无限可塑的，这个假定为极权国家将所有个性的痕迹从其主体那儿抹掉的企图提供了思想灵感。也有人这样来批评启蒙运动，说它对道德冲突的悲剧特征麻木不仁，它天真地假设所有困境都有简单的解决办法。有人则争辩说，启蒙运动试图构造一个道德哲学……有人也这样来责骂启蒙运动，说它热爱'主人式的元叙述'，敌视'他性'。它的种族主义和男性至上主义也没有逃过人们的注意力。"面对如此众多的指责，詹姆斯·施密特不得不感叹道，"一个时期怎么会造

---

① 福柯，《何为启蒙》，载：杜小真编选，《福柯集》，上海：上海远东出版社，1998，第 528—543 页。

成如此种类繁多的伤害"，"启蒙究竟是什么？"[1] 我们还是首先回应启蒙不是什么，尤其是苏格兰启蒙不是什么！而要理清这个脉络，我们拟结合另一种思潮"反启蒙运动"来研讨，很多对启蒙的指责与"坏主义"形象很大程度上都拜其所赐。

"反启蒙运动"思想的发端可以追溯到 18 世纪后半期，在法国大革命之后立即产生，主要批判启蒙运动的激进主义。启蒙运动与法国大革命相继发生，人们很自然地认为两者之间存在一种事实上的因果关系。启蒙运动与法国大革命一荣俱荣、一损俱损。法国大革命不仅引发了思想界的大分裂，也促成了启蒙运动的结束，把启蒙运动变成了一个大问号。启蒙哲人的某些人或全体，被视为激进主义思潮的始作俑者、罪魁祸首，受到追究和抨击。早在 1790 年，保守主义之父埃德蒙·柏克就抨击法国大革命沦为了一场大灾难，诟病启蒙哲人将自由作为孤立的形而上学抽象，消弭了个人价值抉择和传统所蕴含的经验智慧。德国哲学家黑格尔在《精神现象学》里也认为，启蒙是一种否定一切的绝对观念，在可怕的现存社会状况中有其正当依据和批判功劳，但就实践结果而言，则与恐怖有直接相关性。[2] 这种对启蒙运动的责难，正如很多研究所揭示的，对法国启蒙运动来说都不是完全公允的，激进主义思潮有深刻复杂的多种原因，更遑论苏格兰启蒙运动。在后面论及苏格兰启蒙思想尤其是政治思想时，我们要突出强调苏格兰启蒙运动的理论品格——渐进的、稳健的、温和的。

现代的反启蒙运动思潮始于 1931 年，以卡尔·贝克尔（Carl Becker）的《18 世纪哲学家的天城》（*The Heavenly City of the Eighteenth-Century Philosophers*）一书的出版为标志，以批判启蒙运动的理性主义为主要内容。三年之后，贝克尔的同事、康奈尔大学的普瑟伍德·史密斯（Preserved Smith）在自己的著作中对贝克尔的观点进行了阐释，进一步扩大了《18 世纪哲学家的天城》的影响。"启蒙运动就像是一种新兴宗教，"普瑟伍德·史密斯写道，"将人的理性置于与

---

① 詹姆斯·施密特，《启蒙运动与现代性》，上海：上海人民出版社，2005，第 1 页。
② 彼得·盖伊，《启蒙时代：现代异教精神的兴起》，"译者序"，第 2—3 页。

上帝同等的位置，将牛顿的《自然哲学的数学原理》奉为圣经，将伏尔泰视作先知。"贝克尔之后，接续这种理性主义批判最具有影响的代表是流亡美国的法兰克福学派的霍克海默（Horkheimer）和阿多诺（Adorno）。在《启蒙辩证法》中，启蒙运动的"计划"被描述成一种理性的独裁，因为它提倡的是"缺乏自我意识的科学工具主义"和"抛弃对世界的幻想"。[①] 二战结束后，对理性主义的批判与反思极权主义的话题在冷战背景下进一步发酵。启蒙运动似乎应该对各种形式的极权主义负责，很多论者赤裸裸地认为启蒙运动直接导致了奥斯维辛集中营，正如它直接导致了法国大革命时期的恐怖。耶路撒冷大学教授、波兰犹太裔学者塔尔蒙的《极权主义民主的起源》（1952）曾轰动一时，该书把民主分为自由/经验型民主和极权/救世型民主这两种类型，把一些启蒙思想家尤其是卢梭视为极权/救世型民主的思想来源。反启蒙思潮对启蒙的这种批判，完全不适用于苏格兰启蒙运动，苏格兰启蒙思想家不是任何意义上的理性主义者，他们深谙理性不及的哲理智慧。

在现当代，反启蒙运动继续发力，指责启蒙运动导致了"欧洲中心主义"，是现代帝国主义和种族主义的助产士。正如安东尼·帕戈登（Anthony Pagden）在《启蒙运动：为什么依然重要》一书中所辩证剖析的：这些指控从某些方面来看并不是完全的空穴来风与无稽之谈。尽管许多以启蒙运动为名义的主张在世界许多其他文化中也能找到，但启蒙运动确实是局限在欧洲及其海外定居者之中。同样不可否认的是，启蒙运动对普遍进步与文明的信念对19世纪乃至20世纪"文明化使命"的孕育产生了影响。这种主张认为，如果我们能够使我们免于落后、愚昧、专制的统治，那么，我们就有义务去帮助仍然在黑暗中挣扎的全世界人们脱离苦难。如果他们不愿意被解放，那只能说明他们受到了教士与君主的蒙蔽，看不到以我们为榜样所能获得的一切。在这种情况下，用卢梭的那句臭名昭著的话来说，我们有理由强迫他们获得自由。但是，没有任何一个18世纪的开明思想家曾经支持过

---

① 参见：理查德·B. 谢尔，《启蒙与出版：苏格兰作家和18世纪英国、爱尔兰、美国的出版商》，启蒙编译所译，上海：复旦大学出版社，2012，第11—12页。

这样的观点。说有一条主线，从 18 世纪的理性主义和现代科学典范出发，历经比利时属刚果大屠杀、鸦片战争等暴行最后达到欧洲和美国列强对世界的实际霸权，那是不真实的。"西方"给其他国家——且不说对自身——造成太多无法否认的伤害的原因当在别处：在于 19 世纪后期扭曲的民族主义和"科学"种族主义，在于工业革命的新技术所带来的一种无所不能的感觉，还在于所有的启蒙哲人都对之憎恨的基督虔诚和福音传道热情的死灰复燃。[①]

上文粗线条地、历时地揭示了不同时代对启蒙运动的责难与批判，具有鲜明的时代烙印。其实，在启蒙运动伊始以及随后的各个时期，启蒙运动还一贯地被指控为：削弱了古老并经过考验的宗教信仰体系；把理性凌驾于人的其他能力之上；使人类情感、同情、喜爱和感情沦落到只剩错觉；把对全知全能和仁慈之神的令人慰藉的信仰彻底击破……那些启蒙的敌人告诫说，"没有传统的指引，没有人类社会持有的并且一直以来已经持有的宗教信仰体系，人类会迷失。那些大多发生在欧洲或者在欧洲启蒙运动的影响下发生的想通过胁迫建立一个全新、理想、合理的世界的全然超凡的愿景的企图，都以难以想象的恐怖而终结"。毋庸置疑，启蒙运动是反宗教的。然而，同样毋庸置疑的是，正如休谟所注意到的，在他那个年代真正的无神论也是极其罕见的，即使在巴黎。[②]正如我们在后面的章节里所反复强调的，启蒙的真正敌人不是宗教而是迷信与狂热，更不用说真正的宗教信仰。

除激进主义、理性主义、极权主义、普遍主义、反教权主义等否定性面向外，启蒙运动甚至还要对"男性至上主义"负责。对此，尽管我们在法国启蒙思想家孔多塞那里能找到为妇女谋求平等的声音，在苏格兰启蒙思想家那里能看到他们在历史主义视野对女性地位的关注，更不用说女权主义常常引用休谟的那句名言了，"古人把女性的品格完全看作是个人家事。他们从来不把女人看作是文明社会的一部分或看

---

① 安东尼·帕戈登，《启蒙运动：为什么依然重要》，第 4—5 页。
② 安东尼·帕戈登，《启蒙运动：为什么依然重要》，第 5—6 页。

作是一个良伴"[①]；我们不打算进行具体的申辩与反驳，并想以此为例强调评价启蒙要有科学的态度、客观的态度、历史主义的态度。因为，毕竟对于 18 世纪而言，男女完全平等的观念还是早熟的。

2.4.2　肯定性方面

从否定性层面清晰把握"苏格兰启蒙运动不是什么"这个问题之后，我们需要进一步追问"苏格兰启蒙是什么"。《剑桥指南：苏格兰启蒙运动》的主编亚历山大·布罗迪在该书的"绪论"对这一问题做了很好的梳理与阐释，被学界奉为经典。在亚历山大·布罗迪看来，在众多对苏格兰启蒙运动的新定义中，有三种最具代表性："政治经济性定义"、"科学性定义"和"综合性定义"。

一般认为，"政治经济性定义"由休·特雷弗－罗珀率先提出，他先是从"进步的社会机制"这一角度来定义苏格兰启蒙运动，后来又从政治经济学发展的角度来定义这一运动，而显然这两种定义的基本思路是一脉相承的。特雷弗－罗珀之后，约翰·罗伯森（John Robertson）又进一步发展了这一思路，提出苏格兰启蒙的三座基石是道德哲学、历史学和政治经济学，又鉴于苏格兰启蒙运动的宏伟蓝图是分析与推动社会进步，因此政治经济学无疑是最为核心的一个领域。

启蒙运动很大程度上是 17 世纪科学革命的产儿。牛顿 1687 年发表的《自然哲学的数学原理》开启了"物理学中的伟大革命"。牛顿在力学和光学领域的突破性成就不仅成为启蒙运动的一个主要思想源泉，而且也提供了启蒙运动的一个主要隐喻：光明。启蒙哲人使用光的隐喻，呼唤光明，传播光明，用光明来驱逐黑暗。"启蒙"一词在法文和英文里都源于"光"，法文是 lumière 的复数 lumières，英文是 light 的动名词 enlightenment。由此可以看出，启蒙运动与科学的关联之紧密。在苏格兰启蒙运动中亦然，这不仅因为在苏格兰启蒙运动时期，思想家和实践者如威廉·卡伦、詹姆斯·瓦特和约瑟夫·布莱克等人深感于改善苏格兰落后物质条件的迫切需要，纷纷投身于科学项目且成果

---

① 　休谟，《休谟政治论文选》，张若衡译，北京：商务印书馆，1993，第 82 页。

斐然，更是因为科学的思维方式——对科学方法、科学理念和科学分类的倚重——在所有知识学科中都得到了深入贯彻。科学甚至还被广泛运用到讨论上帝的存在及其性质的论战之中。

亚历山大·布罗迪认为，上述两种观点，即对社会科学和对自然科学的不同倚重，都凿凿有据。为并蓄两家之长，学界又出现了第三种观点。这种观点综合了前述两种观点，考察的对象是那些被称为"文化人"的苏格兰启蒙家们的独特文化，"这些苏格兰学者格外珍视优雅的学识和人道与人文主义价值观，如世界主义、宗教宽容、社交欢愉和道德与经济进步"。理查德·谢尔（Richard Sher）首先提出了这种苏格兰启蒙运动的文化定义，他认为这种定义的优点之一就是，它一方面肯定了科学与医学是苏格兰启蒙运动的关键部分，但却并未厚此薄彼，降低伦理学、历史学和政治经济学的重要性。[①]

总体来看，本书属于"综合性的定义"的类型，但我们认为苏格兰启蒙运动的思想主题是社会转型与文明社会的启蒙，核心关切是社会的发展进步与个体的幸福世俗生活，因而与"政治经济学的定义"也非常契合。此外，在思想谱系上，我们强调苏格兰启蒙思想家是科学经验主义者，秉持自然主义的思路取向，又与"科学性的定义"很合拍。或许我们是兼收并蓄、采众家之所长的"大杂烩"。

启蒙就是用知识启迪民智。"启蒙运动把传播知识当成解决一切社会纠纷的灵丹妙药。如果知识就是力量，使一切人获得知识，使知识成为大家的共同财富，也就意味着把打开人类生存奥秘的钥匙交到人们的手中。钥匙一转，秘密宝库就打开了，一切财富就到手了。……然而当知识的任何增长都仍然被看作是财富本身的时候，启蒙运动的那些理想便依旧是神圣的。"[②]从下面一章开始，我们就进入苏格兰启蒙思想家知识的海洋，打开他们的扇扇门窗——关于人的知识、社会的知识、经济学的知识、道德的知识、政治与法律的知识、宗教的知识、科学的知识与美的情操的知识，呈现他们的智慧与公共关怀。

① 亚历山大·布罗迪编，《剑桥指南：苏格兰启蒙运动》，"绪论"，第 3—4 页。
② 阿尔森·古留加，《康德传》，第 8—9 页。

3 人的科学——苏格兰启蒙运动的"人"论

人类的各种知识中最有用而又最不完备的就是关于"人"的知识。[①]

——卢梭

一个旅行家如果向我们报道说，有一个民族与柏拉图的《理想国》中的人民的性格恰好是一样的，或是与霍布斯的《利维坦》中的人民的性格恰好是一样的，我想他也不会被人相信的。[②]

——休谟

对"人"的考察与探究是所有思想理论不可或缺的组成部分，因为"我们要知道社会成员的'本性'是什么，否则我们怎样知道他们的福利何在，或他们能够接受什么样的制度？不知道材料的性能，谁也无法建造桥梁；没有对人类质料的深切了解，谁能在它的基础之上为社会和政治组织制定出大政方针？"[③] 卢梭曾感叹，"人类的各种知识

---

① 卢梭，《论人类不平等的起源和基础》，李常山译，北京：商务印书馆，1962，第62页。

② 休谟，《人性论》（下册），第440页。

③ 米勒、波格丹诺主编，《布莱克维尔政治学百科全书》，第353页。

中最有用而又最不完备的就是关于'人'的知识"。遗憾的是，在启蒙时代，有关"人"的知识不仅非常不完备而且还相当混乱，甚至互相对立与排斥。这种混乱与对立主要集中在以下三个层面：关于人之构成要素中，如感觉、理性、情感、经验等，何者更为主导与关键；关于人之性善与性恶之争；关于人之个体性与社会性的不同看法。这些问题形塑了苏格兰人性与社会启蒙的主题与方向，大卫·休谟更是要雄心勃勃地建立"人的科学"。

本章的写作意图与主题思想亦可以引用这样一段话语来表述："在很大程度上，市民社会的发展观念是在苏格兰启蒙运动的背景下出现的，目的是要找到或者毋宁说是假定许多社会生活中日益感觉到的逐渐形成的矛盾的综合。这些个人与社会、私人与公共、利己与利他间的对立，还有就是用理性还是情感来主导生活间的对立，事实上已经构成了我们在现代社会中存在的基本要素。毫不奇怪，在今天企图回复到 18 世纪市民社会观念就是企图重新承认那些私人和公共、个人和社会、利己和利他行为动力的综合。"[①]

3.1 理性与情感

3.1.1 "霍布斯的问题"

启蒙运动是 18 世纪欧洲的一场孕育了现代性的思想变革运动。而现代性的大问题，借用马克斯·韦伯的说法，就是思考"祛魅"后的世俗社会中人与社会秩序的构建问题。对于这两个问题，被誉为"现代人之父"[②] 的霍布斯跨出了一大步，并为列奥·施特劳斯所极力讴歌："霍布斯的政治哲学是为近代所特有的第一次尝试，企图赋予道德人生问题，同时也是社会秩序问题，以一个连贯的、详尽的答案。……霍

---

① 塞利格曼，《公民社会的脆弱伦理观》，第 167 页。
② 徐大同主编，《西方政治思想史》，天津：天津教育出版社，2000，第 147 页。

布斯第一个感觉到，必须探寻一个关于人和国家的新的科学，他也第一个找到了这个新的科学。此后所有的道德思想和政治思想，都明确地或缄默不宣地建立在这个新学说的基础上。"① 其实，在霍布斯的人性论与社会秩序观中，"路径依赖"与"路径创造"并存："在霍布斯的学说里，大概没有什么成分，不能追溯到他的这个或那个前人那里……但是，只有在霍布斯那里，这些此前孤立地浮现出来的因素，才找到它们独特的近代性质的统一存在形式。"② 简要地说，霍布斯舍弃了古典的至善主义与中世纪的救赎主义，接受了马基雅维里的现实主义；同时又引入 16 至 17 世纪开始盛行的自然法与社会契约论的思路模式，并采用了分解与综合的新方法，即首先把社会分解成一个个独立的孤立、原子式的个人，接着分析个人所具有的自然本性，如情感与理性；进而从人的自然本性出发，设想有关人的自然状态的可能情形及其危害，以及通过社会契约摆脱这种境况而建立政治社会的可能途径与方式。限于主题的关系，在本部分仅探讨第一个方面的"道德人生"问题，在后面的章节再关注第二个方面的"社会秩序"问题。

在对人的看法上，在《论公民》中，霍布斯相当全面地把人的自然本性归结为"体力、经验、理性和激情"③ 四个方面并分别给予了阐释，也并无不妥地把理性与激情作为人性的核心方面。然而，他对理性与激情的理解应该说是相当偏狭的，理性仅仅被看作是自我保存与趋乐避苦的手段与工具，而人的激情似乎全被对财富的欲望（贪婪）、对地位的欲望（野心）、对死亡的恐惧等占有，没有友善、仁慈等社会

---

① 列奥·施特劳斯，《霍布斯的政治哲学》，申彤译，南京：译林出版社，2001，第 1 页。
② 列奥·施特劳斯，《霍布斯的政治哲学》，第 1 页。
③ 霍布斯，《论公民》，应星、冯克利译，贵阳：贵州人民出版社，2003，第 3 页。

性情感的一席之地。① 不管怎样掩饰与辩驳 ②，这是霍布斯政治思想里无法回避的瑕疵之一。其次，在道德学说上，一方面，他从机械论的心理学出发，认为"人们所欲求的东西也成为他们所爱的东西，而嫌恶则称为他们所憎的东西"，"任何人的欲望的对象就他本人说来，他都称为善，而憎恶或嫌恶的对象则称为恶"③；另一方面，为了确保统治者的绝对权威与主权，为了避免重新回到"一切人反对一切人的战争"，霍布斯企图建立一种由政府来支配人的良心而且把行政司法长官的意旨作为正当行动的唯一准绳的道德制度。对于其思想中这样的张力与矛盾，他的同胞西季威克一言以蔽之："它在双重意义上强调了善与恶的相对性——从一种观点来看，善与恶，对任何作为个体的公民而言，可以分别界定为是他所欲求和反感的对象；从另一种观点来看，善与恶则可以说是由统治者为他所规定的。"④尽管我们很容易理解，在1640 年（这时霍布斯的伦理—政治体系首次书写成形）的危机中，一位爱好和平的哲学家，厌倦了冲突各派的嘈杂之声，会如何将个体良心的要求视为无政府主义，视为对社会福祉的最大威胁；但是，无论人们对秩序的渴求是多么强烈，一种将无处不在的自私和在某些方面不受限制的权力作为唯一不变的假定的社会义务观点只可能表现出令

---

① 列奥·施特劳斯认为霍布斯的政治哲学有两条"最为确凿无疑的人性公理"：第一条是"自然欲望公理"，第二条是"自然理性公理"。参见：列奥·施特劳斯，《霍布斯的政治哲学》，第 1、17 页。

② 霍布斯为了佐证"人性竟然会使人们如此彼此互相离异、易于互相侵犯摧毁"，回应对其人性论的质疑，他让人们思考下面这样的情形："当他外出旅行时，他会要带上武器并设法结伴而行；就寝时，他会要把门闩上；甚至就在屋子里面，也要把箱子锁上。他做这一切时，自己分明知道有法律和武装的官员来惩办使他遭受伤害的一切行为。试问他带上武器骑行时对自己的国人是什么看法？把门闩起来的时候对同胞们是什么看法？把箱子锁起来时对自己的子女仆人是什么看法？他在这些地方用行动攻击人类的程度不是正和我用文字攻击的程度相同吗？"参见：霍布斯，《利维坦》，黎思复、黎廷弼译，北京：商务印书馆，1985，第 95 页。

③ 霍布斯，《利维坦》，第 36、37 页。在《道德情操论》中，斯密也明确洞察到这一张力。斯密写道，在霍布斯那里，"政府官员的法律应该被看作是有关什么是正义的和不义的，什么是正确的和错误的之唯一根本的标准"。参见：亚当·斯密，《道德情操论》，蒋自强等译，北京：商务印书馆，1997，第 421 页。

④ 亨利·西季威克，《伦理学史纲》，熊敏译，南京：江苏人民出版社，2008，第 151 页。

人不快的悖论性质。① 职是之故，霍布斯的思想理念势必要遭到批判乃至被新的思想路径取代，后霍布斯时代呼之欲出。

总的来说，新的思想路径的开拓或多或少采取了"答复"霍布斯的形式，按排列组合而言，也就这三种可能的选择：

第一种"答复"是在人性与道德上采取比霍布斯更坚定的道德理性主义的方式，同时抛弃霍布斯建基于感觉论上的机械论心理学。这种"答复"分别是由剑桥道德学派与坎伯兰（Cumberland）及其追随者以不同的方法进行着。前者宁肯将道德视为主要是对是与非、善与恶的一种知识，而非一种单纯的规则法令，坚持道德之独立于法律意志的绝对性及其确定性。而后者则满足于道德的法律观点，但力图建立在自然法的有效性之上，即认为道德是作为自然的法令。②

第二种"答复"是在人性与道德上继续推进霍布斯思想中的经验主义因素，同时在自由主义的框架下扭转其威权主义③的取向。这条路径的代言人首推洛克。按照传统的观点，在哲学上，洛克与霍布斯都被归属于经验主义。但正如《启蒙运动百科全书》的编辑者们所看到的，"霍布斯的感觉理论包含经验主义——即认为所有的知识都来源于经验的知识学说——的元素。但是霍布斯试图用自己的体系支持截然相反的一种知识理论——理性主义，即认为科学知识和哲学知识产生于对运动物体进行演绎（几何学）推论"④。简单地说，在霍布斯那里存在着方法论上的理性主义与本体论上的经验主义的分野；而洛克将经验主义贯穿于知识论之中。然而，洛克的道德哲学中也存在一个问题。一方面，他从感觉主义出发，将"善"与"恶"解释为"引起（或增加）快乐或减少痛苦的东西"⑤，这与霍布斯如出一辙；但另一方面，在寻求道德规范的普遍性的征途中，他成了坎伯兰的同道者，认为"所

---

① 亨利·西季威克，《伦理学史纲》，第150—151页。

② 亨利·西季威克，《伦理学史纲》，第151—156页。

③ 霍布斯的政治理论，通常被描述为"威权的"而非"极权的"。参见：米勒、波格丹诺主编，《布莱克维尔政治学百科全书》，"霍布斯"词条。

④ 赖尔、威尔逊，《启蒙运动百科全书》，第166页。

⑤ 洛克，《人类理解论》（上册），关文运译，北京：商务印书馆，1959，第199页。

谓道德上的善恶，就是指我们的自愿行动是否契合于能致苦乐的法律而言。如果契合这些法律，则这个法律可以借立法者的意志和权力使我们得到好报，反之便得到恶报"①。基于此，在《伦理学史纲》中，西季威克径直将洛克与坎伯兰一并列入"道德作为自然的法令"谱系之下②。这也从一个侧面反映出，洛克的经验论依旧贯通得不彻底，感觉、情感与理性还存在张力，而下文将要论述的苏格兰启蒙运动之情感主义路线就化解了这种紧张，因为它坚定地建立在情感的基础上。③ 由此我们也能够理解，在哈耶克的"英国传统"之中竟没有洛克这位自由主义大师的名字。对此，李强教授说得很直接干脆："传统上认为对自由主义有重大贡献的霍布斯、洛克以及后来的功利主义者，皆因所谓的'构建理性'嫌疑而受到哈耶克的责难，甚至被革出自由主义教门。"④

　　第三种"答复"主要是在对霍布斯人性论中"激情"或者说"情感"进行改造与变通的旨趣下发展起来的，它们不仅构成了苏格兰启蒙思想家人性科学与道德哲学最为直接的思想渊源，而且由此开创了一条情感主义的道德哲学与政治学路径。对于这种路径与旨趣的转向，西季威克有一段精彩的论述："人们继续尝试在另一种心理学基础上构建伦理学；这也许是有可能的，通过阐明**人类的社会情感的自然性**，来证明在这些情感与人类的反思性的自我关注之间存在着某种通常的一致，而不是将社会的义务原则描述为是往往与自然的自爱在不等程度上相冲突的抽象理性。"⑤ 至于这条路径的具体内容，我们将单独开列出来进行详细的探讨。

---

① 洛克，《人类理解论》(上册)，第 328 页。
② 亨利·西季威克，《伦理学史纲》，第 154—158 页。
③ 洛克与苏格兰启蒙思想家休谟、斯密间的差异我们在后文要继续探讨，这方面的研究参见：John Dunn, From applied theology to social analysis: the break between John Lock and the Scottish Enlightenment, in Wealth and Virtue, The Shaping of Political Economy in the Scottish Enlightenment edited by Istvan Hont and Michael Ignatieff, Cambridge University Press, 1983。
④ 李强，《自由主义》，北京：中国社会科学出版社，1998，第 76 页。
⑤ 亨利·西季威克，《伦理学史纲》，第 161 页。(字体强调为笔者所加，后同)。

3.1.2 "人是情感的动物"

情感主义的思想路线是由沙夫茨伯里 [①] 开创的。沙夫茨伯里的最大贡献，就是确认了人是情感的动物 [②]，尽管他并不是第一个持有该观点的人，但在他之前，还没有哪位道德学家把这种观点作为其体系的主要论点，也没有人明确地把伦理学关注的中心，从被设想为是要么理解抽象的道德区分（如卡德沃思）要么理解神圣立法的法则的这种理性（如坎伯兰），转移到那些促进社会义务的感情冲动上来；特别没有人致力于通过对经验的缜密分析而清晰地区分我们欲望的本性中的无利害要素和自我关注的要素，或致力于以归纳的方式证明它们的完美一致。[③] 沙夫茨伯里这一开创性的工作是在"驳"与"立"两个层次上展开的。在《德性与美德探究》一书中，他开篇就对霍布斯人性利己主义与善恶感觉论予以驳斥。在沙夫茨伯里看来，只有把人假想成完全孤立的个体的时候，霍布斯的人性论解释才是正确的；但是人不是孤立地存在着，每个人与其社会的关系就犹如他的各个器官与他的整个身体的关系一样，彼此是密不可分的。同时，我们不能仅仅因为其外在行为产生了有利的结果，就把善归结为这样一个存在者。在批判的基础上，这位伯爵对人的情感进行了重新考量与归类，力主情感为道德的基础，一反道德源于"理性"或源于"经验"的道德思维定式，

---

① 这里指沙夫茨伯里伯爵三世（The Earl of Shaftesbury, Anthony Ashley Cooper, 1671—1713），英国作家、自然神论者、道德哲学家和早期美学理论家。沙夫茨伯里伯爵三世是洛克的主要保护人沙夫茨伯里伯爵一世之孙。小沙夫茨伯里幼年时，洛克曾做过他的家庭教师。沙夫茨伯里的代表作是一部三卷本的文集《人、习俗、舆论、时代的特征》（*Characteristics of Men, Manners, Opinions and Times*）（1711），当时很具影响的《德性与美德探究》（"An Inquiry concerning Virtue and Merit"）（1699）一文就收录于该书第二卷。参见：赖尔、威尔逊，《启蒙运动百科全书》，第 171 页。

② 沙夫茨伯里这样写道："一个动物，除非通过那种专属于它的情感（affections）或激情（passions），绝不可以说是它在行动。至于在猝然疼挛下，一个造物打了自己或打了他人，这单单是一个运动着的器械而已，绝非造物所为。"Shaftesbury, An Inquiry concerning Virtue and Merit, in The Classical Moralists, edited by Benjamin Rand, London, 1910, p.328.

③ 亨利·西季威克，《伦理学史纲》，第 161—162 页。

由此开创了情感主义的新路径。

在沙夫茨伯里看来，人的行为是受情感驱动的，而支配人行为的情感有三类：一类是"自然情感"（the natural affection），引向公众的好处；二类是"自我情感"（the self-affection），引向仅对个人的好处；三类是"非自然的情感"（unnatural affection），即那些不是"自然情感"与"自我情感"，不趋于公众的或个人的好处。"按照这些情感的存在，一个人可分为道德的或邪恶的，善的或恶的。而这些情感的末一种，明显地完全是邪恶的。前两种，看它们的程度，也许是邪恶的，也许是道德的。"① 这样，在何谓道德善恶上，沙夫茨伯里颇具创见性地引入了两个变量：一是情感的"指向"，二是情感的"程度"。对于后者，沙夫茨伯里反复强调，如果自然情感过多，也会达到"不自然的程度"。比如，怜悯太过就破坏了本身的目的，妨碍了所需的救济援助；再比如，若将对子女的爱转变为溺爱，不仅殃及父母自己，同样也毁了子女自身。② 同样，如果自我情感太盛也适得其反。

"自然情感"（实质是一种社会性的情感）与"自我情感"（实质上是一种利己或者说是自利的情感）的关系是沙夫茨伯里的思想体系所要解答的核心问题，对此的回答也充分显示出他思想的独创性与辩证技巧：首先，与霍布斯不同，沙夫茨伯里明确指出"人的这种趋于种族或同类的情感"，其"正当与自然"犹胃之消化，肺之呼吸，腺之分泌。③ 其次，他也承认"倾向于同类和族类的组织的情感"与"注意私己和自我的情感"存在冲突，但他否认两者的根本对立，否认这样的"非常假设"——"局部或某一肢体有对于它自己的良好兴旺的状况，但这种良好兴旺的状况对于它全体，又只能有恰恰相反的趋势，即是一种不自然的生长或习性。"这里，他所有表达的是我们日常生活中常常所说的"小河有水大河满"的道理。因为，在他看来，"为公众利益和为各人私己利益，不仅一致而且不可分；并且道德的正义或美德，

① Shaftesbury, An Inquiry concerning Virtue and Merit, in The Classical Moralists, p.328.
② Shaftesbury, An Inquiry concerning Virtue and Merit, in The Classical Moralists, pp.328-329.
③ Shaftesbury, An Inquiry concerning Virtue and Merit, in The Classical Moralists, p.326.

必定是每一个人的利益，而不道德就是每一个人的伤害和无益"。[1]
再次，他并没有仅仅停留在这种形而上的思辨上，而是深入分析了
社会性的情感与自我情感的紧密关联，其核心在于以下两点：一是，
"趋向利己的好处的情感，就是善良的必要成分"，因为"一个人如果
轻忽自己，并且昧于危险，或者缺乏用以保持和维护他自己的任何激
情至这种程度，从自然的安排和目的上说，这就确实要算作邪恶了"，
任何称作道德的情感理当具有保持自我的情感。[2]二是，"有了趋于公
众好处的强有力的天然的、仁慈的或宽宏的情感，就是有了自我享受
的主要手段和能力"，"缺少这些，就确乎是苦难和坏"[3]。可见，在沙夫
茨伯里看来，善依赖于这两种冲动的共存，每一种冲动都以适当的方式
相对于另一种冲动而存在，以便保持这些不同成分的一种恰当的比例、
平衡和协调。

道德价值判断的根据问题，不仅是理性主义伦理学与情感主义伦
理学重要的分歧点，也是沙夫茨伯里伦理思想成为英国伦理思想史上
的一个转折的标志。以卡德沃思为代表的理性主义思想家主张，道德
和其他科学知识一样，是理性的科学，因此，分辨善恶的能力与辨别
真伪的能力一样，都是依靠理性；以洛克为代表的经验主义伦理学则
认为，道德上的善恶来自经验和苦乐感。而沙夫茨伯里则认为，"在
心灵的内容或道德的内容上，与在平常的物体上或普通感官的内容上，
有同样的情形"，而"心灵观听其他的心灵，就不能没有它的视官和听
官，以之辨识比例，分别声音，审视前来的情操和理想"，为此他创设
了"道德感"（moral sense）这样的新名词，并坚信"它能感觉出情感
的柔和与粗糙、合意与不合意，并且能发现丑恶与美好、协合与不协

---

① Shaftesbury, An Inquiry concerning Virtue and Merit, in The Classical Moralists,
pp.326-327. 参见：周辅成编，《西方伦理学名著选辑》（上卷），北京：商务印书馆，
1987，第763—765页。
② Shaftesbury, An Inquiry concerning Virtue and Merit, in The Classical Moralists,
p.330, p.329. 参见：周辅成编，《西方伦理学名著选辑》（上卷），第767、766页。
③ Shaftesbury, An Inquiry concerning Virtue and Merit, in The Classical Moralists,
pp.330-331. 参见：周辅成编，《西方伦理学名著选辑》（上卷），第768页。

合，其真切确实一如对于音乐的律度或对于可感知的事物的外表形象或表象"①。尽管沙夫茨伯里没有对其"道德感"思想进行详细而系统的论证，但却为以后情感伦理学的发展打开了通道。

沙夫茨伯里对人之情感主义的解读，深刻影响了哈奇森、休谟、斯密、弗格森等苏格兰启蒙运动的主将，他们都将人看作是情感的动物，在对人之情感的分类上都沿袭了沙夫茨伯里的做法。比如，斯密在《道德情操论》中将人的情感分为"自私的激情""友好的激情""不友爱的激情"，并认为前者介于后两者之间。②再比如，弗格森也主张人的性情可以"分成两大类：自私型的和社会型的"③。更为关键的是，我们在下文将要看到，在对人之自我的情感与社会的情感的理解上，他们都秉承了这位伯爵的辩证视野。即使他的最极端的批评者曼德维尔也接受了他的"人是情感的动物"的观点。曼德维尔用比其更为直接的话语指出，"人乃是各种激情的复合体"。④并由此出发，展开了对理性主义的批评。在曼德维尔看来，正是由于人是情感的动物，情感只能用另一种情感加以克服，理性甚至法律的强制都是无济于事的。曼德维尔写道，"人类天生热爱安逸和闲散，天生喜欢沉溺感官快乐，而这些天性乃是法令所无法约束的。人的强大习惯和好恶，只能为种种更猛烈的激情所克服。向一个懦夫宣讲和证明他的恐惧毫无道理，你并不能将他变得勇敢无畏，这就如同你不能通过命令他长到十英尺而使他长得更高一样。而激情却几乎是屡试不爽……"⑤激情只能通过另一种激情或驯服或制衡成为苏格兰启蒙学者道德哲学与政治学中最为核心的观点。因为，从这一观点出发，能直接引申出理性不是万能的，而是"不及的"。在曼德维尔那里，这样的理念已经显露出来："大自然的作品随处可见，无不蕴含着显而易见的力量，而人类的

---

① Shaftesbury, An Inquiry concerning Virtue and Merit, in The Classical Moralists, p.321. 参见：周辅成编，《西方伦理学名著选辑》（上卷），第 758—759 页。

② 亚当·斯密，《道德情操论》，第 47 页。

③ 弗格森，《文明社会史论》，第 56 页。

④ 曼德维尔，《蜜蜂的寓言》，肖聿译，北京：中国社会科学出版社，2002，第 31 页。

⑤ 曼德维尔，《蜜蜂的寓言》，第 206—207 页。

智能却无法领会。不倦的观察、审慎的体验和以归纳的事实为依据的论证，以及获得的有用知识，要比直接谈及终极原因、根据先验前提进行推理的傲慢尝试获得的更多。""我们的智能却又何等的短视，人的判断力又多么容易犯错误。"① 当然，诸如此类的观念关涉到一个重大的形而上的问题，即理性与情感的关系，对此做出系统而全面的阐释的，当推大卫·休谟。

3.1.3 情感主义

在伦理学与政治学上，情感主义是相对于理性主义而言的，或者更确切地说是相对于哈耶克所说的"理性建构主义"而言，因为情感主义本身不是反理性的、非理性的。因而，正确理顺情感与理性的关系，是情感主义路径确定的关键。同时，在体力、感觉、情感、理性、意志等构成人的基本要素中，情感与理性无疑是其最为核心的两个方面，它关涉到"是用理性还是情感来主导生活"，因而它们也是理解人性构成的重要内容。不过，在这一群道德哲学家那里，这一问题是围绕道德基础的争论而展开的。

经沙夫茨伯里的开拓、哈奇森的捍卫与发挥，情感主义蔚然成势，并与理性主义分庭抗争，成为18世纪启蒙时代的学术热点。休谟记载道："有一场近来发生的争论很值得加以考察，这场争论涉及道德的一般基础：道德是导源于理性、还是导源于情感，我们获得对于道德的知识是通过一系列论证和归纳、还是凭借一种直接的感受和较精致的内在感官，道德是像对于真理和谬误的所有健全判断一样对一切有理性的理智存在物应当相同、还是像对于美和丑的知觉一样完全基于人类特定的组织和结构。"② 休谟认为，有关这些问题的看法"严重混乱"，"值得加以考察"，并在《人性论》以及由"道德篇"改写而成的《道德原则研究》中都将"理性与情感"作为一个重要问题予以探究，并

---

① 曼德维尔,《蜜蜂的寓言》,第359、379页。
② 休谟,《道德原则研究》,曾晓平译,北京：商务印书馆,2001,第22页。

明确立论"道德的区别不是从理性得来的"①，从而将情感主义的路径更牢固地确定了。

休谟的第一个核心论点是："理性单独决不能成为任何意志活动的动机""理性在指导意志方面并不能反对情感"。②在休谟看来，理性的作用在于发现真伪，而真或伪指的是观念与实在关系、实际存在和事实的符合或不符合。然而，知性上的符合或不符合与情感的可夸奖或可责备显然不是一回事，前者既不能引起一项行为也不能阻止一项行为，而后者则具有这样的影响。由此，休谟做出结论："道德准则刺激情感，产生或制止行为。理性自身在这一点上是完全无力的，因此道德规则并不是我们理性的结论。"③同时，我们要注意到休谟的措辞，他

---

① 这部分的内容可参见：休谟，《人性论》，"道德篇"，第 495—510 页；休谟，《道德原则研究》，"第一章 论道德的一般原则"，第 21—27 页，以及"附录一：关于道德情感"，第 137—146 页。"道德篇"与《道德原则研究》在这个问题上的基本观点和立场是相同的，但也呈现出不同的侧重点，比如在《人性论》"道德篇"中，休谟顺延了"情感篇"中理性单独不能产生道德行为的观点，强调了理性在这方面的"无能"；而在《道德原则研究》中，休谟视野的侧重点在于"理性和情感各自在关于称赞或责难的一切决定中到底起着多大的作用"，并在这一主题下充分肯定了理性与情感（趣味）各自的作用。"前者传达关于真理和谬误的知识；后者产生关于美和丑、德性和恶行的情感。前者按照对象在自然界中的实在情形揭示它们，不增也不减；后者具有一种创造性的能力，当它用借自内在情感的色彩装点或涂抹一切自然对象时，在某种意义上就产生一种新的创造物。理性，由于是冷漠而又超然的，因而不是行动的动机，仅仅通过给我们指明达到幸福或避免苦难的手段而引导我们出自欲望或爱好的冲动；趣味，由于它产生快乐或痛苦并由此构成幸福或苦难之本质，因而就变成行动的动机，是欲望和意欲的第一源泉和动力。前者根据已知的或假定的因素和关系，引导我们发现隐藏的和未知的因素和关系；后者在一切因素和关系摆在我们面前之后，使我们从整体感受一种新的关于谴责或赞许的情感。"（休谟，《道德原则研究》，第 146 页。）就对理性与情感这种条分缕析而言，《道德原则研究》无疑是对《人性论》的重大推进与发展，免除了休谟的"反唯理主义的道德理论"（哈耶克语）滑向非理性主义或反理性主义的可能。至于在其他主题方面，两部著作孰优孰劣，这里我们不打算泛泛而谈，碰到具体问题时再具体分析，只是特别想提醒这方面的研究者一点，不能将《道德原则研究》和整部《人性论》作比较，从而得出《道德原则研究》"单薄"等结论。其实，比较的范围最好锁定在与"道德篇"的比较上；鉴于前者的主题是狭义的道德学，比较视域因而最好限定在伦理问题上，否则任何评价都得不出公允的结论。
② 休谟，《人性论》（下册），第 451 页。
③ 休谟，《人性论》（下册），第 497 页。

强调的是理性单独不能产生道德行为。实际上，他也承认在如下两个
方式中理性能够影响行为，"一个方式是：它把成为某种情感的确当的
对象的某种东西告诉我们，因而刺激起那种情感来；另一个方式：它
发现出因果的联系，因而给我们提供了发挥某种情感的手段"。① 显然，
这种影响还是局限在知性判断的对错上，还是无法激起冲动或反对某
种情感。综合这两个方面，休谟做出了大胆的断言："理性是，并且也
应该是情感的奴隶，除了服务和服从情感之外，再不能有任何其他的
职务。"②

休谟的第二个核心观点是：善与恶并不是理性的对象。休谟认为，
理智有两种运作：对观念进行比较，由此发现对象间的关系；对事实
进行推理，由此发现对象的存在。一句话，"理性要么判断事实，要么
判断关系"③。因而，如果善与恶可以借助于理智发现，那么它们必须
或者由关系构成，或者由事实构成。首先，休谟要证明道德并不成立
于作为理性对象的任何关系。他采取的是反证法，假设恶与德具有关
系，那么它就必然限于理性所能确证的类似关系、相反关系、性质的
程度和数量与数目的比例。在《道德原则研究》中，休谟通过一些生
动的例子来予以驳斥。比如在辩驳善恶是对立关系时，他假设在一种
情况下，A 的善意或善举招致 B 的恶意或恶举；而在第二种情况下，
A 对 B 怀有恶意或施以恶举，而 B 反过来淡然处之，甚或对他施以善
举。显然这两种情形都存在"对立关系"，但在道德判断上，前一种情
形下我们谴责 B，而在后一种情形下我们称赞 B。再比如，一颗超拔
于并毁灭了其亲本的子树与一个儿子杀害父母，虽具有"类似关系"，
但并不都伴有善恶问题。其次，休谟要证明道德也不在于知性所能发
现的任何事实。休谟让我们考察一个恶行的例子，比如杀人，看能否
发现其存在所谓恶的任何事实或实际存在。在休谟看来，不论在哪个
观点下观察它，我们只能确定一件谋杀事件的时间、地点、情节和杀

---

① 休谟，《人性论》（下册），第 499 页。
② 休谟，《人性论》（下册），第 453 页。
③ 休谟，《道德原则研究》，第 139 页。

人者的动机、心情，但是单从这些事实本身并不能推出杀人者的行为是不正当的、应当受到谴责的道德结论。这说明，"道德"与"事实"不同，它们不是关于"是"或"不是"的事实判断，而是关于"应该"或"不应该"的价值判断，从前者推不出后者。这就是休谟著名的"大吃一惊的发现"。

> 在我所遇到的每一个道德学体系中，我一向注意到，作者在一个时期中照平常的推理方式进行的，确定了上帝的存在，或是对人事作了一番议论；可是突然之间，我却大吃一惊地发现，我所遇到的不再是命题中通常的"是"与"不是"等连接词，而是没有一个命题不是由一个"应该"或一个"不应该"联系起来的。这个变化虽是不知不觉的，却是有极其重大的关系的。因为这个应该或不应该既然表示一种新的关系或肯定，所以就必须加以论述和说明；同时对于这种似乎完全不可思议的事情，即这个新关系如何能由完全不同的另外一些关系推出来，也应当举出理由加以说明。不过作者们通常既然不是这样谨慎从事，所以我倒想向读者们建议要留神提防；而且我相信，这样一点点的注意就会推翻一切通俗的道德学体系。①

这一"发现"，不仅从根本上否认了道德善恶是理性的对象，严格地将理性与道德隔离为"实然"与"应然"、"事实"与"价值"这样不同的两极，而且"这样一点点的注意就会推翻一切通俗的道德学体系"。这是休谟扔给形形色色理性主义道德学家的"休谟难题"。而对于自己的"情感体系"，休谟认为并不存在所谓的从"实然"过渡到"应然"的问题，不存在"是"与"应该"如何切换的问题，因为它是"自然主义"：从人类自然固有的苦乐知觉中，我们能自然地判断哪些行为是赞成的哪些是谴责的，不需要任何其他条件。休谟甚至为这种

---

① 休谟，《人性论》（下册），第 509 页。

自然主义的道德情感理论自吹自擂起来，认为堪比物理学上的重大发现。我们引用他的这段原话，结束这个话题的讨论："恶和德可以比作声音、颜色、冷和热，依照近代哲学来说，这些都不是对象的性质，而是心中的知觉；道德学中这个发现正如物理学中那个发现一样，应当认为是思辨科学方面的一个重大进步……对我们最为真实，而又使我们最为关心的，就是我们的快乐和不快的情绪；这些情绪如果是赞成德而不赞成恶的，那么在指导我们的行为和行动方面来说，就不再需要其他条件了。"①

在理性与情感的关系上，在思想路径的选择上，斯密将哈奇森尤其是休谟的有关论点直接作为自己的理论前提，以至于在《道德情操论》中径直以人的"同情心"开篇立论。在该书的第七卷《在论道德哲学的体系》中，斯密批评了卡德沃思等人的"把理性视为赞同本能的根源的那些体系"，明确指出，"虽然理性无疑是道德一般准则的根源，也是我们借以形成所有道德判断的根源，但是认为有关正确和错误的最初感觉可能来自理性，甚至在那些特殊情况下会来自形成一般准则的经验，则是十分可笑和费解的"。②在斯密的著作中，我们也能反复看到休谟所确证的"理性不及"的思想，这里简单罗列几句话："理性虽然也许能够揭穿某些迷信妄想，使普通人也能明白其无稽，但理性决不能瓦解那基于利己心的结合。"③"虽然人类天然地被赋予一种追求社会幸福和保护社会的欲望，但是造物主并没有委托人类的理性去发现……而是赋予人类一种直觉和本能""虽然造物主这样地赋予我们一种对这些目的（即自卫、种的繁衍。——引者注）的非常强烈的欲望，并没有把发现达到这些目的的合适手段寄托于我们理性中缓慢而不确定的决断。造物主通过原始和直接的本能引导我们去发现达到这些目的的绝大部分手段。饥饿、口渴、两性结合的激情、喜欢快乐、害怕痛苦，都促使我们为了自己去运用这些手段……"④

① 休谟，《人性论》（下册），第 509 页。
② 亚当·斯密，《道德情操论》，第 423 页。
③ 亚当·斯密，《国民财富的性质和原因的研究》（下卷），第 361 页。
④ 亚当·斯密，《道德情操论》，第 95 页。

弗格森的道德哲学与政治学同样走的是一条情感主义的路径。在《文明社会史论》中，弗格森对这种现象很是不满，"在解释我们的行为时，我们经常忘了我们曾做过什么。我们没有把人们的行为动机归结为心灵在客观事物面前被激起的情感，而是把它归结为我们离群索居，苦苦冥想后得出的想法"[1]。在他看来，将人之行为动机归结为情感，归结为"道德情操"完全是可以理解的，"如果人类确实是本能地团结在一起，如果他们在社会上行事真的是出于善意和友情；如果确实早在人们相识并有了某种亲密关系以前，就这样普遍成为互相关注的对象，而且相互之间还存在着一些敬意；如果真的人们一方面漠视人类的荣华而另一方面却能对人类所受的苦难给予同情；如果灾难是以涉及的人们的质、量来衡量的；如果人的每一苦难都引来一群极为关注的围观者；如果，甚至于是对那些我们通常不希望有什么好结果的人，我们还是不想充当伤害他的工具；那么，看来，在友善性情的这种种表现中就足以为道德理解打下基础，同时我们维护自己权利的意识也在人性和真诚的驱使下延伸到了别人身上"[2]。

3.2 "高调的人性"与"低调的人性"[3]

谈及人性，绕不开的一个基本问题就是人性之善恶问题。古往今来，对这一问题争论不已，至今没有定论，也许根本没有定论，或许这正是"斯芬克斯之谜"的永恒魅力。比如，在我们的老祖宗那里，对人性之看法就光怪陆离：孔子的"性相近，习相远"，孟子的"人性本善"，荀子的"人之性恶，其善者伪"，韩愈的"性有三品，上可教而下不可制"，朱熹的"人性皆善，气禀为恶"，章太炎的"善亦进化，恶亦进化"，等等。在 18 世纪的苏格兰，各种人性观念也是争论不已，

---

① 弗格森，《文明社会史论》，第 18 页。

② 弗格森，《文明社会史论》，第 37 页。

③ 这对概念是受张灏先生的"高调的民主"与"低调的民主"界分的启发，前者是将民主视为一种道德理想的民主观，后者对民主的理解基于人性的有限乃至邪恶。参见：张灏，《幽暗意识与民主传统》，北京：新星出版社，2006，第 228—230 页。

有的甚至互相对立与排斥。

3.2.1 哈奇森：仁慈主义

总的来看，在人性论上，哈奇森将沙夫茨伯里的情感主义推向了仁慈主义，对人的本性做了更"高调"的诠释与声张。要理清和把握这种高调的人性，需从他对善恶的二元界分开始，由此才能一层一层地剥离他人性观的内核。

在《论美与德性观念的根源》中，哈奇森严格区分了两种不同的善恶——自然善与道德善、自然恶与道德恶，并从情感知觉上的不同对此做了对比：自然善"只能激起占有这些好东西的愿望"，它实质是一种对"利益"的情感；而道德善"会引起我们对具有这些品德的人之敬爱"，它实质是一种"爱"和"尊敬"他人的情感。[①] 在自然恶与道德恶上也一样，假使由一梁一瓦的倒塌、破损或由风暴而造成的损害，与受邻居之攻击、殴打侮辱、接受共事者或信托者的欺骗所加之我们的损害一样的话，那么每个人对于这两种情形肯定有着不一样的情感。[②] 从这种对比中，我们可以看出哈奇森对善的这种界分的真实用意，就是要将追逐个人自我利益的所谓自然善驱逐出道德善的大门，而道德善只能出自仁慈，不可能出于其他利己动机，"仁爱之爱，这个名称本身就排除了自我利益"。明白这一点，我们很容易理解他思想体系中具有标志性的一句话语："一切在事实上是十分有用的行为，假使它们并非出于对他人的和善的用心的话，这也没有道德之美。"[③]

那么，人们又如何去知觉和辨识这两种不同的善呢？在这方面，他发展和系统化了沙夫茨伯里的道德感理论。在哈奇森看来，那种具有接受道德善恶能力的"道德感"与对自然善恶的知觉感官根本不同："我们在自然对象中去知觉快乐的感官（由这里知觉这些自然物是有利的）永远不能在我们心中引起任何关于社会善的企求，而只会引起那

---

① 哈奇森，《论美与德性观念的根源》，高乐田等译，杭州：浙江大学出版社，2009，第 85 页。

② 哈奇森，《论美与德性观念的根源》，第 85—86 页。

③ 哈奇森，《论美与德性观念的根源》，第 102、4 页。

些仅仅对我们个人善的企求。这些也不能促使我们一定去钦佩于人类有益的行为，一定去敬重那个行为者。但是，不管何种行为，在我们看来，凡是出于爱、人道，出自喜人之所乐，出自恩惠、同情和对于他人之善的努力，那么虽然这种行为发生在世界上最遥远的某处，或是某个时代，但在我们内心中，仍感愉快，并且钦佩这可爱的行为，称颂这个行为者。"[①] 简言之，外部感官只能感知"个人善"，而道德善是一种"社会善"，知觉它的"秘密的链锁"在于内心中的道德感。假使没有道德感，那么这些"社会善"的行为一定看起来既像是美丽的又像是丑陋的。

尽管哈奇森将追逐自我利益的情感与自然善革出了道德善的大门，但他并不讳言利益，甚至也不讳言自爱。相反，他也积极投身于当时公共知识分子关于"什么样的行为最能有效地促进公共利益"的激烈讨论之中。当然，他的探讨还是以自然善与道德善，或者说个体善与公共善之间的关系为出发点。受沙夫茨伯里的启发，他也意识到，"一切人既有自爱之心，也有仁爱之心……它们被认为是驱使同一物体运动的两种力量：有时它们同谋，有时它们各不相干，有时又在某种程度上互相反对"[②]。为了强调仁爱并不排除自爱，哈奇森随后分别考察了这三种情形。第一种情形："各不相干"，即"纯粹出于自爱的行为，可是并不表示其缺乏仁爱之心，同时对于别人也没有损害，也不牵涉到道德方面意义，这行为也不会引起旁观者的好恶之心"。第二种情形："同谋"或者说私利与公益相一致，即"我们的理性的确能发现某种界限，在此界限内，我们出于自爱的行为，不只与全体的善相一致，并且每个人如在此界限内，我们自己的善，对于促进全体的善，也是绝对必要的；没有这样的自爱心，将会发生普遍的害处……忽略自己的善，也可能在道德方面是恶，表示为缺乏仁爱之心"。第三种情形："互相反对"，即"当自爱心突破了上述的范围，使我们做有害于别人

---

① 周辅成编，《西方伦理学名著选辑》（上卷），第 789 页。另参见：哈奇森，《论美与德性观念的根源》，第 87 页。

② 周辅成编，《西方伦理学名著选辑》（上卷），第 793—794 页。另参见：哈奇森，《论美与德性观念的根源》，第 102 页。

和全体的行为，或使我们不理会慷慨而和气的感情，那么就成为罪恶，而不被人赞许"。①综合这三种情形，对于自爱，他得出了这样两点的结论：第一，"人的恶行的常见根源，就必定是错误的自爱或因错误而草率地形成的对人类的看法而产生的感情"。第二，"只要每个道德主体正当地把他自己视为有用于整体的这个理性系统的一部分，他就可以部分地成为他自身的仁爱对象……该系统的保存要求每个人无罪地关心他自己"。②

当然，这并不意味着自爱能享有道德善的美誉，他肯定自爱只是为了从整体上为"公共利益"与"公共善"算计。比如，他具体区分了这样两种情况：第一种情况，"若关心自己竟然合于全体之善，这无论是为了自己，还是为了他人，其对于全体之善都是相等的。或如，加于自己之害等于别人所得之利，在这样的情形中，为他人之善而行为，固然表示了一种可爱的心愿；但若从关心自己着眼，而相反地行为，这并不表示是做恶的心愿，也不表示缺乏最广泛的仁爱心；因为这两种情形中，对于全体的善的分量是恰恰巧相等的"。简单地说，没有增加公共利益总量的行为，无论是为自己还是为他人，都既不是"恶"也不是"善"。第二种情形，"当一行为对行为者之害处，大过了对公众的好处，那么这个行为虽然表示行为者之如此做是基于一错误的责任感，但仍表示行为者的一种可爱而真正的道德心愿。但若行为者私人所受之害这样大，以至使他不能在别的一时候去促进他现在所达到的更重要的公善，那么，虽然在目前，他这种行为也出于一种道德的心愿，但这行为实在是不好的，这表示他事先为了一较小之善，而忽略了较大的可以达到的善"。③也就是说，哈奇森对好心办"坏"事（指公共利益的总量减少了）也是不满的。因而，颇为吊诡的是，哈奇森从仁爱的道德动机论立论，最后得出了跟后来功利主义相同的

① 周辅成编，《西方伦理学名著选辑》（上卷），第803—804页。另参见：哈奇森，《论美与德性观念的根源》，第124页。

② 哈奇森，《论美与德性观念的根源》，第123、125页。

③ 周辅成编，《西方伦理学名著选辑》（上卷），第806页。另参见：哈奇森，《论美与德性观念的根源》，第125—126页。

理论命题——"为最大多数人获得最大幸福的那种行为就是最好的行为，以同样的方式引起苦难的行为就是最坏的行为"[①]。尽管他一再强调仁爱是社会道德的基础，时时补充"如果一行为出于强烈的仁爱心，那么即使在和善上或促进公共利益上并未达到圆满成功，这也将和出自强烈仁爱心而能获得最大成功的行为一样令人可爱"[②]，但他还是无法遮掩利益与德性之间存在的紧张。

3.2.2　曼德维尔："畸形理论"

与哈奇森不同，曼德维尔是沙夫茨伯里人性善之最坚定最明确的反对者，两人的思想理念判若云泥[③]。在人性论上，曼德维尔将道德视为遮羞布，不仅毫不讳言人性之恶，而且认为正是"私人的恶德"造就了"公众的利益"，对"人"做了极为低调的注释，在当时甚至被冠以"畸形理论"[④]。现在就让我们来窥视这一理论之"畸形"之处。

曼德维尔深刻地认识到，"要了解人的本性，就必须研究和实际分析人心"，"若不彻底了解一个人的行为所依据的原则及动机，我们便不可能对其表现做出判断"[⑤]。而对于人的行为所依据的原则及动机，曼德维尔断然否认，"世上没有西塞罗曾提到的任何良好职能或义务，无论是他人还是对我们自己，也没有沙夫茨伯里提到的任何仁爱、人道或其他社会美德的先例"[⑥]。在曼德维尔看来，人既是一种

---

① 哈奇森，《论美与德性观念的根源》，第 127 页。

② 周辅成编，《西方伦理学名著选辑》（上卷），第 801 页。另参见：哈奇森，《论美与德性观念的根源》，第 117 页。

③ 对于这种天壤之别，在《蜜蜂的寓言》中的"对话"部分，克列奥门尼斯（曼德维尔的追随者）向霍拉修（沙夫茨伯里的信奉者）做了这样自嘲式的解释："用沙夫茨伯里大人的美妙理论去判断人们的行为，就是用和《蜜蜂的寓言》截然相反的理论去判断。"参见：曼德维尔，《蜜蜂的寓言》，第 252 页。

④ 曼德维尔，《蜜蜂的寓言》，第 240 页。

⑤ 曼德维尔，《蜜蜂的寓言》，第 295、40 页。曼德维尔特别强调要探究人"实际"是什么样的，而不满意于"大多数作者都在教导读者应当做怎样的人，却几乎很少想到去告诉读者他们实际上是什么样的人"。参见：曼德维尔，《蜜蜂的寓言》，第 31 页。着重号为笔者所加。

⑥ 曼德维尔，《蜜蜂的寓言》，第 271 页。

精明的动物，亦是一种格外自私而顽固的动物，为各种激情所支配，如骄傲、虚荣、虚伪、欲望、贪婪、奢侈等等。① 而这诸多激情之中，曼德维尔并不是将欲望、贪婪、奢侈等这些追求物质性内容的情感放在核心位置；相反，他似乎认为它们归根结底是受制于精神性激情，如骄傲、虚荣心、虚伪，尤其是骄傲。这一点，我们在苏格兰启蒙思想家休谟、斯密、弗格森等人那里都能看到，他们都强调经济动机背后之博取认同与赞许之情感动机。曼德维尔指出："在人这种最完美的动物中，骄傲之心与人的本性便如此密不可分（无论有些人如何巧妙地学习隐藏与掩饰骄傲），乃至没有骄傲，构成人的复合物中便缺少一种主要的成分。"② 因而，在多种场合，曼德维尔将"骄傲"视为人的行为的准则与动机。为了说明这种动机与准则的效力，在《蜜蜂的寓言》中，他反复举的一个例子是人为什么敢于"投入殊死的决斗"，他认为正是骄傲之心使人克服对死亡的恐惧。他这样写道："在所有事关名誉的关头，看重荣誉者心中都会被有效地唤起对羞耻的恐惧，而它们也会顿生骄傲之心并以它为帮手，集中精力地掩饰对死的恐惧。依靠这种非凡的努力，对死的恐惧便完全被扑灭，至少是不会为人所见和不为人知了。""克服了恐惧的，不是别的，正是他的傲气。"③

主张人性恶、人性私早已有之，但曼德维尔把这种论点推向了极致，即人性唯恶、人性唯私。他甚至认为那些"仅仅出于善举的动机，默默地做出值得称道的举动"，"我们仍会从中发现骄傲的明显表现"④。在《蜜蜂的寓言》第四部分的六篇《对话》中，他就专门用第二篇《对话》来论证即使是"最文雅、最谨慎、最有教养的人"也可能败絮其中，"最美丽的上层建筑也可能建立在腐朽恶劣的基础上"。⑤ 其实，他的论证支支吾吾的，论据主要还是上面谈及的"决斗"的例子，

---

① 曼德维尔，《蜜蜂的寓言》，第 31、32 页。
② 曼德维尔，《蜜蜂的寓言》，第 34 页。
③ 参见：曼德维尔，《蜜蜂的寓言》，第 207、300 页。
④ 曼德维尔，《蜜蜂的寓言》，第 41 页。
⑤ 参见：曼德维尔，《蜜蜂的寓言》，"霍拉修与克列奥门尼斯的对话"，第 269—303 页。

并没有有力回应对方以下观点："人的天性为什么就不可能是善良的呢？""有些人自私自利，但我不能以此便作出结论说别的人身上就不具备美德。""人类或许很坏，但他们身上仍然是既有恶德，也有美德，只是美德更罕见罢了。"① 无疑，他走向了哈奇森之对立面的极端，这也正是他长期受到诟病与攻击的最主要原因。

尤有甚者，这位讽刺作家② 不仅不以人之"恶德"为悲、为恶、为耻，反以为喜、为好、为荣，而且公开叫嚣："人的那些最卑劣、最可憎的品质，才恰恰是不可或缺的造诣，使人适合于最庞大（按照世人的标准衡量）、最幸福与最繁荣的社会"，"这些资质乃是一个繁荣社会的伟大支柱"，"要使我们的一切贸易及手工业兴旺发展，人的种种欲望与激情绝对是不可或缺的；而谁都不会否认：那些欲望和激情不是别的，正是我们的恶劣品质，或者至少可以说是这些恶德的产物"。③ 为了论证自己的观点，他构思了一首讽刺诗《抱怨的蜂巢或骗子变作老实人》。在这首诗里，他把社会比喻为一个巨大的蜂巢，把人比喻成这个蜂巢的蜜蜂，以蜂之性喻人之性，讲述了一个"私恶即公益"的寓言故事：故事一开始，数百万蜜蜂无不在纷纷尽力满足彼此的虚荣与贪欲，他们存在着分工，从事着不同的行当，但一切行当和一切地方都存在欺骗，没有一种行业里不包含谎言，律师、医生、神父、士兵、国王、大臣，甚至正义女神概莫能外。尽管每部分被恶充满，然而整个蜂国却是一个乐园，其共有的罪恶使其壮大昌盛……为了从反面证实"私恶即公益"，曼德维尔在故事的第二部分将话锋一转：让"骗子"变作"老实人"，让蜂巢全无欺诈，让诚实充满蜜蜂们的心窝，让各行各业无不弃绝撒谎，让骄傲与奢侈日益减少，但相伴而随的出人意料，不单是商号而且所有公司都关闭停业，律师、法警、官吏等都无以维持生计，一切艺术与技巧都相继丧失，整个社会一片

---

① 参见：曼德维尔，《蜜蜂的寓言》，第 257 页。
② 《布莱克维尔政治学百科全书》的编辑者们比较慎重，授予曼德维尔这样两个"头衔"——讽刺作家和社会理论家，并没有授予他"道德哲学家"的称号。参见：米勒、波格丹诺主编，《布莱克维尔政治学百科全书》，第 477 页。
③ 曼德维尔，《蜜蜂的寓言》，第 1、31、215 页。

萧条……① 对于它的寓意，曼德维尔做了精心的说明甚至延伸："既赢得战争的荣誉，且生活得安逸，不存在重大的恶德；但这不过是他们头脑里的一个理想国。每当我们享受各种益处便利，亦必定见到欺诈、奢侈和骄傲……一个国家必定不可缺少恶德，如同饥渴定会使人去吃去喝。纯粹的美德无法将各国变得繁荣昌盛；各国若是希望复活黄金时代，就必须同样地悦纳正直诚实和坚硬苦涩的橡果。""这个寓意的主要意图乃是要表明：既享受一个勤勉、富裕和强大的民族所拥有的一切最优雅舒适的生活，同时又具备一个黄金时代所能希望的一切美德与清白，此两者不可兼得。……自世界肇始直至今日，那些恶德及不便始终与一些王国及国家不可分离，而这些王国及国家则无一不同时以强大、富裕、文雅而闻名。"② 对这些话语最简单最明了的概括，如那部著作的副标题所示："私人的恶德即公众的利益"。因而，他反复劝告人们不要去抱怨恶德及其不便，而是要认识到"恶德与伟大而有效的社会不可分离"，"恶德虽说是格外荒唐万分，却在推动着贸易的车轮前进"，"最佳的美德亦离不开最劣的恶德的帮助"③。

"私恶即公益"，这确实是一个令道德哲学家恐怖的逻辑。但是，严格地说，曼德维尔并没有完全在恶德与公益之间画等号。首先，这句话的主要用意是强调"恶"（按照世人的标准衡量）的动机能够促成"善"的结果，并不是说恶的就是善的。其次，他并不认为一切"恶"都是公众利益之源，他绝非在鼓励"恶德"④。再次，最为重要的是，曼氏也不认为个人追求自身利益的"恶德"会无条件地转化为公众利益，而是有条件有限定的。用他的话说："只有经过了正义的修剪约束"，

① 这首诗的内容详见：曼德维尔，《蜜蜂的寓言》，"第一部分 诗歌"，第11—27页。
② 分别参见：曼德维尔，《蜜蜂的寓言》，第28、3—4页。
③ 曼德维尔，《蜜蜂的寓言》，第4、18、77页。
④ "我绝非鼓励恶德。一个国家若能杜绝那些不洁的罪孽，我亦不会不认为那是该国无与伦比的福分。""以为强大、富裕的国家没有强力和礼数亦能存在下去，这是一种愚蠢的想法。""我说恶德与伟大而有效的社会不可分离，我说那些社会的财富和庄严不可能不依赖恶德存在，并不意味着这些社会里有罪的具体成员不该受到持续不断的谴责，或者当他们成为犯罪时不该受到惩处。"分别参见：曼德维尔，《蜜蜂的寓言》，第74、224、4页。

"只有经过老练政治家的妥善管理"，私人的恶德才可能转变为公众的利益。① 也就是说，在曼德维尔的著述中，"政治""政治家"在道德生活中扮演着举足轻重的角色，他甚至认为"道德美德皆为逢迎骄傲的政治产物"。② 与哈奇森那里一样，曼德维尔这里也有一个很有意思的问题，既然人性唯恶，恶德还能促进公益，那么也就无须言善，无须美德。因而颇为滑稽，他的著作中还单独为"美德之起源"开设了一个评论，而且篇幅很长。西季威克在他的《伦理学史纲》中提及曼德维尔，似乎主要就是为了指出这种矛盾，"他很难被称为一位'道德学家'，尽管我们不可能否认他在哲学上具有某种值得注意的洞察力，但他的反道德的悖论甚至缺乏表面上的逻辑一致性。他确信德性纯粹是人为的，但他却并不十分确定，究竟它是有利于社会的那些欲望和激情的一种无用束缚，还是可归之于那些利用'人这个愚蠢物'的'傲慢和自负'而引入德性的政客们的伎俩"③。

这种逻辑矛盾，在一定程度上意味着将人看作坏蛋或恶人是有问题的，甚至有重新滑向霍布斯乃至后来的黑格尔引入"利维坦""国家"进行道德救济的威权主义泥潭的可能。因而，与哈耶克将曼德维尔列入自由主义的"英国传统"门下不同，《布莱克维尔政治学百科全书》的编撰者们比较谨慎："曼德维尔为个人利益、奢侈、减少国际贸易限制及劳动分工的优点所做的辩护，对经济思想的发展做出了很大的贡献。但他又经常提示对自私自利的人需要限制，需要'娴熟的政治家的明智管理'这一主张又使人们不能轻易地把他看作是放任自由哲学的早期的阐述者。"④

3.3　人性新启蒙

在对人的形象的描述上，休谟、斯密、弗格森等人有一个共通之处：既不像曼德维尔那样把人看作是自私自利的坏蛋，也不像哈奇森

---

① 参见：曼德维尔，《蜜蜂的寓言》，第 28、236 页。
② 参见：曼德维尔，《蜜蜂的寓言》，"美德之起源"，第 36 页。
③ 亨利·西季威克，《伦理学史纲》，第 161—162 页。
④ 米勒、波格丹诺主编，《布莱克维尔政治学百科全书》，第 478 页。

那样把人视为心怀天下的仁慈家；而是站在两者的中间，既承认人有利己的一面又具有有限慷慨的一面，有利己之心也有同情之心。这种人，在今天看来，就是一个普普通通的凡夫俗子，就是文明社会中比比皆是的"良民"。然而，在 18 世纪，在市民社会新兴之际，这两个方面都需要"启蒙"，既需要把人从那种"独身、斋戒、苦行、禁欲、克己、谦卑、沉默、孤居独处以及整套僧侣式的德性"①中解放出来，又需要规范和引导人们的自利行为；既需要回应曼德维尔式的处世哲学——"整个仁爱是纯粹的伪善，友谊是一种欺骗，公共精神是一种滑稽，忠实是一种获得信任和信赖的圈套"，也需要正视市井小民的偏见——"不论一个人可能感受到或者想象自己同情到什么感情，没有一种激情是或能够是无私的；最慷慨的友谊，不论多么真诚，都是自爱的一种变体"。②这些问题，形塑了苏格兰人性启蒙的主题与方向，大卫·休谟更是雄心勃勃地要建立"人的科学"。

3.3.1 休谟：自私与有限慷慨

《启蒙运动百科全书》中"人的科学"（science of man）词条指出：启蒙运动时期采用"人的科学"概念，突显了一种流行的信念，即考察基本的人性，就能够建立关于人类行为和性格的可靠知识体系；"人的科学"概念还包含另一层含义，应当把对人类的研究与神学、宗教、形而上学区分开来。③如果要对这两点选择注解或例证的话，休谟的《人性论》最好不过了。

休谟被认为是人性哲学家④。在《人性论》中，他不仅明确使用了"人的科学"这一概念，而且特别强调了研究人性科学的重要性。他的这句话被奉为圭臬："一切科学对于人性总是或多或少地有些关系，任何学科不论似乎与人性离得多远，它们总是会通过这样或那样的途径回到人性。"在休谟看来，"人的科学是其他科学的唯一牢固的基础"，

① 休谟，《道德原则研究》，曾晓平译，商务印书馆，2001，第 123 页。
② 休谟，《道德原则研究》，第 147、148 页。
③ 赖尔、威尔逊，《启蒙运动百科全书》，第 29 页。中译本原文为"人学"。
④ 巴里·斯特德，《休谟》，周晓亮、刘建荣译，济南：山东人民出版社，1992，第 1 页。

"任何重要问题的解决关键，无不包括在关于人的科学中间；在我们没有熟悉这门科学之前，任何问题都不可能得到确实的解决"；因而"我们可以希望借以获得成功的唯一途径，即是抛开我们一向所采用的那种可厌的迂回曲折的老方法，不再在边界上一会儿攻取一个城堡，一会儿占领一个村落，而是直捣这些科学的首都或心脏，即人性本身"。① 这句话是休谟的行动宣言，也是休谟思想深邃的秘籍。他的道德哲学、社会观、德性论、正义论、宪政与法治思想等无不是建立在对人性分析的基础之上，它构成了休谟思想大厦的"心脏"。反过来，当我们要去探究他的整个启蒙思想时，我们也要直捣这个"心脏"。

那么，如何来研究人性科学，特别是如何将人性研究推进到"科学"的高度，从而走出神学、宗教与玄学的阴影呢？休谟给出的答案是，正如《人性论》一书的副标题所示："在精神科学中采用实验推理方法的一个尝试"。可见，在方法论问题上，休谟无疑是牛顿的忠实信徒，梦想如同牛顿根据少数几条极其普遍的原则解释纷繁复杂的物理现象那样，希冀找寻到"以最少的和最简单的原因来说明所有结果"的普遍原则来解释人类的精神，从而建立一套与自然科学相媲美的精神科学体系。当然，他对所谓的"最终原则"保持一贯的怀疑态度，"凡自命为发现人性终极的原始性质的任何假设，一下子就应该被认为狂妄和虚幻，予以摒弃"。对于这些普遍的原则，休谟认为也只能像自然哲学那样通过实验推理的方法才能获得。"因为，我觉得这是很显然的：心灵的本质既然和外界物体的本质同样是我们所不认识的，因此若非借助于仔细和精确的实验，并观察心灵的不同条件所产生的那些特殊结果，那么对心灵的能力和性质，也一定同样不可能形成任何概念。"② 基于这样的认知，休谟宣称："在自然哲学中，人们虽然没有彻底根除他们对假设和体系的热爱，但是除了那些来自经验的证据，他们将不再倾听任何其他的证据。现在是他们应该在所有道德研讨中尝试类似这样一种改革，拒绝一切不是建立在事实和观察基础之上

---

① 分别参见：休谟，《人性论》（上册），第 6、8、7—8、7 页。
② 休谟，《人性论》（上册），第 8—9 页。

的、不论多么玄奥或精妙的伦理学体系的时候了。"①

在进一步具体揭示休谟的人性理念之前，首先还有个问题需要回答一下：是否具有普遍的本性？在这一问题上，休谟不是怀疑论者，令人意外地做了肯定的回答，并给予了论证说明。不过，他对本性的理解与通常的看法不一样。在休谟看来，人性与任何其他事物所谓的本性不二，乃是"相似的各种事情的恒常而有规则的会合"。因为，"人类在一切时间和地方都是十分相仿的"，他们的行动在各国各代都有很大的一律性，而且人性的原则和作用乃是没有变化的，同样的动机常产生出同样的行为，同样的事情常跟着同一的原因而来。野心、贪心、自爱、虚荣、友谊、慷慨、为公的精神，这些情感从世界开辟以来就是，而且现在仍是，我们所见到的人类一切行为和企图的泉源；这些情感混合的程度虽有不同，却都是遍布于社会中的。因而，我们要洞察人性中的普遍原则，就只需去寻求这种"恒常性"与"一律性"，即去探究在什么环境和情形下，人类会出于什么样的动机和情感，做出什么样的行为。此外别无他途，"历史在这个特殊的方面并不能告诉我们以什么新奇的事情。历史的主要功用只在于给我们发现出人性中恒常的普遍的原则来，它指示出人类在各种环境和情节下是什么样的，并且供给我们以材料，使我们从事观察，并且使我们熟悉人类动作和行为的有规则的动机。战争、密谋、党羽和革命的种种记载，在政治家和道德哲学者手里，只是一大堆实验，他们正可借此来确定他们那种科学的原则。这个正如物理学家或自然哲学者借各种实验熟悉了植物、动物和别的外物的本性一样"②。

①　休谟，《道德原则研究》，第 26—27 页。
②　休谟，《人类理解研究》，第 75—76 页。着重号为笔者所加。当然，休谟在强调"恒常性"与"一律性"时，并没有否认人性的特殊性与差异性。他说，"不过我们也不能设想，人类行为的这种一律性是不容例外的，我们并不能说，一切人类在同一环境下总会精确地照同样方式来行事，我们必须承认性格、偏见和意见，在各人都有差异的地方。这种在各方面都很一律的性质，是不能在自然中任何一部分找得出的。正相反，我们在观察了各个人的不同的行为以后，还正可以由此来构成较多数的通则。不过这些通则仍然以前设某种程度的一律性和规则性为其条件"。参见：休谟，《人类理解研究》，第 77—78 页。对照这两段论述，我们可以看出，休谟在人性同一性问题上的态度：（转下页）

同时，休谟也认识到，与自然科学相比，在精神科学领域中从事"实验"面临着诸多不利条件，其中主要有："当精神哲学收集实验材料时，无法有目的地进行实验，事先定好计划，并按照预定的方法去应付可能发生的每种具体困难情况。当我不明白在某种情况下某一物体对另一物体的影响时，我只需把这两个物体放在那样一种情况之下，并观察其有什么结果发生。但是在精神哲学中，我如果把自己放在我所要考察的那种情况下，企图以同样的方式消除任何疑难，那么这种思考和预计显然会搅扰我的自然心理原则的作用，而必然会使我无法根据现象得出任何正确的结论。"① 因而，这就需要借助推理来弥补。在对人性的揭示上，休谟的"实验推理"方法展现得淋漓尽致，他让"被试"进入四种不同的虚拟"实验场"：

第一种情形，假设大自然把所有外在的便利条件（如气候、物产、环境）慷慨丰足地赠予"被试"，以至于不需任何关怀和勤奋，都能充分满足他最为贪婪的嗜欲或最奢豪的想象所提出的一切愿望。显然，在这种幸福的状态中，不但自然界没有风暴，而且现在引起人们的争吵和混乱的那些更为猛烈的风暴也不会在"被试"胸中发生，贪婪、野心、残忍、自私等闻所未闻；在他心灵中所熟悉的仅有的活动只有慈爱、怜悯和同情。甚至我的和你的这个区别，也不会进入他的心灵之处。这种"黄金时代"，在休谟看来，只是诗人们臆造的，这种情形人类未曾真正经历过。②

第二组"实验"让"被试"面临着与第一种情形截然相反的外在环境，然后考虑这些新情况会有什么后果。假设在某个社会里，日常必需品如此匮乏，以致极度地省俭和勤奋亦不能使大多数人免于饿死。

（接上页）一方面，他承认普遍的人性，特别是人类感知苦乐的同一性，因为这是人性的恒常性与一律性的表现；另一方面，他反对那种鼓吹先验的同一性，无差异的同一。他在后来的著作中特别强调了"人的不完善性"与"差异性"："大自然在人与人之间所安置的差异是如此巨大，而且这种差异还在为教育、榜样和习惯如此更进一步地扩大"，因而，"不可能想象一切性格和行动都一样有资格获得每一个人的好感和尊重"。参见：休谟，《道德原则研究》，第139页。

① 休谟，《人性论》（上册），第10页。

② 参见：休谟，《人性论》（下册），第534页；休谟，《道德原则研究》，第35—36页。

因而，在这样的社会里，不可避免地到处盛行孤注一掷的抢掠，漠视公道，轻蔑秩序，行为愚蠢而盲目且不计后果。显然，这是一个"匪寇社会"。在这个令人忧郁的境况中，人会接受什么指导呢？我们很容易观察到，他也别无他法，唯有武装自己，夺取不论可能属于谁的剑或盾，装备一切自卫和防御的工具，像"匪寇"一样贪婪和极端的自私自利。这种情形让我们想起了霍布斯的"一切人反对一切人的战争"的自然状态。对此，休谟指出，与"黄金时代"一样，它是哲学家们的虚构，"从来不曾有、也不可能有任何现实性"，充其量描绘的只是"未被驯服的自私性"与"野蛮性"。①

第三场的测试思路是，将外在环境还原为我们真实生活的场景，既不极其充裕但也不至于极端匮乏。在这种情况下，假设"被试"是一个享有无限仁慈的人——胸襟开阔、满怀友好和慷慨之情、关心别人胜过关心自己，会不会有这种可能？休谟做出的解答是："在人类胸怀目前的气质中，要发现如此扩展的感情的完美事例或许将是困难的。"② 也就是说，这种情形在家庭或小范围的熟人共同体中可能存在，但它不是人之普遍的本性。

最后一项测试与第三场的外在场景大致相当，只是再次假设人是一种极端自私的动物。当然，这和第二种情况一样，在休谟眼里，也是对人性的恶毒攻击，甚至尤甚于前者，因为前者在很大程度上是迫不得已。为此，休谟抱怨道："一般地说，自私这个性质被渲染得太过火了，而且有些哲学家们所乐于尽情描写的人类的自私，就像我们在童话和小说中所遇到的任何有关妖怪的记载一样荒诞不经，与自然离得太远了。"③ 此外，休谟还特别强调，鉴于自然资源的稀缺、人自身条件的局限，人类只有克服狭隘的自私，并借助分工、协作与互助等形成的社会性的力量、能力和安全，才能真正利己利人。这方面的内容我们在下一章有关"社会的起源"中将做更详尽的分析。

---

① 参见：休谟，《道德原则研究》，第38、41页；休谟，《人性论》（下册），第533页。
② 参见：休谟，《道德原则研究》，第36—37页。
③ 休谟，《人性论》（下册），第527页。

这样一来，按照排列组合，休谟把四种极端的情形——外在环境极其充裕、极端匮乏，人性无限的慷慨仁慈、极端的自私自利——都排除掉了，剩下只有一种情形，即在外在环境或资源稀少的情形下（我们真实的生存境况），人自私自利但又具有有限的慷慨仁慈。现实而自然的人性就这样在休谟笔端被"实验推理"出来了。其实，有关正义这种人为的德性的起源及其价值，休谟也是这样按实验推理出来的，或者说它本身就蕴含于人性论之中。

尽管边沁说，阅读《人性论》，"我感到似乎眼睛更明亮了"。然而，休谟的真正继承者很少是理性主义的功利主义者，而是像亚当·斯密以及他的伙伴苏格兰启蒙运动参加者那样的研究人性和社会历史发展的人。[①] 斯密的道德哲学甚至被认为是"休谟道德哲学的提炼"[②]。下面，我们就从休谟转向斯密的人性观。

3.3.2　斯密："同情心"与"利己心"

《道德情操论》与《国富论》[③] 在给亚当·斯密带来"道德哲学

---

① 米勒、波格丹诺主编，《布莱克维尔政治学百科全书》，第 361 页。休谟是不是伦理上的功利主义者，这也是长期争论的话题。我们倾向于认为，休谟不是后来边沁意义上的功利主义者，尽管休谟比较强调"效用""有用性"。其实，哈奇森、斯密和休谟一样，都非常重视道德行为的"后果"，斯密更是将其与"合宜性"一并作为道德判断的依据。至于他们与边沁等人的功利主义差异，哈耶克为我们提供了一对很好的分析范式，他认为前者只是"解释性的"，而后者是"规范性的"。

② 列奥·施特劳斯、约瑟夫·克罗波西，《政治哲学史》，第 731 页。详细的原文是："斯密的道德哲学，正如他实际上所承认的，是休谟道德哲学的提炼。休谟的道德哲学与斯密的道德哲学在某些方面有所不同，这些方面尽管是非常重要的，但却不是决定性的。"这一段话，受到了罗卫东教授的质疑与批评。参见：罗卫东，《情感、秩序、美德——亚当·斯密的伦理学世界》，北京：中国人民大学出版社，2006，第 332—335 页。尽管我们在下文中对克罗波西的斯密研究颇有异议，但这段话我们觉得还是很公允的，休谟与斯密的道德哲学有传承，也有推进与发展，有共性也有所不同，不同方面尽管是非常重要的，但却不是决定性的。

③ 正如学界所普遍认为的，斯密这两部著作的中文译名都存在一定问题。前者译为《道德情感论》更为妥当，罗卫东教授对此有非常细致的探究，参见：《情感、秩序、美德——亚当·斯密的伦理学世界》，第 61 页，注释①。而《国富论》这一简语容易产生误解，有的学者指出严复的《原富》的译法更得其旨其味，参见：高全喜，《休谟的政治哲学》，第 189 页，注释②。

家""政治经济学家"头衔的同时[①]，也引发了许多问题与争议，甚至一提起亚当·斯密，"亚当·斯密问题"就如影随行。鉴于斯密的人性观长期以来众说纷纭，本书在这里将其作为一重要内容予以详细的考察。

3.3.2.1 从"亚当·斯密问题"到"新亚当·斯密问题"

"亚当·斯密问题"[②] 最初是由德国历史学派的经济学家提出的。从史实层面来说，"亚当·斯密问题"很容易被证伪。大量文献和学术研究都已证明斯密在游历法国之前，《国富论》的基本思想已成形，"偷窃"之说纯属谬论。[③] 更何况，在《国富论》中，斯密不仅批判了重商主义，同样也批判了重农主义。此外，德国历史学派在制造斯密两部著作对立的同时，忽视了斯密一直在对两部著作进行修订与再版，而且是相互交叉的，但它们的主体思想都没有大的改变，甚至《道德情操论》日趋德性化。这些都有力回击了所谓的"以'同情'为基调的1759 年出版的《道德情操论》和以'利己心'为基调的 1776 年出版的经济学方面的著作之间，存在着斯密旅居法国的事实"。[④] 然而，另一方面，我们也确实应该看到，德国历史学派所提出的"斯密问题"

---

① 对于斯密的"学术头衔"，《启蒙运动百科全书》和《布莱克维尔政治学百科全书》一致地给出，"道德哲学家和政治经济学家"。约瑟夫·克罗波西在研究斯密的"政治哲学"之时，还送给斯密一个很伟大的称号——自由资本主义制度的"设计师"。参见：列奥·施特劳斯、约瑟夫·克罗波西，《政治哲学史》，第 730 页。随着克罗波西、邓肯·福布斯、温奇、哈肯森（Knud Haakonssen）等人对斯密政治学方面思想的深入研究，斯密又荣获"政治思想家""政治哲学家"的桂冠。此外，斯密的《法学讲义》也使他无愧于哈耶克等人赠予的"法哲学家"的荣誉称号。其实，斯密是一位百科全书式的大师，他在神学、哲学、伦理学、政治学、法学、文学等领域都有建树，称其为社会科学家更为周全。

② 对于"亚当·斯密问题"的历史来由，我们不打算重述一些陈芝麻烂谷子之事。这方面的记载与讨论，参见：大河内一男，《过渡时期的经济思想：亚当·斯密与弗·李斯特》，胡企林、沈佩林译，北京：中国人民大学出版社，2000；贾旭东，《利己与利他："亚当·斯密问题"的人学解析》，北京：北京师范大学出版社，2002。

③ 这方面的文献和学术研究主要有：一是埃德温·坎南于 1895 年发现并于 1896 年出版的《法学讲义》（A）；二是 W. R. 斯科特在 1937 年所著的《学生和教授时期的亚当·斯密》一书中发表了《〈国富论〉的部分早期草稿》；三是罗纳德·米克、D. D. 拉斐尔和彼得·斯坦于 1977 年出版的《法学讲义》（B）。这三篇文献最重大的学术价值在于，证明斯密于 1776 年出版的《国富论》的基本思想早在他去法国之前就已经形成了。

④ 大河内一男，《过渡时期的经济思想：亚当·斯密与弗·李斯特》，第 30 页。

确实也反映出一个问题，他们不仅认识到新古典学派对斯密经济学解释的片面与狭隘，而且洞察到斯密在两部著作中对人性的揭示存在着一定的差异（至少表面上看是如此），遗憾的是他们将这种差异夸大为对立。因而，如何理解斯密人性观——"利己之心"与"同情之心"，如何将两部著作统一起来，是破解这一难题的关键。之后的斯密研究，在很大程度上都是对这一问题的回应。有意思的是，在如何将两部著作的人性观贯通上，研究者们的路径取向迥异，甚至玩起了"跷跷板"游戏。限于篇幅，我们在这里仅简单地列举一些对"斯密问题"的解决之道，从中也可窥视一下其中的分歧与争论。

第一种解答之道，是承认斯密两部著作的差异乃至矛盾，但认为它们是针对不同的问题，是两书的主题不一样所致。主要观点为："两者的矛盾是真实的；但认为二书针对者为不同的问题。《道德情操论》所涉及者是广泛的社会道德的问题；而《国民财富的性质和原因的研究》所涉及者只是较为狭窄的人类经济行为的问题。二者疆界不同，互不干犯。""在《道德情操论》中，他把我们的行为归因于同情；在《国富论》中，他则把这些行为归因于私利。人们不用细读这两部著作就能证实这个根本差别的存在，并且会发现两者是相辅相成、互为补充的。所以，要想了解一方，就必须研究双方。"①

第二种路径，用"利己之心"统摄斯密的人性论。20世纪50年代，约瑟夫·克罗波西试图将《道德情操论》《国富论》这两本书结合起来理解，把斯密作为一个观点一致而非矛盾的思想家予以考察。②克

---

① 这两段引文分别参见：陈岱孙，《亚当·斯密思想体系中，同情心和利己主义矛盾的问题》，载《真理的追求》，1990年第1期；拉波希尔，《亚当·斯密》，李燕晴、汪希宁译，北京：中国社会科学出版社，1990，第117页。或参见：贾旭东，《利己与利他——"亚当·斯密问题"的人学解析》，第14—15页。

② 这样的意图贯穿在他的《国体与经体：对亚当·斯密原理的进一步思考》一书中："本书的一个公设前提，就是资本主义是斯密原理的化身。因此，对斯密学说的解释，必须同时是对资本主义社会的一种解释。另一个前提是，斯密在他的全部著作内，对事物的存在有一贯的观点；而另一方面，他在每部著作内，对事物的存在又另有观点，这两者的可能性相着。所以，斯密的作品中反映了对立观点的矛盾，其实并不是前后不一致，而是刻意安排的，这种可能性不能排除。""如果他仿效从古希腊以来历代（转下页）

罗波西还深刻认识到,"我们需要探求斯密对人性和自然之道的观点,
从而找出他经济主张的本源所在"。然而克罗波西的解读是,斯密是霍
布斯利己主义的门徒,其人性伦理具有鲜明的霍布斯主义色彩。[①] 其
实,将斯密两部著作中的人性论都解读为利己主义,克罗波西绝不是
第一人,制造"斯密问题"的德国旧历史学派的希尔德布兰德就曾有
过这种看法。一方面,他感到《道德情操论》中斯密从同情心的角度
对人们社会行为的解释与《国富论》中斯密基于利己心对人们的经济
行为的解释之间存在着某种紧张的关系;另一方面,他又隐约认识到,
在斯密那里,利己心似乎是一个更加根本性的范畴,即使是在《道德
情操论》中,斯密同情心的背后还是利己心在主宰。因此,他认为
《道德情操论》的观点是伪装的"唯物主义",所研究的道德情操无非
是隐蔽的利己主义者的狡诈的处世策略。[②] 我国的蒋自强等人,在《道
德情操论》中译本的"译者序言"中也明确表态,"从对人的行为动
机的分析来看,《道德情操论》和《国富论》都是从人的利己本性出
发"[③]。

第三种,反对把斯密看作是"霍布斯式""曼德维尔式"的利己
主义传播者,细致甄别"自私"与"自利",把自利而不是自私作为
《国富论》中的动机原则,进而调和他的两本书。在这方面,莱昂内
尔·罗宾斯(Lionel Robbins)做出了开拓性的努力,他曾非常明了地
写道:"当然,误解常常是因为对自利概念解释得过于狭窄而引起的。
把《道德情操论》作者使用的这个词等同于以一己为中心的自私,实
在是荒唐的曲解,十分明白的是,在此处以及在《国富论》的全书中,

(接上页)先行者的方式,把他的经济学放进一个道德理论架构中去构思,我们不应该
觉得诧异。本书的目的之一在于指出,他正是这样设想的。就像所有其他社会体制的
经典倡议者一样,斯密认为,该体制以符合人性原则的美好目标为依归。"参见:约瑟
夫·克罗波西,《国体与经体:对亚当·斯密原理的进一步思考》,邓文正译,上海:上
海人民出版社,2005,"导言",第 23—24 页。

① 约瑟夫·克罗波西,《国体与经体:对亚当·斯密原理的进一步思考》,"导言",第
24—25 页。

② 转引自:罗卫东,《情感、秩序、美德——亚当·斯密的伦理学世界》,第 14—15 页。

③ 亚当·斯密,《道德情操论》,"译者序言",第 12 页。

自利并不意味着自私。它的意思只是说个人的利益是一个人最密切关心的事。它们当然可能只是他个人的幸福；但也同样可能包含了家庭情爱、社会义务、朋友情谊，甚至还包含在他看来具有中心意义的更为广泛的活动。将自利解释为一定是'物质的'，也同样是一种曲解。随着购买力的提高，'仅仅出于物质性'的关心——不管'物质性'一词作何解释——的吸引力不是更多而是更少了。"①

第四种思路，用"同情之心"统领斯密的人性观，对斯密的思想进行伦理本位的解释。A. L. 麦克菲无疑是这方面的"发言人"："《国富论》只是《道德情操论》中暗含的哲学的单纯而特殊的案例而已，无非它是一个经济案例。经济人也还是处于社会性同情和通晓事物的旁观者的公平裁定之下的。"②在麦克菲强有力的影响下，这种路径日益时髦，《国富论》中的"看不见的手""自由市场"被解读为《道德情操论》中的"公正旁观者"，斯密也被打扮成伦理本位论者而不是一个经济主义者。

第五种解释路径，溯源到斯密的神学思想中去。康芒斯在《制度经济学》一书中有一句很具有代表性的话："不管是同情心或是利己心，总是相互的关系，发源于上帝赋予的是非的意识。"③这是一种很具有启发性的思路，斯密思想中具有浓厚的自然神学思想；但在解释过程中，这种路径最后也还是要回归到"同情心"与"利己心"如何贯通的问题上，还是要像康芒斯那样在"同情"与"交换"、"美德"与"利益"中转圈子。

上面我们罗列了学界解答"斯密问题"的五种不同方式，当然这里主要是围绕本章的人性问题。从这些解答方式上，一方面，我们

---

① 罗宾斯，《过去和现在的政治经济学——对经济政策中主要理论的考察》，陈尚霖、王春育译，北京：商务印书馆，1997，第37—38页。

② Macfie A. L., The Individual in Society: Papers on Adam Smith, London, 1967, p.75. 罗卫东《情感、秩序、美德——亚当·斯密的伦理学世界》一书中还有"斯密'伦理化'解释及其争议"的专论，参见该书第27—28、31—35页。

③ 康芒斯，《制度经济学》（上册），于树生译，北京：商务印书馆，1962，第194—195页。

可以看到对斯密研究的深入与多样化；另一方面，各种解答方案之间的分歧又如此巨大，有的甚至两极对立（如第二种与第四种），这分明又是一个很大的"问题"。美国学者帕特里夏·沃哈恩（Patricia H. Werhane）径直将其称为"新亚当·斯密问题"。①

新、旧"亚当·斯密问题"，在我们看来，主要是由于这几点所致：第一，没有把握斯密的"同情心"与"利己心"的真正内涵，从而歪曲了斯密的人性伦理；第二，没有正确理解斯密两部著作之间的关系，经济学与伦理学经常被割裂开来，从而对斯密的思想缺乏整体性的认识和解读。

3.3.2.2 《道德情操论》与"同情心"

对《道德情操论》种种解释版本的争论，很大程度上是由于对"同情"的不同理解。对于"同情"，斯密开篇就强调它是人的一种自然的情感，是任何人（无论怎样自私）都具有的一种本能，是借助于想象所形成的同情共感。他这样明确写道："无论人们会认为某人怎样自私，这个人的天赋中总是明显地存在着这样一些本性，这些本性使他关心别人的命运，把别人的幸福看成是自己的事情，虽然他除了看到别人幸福而感到高兴以外，一无所得。这种本性就是怜悯或同情，就是当我们看到或者逼真地想象到他人的不幸遭遇时所产生的感情。"②尽管在这里，怜悯或同情被斯密不加区别地并列使用，在稍后他就做了细致的区分，"'怜悯'和'体恤'是我们用来对别人的悲伤表示同感的词，'同情'，虽然原意也许与前两者相同，然而现在用来表示我们对任何一种激情的同感也未尝不可"。③在我们看来，这样一个区分很关

---

① 参见：帕特里夏·沃哈恩，《亚当·斯密及其留给现代资本主义的遗产》，夏镇平译，上海：上海译文出版社，2006，第15—17页。

② 亚当·斯密，《道德情操论》，第5页。Adam Smith, The Theory of Moral Sentiments, Beijing: China Social Sciences Publishing House, 1999, p.9. 在另一个中译本中，"pity or compassion"被译作"怜悯和同情"。参见：亚当·斯密，《道德情操论》，余涌译，北京：中国社会科学出版社，2003，第3页。笔者认为译作"或"更为准确。本书注释中凡引用社科版的《道德情操论》，中译本均注明出版社，否则均为商务版的译本。

③ 亚当·斯密，《道德情操论》，第7页。怜悯、体恤、同情这三个词斯密使用的分别是 pity, compassion, sympathy。参见：Adam Smith, The Theory of Moral Sentiments, p.10。

键，它表明斯密所说的同情共感完全是中性的，与德性、美德没有丝毫关系，不具有怜悯与体恤那样的利他倾向。因而，把斯密著作中有同情心之人称为"道德人"显然是一种误解，这是其一。其二，对同情心的理解又不能走另一个极端，对其做完全功利化的理解，将其简单归结为人的自爱和自私的倾向。在该书中，斯密也断然否认这种解释。斯密明确写道："同情在任何意义上都不能被看作是一种自私的倾向"，"那种从自爱中推论出一切情感和感情……在我看来，这似乎是对同情体系的某种混乱的误解所致"。[①] 其三，从情感类型学的角度来看[②]，斯密既承认了自私激情的本能性与正当性，又充分肯定了人类之慷慨、博爱、仁慈、怜悯、友谊和尊重等社会性情感的存在与不可或缺。对于前者，斯密毫不隐讳地声张："无疑，就本性而言，每个人首先和主要的是要依靠自我关心；由于他更胜任于关心自己，而不是别人，所以，自我关心亦理所当然。因此，同那些与别人相关的东西相比，每个人都会更密切地关注一切与他自己切身相关的东西。"[③] 对于后者，斯密也同样强调是人的"天性"，"人只能存在于社会之中，天性使人适应他由以生长的那种环境"。[④] 而同情共感就根源于人的这种社会激情，因为"自然在使人组成社会时，已赋予人一种讨同胞喜欢的原始欲望，和一种对冒犯同胞的原始厌恶。它教导人以同胞的赞同为快乐，以同胞的非难为痛苦。它甚至使人以受同胞的赞同自身为喜为乐，以遭同胞的非难自身为辱为忧"。[⑤] 承认人的情感或激情的多样性，斯密与沙夫茨伯里、哈奇森、休谟等是一脉相承的，他们都没有将人的多样性的情感唯一化。

就是简简单单的这几点，我们可以看出，《道德情操论》中斯密所

---

① 亚当·斯密，《道德情操论》，中国社会科学出版社，第 359 页。
② 斯密对人的情感作了更细致的区分：起源于肉体的激情、起源于想象力的激情、非社会的激情、社会的激情、自私的激情。参见：Adam Smith, The Theory of Moral Sentiments, pp.27–43.
③ 亚当·斯密，《道德情操论》，第 89 页。
④ 亚当·斯密，《道德情操论》，第 105 页。
⑤ 亚当·斯密，《道德情操论》，第 128 页。

描绘的"人"既不是"道德人"也不是"自私鬼",既不是利己主义者也不是利他主义者;或者借用休谟的思路,是既有"同情之心"又有"自私之心"的凡夫俗子。而这同样是斯密《国富论》中的人性观。

3.3.2.3 《国富论》与"利己心"

"我们每天所需的食料和饮料,不是出自屠户、酿酒家或烙面师的恩惠,而是出于他们自利的打算。我们不说唤起他们利他心的话,而说唤起他们利己心的话。我们不说自己有需要,而说对他们有利。"①正如阿马蒂亚·森所说的,这是"亚当·斯密主义者"一再引用的一段话。然而,这段话经常被断章取义地去理解,它之前的关键话语②经常被有意或无意地遗忘;没有意识到斯密这里谈及的是"交易的通义",而不是在描绘人性应该如何自私自利。对此,阿马蒂亚·森抱怨道:"由此看来,亚当·斯密的众多崇拜者还没有能够超越亚当·斯密所讲述的关于屠夫和酿酒师的故事。其实,将这一段话认真读一遍就不难发现,亚当·斯密在这里所要强调的是,在市场中,正常的交易活动为什么会发生?如何被完成?以及这段话所在的那一章的主题:为什么会有分工?劳动分工是如何形成的?亚当·斯密强调了互惠贸易的普遍性,但这并不表明,他就由此认为,对于一个美好的社会来说,仅有自爱或广义解释的精明就足够了。亚当·斯密恰恰明确地站到了另外一边,他并没有满足于把经济拯救建立在某种单一的动机之上。"③

正如我们在前文看到的,随着研究的深入,对"利己心"的理解已进入了一个新的阶段,斯密不再被看作是"霍布斯式""曼德维

---

① 亚当·斯密,《国民财富的性质和原因的研究》(下卷),第14页。

② 这段话前面,还有这样的关键几句:"人类几乎随时随地都需要同胞的协助,要想仅仅依赖他人的恩惠,那是一定不行的。他如果能够刺激他们的利己心,使有利于他,并告诉他们,给他做事,是对他们自己有利的,他要达到目的就容易得多了。不论是谁,如果他要与旁人做买卖,他首先就要这样提议。请给我以我所要的东西吧,同时,你也可以获得你所要的东西:这句话是交易的通义。我们所需要的相互帮忙,大部分是依照这个方法取得的。"参见:亚当·斯密,《国民财富的性质和原因的研究》(下卷),第13—14页。

③ 阿马蒂亚·森,《伦理学与经济学》,王宇等译,北京:商务印书馆,2000,第28、24页。

尔式"利己主义的传播者。众多研究者（如莱昂内尔·罗宾斯）在对自私与自利做出严格的区分的基础上，将"自利"而不是"自私"作为人的行为动机。"《国富论》是矗立在自我利益基石之上的宏伟宫殿"[1]"《国富论》的主要影响，在于为自由地追求个人利益做出了有力的经济辩护"[2]之类的解读被广为传诵。将"利己心"解释为"自利"而非"利己主义"无疑是斯密研究过程中一个重大的跨越；然而，如果将"自利"视为人的唯一动机，在我们看来，这种区分就是文字游戏，是利己主义的老调重弹，是新瓶装旧药，上面我们转引的经济学家阿马蒂亚·森的那段话，就是对这种倾向的警告。实际上，斯密明确反对那些把人的各种动机单一化的癖好。斯密指出，试图用尽可能少的原则来说明一切现象的缘由是任何人都会有的天然癖好，哲学家尤其钟爱这种癖好，以作为显示自己聪明才智的重要手段。他点名批评了伊壁鸠鲁，"当伊壁鸠鲁把各种天然欲望和厌恶的基本对象都归结为肉体的快乐和痛苦时，他已更深地沉溺于这种癖好之中"。[3]

因而，我们不能把他本人强烈反对的癖好强加给他，斯密在任何意义上既不是利己主义者或自利主义者，也不是利他主义者。诚然，由于经济学主题的关系，《国富论》中人的社会激情等方面的内容往往隐含在分工、交换、合作等内容之中，显得不那么明显。同时也应注意到，自我利益、自由市场和"看不见的手"等观点与《道德情操论》中"同情""公正的旁观者"是前后一贯的，《国富论》在很大程度上是"续写"而不是"另写"。比如，在《国富论》中，同情原则变成了经济的交换原则，市场俨然成为一个"公正的旁观者"，通过市场，个人证明其劳动产品的质量，了解他自己是否真正为社会所需要。市场是面镜子，如同他假想的"第三者"来控制他的道德行为一样。当然，我们又不能走麦克菲之辈那样的极端，认为"《国富论》只是《道德

---

[1]　George Stigler, Smith's Travels on the Ship of State, in Essays on Adam Smith, edited by A. S. Skinner, T. Wilson, Oxford: Clarendon Press, 1975, p.237.

[2]　艾伯特·奥·赫希曼，《欲望与利益：资本主义走向胜利前的政治争论》，李新华、朱进东译，上海：上海文艺出版社，2003，第 94 页。

[3]　亚当·斯密，《道德情操论》，第 393—394 页。

情操论》中暗含的哲学的单纯而特殊的案例而已，无非它是一个经济案例"。因而，要全面理解它们之间的关系，我们有必要再关注一下斯密的整个思想体系，尤其是特别需要将这两本书还原到斯密的整个思想体系中去，从而揭示它们的内在逻辑。

正如我们在前文一条介绍斯密"学术头衔"的注释中所强调的，斯密首先是一位社会科学家。他所教授的"道德哲学"是休谟所论及的相对于自然哲学的"精神哲学"或"人性科学"①，它包括四个部分，依次为自然神学、伦理学、与正义有关的道德学（指法学）以及政治学，政治经济学包含在政治学内。显然，这是一门综合的社会科学，自然神学是它的宇宙观与世界观，伦理学之中人性伦理与"同情心论"是它整个思想体系的基础，狭义的伦理学、法学、政治学、政治经济学等是各翼，是对这一理论体系的具体展开。如是观之，在斯密的思想体系里，经济学与伦理学是不可分离的，《国富论》是以《道德情操论》中的人性伦理和"同情心论"为哲学基础的。阿马蒂亚·森更是指出，在任何时候，"经济学研究最终必须与伦理学研究和政治学研究结合起来"，并严肃批评了现代经济学的"无伦理"特征。在他看来，经济学有些根本问题的解答需要依赖伦理学：一个问题是关于人类行为的动机问题，他称之为"伦理相关的动机观"；第二个问题是关于社会成就的判断，他称之为"伦理相关的社会成就观"。②基于这样的认识，这位诺贝尔经济学奖得主对那些将斯密的两部著作割裂开来的做法做了非常深刻的评论："在现代经济学的发展中，对亚当·斯密关于人类行为动机与市场复杂性的曲解，以及对他关于道德情操与行为伦理分析的忽视，恰好与在现代经济学发展中所出现的经济学与伦理学之间的分离相吻合……如果对亚当·斯密的著作进行系统的、无偏见的阅读与理解，自利行为的信奉者和鼓吹者是无法从那里找到依据的。实际上，道德哲学家和先驱经济学家们并没有提倡一种精神分裂症式的生活，是现代经济学把亚当·斯密关于人类行为的看法狭隘

---

① 休谟，《人类理解研究》，第9页。
② 阿马蒂亚·森，《伦理学与经济学》，第8—10页。

化了，从而铸就了当代经济理论上的一个主要缺陷，经济学的贫困化主要是由经济学与伦理学的分离而造成的。"①

3.3.3　弗格森：人之多样性

弗格森也深刻认识到人性是复杂的，"关于人类的每一个描述都是错综复杂的：至善之中仍有恶，至恶之中仍有善"②；但是另一方面，他又认为人性之研究很重要，"人类目前的特性，人类目前的幸福所依赖的兽性和理性系统的规律，是值得我们致力去研究的。有关于这一学科或其他任何学科的普遍原则只有在它们是基于不偏不倚的观察，并且可以引导我们去获得具有重要意义的知识，或者只有在它们能使我们成功地将自然赋予的理性的或是生理的力量运用于人类生活需要时才是有用的"③。那么，人之本性是什么呢？在弗格森看来，"如果说人性中有某些品质将它与动物天性的其他任何方面区分开的话，那就是人性本身在不同的气候下，不同的年代里会有很大的不同"，具有"多样性"④。而其中最主要的几种"天性"为："自我保存的天性""人类联盟的天性""争斗和分歧的天性"。对于它们的内涵，弗格森有一非常简单明了的解释："人类，同其他动物一样，有某些本能习性。在他感受到快乐或痛苦、体验到害处或益处之前，这些本能习性已经促使他履行了许多最终落在他身上或者是与他人息息相关的职责。他的性情中有一种保存肉体、使种族繁衍的倾向，他还有一种交朋结友的倾向，自愿加入一个部落或群体的一边，使自己不断地与其他人发生冲突、进行战争。"⑤

3.3.3.1　"自我保存的天性"

在弗格森看来，无论是对人类还是对其他动物而言，"自我保存

---

① 阿马蒂亚·森，《伦理学与经济学》，第 32 页。

② 弗格森，《文明社会史论》，第 180 页。

③ Adam Ferguson, An Essay on the History of Civil Society, Cambridge University Press, 1995, p.9.

④ 弗格森，《文明社会史论》，第 11 页。

⑤ 弗格森，《文明社会史论》，第 12 页。

的天性"都是一种自然的本能欲望。在《道德哲学原理》中，他将其称为"自我持存原则"，即认为"人自然会对一切有用于自身之物产生欲望"①。由此出发，他认为人追求欲望与私利的激情是正当的，"这一激情可以在自我持存法则中得到理解，其本身就是这一法则的具体应用"。②但是，他反对将人的"欲望""私利"庸俗化为仅仅是谋取物质性或生理需求方面的东西或者说利益。他甚至煞有介事地对"利益"进行语义诠释并进而推论出"利益"不能被视为人之行为动机："'利益'（interest）这个词——通常的含义与我们对财产的关注没有多大差别——有时指某种一般的效用和［能带来］幸福快乐的东西。故而，在这种模棱两可的含义下，我们仍无法确定利益究竟是不是人类行为的唯一动机和分辨善恶的标准，这一点儿都不奇怪。"③那么，为什么自利之人经常被指责为自私之人呢？弗格森指出，自利常常被指责为自私，其过错并不在于他们对自己太过关心，而在于他们弄错了要关切的东西。④这种界分在弗格森的思想里甚为关键。也就是说，他并不反对人们对自我的关心，甚至不论程度如何，而他在意的是人们关心的东西到底是什么，仅仅是物质，还是诸如美德、荣誉、学识、智慧？这是弗格森思想中较细致入微的方面。因为，他坚持认为，"人性自身也使人们对人类的福利感兴趣"，他反问道，为什么每一个头脑健全的人会不认为一种好的理解力、一颗坚定的心、一个大度的胸怀和胃或腭一样是自身的组成部分，而且远比他的财产或服装重要？⑤

① 弗格森，《道德哲学原理》，孙飞宇、田耕译，上海：上海人民出版社，2005，第48—49页。
② 弗格森，《道德哲学原理》，第51页。
③ Adam Ferguson, An Essay on the History of Civil Society, p.20. 该处中译本翻译得不准确，也有遗漏。
④ Adam Ferguson, Institutes of Moral Philosophy (1769), 2nd edn London, 1773 (books. google. com), p.93. 中译本参见第52页，翻译上有问题，译文为："私利者常常被指责为自私，好像错不在他们本身的考虑，而在于为自己打算。"原文为："the fault of the interested, consists not in the measure of care bestowed on themselves, but in the mistake of their own principal concerns"。
⑤ 弗格森，《文明社会史论》，第14、16页。

3.3.3.2 "人类联盟的天性"

在弗格森看来，人天然具有结盟或联盟的天性，不论是漂泊不定还是安居乐业，不论是协调一致还是纷争四起，人类总是成群结队。这样一种本性，也就是我们常说的社会性、群体性、合群性，在《道德哲学原理》中，他将这样一种天性称为"社会法则"，即"人自然会追求其同伴的福利"。弗格森还指出："如果自我持存法则对大多数人来说是普遍的，也不能证明社会法则是无效的。引力定律的一般趋势是使物体彼此接近，就像社会法则的趋势是使人们去实现公共的善，或避免公共的害。"①

基于人之社会性，弗格森展开了对人性自私论，或美其名曰自爱论的批评。不过，与休谟那种大部头的哲学专著不同，弗格森更注重从语义、从历史、从生活常识中寻求立论之道。对于自私论，弗格森写道："根据我们假定的自私的基本原理，我们往往把人性中许多更可爱、更令人推崇的品质排除在个人关注的对象之外。我们认为爱心和勇气纯粹是愚蠢的，它们只能让我们忽视自我，暴露自我。我们认为智慧就在于为自己的私利考虑。我们没有解释利益到底是什么，就把它理解为是人类行为的唯一合理的动机，甚至还有一种基于这类信条之上的哲学体系……这一体系的错误并不在于普遍原则，而在于具体运用；不在于教导人们应该自私，而在于使人们忘了他们最真切的爱、真诚、坦率、思想的独立，实际上是自身的一部分。这种假设的自私的哲学把自爱作为人类主导的感情，其反对者完全有理由挑剔说这种哲学之所以是错的不在于它对人性的总体再现，而在于杜撰了一种标新立异的词语，妨碍了科学的发现。"②因而，很有意思，弗格森将"自爱"这一语词视为一种杜撰，并从语义学上对其进行了辩驳："爱是一种心思超越自身的情感，是把某个人当作自己爱的对象的那种感觉。爱是一种自我满足，是对这个对象持续不断的满意。它与任何一种外部发生的事毫无关联。在失望与悲伤之中，爱仍给人以快乐和欣喜。

---

① 弗格森，《道德哲学原理》，第 49 页。
② 弗格森，《文明社会史论》，第 15 页。

这是那些仅仅让私利牵着鼻子走的人所无法感受到的。尽管千变万化，爱仍然与我们由于个人成功或逆境所产生的情感迥然不同。但是由于个人对自己利益的关注以及个人的爱心使他对他人利益的关注可能产生相似的效果，一种是对自己命运的影响，另一种是对朋友命运的影响，所以我们混淆了作为他所作所为出发点的天性。我们假设它们是同类的，只不过所指对象不同而已。把爱与自我相提并论，我们不仅误用了'爱'这个字眼，而且，我们把这种假想的自私的爱的目标局限于私利或纯粹肉体生活手段的获得或积累，在某种程度上，侮辱了我们的天性。"①

不过，在对人之社会性的辩护上，弗格森过了头，明显地滑向了"社群主义"，甚至不仅仅是方法论上的社群主义，而且是本体论上、价值论上的社群主义，远离了休谟、斯密等人的"真正个人主义"。限于主题与篇幅，我们择取一两句话来解读一下。弗格森认为，"我们应从群体中去看人类，因为他们总是生活在群体中。个人的历史只不过是作为人类所思所感的一个细枝末节而已。因而，每一个与本问题有关的实验应针对整个社会，而不是针对个人"。②这种视野在方法论上毫无疑问是社群主义的。在弗格森看来，个人与社会的关系是，"人天生是社会的一员，从这一点考虑，个人似乎不是为自己而生。当他的幸福和自由与社会的整体利益相矛盾时，他必须放弃个人幸福和自由，他只是整体的一部分，我们认为对他美德的颂扬，只不过是我们对于整体的一分子，一个组织或一部机器的一部分的更为笼统的颂扬的一个分支而已"。③这种形而上的理念在本体论上无疑是社群主义的。价值取向上的社群主义在弗格森那里更为显著，从这样两句话就可能略窥一二了："看来要使人感到幸福，就要使他的社会习性成为他行动占主宰地位的源泉；声称自己是社会的一分子，对社会的整体利益他怀有满腔激情，抵制那些成为痛苦的焦虑、恐惧、妒忌和羡慕的基础的个

---

① 弗格森，《文明社会史论》，第 14 页。
② 弗格森，《文明社会史论》，第 4 页。
③ 弗格森，《文明社会史论》，第 62—63 页。

人利益。"① "……思想上把自己看作只是某个我们所热爱的社区的一部分，只是某个社会的一分子的习性。这个社区或社会的整体利益是我们热心追求的最高目标，也是我们行为的崇高准则。"② 简单提及一下，弗格森的思想是复杂多维的，如果以现行的"主义"体系来看的话，自由主义、社群主义、共和主义等取向都不同程度地存在着，甚至有的交错在一起。其实，这样的问题同样存在于休谟、斯密那里。个中主要原因在于自由主义、保守主义、社群主义等政治意识形态都是在苏格兰启蒙运动之后才最终形成的，而且它们之间以及各自内部的差异也是纷繁复杂。这一问题，后文有专节的讨论。这里，我们指出弗格森在人的社会性问题上有严重的社群主义立场（以时下的学术观点而论），并不意味着我们要将弗格森贴上社群主义的标签。

3.3.3.3 "争斗和分歧的天性"

弗格森强调，"人类不仅想和睦相处，而且也很喜欢对抗"③，"兼有爱憎这种复杂的感情"。④ 如果从政治思想取向上看，对"争斗和分歧的天性"的强调又使弗格森转向了对勇敢、勇气及其重要体现的尚武、斗争精神等公民美德之推崇，又可能使他滑向公民共和主义。这一问题我们在后文专门探讨。其实，如果单从人性论本身来看的话，弗格森的主要意图在于强调市民社会中人应积极进取，应敢于竞争与冒险，应勇于奋斗与创造。为此，他非常煽情地进行鼓动，"人生最激动人心的时刻不是安逸闲适的邀请，而是危险和困难的召唤；人类本身是出类拔萃的，绝不是寻欢作乐的动物，也不是注定只会享受自然环境供他使用的东西。人就像狗和马一样，与其说喜欢所谓的享乐，不如说会按天性行事。处在安逸和富足中却垂头丧气，遇到似乎要危及自身存在的警报时则精神振奋。所有这一切，他只能量力而行。他天性中最令人钦佩的品质：宽宏大量、坚毅和智慧与他注定要与之抗争的困难息息相关。"在他看来，"如果我们期望人类停止劳动

---

① 弗格森，《文明社会史论》，第 59 页。
② 弗格森，《文明社会史论》，第 56 页。
③ 弗格森，《文明社会史论》，第 22、26 页。
④ 弗格森，《文明社会史论》，第 3 页。

或者期望看到他们歇息的一幕，那我们就误解了人类的本性"。弗格森还启蒙民众，人的命运掌握在自己手里，幸福是自己用双手创造出来的，用他的话说，"在某种程度上，人不仅是自己命运的创造者，而且还是自身躯体的创造者，并且自有人类以来，就注定要去创造，去奋斗"。①

尽管我们没有将这方面单独列为一个主题进行探讨，但其实这也是当时苏格兰启蒙学者人性启蒙的一项重要内容。比如，曼德维尔告诫人们要走出"平静的美德"，要认识到"美德在于行动"，他写道："美德在于行动，无论何人，只要热爱社会，只要对其他同类怀有善良的热忱，只要能依靠其出身或地位获得管理公众的任何职位，在他能为公众服务时，都不应当安坐不动，无所作为，而应当竭尽全力，为其百姓的利益而奋斗。""那种自诩中庸的方式，那些受到推崇的平静美德，除了养育游手好闲者以外，别无他用。它们或许能使人适应苦行生活的愚蠢享乐，至多只能使人适应农夫式安宁的愚蠢享乐；然而，它们却不能适应劳作与艰辛，绝不能激励人们去争取伟大的成就，去完成艰辛的使命。"②在休谟那里，人不仅是一种"理性的动物""社会性的动物"，还是一种"活动的动物"。③他还认为，"几乎人生中所有道德上的以及自然的恶都自怠惰而生"，而勤奋"是一种力量，并且是最有价值的力量"。对于勤奋，休谟进行了热情的讴歌，"为了要除去大部分的人生疾苦，我并不要求人要有鹰的翅膀、鹿的敏捷、牛的力气、狮的膀子、鳄鱼或犀牛的鳞甲；我更不要求天使或天神的智慧。我只要他的灵魂的一种力量或能力有所增加就满意了。让他赋有一种对勤奋和劳动较大的爱好，一种较强的心灵的动力和活动，一种对事业和工作更为有恒心的志趣。让整个人类生来就具有同等的勤奋，具有许多人能借习惯和思考而得到的东西；那么，虽然没有正面减杀世间之恶，最有利的后果就会是这种禀赋的直接而必然的结果"。④斯密

---

① 弗格森，《文明社会史论》，第 7、8、49 页。
② 曼德维尔，《蜜蜂的寓言》，第 206 页。
③ 休谟，《人类理解研究》，第 12 页。
④ 休谟，《自然宗教对话录》，陈修斋、曹棉之译，北京：商务印书馆，1962，第 78 页。

更是提出，"人是为行动而设的，为了自己，也为了其他人，他得应那看来是对全体的福祉最有利的事，运用他的天赋才能，促进外在环境的改变……那不曾实践任何重要的行动的人……没有资格要求很高的奖赏，尽管他的无用，只是由于他缺乏机会去贡献"。①

3.4 "道德感"：公序良俗的新杠杆

3.4.1 市民社会如何可能？

无论是休谟还是斯密，无疑都承认自私是人性中最为基本的方面，尽管他们也都反对对人性自私"太过火的渲染"。休谟写道，"在自然性情方面，我们应当认为自私是其中最重大的"，"自私是和人性不可分离的，并且是我们的组织和结构中所固有的"，"家中摔破一面镜子，比千里之外一所房子着了火，更能引起我们的关切"。② 在《道德情操论》中，斯密也有相似的话语，"对于人性中的那些自私而又原始的激情来说，我们自己的毫厘之得失会显得比另一个和我们没有特殊关系的人的最高利益重要得多，会激起某种更为激昂的高兴或悲伤，引出某种更为强烈的渴望和嫌恶"。③ 即使是有社群主义取向的弗格森，也认为人最倾向于"只关心自己的"，他极力强调人的社会性也是为了消解这种自利的取向。

同时，他们还深刻意识到，市民社会（正如我在导论中考究过的，他们更多地使用"大型社会""文明社会""商业社会"，表示的是大致相同的意思）不再是"熟人社会"，而是"陌生人社会"，是仁慈、友爱等道德情感的最边缘层，不可能靠仁慈、慷慨等美德来维系，休谟甚至认为这样做反而还是有害的。他写道："我们虽然必须承认人性中具有慷慨这样一种美德，可是我们同时仍然可以说，那样一种高贵的感情，不但使人不能适合于大型社会，反而和最狭隘的自私一样，使

① Adam Smith, The Theory of Moral Sentiments, p.106.
② 休谟，《人性论》（下册），第 527、625、467 页。
③ 亚当·斯密，《道德情操论》，第 164 页。

他们几乎与社会互相抵触。因为每个人既然爱自己甚于爱其他任何一个人,而且在他对其他人的爱中间,对于自己的亲戚和相识又有最大的爱,所以这就必然要产生各种情感的对立,因而也就产生了各种行为的对立;这对于新建立起来的结合不能不是有危险的。"[1]弗格森与其所见略同,"不加区分的慈善在事商民族中是为不良"。[2]

　　既然市民社会的主体是谋利式的个人,同时仁慈、慷慨等美德之"光"又难以普照进来;那么,这样的社会如何可能呢?公益是如何形成的?德性规范与正义规则又是如何形成的?这些问题的实质归根结底是个人与社会秩序的关系问题。在法、德启蒙思想家那里,对这一问题的解答基本上是顺延了16、17世纪契约论的思路,即通过人为的理性建构而实现的。在这方面,苏格兰启蒙思想家与其大异其趣,他们认为市民社会在伦理上是自足的,不像霍布斯乃至后来的黑格尔所主张的那样需要"利维坦""国家"的道德救济。在他们看来,人是情感的动物,任何人都有同情心,通过情感的相互认同而协调各自的行动与利益,从而形成公序良俗。关于这一点,斯密在《道德情操论》中有一段最为清晰的表述:"凭借公众对其作用的认识,社会可以在人们相互之间缺乏爱或感情的情况下,像它存在于不同的商人中间那样存在于不同的人中间;并且,虽然在这一社会中,没有人负有任何义务,或者一定要对别人表示感激,但是社会仍然可以根据一种一致的估价,通过完全着眼于实利的互惠行为而被维持下去。"[3]这样,苏格兰启蒙思想家在新的基础上将曼德维尔式的悖论"私恶即公益"转换成了"自利—道德感—公益",从而将一个寓言故事发展为一个调节机制。

　　那么,这种"一致的估价""实利的互惠"是基于什么做出的呢?情感主义思想路径规约了苏格兰启蒙学者哈奇森、休谟、斯密势必从人之"道德感"中去寻求解答的锁钥,而不是像霍布斯那样把人性的

---

① David Hume, The Philosophical Works of David Hume, vol.2, pp.260–261. 休谟,《人性论》(下册),第527—528页。

② 弗格森,《道德哲学原理》,第140页。

③ 亚当·斯密,《道德情操论》,第106页。

自私理性化。不过，在对"道德感"的具体看法上，这一共有的立场开始分化。哈奇森承继沙夫茨伯里的看法，将道德感视作一种与外在感官相似的"内在感官"，并且能生发出仁慈的行为指令。休谟和斯密不同意道德感觉具有类似于沙夫茨伯里或哈奇森所主张的那种实体的特点，而只是将其视为某种人类特有的想象的能力，通过与周围进行换位思考而产生的基本的一种认同感，并在著作中展开了对哈奇森的批评。休谟写道："要想象在每一个特殊例子中，这些情绪都是由一种原始的性质和最初的结构所产生的，那是荒谬的。因为我们的义务既然可以说是无数的，所以我们的原始本能就不可能扩及于每一种义务，不可能从我们最初的婴儿期起在心灵上印入最完善的伦理学系统中所包含的那一大堆的教条。这样一种进行方法是和指导自然的那些通常的原理不相符合的。"[1] 斯密毫不留情地挖苦道："有谁想过把视觉称为黑色或白色？有谁想过把听觉称为声音高或低？又有谁想过把味觉称为味道甜或苦呢？而且，按照他（指哈奇森）的说法，这同把我们的道德官能称为美德或邪恶，即道德上的善或恶，是同样荒唐的事情。属于那些官能对象的这些特性并不属于官能本身。"[2] 因而，正如麦金太尔所认识到的，"作为哲学的人为产物，道德感很快就失去了可信度；或更准确地说，人们后来只承认它是哲学的人为产物，而不是人类本性的特征。那些如此认为并自己着手清除哈奇森哲学内部不连贯性的人面临着这样的选择：他们要么保留哈奇森的道德认识论，在必要的地方加以修补，而摈弃其道德原理、自然法则、正义及对上帝的义务之观点；要么他们可以保留哈奇森的核心伦理与神学立场而摈弃其认识论。大卫·休谟和亚当·斯密代表着前一种选择；托马斯·里德和杜格尔德·斯图尔特代表后者"。[3] 在对哈奇森道德认识论进行"修补"的过程中，休谟和斯密发展出更为精致的同情心理论。当然，他们之间既有共识也存在分歧，在下面公序良俗如何可能的问题上，我们就

---

① 休谟，《人性论》（下册），第 513 页。
② 亚当·斯密，《道德情操论》，第 427 页。
③ 麦金太尔，《谁之正义？何种合理性？》，第 371 页。此中译本将哈奇森译为赫起逊。

能洞察得到二人同情心论之差异。

休谟认为，任何人都具有同情他人的情感，"人性中任何性质在它的本身和它的结果两方面都最为引人注目的，就是我们所有的同情别人的那种倾向，这种倾向使我们经过传达而接受他们的心理倾向和情绪，不论这些心理倾向和情绪同我们的是怎样不同，或者甚至相反"。① 这与我们论及的斯密对同情心的看法是一致的，即同情是人的一种自然的情感，是任何人（无论怎样自私）都具有的一种本能。尽管同情本身完全是中性的，并不意味着友善与美德，但它是人们情感交流的平台、社会有序化形成的道德心理基础。对此，休谟指出，同情是人性中一个很强有力的原则，它对我们的美的鉴别力有一种巨大作用，它产生了各种自然之德与人为之德。② 在对同情作用机理的说明上，休谟和斯密的侧重点不同，差异比较明显。休谟认为同情的"本性"和"原因"在于"想象"③，从而更多地把同情视为一种在别人的感情中发现类似于自己所曾经验过的情感的联想机制，一种想象他人情感的换位思考或立场交换的方法与手段。而斯密将同情引向内在化的反省机制，把同情视为一种当事人与"公正的旁观者"情感之间的互动机制与对话机制。下面这段话最具代表性，斯密连用了四个"如同"来揭示"旁观者"与"当事人"之间的情感互动与调节过程，从而也更为深刻地解释了情感认同与社会有序化的一般原理。

> 为了产生这种一致的情感，如同天性教导旁观者去设想当事人的各种境况一样，天性也教导后者在一定程度上去设想旁观者的各种境况。如同旁观者不断地把自己放在当事人的处境之中，由此想象同后者所感受到的相似的情绪那样，当事人也经常把自己放在旁观者的处境之中，由此相当冷静地想象自己的命运，感到旁观者也会如此看待他的命运。如

---

① 休谟，《人性论》（下册），第352页。
② 休谟，《人性论》（下册），第620页。
③ 休谟，《人性论》（下册），第355页。

同旁观者经常考虑如果自己是实际受难者会有什么感觉那样，后者也经常设想如果自己是他处境唯一的旁观者的话，他会如何被感动。如同旁观者的同情使他们在一定程度上用当事人的眼光去观察对方的处境那样，当事人的同情也使他在一定程度上用旁观者的眼光去观察自己的处境，特别是在旁观者面前和在他们的注视下有所行动时更是这样；并且，因为他做了这样的设想以后，其激情比原来的激情大为减弱，所以在他面对旁观者之后，在他开始想到他们将如何被感动并以公正而无偏见的眼光看待他的处境之后，他所感觉到的激烈程度必定会降低。①

社会的有序化并不意味着社会的齐平化，社会的最大特征是"分层"，有"富人"与"穷人"，有"大人物"与"小人物"；而这种社会分层在市民社会中更为显著，同时也具有流动性与开放性的优点。那么，社会的分层结构是如何被认可的？为什么会对富人与权贵表示尊重呢？很有意思，休谟和斯密都在著述中以专节的形式进行了探讨。在休谟看来，对富人与权贵表示尊重无怪乎这三点原因：第一，归之于他们所有的财物，如房屋、花园、设备；这些东西因为本身就是令人愉快的，所以在每一个考虑或观察它们的人的心中必然产生一种快乐的情绪。第二，归之于希望分享富贵的人的财物而沾到利益的心理。第三，归之于同情，这种心理使我们分享每一个和我们接近的人的快乐。而在三条理由中，休谟认为第二条原因与经验事实不符，很多时候很多人在没有任何可能分享利益的情况下也会对权贵与富人投向赞许的眼光；同时他又认为，第一条理由归根结底离不开第三条理由中的同情原则。这样，休谟得出结论，"除了同情原则之外，不再有什么其他东西使我们尊重权力和财富，鄙视卑贱和贫困；借着同情作用，我们才能体会富人与贫人的情绪，而分享他们的快乐与不快。财富给

---

① 亚当·斯密，《道德情操论》，第 22—23 页。

予其所有主以一种快乐;这种快乐通过想象传给旁观者……"① 如果我们联系到休谟的整个思想,他这里所谓的"同情""想象"实质上是一种"共同的利益感";而这种"利益感"无论是令自己快乐还是令他人快乐、对自己有用还是对他人有用,休谟认为"都产生于同一种社会性的同情"②。休谟还更进一步地根据这种"社会性的同情"探究了政治社会的起源、正义的原则等。这些内容我们将在后文涉及,这里重在指出形成公序良俗的情感机制。

在《道德情操论》中,斯密将"野心的起源"与"社会阶层的区别"归因于同情心具有指向快乐的强烈倾向,即人们对快乐表示同情的倾向比对悲伤表示同情的倾向更为自然、更为贴切,比如"我们夸耀自己的财富而隐瞒自己的贫穷,是因为人们倾向于同情我们的快乐而不是悲伤。我们不得不在公众面前暴露出自己的贫穷,并感到我们的处境虽然在公众面前暴露无遗,但是我们受到的痛苦却很少得到人们的同情,对我们来说,再也没有什么比这更为耻辱了"。③ 基于同情心的这种属性,斯密找寻到了秩序之源,"等级差别和社会秩序的基础,便是人们同富者、强者的一切激情发生共鸣的这一倾向"。④ 不仅如此,而且他还从中找寻到了人们追求财富的动机:"天性很可能以这种方式(财富和地位能赢得赞许。——引者注)来欺骗我们。正是这种蒙骗不断地唤起和保持人类勤劳的动机。正是这种蒙骗,最初促使人类耕种土地,建造房屋,创立城市和国家,在所有的科学和艺术领域中有所发现、有所前进。这些科学和艺术,提高了人类的生活水平,使之更加丰富多彩;完全改变了世界面貌,使自然界的原始森林变成适宜于耕种的平原,把沉睡荒凉的海洋变成新的粮库,变成通达大陆上各个国家的行车大道。"⑤

① 休谟,《人性论》(下册),第 399—400 页。
② 休谟,《道德原则研究》,第 112—113 页。
③ 亚当·斯密,《道德情操论》,第 60 页。
④ 亚当·斯密,《道德情操论》,第 65 页。
⑤ 亚当·斯密,《道德情操论》,第 229 页。

3.4.2 "道德感的民主化"

启蒙运动本身是"问题导向"的思想运动，启蒙思想家都是带着时代的"问题意识"而著书立说的。我们在前面指出过，苏格兰启蒙思想家在人性启蒙上面临着双重使命：既要把人从禁欲主义的禁锢中解放出来，又要避免滑向纵欲主义；既要声张自我牟利的正当性，又要将社会引向公序良俗；既要正视古典美德共同体一去不复返，又要展示市民社会是一个"全民嘉年华"的年代。这些问题，借用约瑟夫·克罗波西的分析范式，很大程度上是一个"道德感的民主化"问题[①]。

作为现代社会基本价值的自由、民主、平等已日益扩展到政治、经济、社会、文化等方方面面，以至于我们都可以在这些领域前冠上"自由""平等""民主"等字眼。然而，这些观念的深入人心以至成为现代社会的基本理念却是一个漫长而复杂的过程，是一步一步地争取和获得的，甚至有些方面还在继续奋斗着。作为在"后革命"时代以市民社会为主要视域的苏格兰启蒙，由于政治、法律意义上的自由、平等、民主等在苏格兰与英格兰合并后已基本上普及英伦三岛，因而他们的主要精力不是放在政治国家领域，而是放在市民社会领域；他们主要关注如何将自由、平等、民主等推进到经济—伦理领域，拉近乃至抹平"大人物"与"小人物"之间的距离，而其共有的思路是从人人共有的人性与情感出发，走的是一条情感主义的路径。

这方面，曼德维尔、哈奇森的探究为后继者做了一定程度的铺垫。比如，曼德维尔用惊世骇俗的语言和"私恶即公益"的逻辑，一方面，"总是为下等人竭力寻找高贵不凡的族谱"，甚至宣称"宗教改革的贡献几乎并不比一种愚蠢而变化无常的发明更大。那发明就是带撑环、加软衬的女裙"；另一方面，"对国王和君主也像对最下等一样"，"一

---

① 参见：约瑟夫·克罗波西，《国体与经体：对亚当·斯密原理的进一步思考》，第144—145 页。或参见：列奥·施特劳斯、约瑟夫·克罗波西，《政治哲学史》（下册），第 744—745 页。

直在探究高尚而光荣的行为，凭空罗织他们卑劣可鄙的起源"，从而将他们都拉平到"自傲而卑鄙"的人性层次上 [①]。

哈奇森承续沙夫茨伯里的衣钵，认为人人都具有仁爱的"道德感"，并从注意公益之总量而创设了一套德行的计算公式："德行是善的量与享受的人数的乘积。同样，道德的恶或罪，则视不幸的程度以及受损者之数目而定。"哈奇森对此的解释用一个算术式表达就是：公善的量（表征德行之价值）＝仁爱心（善的量）× 能力的大小（享受的人数）。这个公式转换一下形式——仁爱心＝公善的量／能力的大小，套用约瑟夫·克罗波西的话说，具有德行的民主化的重大意义。因为，不论任何人所成就的公善之量是如何的小，若其能力在比例上是小的，那么其商数，即所表示的德行的程度，仍可能是大的。这样一来，"不单是王子、政治家、将军，能有真正的英雄气概；就是在诚实的商人、和善的朋友、忠实而谨慎的忠告者、仁慈而好客的邻居、好心肠的丈夫、和善的双亲、恬静而又愉快的伴侣、慷慨而有德行的助手、谨慎的息争弭辩者，以及在熟知者之间推动爱与善意的了解者等等人中，也同样发现"。[②] 然而，由于其仁慈主义过分强调人的道德动机之无利害性，使其中蕴含的德行民主化的力度大打折扣。

休谟站在哈奇森与曼德维尔之间，对他们的人性观做了重大改造，强调任何人都既有自私的一面，又有有限慷慨的一面，并充分肯定这两方面都是人的自然本性，这无疑在人性平等化方面跨出了重大一步。弗格森更是以辩证的眼光看待文明人与野蛮人，在道德情感上歌颂"高尚的野蛮"。

在道德感的民主化上，斯密的问题意识最为明确，他的《道德情操论》乃是以那些所谓上帝用粗糙的黏土捏成的大多数人 [③] 作为主人公，并通过"同情""公正的旁观者""内心的居住者"等命题，深刻

---

① 曼德维尔，《蜜蜂的寓言》，第 225、240 页。

② 周辅成编，《西方伦理学名著选辑》（上卷），第 808 页。另参见：哈奇森，《论美与德性观念的根源》，第 139 页。

③ 亚当·斯密，《道德情操论》，第 198 页。

注解了"道德感变得普遍，或者说它实际可见于'众生皆人'中"。[①]
具体地说，首先，斯密强调任何人（无论怎样自私）都具有"同情"
这种自然的情感本能。其次，斯密认为，情感被认同与否核心在于
"合宜性"，而每一个人都能识别"公正的旁观者"或"心中的同居者"
所认可的情感合宜性。[②] 其三，情感的"合宜性"构成德性之源，它是
芸芸众生在情感互动之中相互参照与协同努力的产物，双方在此进程
中都能享受美德之名。其四，斯密对合宜性进行了进一步的细化，由
此提出了两种道德评判的标准：一种是最高标准，"完全合宜和尽善尽
美"；另一种是"大部分人的行为通常达到的标准"，即接近或趋向尽
善尽美的合宜性[③]。在《道德情操论》中，斯密将绝大部分的篇幅分配
给了这种大众的德，特别是在前几版中。

赫希曼通过"欲望与利益"论争的思想史考察，发现在斯密这里
（曼德维尔已经开启这一进程了）欲望被大量地用作"利益"的同义
词，并认为其原因在于，"较之以前的作家，斯密更关注'人类中的大
多数'，即更关注普通人及其行为"。而在先前的传统中，主要是贵族
受到崇高的欲望或卑劣的欲望的驱使，这些欲望与义务、理性的命令
相冲突，或相互冲突。在谈到君主时，马基雅维里就认为，这样的情
况不证自明，即君主本人的欲望远大于人民的欲望。或者，像霍布斯
提出的"一切人都自然地为荣誉和显赫的地位而争斗；但是，他们主
要是那些几乎不被对生活的必需品的担忧所困扰者"和"其他生活安
逸而无贫困之烦者"。正是出于这些原因，只有贵族成员被认为适合
作为悲剧作品和其他高雅形式文学作品中的主人公。凡夫俗子从未
被列入其中过，他们被认为主要是忙于生存和物质方面的"利益"，
几乎没有时间或兴趣追求欲望。按照赫希曼的说法，斯密彻底终结
了这一设想。[④]

---

① 约瑟夫·克罗波西，《国体与经体：对亚当·斯密原理的进一步思考》，第 145 页。
② Adam Smith, The Theory of Moral Sentiments, p.10.
③ 亚当·斯密，《道德情操论》，第 27 页。
④ 艾伯特·奥·赫希曼，《欲望与利益：资本主义走向胜利前的政治争论》，第 104—
105 页。

　　总之，在 18 世纪的苏格兰，一批思想家从事着一种堪与马克斯·韦伯从新教伦理中寻求资本主义精神相媲美的工作，他们试图找寻市民社会中的人性伦理，找寻既不生存于"利维坦"之下又不生活在"理想国"之中的人的情感特性，找寻社会秩序之源与财富之源的人性根源。

4 "社会学先于孔德"——苏格兰启蒙运动的社会观

在没有刻意要求变革时，社会肯定会有最伟大的革命。[1]

——弗格森

正如众多评论家所言，苏格兰启蒙运动"主要关注的是对社会的理解及其进步"。[2] 在这方面，法、德启蒙运动与苏格兰启蒙运动相比，同样表现出很大的"时差"：当卢梭、康德还在苦苦寻觅社会契约论的新思路并热衷于探讨社会之如何建立时，苏格兰思想家们却已经在痛斥契约论模式，并转向关注社会的历史演进与发展；当法、德启蒙学者还在为政治革命、哲学革命而摇旗呐喊之时，苏格兰启蒙学者却已经在为工业革命、商业革命鸣锣开道，探究社会的发展与改善。苏格兰启蒙思想家群体全面考察了社会的起源、社会演进的不同历史阶段、社会的发展及其代价，是孔德在 1848 年《实证哲学教程》第四卷

---

[1]　弗格森，《文明社会史论》，第 137 页。
[2]　John Robertson, "The Scottish Contribution to the Enlightenment", in Paul Wood ed., The Scottish Enlightenment: Essays in Reinterpretation, p.38.

提出"社会学"概念及其学科框架与构想之前最早对"社会"论题做出的最集中、最系统的探究，因而无怪乎当代学者都直言不讳地宣称"社会学先于孔德"，"苏格兰人现在已经被公认为是社会学历史上的重要人物"，弗格森甚至被认为是"第一个社会学家"。[①]同时，他们的社会观也被认为是马克思历史唯物主义的重要思想来源。

4.1　社会的起源

4.1.1　正本清源：自然还是人为

迈克尔·莱斯诺夫将有关社会起源的理论归纳为两种形态——契约论与非契约论，而后者又可进一步细分为两大类：超自然主义的（如上帝创世说）与自然主义的。[②]在社会起源上，扼要地说，苏格兰启蒙运动的思想是非契约论的自然主义，同时又与反契约论的功利主义与传统的自然主义有很大距离。考虑到在启蒙运动时期，契约论是流行而又主导的观念，为此我们将更多的笔墨用于探究苏格兰启蒙思想家对契约论的批判与拒斥，这也是苏格兰启蒙思想中富有特色的一部分。

4.1.1.1　对契约论的拒斥

在近代，关于社会和国家起源问题的主导范式是社会契约论，如麦克里兰所言："自激进宗教改革的时代，以至18世纪下半叶，社会契约的理念主导政治思想。这并不是说所有重要的政治理论都是社会契约论，而是说，凡是政治理论，如果本身不是社会契约论，则若非必须将社会契约说纳入考虑，就必须对之加以抨击。"[③]苏格兰启蒙思想

---

① 克里斯托弗·J.贝瑞，《苏格兰启蒙运动的社会理论》，马庆译，杭州：浙江大学出版社，2013，第227—228页。

② 超自然主义的，即认为政治权威的合法性是建立在上帝的意志基础之上的；自然主义的，即认为政治生活包括权威都是自然生长的结果。迈克尔·莱斯诺夫等著，《社会契约论》，刘训练等译，南京：江苏人民出版社，2005，第15—18页。

③ 约翰·麦克里兰，《西方政治思想史》，彭淮栋译，海口：海南出版社，2003，第202页。

家这一群体总体上 [①] 就属于麦克里兰所指的后者——"对之加以抨击"。在详细介绍苏格兰思想家对社会契约论的批判之前，我们首先了解一下这一理论本身，特别是其结构要素和基本特征。

对于社会契约论的理论源流及其历史流变，戴维·里奇的这几句话提纲挈领："社会契约论以一种特别的方式属于17、18世纪的政治哲学，但它并非起源于17、18世纪。它扎根于中世纪社会的民众意识之中。作为一种哲学理论，古希腊的智者们早已做了这方面的准备。" [②] 很有意思的是，契约论的批判者休谟对这段源远流长的历史比较熟悉，他在《政治论》和《道德原则研究》中都有论述：

> 在古代文献中，服从政府的义务被认为是一项许诺的，我碰到的唯一论述就是柏拉图的《克力同》，其中，苏格拉底拒绝越狱，理由是他已经默许了对法律的服从。这样他就在原始契约这一辉格党人的基础上得出了托利党人的结论。 [③]
>
> 关于自然状态作为一种战争状态的这种虚构，并非像通常想象的那样是由霍布斯先生最先提出的。柏拉图在《理想国》第 II、III、IV 卷中就曾努力反驳一个与它十分相似的

---

① 在对待社会契约论的问题上，哈奇森是苏格兰启蒙运动阵营中的一个例外。哈奇森追随洛克，认为社会和政府是通过双重契约建立起来的："公民的权力是由整个民族的这样三种不同行动最自然地建立起来的。1. 每一个人和所有其余的人达成的一个协议或契约，说明他们将连合成一个社会或团体，并在他们的所有共同利益上受一个议会的统治。2. 由全民族制定法令或进行任命，其内容是关于权力的形式或实施办法，以及可以委托来执行权力的人。3. 立宪制下的统治者和人民之间的协议或契约，使统治者们强迫他们自己忠诚地为公共利益行使赋予他们的权力，并使人民强迫他们自己服从。" 参见：Francis Hutcheson, A System of Moral Philosophy, Vol.II, p.227；或参见：约翰·伊特韦尔等编，《新帕尔格雷夫经济学大辞典》，第2卷，第756页。
② 戴维·里奇，《社会契约论历史的贡献者》，载迈克尔·莱斯诺夫等著，《社会契约论》，第227页。
③ David Hume, The Philosophical Works of David Hume, vol.3, p.400. 休谟，《休谟政治论文选》，张若衡译，北京：商务印书馆，1993，第136页。

假设。[①]

契约理论虽然在古代和封建思想中就显露端倪并在当代自由主义者手中得到恢复，但是它的黄金时代还是在 1650 至 1800 年期间：以霍布斯的《利维坦》肇端，以康德的《正义的形而上学基础》告终。[②]根据莱斯诺夫的研究，自霍布斯以降的社会契约论通常包括如下四个基本结构要素：自然状态、自然权利、自然法和社会契约。在这位社会契约论研究专家看来，尽管霍布斯在构造契约的意识形态目的方面多被诟病，但这些要素与一般结构在霍布斯的理论中展现得异常清晰：人类首先被置于"**自然状态**"之中，这是一个缺乏任何政治权威的非政治状态。在自然状态下，所有的人都拥有自由这样一种**自然权利**，但它依旧是一个显然不能让人满意的状态，于是理性向人们昭示了一个高效权威引导下的政治社会的完美性。它必须根据普遍的同意，换言之，就是通过一个**社会契约**来建立，于是，这个契约就成了政治权威与政治义务的合法性基础。在订定和遵守这个契约时，人们服从于**自然法**。[③]从这种结构图示中，社会契约论的基本特征也一览无余：首先，契约论提供了一个关于政治权威的**唯意志论**（voluntaristic）的说明，合法的权威之所以合法，是因为人们对它的服从是自愿选择的；其次，这种唯意志论也是**合意的**（consensual），它假定所有服从于一个既定的合法权威的人在意愿上的一致性，因为它凌驾于整个社会而不是孤立的个人之上；第三，它是高度**个人主义的**，它把政治权威的合法性置于个人对它认可的基础之上；最后，它是**理性主义的**，要想

---

① David Hume, The Philosophical Works of David Hume, p.184n. 休谟，《道德原则研究》，第 51 页，注释①。在前引那篇文章中，戴维·里奇没有注意到《道德原则研究》中的这段话，从而误认为休谟忽视了柏拉图在《理想国》中的论述。在柏拉图《理想国》的第二卷中，格劳孔认为，所有的人都自然而然地倾向于尽可能地为自己牟利，为了逃避源自这种相互侵害的罪恶，他们订立契约以禁绝相互的伤害，而这种契约就构成了所谓的"正义"或法律。

② 米勒、波格丹诺主编，《布莱克维尔政治学百科全书》，第 755 页。

③ 迈克尔·莱斯诺夫等著，《社会契约论》，第 19—20 页。

达成意愿上的一致，必须假定个人的意志是理性的，而不是任意的。[①]

相对于"父权主义""强者的权力""转让说""征服论"[②] 等而言，社会契约论将政治权威和政治义务的合法性建立在个人同意的基础上，这无疑具有巨大的历史进步意义，从而被无数人物引以为据，如 17 世纪英格兰共和政体的领袖据之以处决国王，洛克据之以主张有限政府，卢梭用之于支持民主革命。[③]因为它表达了"人类心灵始终坚守的两条最基本的价值或观念：其一是自由的价值，或者说，是意愿（will）而不是暴力（force）才是政府之基础的观念；其二是正义的价值，或者说，是权利（right）而不是权力（might）才是所有政治社会以及任何一种政治秩序之基础的观念"。[④]对于契约论这方面的理论初衷与思想价值，作为启蒙运动的另一重镇，苏格兰启蒙学者无疑也是予以肯定的。然而，在休谟、斯密、弗格森、罗伯逊等人眼里，社会契约论从内容要素（自然状态、唯意志论或同意论、自然权利、理性的自然法、社会契约）到结构逻辑（由自然状态而市民社会或政治社会的二元架构）再到思路方法（理性建构主义）都存在问题，并遭到这一群体的严厉批判与坚决拒斥。

从前面我们对契约论的结构要素与思路模式的介绍中，我们可以看出不论社会契约论有多少种不同的版本[⑤]，它们都无一例外地坚持自然状态（natural state）与市民社会对峙二分的二元架构，自然状态是契约理论家们进行逻辑推演的起点。因而，拷问与质疑自然状态的真实性，自然是各种反契约论者的出发点和基本思路。尽管我们能很轻易地在苏格兰启蒙学者休谟、斯密、弗格森、罗伯逊等人那里找到对

---

① 迈克尔·莱斯诺夫等著，《社会契约论》，第 14—15 页。

② 在《社会契约论》中，卢梭对这些观点做了详尽的批判。参见：卢梭，《社会契约论》，何兆武译，北京：商务印书馆，2003，第 4—16 页。

③ 约翰·麦克里兰，《西方政治思想史》，第 202 页。

④ 参见：欧内斯特·巴克，《社会契约论·导论》，载迈克尔·莱斯诺夫等著，《社会契约论》，第 257—258 页。

⑤ 莱斯诺夫归纳为三种不同版本："人民及其统治者之间的双边契约、次级社会实体之间的多边契约以及个人之间的多边契约（卢梭的契约就属于第三种类型）。"参见：迈克尔·莱斯诺夫等著，《社会契约论》，第 12 页。

自然状态这种直接的批判与质疑，如：休谟在《人性论》《道德原则研究》中反复强调，"一切人反对一切人的没有间断的战争"的自然状态与"黄金时代"一样，"从来不曾有也不可能有任何现实性"，它描绘的只是"未被驯服的自私性"与"野蛮性"[①]。再如：弗格森在《文明社会史论》的开篇就谈及了"自然状态的问题"，认为它违反了经验和历史事实，只是一种"臆想"，"出于为建立一个称心如意的体系打基础的欲望"[②]；在《道德哲学原理》中，弗格森重申"绝不会有任何先于人类社会的契约"，契约"皆在社会成立后出现"[③]。然而，我们不打算将自然状态是否具有历史的真实性作为评估的重点，一是因为在不同的理论家那里，"它是纯粹假设的状态还是现在或过去人类某些阶段的真实状态呢？著作家们对这个问题的回答迥然相异"，[④]因而，正如休谟所意识到的，如果自然状态"只是一个哲学的虚构""假设"[⑤]，批判与否认其真实性无疑是隔靴搔痒。二则是因为，我们在前面论及人性

① 参见：休谟，《道德原则研究》，第41页；休谟，《人性论》（下册），第533、534页。
② 弗格森，《文明社会史论》，第2页；Adam Ferguson, An Essay on the History of Civil Society, p.8。中译本将"The State of Nature"译为"蒙昧状态"较为不准，习惯上均译为"自然状态"。
③ 弗格森，《道德哲学原理》，第123页。
④ 米勒、波格丹诺主编，《布莱克维尔政治学百科全书》，第795页。
⑤ 休谟，《人性论》（下册），第533页。实际上，众多契约论者似乎都曾暗示过他们的自然状态说更多的是逻辑性、工具性的，而非历史性的、实体性的。比如，针对自然状态即战争状态，霍布斯就曾这样修正过，"就具体的个人来说，人人相互为战的状态虽然在任何时代都从没有存在过"，"也许会有人认为这种时代和这种战争状态从未存在过，我也相信绝不会整个世界普遍出现这种状况"（霍布斯，《利维坦》，第96、95页）。洛克更是对自然状态赋予了社会与历史意义，将其描绘为一种社会性但却非政治性的状态。卢梭所描绘的自然状态具有复杂性和精巧性，一方面，他直言不讳地宣称，自然状态是"现在已不复存在、过去也许从来没有存在过、将来也许不会存在的一种状态"（卢梭，《论人类不平等的起源和基础》，第64页）；另一方面，他将自然状态提升到人类学的高度，认为"真正的"自然状态比霍布斯和洛克的设想距离我们的现实状态更为遥远。自然所造就的人类不会说话，没有理智，没有时间观念，也不具备任何道德观念；他们绝对孤立——只有母亲们和孩子们相伴为生，但家庭却是不存在的。霍布斯和洛克所谓的自然状态实际上是一种发达的社会状态。霍布斯阐述的那种所有人自相残杀的战争只能爆发于拥有语言、自我意识和道德能力的生灵之中——因为只有他们才能够相互竞争和憎恨（《布莱克维尔政治学百科全书》，第796页）。

时，就突出了苏格兰启蒙学者对人的社会性的强调和对人做原子式的、孤立之描绘的拒斥。第三点考虑是，对于著有历史学或历史方面专著的苏格兰历史学派① 而言，虚构的自然状态与他们的历史视野格格不入，他们关注的是人类从野蛮到未开化再到文雅（如弗格森）、狩猎、畜牧、农业和商业（米勒、斯密）等不同阶段的历史演进，而不是自然状态——市民社会这种哲学构建出的思辨图式。为此，在这里我们把重点放在苏格兰启蒙学者对社会契约论的正面交锋上，即批判契约论者将自然状态与社会状态割裂二分的思路模式本身上。

对于秉承自然主义、将社会的生成与演进看作是自生自发的苏格兰启蒙学者来说，抨击与批判建构理性主义社会秩序观非常关键的一点在于揭示它们"人为主义"的荒谬。这方面，弗格森集苏格兰同人之所长，直接挑战契约论中蕴含的自然与人为的界分。这种挑战为哈耶克所津津乐道，在《法律、立法与自由》中，哈耶克宣称，肇始于公元前 5 世纪的自然与人为的二分观，实际上埋下了自那时代以来的有关社会与法律制度讨论的混乱之根。② 无疑，他的这一洞见受惠于早他两个世纪的弗格森。

与苏格兰启蒙阵营中的其他思想家一样，弗格森对社会契约论尤其是理论出发点是非常熟悉的，"不仅个人要从幼婴阶段进入成人阶段，而且整个人类也要从野蛮阶段（rudeness）进入文明阶段（civilization）。因此有人假想人类是从自然状态中脱颖而出的；因此对于人类在原始阶段（the first age of his being）究竟是什么样的，人们有种种推测，众说不一。诗人、历史学家、伦理学家不时地提到这个亘古时代。他们借金的或铁的象征物描述了一种状态，一种生活方式，

---

① 如休谟有六卷本的《英国史》（1754—1762），威廉·罗伯逊有《苏格兰史》（1759）、《国王查理五世统治的历史》（1769）、《美洲史》（1777）、《古代印度知识的历史论文》（1791）四部历史著作，约翰·米勒有《英国政府的历史考察》（1787）、《等级差别的起源》（1771/1779 年扩版），弗格森有《文明社会史论》（1767），凯姆斯勋爵有《历史上的法律文集》（*Historical Law Tracts*, 1758）等。斯密在《国富论》与《法学讲义》中对人类社会的演进做了详尽的历史的考察，与他们共同构成了"苏格兰历史学派"。
② 哈耶克，《法律、立法与自由》（第一卷），邓正来等译，北京：中国大百科全书出版社，2000，第 20 页。

人类或是从中堕落，或是从中得到了长足发展"。弗格森的敏锐在于，他从中看到了各种版本的契约论中共有的思维套路："不管是基于哪一种假想，人类初始的自然状态一定和人类在以后的任何时期所表现出来的状态毫无相似之处。"换言之，它们都是按照自然与人为二分的框架设定的，卢梭式的契约论如此，霍布斯式的自然状态学说亦然："在那些试图分辨出人类性格中本来的品质，并试图指出自然与技艺（nature and art）之间的界限的作家中，有一些作家已经描述了人类的初始状态：他们只有动物的感觉，而没有发挥使他们优于野兽的能力，没有形成任何政治联盟，没有任何解释情感的方法，甚至也没有他们的声音和手势最适于表达的理解力和激情。另一些作家笔下的自然状态则是处于连绵不断的战火之中，这些战火是由于争夺领地和利益冲突而点燃的。在这种状态下，人人都会和他人发生争执，他人的出现就意味着争斗。"[1]

对于契约论中自然与人为的二元界分的结构框架，弗格森采用归谬法予以驳斥。弗格森首先指出，契约论所构想的"自然"状态是"非自然的"："把人们并非自然倾向的状态视为自然状态是荒谬的，认为在自然状态下人们互不认识也是荒谬的。"[2]这种荒谬性，在弗格森看来，就是背离了"自然"的本真含义。为此，他从对"自然"这一术语进行辨析的角度展开了极具个人特色的批判。从语义上说，"自然"状态中"自然"（nature）一词最为基本的含义是"本然""本性"（nature），因此"自然"状态中的人就应被视为人的本有面目。然而，按照社会契约论者的描述，在自然状态中的人和其他动物一样，只有本能的感受和欲求，人的其他特性如推理、思考、使用语言、同情他人、对社会的依恋、节制欲望的能力，都被遗忘乃至被认为不是人的本性。而在弗格森眼里，"如果说人性中有某些品质将它与动物天性的其他任何方面区分开的话"，那就是人性的"多样性"[3]。如此一来，契约论者自

---

① 弗格森，《文明社会史论》，第1—2页；Adam Ferguson, An Essay on the History of Civil Society, pp.7-8。

② 弗格森，《道德哲学原理》，第126页。

③ 弗格森，《文明社会史论》，第11页；Adam Ferguson, An Essay on the History of Civil Society, p.16。

然状态中那种种不符合人性的刻画或者虚构当然就是"不自然"的了。

其次，弗格森从"技艺是人的本性之一"[①]出发，得出社会状态也是人的本有状态、自然状态，从而从根本上消解了自然与人为的对立。我们通常把"自然"和"人为""技艺"等概念相对立，但是弗格森认为"技艺是人的本性之一"。人具有思考推理能力，能够制造器具、设计居住场所、改善周遭环境，这些都是人本有的特质和才能。人在历史过程中的一切特性、一切行为动作，都可以说是他的自然状态，也就是他的本有状态。我们不能说这一部分是"自然的"，那一部分是"非自然的"。进而言之，在弗格森看来，只要人类顺应了本性也就是自然的，不管野蛮或文明，都是人的自然状态，因为两者都已含有人的本性的表现。用他自己的话说，如果皇宫是人类技艺的产物，那么茅屋何尝不是？最复杂精密的道德政治思想，也不比最原始的推理和情感表现更为"不自然"。即使人类最晚近的科学技术，也只是最原始的工具制作的延续发展而已。更为重要的是，人的本性不断要求变化与改善，不会静止在某一状态，如果他原来居住在洞穴中，他会改为茅舍，如果已经盖了茅舍，他会建造更宽广的住宅。所以不论野蛮或文明都不是人类永久的驿站，它们不过是人类旅途上注定要经历的阶段而已。既然这种"乐于进取""热爱进步""追求完美"是人们固有的天性，"那么我们就不能说人类开始向前发展时，就放弃了自然状态"，而应认为自然状态无所不在，"无论别人认为我们说的是大不列颠岛、好望角还是麦哲伦海峡，都无关紧要"，所有的情况都是一样的自然。[②] 这样一来，弗格森消解了"社会"和"自然状态"、自然与人为彼此之间的对立。

4.1.1.2 与功利主义的距离

尽管在休谟、弗格森的批判性解释中，社会自身的效用一再被提及，然而在社会的起源问题上，苏格兰启蒙学者与后来的功利主义

---

① Adam Ferguson, An Essay on the History of Civil Society, p.12.

② Cf Adam Ferguson, An Essay on the History of Civil Society, p.14, p.12. 这部分的相关分析特别是部分引文的翻译参考了郭博文《弗格森社会哲学述论》一文，载《人文及社会科学集刊》，第 9 卷第 1 期。

（utilitarianism）还是保持着相当大的距离。[①] 简要地说，他们并不认为社会的建立是源于人类功利的意图，首先是因为这种主观意图或目的超出了社会建立之初人的理解范围。休谟说得很透彻，"为了组成社会，不但需要社会对人们是有利的，而且还需要人们觉察到这些利益；人类在其未开化的野蛮状态下，不可能单凭研究和思索得到这个知识"。[②]"理性不及"是苏格兰启蒙学者一贯共有的立场。

其次，在人性观上，契约论与功利主义有一个共同的预设：人既是原子式的，又是自私自利的，人的一切行为皆出于自利或自私的动机。正如前文的"人"论中反复强调的，苏格兰知识分子秉持一种"真正的个人主义"，一方面他们并不否认人之自利、自爱的一面，但同时也充分肯定人之社会性的一面，将对社会的依恋、过群体性的生活看作是人之自然本性。

再次，在社会建立的基础上，功利主义以"趋乐避苦""最大多数人的最大幸福"的感觉主义对抗契约论者基于自然法的契约主义或理性主义。与两者相异，苏格兰启蒙学者采取的是一种情感主义的立场。也就是说，在他们看来，人的社会性情感本身自然而然地蕴含着人类走向联合并组成社会的可能。比如，在斯密的分析中，人人都富有同情心。在弗格森的著作中，人有联合的天性，并且他否认这种联合的天性基于功利。他说："人们还远远不会仅仅以外在便利（conveniences）来衡量一个社会，故而他们在最缺乏这些便利的地方往往最紧密地团结在一起。"[③] 在休谟的论述中，人类是具有最热烈的社会结合欲望的动物，并且皆非出于功利的权衡与理性的算计，只是情感的使然，尤其是为了克服自我孤立与封闭的困顿。对此，休谟有一段精彩而深刻的描绘：

　　在不捕掠其他动物而且不受凶猛情感激动的一切动物中，

---

① 用哈耶克的范式，他们充其量是一种解释性的功利主义而非规范性的功利主义。参见：李强，《自由主义》，第81页。

② 休谟，《人性论》（下册），第526页。

③ Adam Ferguson, An Essay on the History of Civil Society, p.23.

都有一种显著的合群的欲望，使它们聚集在一起，而它们并不想在这种合群中沾到任何利益。这一点在人类方面更为显著，人类是宇宙间具有最热烈的社会结合的欲望的动物，并且有最多的有利条件适合社会的结合。……完全孤独的状态，或许是我们所能遭到的最大惩罚。每一种快乐，在离群独享的时候，便会衰落下去，而每一种痛苦也就变得更加残酷而不可忍受。不论我们可以被任何其他情感所推动，如骄傲、野心、贪婪、好奇心、复仇心或性欲等，这些情感的灵魂或鼓励原则，都是同情作用；如果我们完全除去了别人的思想和情绪，这些情感便毫无力量。自然界的一切能力和元素纵然都联合起来服从并服务于一个人；大阳的升降纵然都听他的命令；河浪海潮纵然由他随意支配；大地纵然自发地把对他有用或使他愉快的一切东西供给于他；可是你至少要给他一个人，可以和他分享幸福，使他享受这个人的尊重和友谊，否则他仍是一个十分可怜的人。①

再次，尽管边沁及其功利主义的继承者在反对契约论上与苏格兰启蒙学者分享了一些基本理念（如对自然状态、社会契约等的攻击），但两者最为根本的区别，借用哈耶克的范式，即为：功利主义者并未走出契约论者的建构论理性主义窠臼，而苏格兰学人是坚定的进化论者，将社会的生成与演进看作是自生自发的过程。

4.1.1.3　对传统自然主义的扬弃

在社会的起源问题上，除契约论、功利主义之外，还有一种更为古老而质朴的传统观点，即认为社会是自然演化而来的，亚里士多德无疑是这一传统的缔造者之一。在《政治学》中，亚里士多德从"人类自然是趋向于城邦生活的动物"出发，对城邦"自然的演化"做了精辟的揭示：起初，由男女"出于生理的自然"组成"家庭"，它是人类满足日常生活需要而建立的社会的基本形式；而后，人类为了适应

---

① 休谟，《人性论》（下册），第 400—401 页。

更广大的需要，又由若干家庭联合起来而组成"村社"，村社最自然的形式就是部落。最后，若干村社又进而联合起来组成城邦。[①]

个体男女—家庭—社会—城邦（国家）的自然演进图示得到了苏格兰启蒙学者曼德维尔、休谟等人直接的回应："社会产生于私人家庭"[②]，"人诞生于家庭，但须结成社会"[③]。但是，我们不能简单地认为，苏格兰启蒙思想家在老调重弹亚里士多德的观点，而要看到他们对传统自然主义的扬弃方面。简单地说，这种扬弃主要表现在他们克服了亚里士多德主义的目的论（至善论）与整体主义倾向，从而使其社会观的自然主义立场更为彻底。换言之，他们不满意于亚里士多德在自然演进的谱系里人为设定这样两个前提：其一，"自然对每一事物各赋予一个目的"。基于这一前提假设，亚里士多德认为，人类的目的是实现所谓三种"善业"，即物质的富足、身体的健康和良好的道德；"一切社会团体的建立，其目的总是为了完成某些善业"。而任何孤立的个人和小规模的社会团体都不能使人实现这三种"善业"，只有城邦才能做到这一点，故而他得出结论："既然一切社会团体都以善业为目的，那么我们也可以说社会团体中最高而包含最广的一种，它所求的善业也一定是最高而最广的：这种至高而广涵的社会团体就是所谓'城邦'。"[④] 其二，"就本性来说，全体必然先于部分"。基于这一前提，亚里士多德认为，"城邦虽在发生程序上后于个人和家庭，在本性上则先于个人和家庭"。他还举例予以说明："以身体为例，如全身毁伤，则手足也就不成其为手足，脱离了身体的手足同石制的手足无异，这些手足无从发挥其手足的实用，只在含糊的名义上大家仍旧称之为手足而已。我们确认自然生成的城邦先于个人，就因为每一个隔离的个人都不足以自给其生活，必须共同集合于城邦这个整体。"[⑤] 与亚里士多德主义相异，苏格兰启蒙学者在有关社会的生成问题上，远离了这种

---

① 亚里士多德，《政治学》，吴寿彭译，北京：商务印书馆，1965，第4—7页。
② 曼德维尔，《蜜蜂的寓言》，第390页。
③ 休谟，《休谟政治论文选》，第23页。
④ 亚里士多德，《政治学》，第3、5页。
⑤ 亚里士多德，《政治学》，第9页。

目的论（至善论）与整体主义的视野，采取的是一种工具论的、个人主义的、古典自由主义的路径。当然在这方面，弗格森略显另类，他的公民人文主义色彩非常浓厚，但他也不是这种亚里士多德主义的严格信奉者。

4.1.2　社会的自生自发

关于社会的自发生成，弗格森有一段话语被广为传诵，甚为恰当地表达了苏格兰启蒙知识分子群体在这一问题上共有的信念：

> 社会形态的起源模糊而遥远，正如我们并不知道风来自何方，又吹向何方一样。远在有哲学以前，社会形态就是人类出于本能而形成的，并非人类思辨的结果。在建立机构、采取措施方面，众人往往受到他们所处的环境的影响。他们很少与自己的环境背道而驰，去追随某个规划人的计划。
>
> 即便在所谓的启蒙年代，民众在迈出每一步、采取每一个行动时都没有考虑到未来。各国偶然建立了一些机构，事实上，这是人类行为的结果，而并非人们有意这么做。克伦威尔说过，一个不知道自己要走向何方的人将攀登得最高。更合理的说法是：在没有刻意要求变革时，社会肯定会有最伟大的革命。同时，最杰出的政治家并不总是知道自己的构想会把国家引向何方。[1]

弗里德里希·哈耶克特别中意这段话并且经常转引，"人类行为的结果，而并非人们有意这么做"甚至成为《哲学、政治和经济研究》中的章节标题，克伦威尔的名言警句"一个不知道自己要走向何方的人将攀登得最高"被其置为《自由秩序原理》的篇章的题引。[2] 正如

---

[1]　弗格森，《文明社会史论》，第 136—137 页。

[2]　《人类行为的结果，但不是人类设计的结果》，载：哈耶克著，《经济、科学与政治：哈耶克思想精粹》，冯克利译，南京：江苏人民出版社，2000；哈耶克著，《自由秩序原理》，邓正来译，北京：生活·读书·新知三联书店，1997（2003 年重印），"第三章　进步的常识"。

哈耶克自己所承认的，他的理论的核心元素极大地受惠于苏格兰启蒙学者，特别是他经常提及的曼德维尔、斯密、休谟、弗格森；另一方面，苏格兰启蒙运动的当代复兴，哈耶克功不可没，尤其是前者的社会观经哈耶克的挖掘、宣传与创造性的转化，已为学术界广为熟悉。但是，毋庸讳言，正如我们一再强调的，哈耶克对苏格兰启蒙运动的研究是不全面的，有很多遗漏，甚至有片面取己所需的局限。具体到社会的生成理论上，哈耶克主要关注人的无意识的后果，至于其原因：他热衷于人之理性不及，而其他缘由，如这段引文中所列举的"人的本能""人的行动""环境"，往往被轻描淡写乃至忽视。实际上，在苏格兰启蒙著作家那里，理性不及虽然是一个重要的因素，但这一因素只有在人与环境的互动中、人与社会的互动中这样广阔的舞台上才能被理解。在后面的社会演进中，我们同样看到这一群体较之知识论更为关心的是生存论。也就是说，知识论的解释维度有很大的局限，特别是在探究社会的源头之时。故此，我们在这里打算着重从生存论、人与社会的互动、思想与情境的互动展示苏格兰思想家的社会生成理论。这方面，休谟有一句纲领性的话语："人诞生于家庭，但须结成社会，这是由于环境必需，由于天性所致，也是习惯使然。"[1] 我们推崇这句话，首先在于，它传承了亚里士多德的自然主义传统，同时舍弃了目的论、至善论、整体主义的取向。其次在于，它给出了个体—家庭—社会自然演化的自生自发的机理："环境必需""天性所致""习惯使然"。

受孟德斯鸠的影响，更受社会大转型之时代情境的影响，"环境"成为苏格兰启蒙学者洞察社会现象与问题的一个基本变量。这一传统在曼德维尔那里有清晰的表现。他将人的社会性界定为对环境的"适应性"，而这种适应性"仅仅来自两件事情，其一是人的欲望不断增长；其二是在竭力满足欲望的道路上，人不断遇到障碍"[2]。他沿袭自己一贯的立场，将它们称为"恶"，并认为是它们构成社会的基础而非人之善良、友善、诚实等。这方面，他"妙语连珠"，我们权且摘录

---

[1] 休谟，《休谟政治论文选》，第 23 页。
[2] 曼德维尔，《蜜蜂的寓言》，第 215、376 页。

一些，"奇文共欣赏"："人类天生追求友谊的品性和仁爱的热情也好，人依靠理性与自我克制所能获得的真正美德也罢，这些皆非社会的基础；相反，被我们称作现世罪恶的东西，无论是人类的恶德还是大自然中的罪恶，才是使人类成为社会性动物的重大根源，才是一切贸易及各种行业的坚实基础、生命与依托，概莫能外；因此，我们必须将它们视为一切艺术与科学的真正起源；一旦恶德不复存在，社会即使不马上解体，亦必定会变得一团糟。""人的种种需要，人的恶德及缺点，加上空气及其他基本元素的严酷，它们当中却孕育着全部艺术和技能、工业及劳动的种子。正是极冷与极热的天气、无常与恶劣的季节、猛烈与方向无定的风、具有危及性命的巨大力量的水、狂野和无法驾驭的火，以及顽劣贫瘠的土地，正是这一切，才激励我们去发明创造。……饥、渴和赤裸乃是迫使我们奋起的主要暴君……需要、贪婪、嫉妒、野心，以及人的其他类似特质，则无一不是造就伟业的大师，它们能使社会成员去从事各自的劳动，能使所有社会成员都屈从于各自行业的苦役，甚至使其中多数人乐此不疲。""任何社会皆不可能萌生于种种厚道的美德以及人的可爱品质；恰恰相反，所有的社会都必定起源于人的各种需求、人的缺陷和欲望。"①

这方面，正如哈耶克所说，"休谟在很大程度上得益于曼德维尔"②。在休谟看来，人之所以要组成社会、依赖社会，其中一个重要原因就是人的软弱与欲望需求极为不对称："在栖息于地球上的一切动物之中，初看起来，最被自然所虐待的似乎是无过于人类，自然赋予人类以无数的欲望和需要，而对于缓和这些需要，却给了他以薄弱的手段。在其他动物方面，这两个方面一般是互相补偿的。我们如果单纯地考虑狮子是贪食的食肉兽，我们将容易发现它的生活是很困难的；可是我们如果着眼于狮子的身体结构、性情、敏捷、勇武、雄壮的肢体、猛力等等，那么我们就将发现，狮子的这些有利条件和它的欲望恰好是成比例的。羊和牛缺乏这些有利条件，不过牛羊的食欲不是太

---

① 曼德维尔，《蜜蜂的寓言》，第 217、233、235 页。
② 哈耶克，《哈耶克论文集》，第 485 页。

大，而它们的食物也容易取得。只有在人一方面，软弱和需要的这种不自然的结合显然达到了最高的程度。不但人类所需要的维持生活的食物不易为人类所寻觅和接近，或者至少是要他花了劳动才能生产出来，而且人类还必须备有衣服和房屋，以免为风雨所侵袭；虽然单就他本身而论，他既没有雄壮的肢体，也没有猛力，也没有其他自然的才能，可以在任何程度上适应那么多的需要。"而正是社会使个人的这些弱点都得到了补偿，比如：借着协作，我们的能力提高了；借着分工，我们的才能增长了；借着互助，我们就较少遭到意外和偶然事件的袭击。正是借助社会的纽带所造就的这些附加的力量、能力和安全，人才弥补了自身的缺陷与自然资源的有限性，才可以和其他动物势均力敌，甚至对其他动物取得优势，从而过上文雅而舒适的幸福生活。[1]

当然，在苏格兰启蒙学者看来，意识到自身的缺陷、环境的局限进而走向由初级形式的结合（如家庭）到较高形式的聚合（如部落）再到组成一个更高形式的共同体（如社会、国家）是一个渐进而又无意识的过程。这一过程的自然而又成功顺利的推进，从根本上说，得益于人不断改善自身境况的努力。曼德维尔写道："人热爱自身的安逸和平安，永远渴望改善自己的处境，这些必定已经足以促使人去热衷社会了，因为人在自然处境中穷困匮乏，孤立无助。"[2]而这种改善自己的处境的努力，在弗格森眼里，是"循序渐进的、迟缓的"，甚至"有时还没弄清原因，就有了结果"[3]。休谟更是从各种自然因素中，如生理需要、自然情感、习惯、利益感，得出了亚里士多德相同的演变图示。休谟这样写道："……两性间的自然欲望，这种欲望把两性结合起来，并维系他们的结合，以后由于对他们的子女的共同的关切，又发生了一种新的联系。这种新的关切又变成亲子之间的联系原则，并形成了一个人数较多的社会。在这个社会中，父母凭其优越的体力和智慧这

---

① 休谟，《人性论》（下册），第 525—526 页。
② 曼德维尔，《蜜蜂的寓言》，第 373 页。
③ 弗格森，《文明社会史论》，第 7 页。

个有利条件，管理着家务，同时又因为他们对子女有一种自然的爱，所以他们在对其子女行使权威时，就受了限制。不久，习惯因为在子女幼小心灵上起了作用，使他们感到他们由社会方面所可获得的利益，并且使他们磨去棱角，以及妨害他们的团结的倔强感情，而借此把他们逐渐培养成适宜于社会生活的。"①

总之，正如休谟所总结的，与其他任何事物一样，人类社会自身内聚着相互联结的"原则"："我们确是必须承认，物质各部分的凝聚力发生于自然的和必然的原则，不论我们在说明它们方面有何种困难；根据同样理由，我们也必须承认，人类社会是建立在与此相似的原则上面的；而且我们的理由在后一种情形下比在前一种情形下更加完善，因为我们不但观察到，人们永远寻求社会，并且能够说明这个普遍倾向所依据的原则。"②

尽管本章的主题是"社会"，在第 7 章涉及政治权威的起源时还要一并探讨政府的起源，但鉴于市民社会与国家都分别是社会的一部分，这里想简单介绍一下弗格森对于各种政体形式的起源的考察，可以更进一步地赏析其中的"人类行为的结果，而非人类设计的实现"③。首先，来看共和政体的源头。弗格森不仅明确断言，"原始国家的风俗往往和早期政治家的发明巧合。共和国政府、元老院及公民议会的模式甚至财产的平等或货物的共有都并不是个别人发明创造的"④，而且他还在原始社会中找到了元老院、行政机构和公民议会这些使古代立法者闻名遐迩的制度的渊源。弗格森指出，从词源上看，拉丁人以及希腊人的元老院似乎最早就是由老年人组成的。因为，在没有出现财富分配不均与分化前，年龄、才智、勇气以及身体素质等自然条件是权威的最重要的杠杆，比如：老年人凭着自然的权威就可在顾问委员会中

---

① 休谟，《人性论》（下册），第 526—527 页。
② 休谟，《人性论》（下册），第 439—440 页。
③ 原文为 "the result of human action, but not the execution of any human design"。参见：Ferguson, An Essay on the History of Civil Society, p.119。
④ 弗格森，《文明社会史论》，第 138—139 页；参见：Ferguson, An Essay on the History of Civil Society, p.121。

获得一席之地，军事领袖因其过人的勇武和男子汉气概而被推出，政治家因其提出的意见引起众人的关注而显得重要，斗士因其在沙场充满信心而出人头地。[①] 故而，他得出结论："最原始的人类就处在建立共和政体的前夜。他们对于平等的热爱，参加公众会议的习惯以及对于他们所属的部落的热忱，这些条件使他们很适合在共和政府领导下做事。看来，他们只要再走几步，就可以建立起共和政府了。他们只要规定一下公众会议的人数，确定集会的方式，只要赋予一种平息动乱的永久权力，实施一些规定来维护他们早已认可并将严格遵守的正义即可。"[②] 接着，弗格森探究了君主政体与贵族政体的起源形式。当财产世世代代相传、等级制度成形后，"当一名酋长集财富与出身高贵于一身时，无论是在盛宴中还是在沙场上，他都是光彩夺目的。追随者甘居其下……"弗格森认为这种人身与财产的依附关系"显示了君主政体的雏形"。[③] 对于贵族政体，弗格森从更广阔的视野做了分析，"在人类发展的过程中，环境及生活方式的变迁为国家造就了领导者和君主。同时，也缔造了贵族和各种各样的等级，这些人都要求享有比君主次一等的礼遇。迷信也可能造就一个阶层"。[④] 除了贵族、教士之外，弗格森还在另一处论及了军事首领通过获取世袭的采邑与封赐跻身贵族之列。这些贵族阶层一方面抵制君主的要求，同时又奴役人民。有时他们不想为君主效忠，甚至反戈叛君，在国内形成了阻碍君主专制的强有力的、不可抗拒的势力；有时他们通过一班好斗的扈从，夺取王权，使自己成为各个小地区的暴君，阻止建立法制；有时他们把君

---

① 弗格森，《文明社会史论》，第93—94页；参见：Ferguson, An Essay on the History of Civil Society, p.84。

② 弗格森，《文明社会史论》，第110页；参见：Ferguson, An Essay on the History of Civil Society, pp.97–98。

③ 弗格森，《文明社会史论》，第111—112页；参见：Ferguson, An Essay on the History of Civil Society, pp.98–99。

④ 弗格森，《文明社会史论》，第141—142页；参见：Ferguson, An Essay on the History of Civil Society, p.123。

主政体变成选举制后，借助一系列和约与法规，限制或削弱了君权。[①]
最后，弗格森指出，"如果个别阶层的意图没有受到某些并行权力的制
约"，那么，无论是平民政体还是君主政体与贵族政体，都有沦落为亚
里士多德所说的变态形式之可能，譬如，"君主的意图会导致专制政
体，贵族和神职人员的意图会导致滥用贵族特权，民众的意图会导致
无政府主义的混乱局面"。[②]

4.2 社会的演进

4.2.1 "自然历史"或"理论的历史"

在社会的演进问题上，苏格兰启蒙思想家延续了他们一贯的自然主
义立场，将人类社会的演变看作是一个自然的历史过程，并对这一历史
过程做了充分的理论说明。在苏格兰启蒙运动的后期，这种社会历史观
被称作"推测的历史""理论的历史""自然的历史"，从而与那种历史编
纂学（historiography）区分开来。杜格尔德·斯图尔特曾这样写道："对
这一类的哲学研究，在我们的语言中还没有合适的名称。我将冒昧地
称之为理论的历史或推测的历史（theoretical or conjectural history）。这
个措辞在意思上十分接近休谟所提出的自然历史（natural history）。"[③]
鉴于此，波考克径直称他们为"理论社会学家""推测历史学家"。[④]

在我们看来，"推测的历史""理论的历史"在方法论上的最大
特色，正如其名称所显示的，一是"推测"，二是"理论"，即坚持历
史与理论（哲学）相统一的方法。对于第一点，弗格森甚至在杜格尔
德·斯图尔特对"推测的历史""理论的历史"进行"冠名"之前就做
了说明，"人类的进步，从一个假想的兽性的状态到理智的获得，到语

---

① 弗格森，《文明社会史论》，第 146—147 页；参见：Ferguson, An Essay on the History
of Civil Society, p.127。
② Ferguson, An Essay on the History of Civil Society, p.124.
③ 杜格尔德·斯图尔特，《亚当·斯密的生平和著作》，蒋自强、朱钟棣、钦北愚译，
北京：商务印书馆，1983，第 30 页。
④ J. G. A. Pocock, The Machiavellian Moment, p.498.

言的运用，到社会习俗的形成，同样也是借想象力勾勒出来的，他们所走过的道路也充满了大胆想象的印记，这使得我们在历史实际的基础上接受想象的启发……"[1] 他的《文明社会史论》也是运用这一方法的杰作，被龚普洛维奇誉为"第一部关于社会的自然史"[2]，可以与休谟对人性、对社会的生成的自然主义解释相媲美。至于为什么在社会历史的研究中要借用推测、想象的方法，杜格尔德·斯图尔特进行了比较详尽的阐释或者说辩护。他深刻地指出："考察人类历史，犹如考察物质世界的现象一样，当我们不能追溯那些曾经产生的历史事件的过程时，能够说明它可能是怎样出于自然原因而产生的，这经常是一个重要的方法。"[3] 然而，在探究各种现象产生的自然原因与演进的自然过程时，当把我们的学识、见解、风俗和惯例同盛行于野蛮民族中的那些加以比较，这一探究面临很多难题：

> 通过哪些渐进的步骤，从未开化的本性最初的朴素努力过渡到矫揉造作、错综复杂得令人惊奇的地步？从什么地方产生了我们所赞赏的文明语言结构中一系列的优美之处？怎么样会形成那种贯穿于最遥远最没有联系的各个民族所讲的混合语言中的相似之处？何以会有那些把它们全都区别开来的特征？各种科学和艺术的根源在哪里？把思想从它们最初的萌芽引导到最近这种最文雅的精密状态，又是靠什么样的一根链条？政治联合中令人叹为观止的结构，如同所有政府都通用的基本原则、文明社会在世界的不同年代所采用的不同形式，又都是从哪里来的？[4]

按照斯图尔特的理解，在苏格兰启蒙思想家看来，这些难题仅仅

---

[1] 弗格森，《文明社会史论》，第5页；参见：Adam Ferguson, An Essay on the History of Civil Society, p.11。

[2] 于海，《西方社会思想史》，第137页。

[3] 杜格尔德·斯图尔特，《亚当·斯密的生平和著作》，第29页。

[4] 杜格尔德·斯图尔特，《亚当·斯密的生平和著作》，第28—29页。

靠历史文献与记载、靠旅行家的游记与考察是无法得到圆满解决的，因为，"在人类想到记录他们的事务这一社会阶段以前，人类发展中的许多极重要的步骤早已完成，所以上述题目中的大部分，只能从历史中得到很少的资料。一些孤立的事实，或许可能从那些见到过未开化民族情况的旅行家偶然的观察中收集起来。可是很清楚，从这种方式中不能得到有关人类进化中有规律的和有联系的详细情况"。因此，"在缺少直接证据的情况下，我们必须凭推测补足事实。当我们不能确定在特殊场合人们实际上是怎样行事的时候，我们必须根据他们的本性原则和外界环境来考虑他们可能以什么方式来进行活动。在这样的探索中，旅行家和航海家提供给我们的支离破碎的事实，可以经常用作我们推理的佐证。有时候，我们的结论，可能先验地有助于加强事实的可靠性，而这些事实，以肤浅的眼光看来是可疑的和难以置信的"。①

正如斯温杰伍德（Swingewood）所指出的，"假设的或'推测的历史'这个名称本身很容易使人误解，因为历史和社会的科学应该是实证的而非推测的"。② 因而，对"推测"与"想象"应该有正确的理解。正如斯图尔特所强调的，"推测"不是凭空的猜测与臆想，而是要立基于一定的"本性原则"和"外界环境"以及两者之间的互动，同时还要用事实去佐证。弗格森直接地指出，"只有在涉及自身或涉及最为重要也最容易明了的事情时，自然历史学家才会以假说代替现实，才会混淆想象与理智、诗歌与科学之间的界限"，"在其他任何情况下，自然历史学家认为他的责任在于收集事实，而不是提出种种猜想"。③

更为重要的是，在苏格兰启蒙思想家那里，"推测"的历史视野与哲学的思考互为表里，一明一暗，共同构成了他们社会历史哲学的经与纬。扼要地说，这种关于社会的哲学理念是基于对社会结构的整体认识而获致的。这方面，正如苏格兰启蒙学者自己所承认的，孟德斯

---

① 杜格尔德·斯图尔特，《亚当·斯密的生平和著作》，第29页。

② 斯温杰伍德，《社会学思想简史》，第18页。

③ 弗格森，《文明社会史论》，第2、3页；Adam Ferguson, An Essay on the History of Civil Society, p.8.

鸠做出了开创性的贡献。[①] 孟德斯鸠将社会看作是一个"关系"结构，将法定义为"是由事物的性质产生出来的必然关系"，关注的是各种要素包括气候、宗教、法律、政治准则、先例、风俗、惯例等所形成的"一般的精神"，并认为这种"一般精神"或者说"法的精神"最终根源于一个时代、一个民族的生存境况与生存模式。[②] 苏格兰启蒙运动的思想家们传承了这一认识，也像孟德斯鸠那样考察社会的结构性与整体性，强调各个时代的标志在于其不同的生存模式与财产关系。约翰·米勒、威廉·罗伯逊用孟德斯鸠式的语言表达了这一群体共同的心声：

> 在探索法律和政治制度……的原因时……我们无疑应考察……情况差异……土壤肥力，物产品类，借以谋生的劳动形式，某一社区的人口总数，他们在艺术方面的擅长……。上述种种及其他方面经常发生的变化必然会对整个社会产生意想不到的影响；因为上述变化突出表明了人们的爱好和追求，必然会产生相应的习惯、性格和思维方式。[③]
>
> 在各种对于统一在社会中的人类活动的调查中，最具吸引力的就是他们的生存方式。生存方式不同，法律和政策也必然不同。[④]

[①] 休谟曾这样赞叹："法律与各个社会的政治制度、习俗、气候、宗教、商业、境况都有或应当有一种恒常的关联。最近一位天才而博学的作者对这个主题进行了详细的研究，并根据这些原则建立了一个政治知识体系，这个体系充满富有创见的卓越思想，而且不乏稳固可靠性。"参见：休谟，《道德原则研究》，第 48 页；另见：The Philosophical Works of David Hume, vol.4, p.190. 弗格森则如此感叹："当我想起孟德斯鸠院长所写过的文章之时，我一时无法说清我为什么要研究人类事务。"参见：弗格森，《文明社会史论》，第 71 页；Adam Ferguson, An Essay on the History of Civil Society, p.66.

[②] 另见：孟德斯鸠，《论法的精神》（上册），张雁深译，北京：商务印书馆，1961，第 1、305 页。

[③] William C. Lehmann, John Millar of Glasgow, Cambridge: Cambridge University Press, 1960. 转引自：斯温杰伍德，《社会学思想简史》，第 18 页。

[④] Cf Christopher J. Berry, Social Theory of the Scottish Enlightenment, p.93.

然而，在社会历史哲学上，苏格兰启蒙思想家又"青出于蓝而胜于蓝"，他们把对社会各要素的横向的静态的分析推进到了纵向的动态的层次，从而把社会变迁与社会结构统一起来，既将社会看作是一个有机体同时又看作是一个过程。这一点，斯温杰伍德做了非常细致入微的分析，很值得详细转引。在他看来，尽管孟德斯鸠对政体进行了"类型学"的研究，但是孟德斯鸠"未能形成一种关于社会变迁的理论。他没有对一种社会类型演变为另一种社会类型的途径和方式进行分析。他的类型学有明显的共时性特点，只涉及对不同形态结合为聚合的统一体的典型因素进行描述。因此，孟德斯鸠的社会学的'形态论'对发生和演变的问题漠不关心。他从未提出过至关重要的演变问题，在这个意义上说，孟德斯鸠的历史分析是不彻底的，他的形式分类虽对社会学的方法有重大意义，却成为发展动态的市民社会观的障碍。苏格兰启蒙运动的著述家，在吸收孟德斯鸠类型学和形式的历史意识的同时，对社会变迁及一种社会类型向另一种社会类型的演变，有较具体的认识"。[①]

4.2.2 "四阶段论"

宽泛地说，苏格兰启蒙学者都可归属于社会演进的"四阶段论"（狩猎—游牧—农业—商业）之列，即使弗格森那样特色鲜明的"三阶段论"（野蛮—未开化—文雅）也不排斥。弗格森所说的野蛮社会、未开化社会大致分别相当于狩猎社会与游牧社会。[②] 至于休谟，尽管他没有以任何完整、系统的形式使用这种四阶段模式，但是在他的著作中，我们还是可以清晰辨析出这种进化谱系，特别是其农业社会与商业文明界分的思路框架，而这正是四阶段演进论的关键之点。正如《新帕尔格雷夫法经济学大辞典》的编撰者们所梳理的，其实早在古代，梅斯那的迪卡尔克斯（Dicaearchus of Messina）就曾经提出，所有的社

---

① 斯温杰伍德，《社会学思想简史》，第12页。

② 弗格森，《文明社会史论》，第89页；参见：Adam Ferguson, An Essay on the History of Civil Society, p.81。

会都会经历三个阶段。人类首先以天然出产物为生，接着依赖于家畜
饲养，最后则以耕作为生。这种三段论在 18 世纪早期仍然知名。而苏
格兰人的创造性贡献突出表现在将农业社会进一步延伸到了商业社会，
他们的领袖凯姆斯勋爵"第一次清晰地提出了从三阶段论向四阶段论
的转变"，"这一理论的充分实现"则是这位勋爵的被保护人亚当·斯
密完成的。① 不过，我们也不能简单地认为，苏格兰启蒙知识分子仅
仅是在农业社会之后补加了商业社会这一新形态而已，尽管这是重点
之处。这方面，波考克的理解比较深邃，他将这种转变与推进看作是
"一场从土地到商业的历史运动被扩大成一个从狩猎者到牧人、农民、
商人和制造业者的社会发展方案"。② 这句话颇为贴切地点出了苏格兰
的公共知识分子探究社会演进的主旨不在于重建过去的事件，而在于
寻求社会发展的方案与规律。

既然"四阶段论"是主导性的演进图示，而弗格森的"三阶段论"
一则不排斥这种演变的四部曲，二则他的思想中贯通着文明与野蛮的
对比，故而打算在"社会变迁的辩证法"这一问题框架中详细探讨他
的社会演进思想，而在这部分重点阐述斯密及其追随者米勒的四阶段
论，同时在相关问题上兼论休谟、弗格森、罗伯逊、斯图尔特等人的
思想。斯密对社会演进"四阶段论"做了最为详尽而系统的论述，并
将自己的政治经济学、法律与国家学说建基于这样的历史框架之中。
其弟子米勒认为他在社会哲学方面的研究可媲美牛顿，如果孟德斯鸠
是这一领域的培根的话。③ 他的《等级差别的起源》被公认为深受斯密
的影响，特别是留有斯密《法学讲义》一书的诸多痕印。④

在 1762—1763 年的《法学讲义》中，斯密对人类社会的四阶段

---

① 皮特·纽曼主编，《新帕尔格雷夫法经济学大辞典》（共三卷），许明月等译，北京：
法律出版社，2003，第 451—452 页。

② J. G. A. Pocock, The Machiavellian Moment, p.498.

③ John Millar, An Historical View of the English Government (1803), London, 1812,
vol II, pp.429-430n. also, Norbert Waszek, The Scottish Enlightenment and Hegel's Account
of "Civil Society", pp.36-37.

④ 伊特韦尔、约翰等编，《新帕尔格雷夫经济学大辞典》（第三卷），"米勒"词条。

及其变迁给出了一个相当简易的框架：

> 人类社会的四个时期是：畋猎、畜牧、农作和贸易。如果一些人因船只失事流落在一个荒岛上，他们最初是靠土地所生的野果和他们所能捕杀的野兽来活命。由于这些果子和野兽不可能时时够用，他们不得不把一些野兽养驯，以便要使用时就能拿来使用。过了相当时间以后，连这些也不够用了。当他们看到土地能生出相当大的数量的蔬菜时，他们就想开垦土地，使土地能生产更多的蔬菜。农业就应运而生。农作需要很大的改善才能成为一个国家的主要职业。……继农业时代之后的是商业时代。①

在该讲演及其随后正式出版的《国富论》中，斯密围绕"财产""政权""国防""司法"②以及各个阶段特有的生存方式对这一简易框架进行了填充。正如前文所分析的，苏格兰学者已认识到了生存方式与财产关系在社会结构与变迁中的"决定性"地位，同时考虑到德性、法律与政治制度等要素后文还要专门探究，故而，我们在这里着重考究生存方式与财产关系的变迁，并试图从中窥视人类社会整个变迁的历史概况。

"四阶段论"以"最低级最粗野的"狩猎时期为开端。斯密认为，这种状态下，既没有君主，也没有国家。这种社会只由几个独立的家族构成，这些家族住在同一个乡村，说同一种语言，为了共同安全约定相守，但谁也没有权力统治谁，无所谓政权可言，尽管在他们中间可能也有一个极受尊敬和深具影响力的人物。在斯密看来，这种境况其实很容易理解，"在财产权还没建立之前，不可能有政府。政府的目

---

① 坎南编著，《亚当·斯密关于法律、警察、岁入及军备的演讲》，陈福生、陈振骅译，北京：商务印书馆，1962，第126—127页。
② 这些内容最为集中论述的部分参见：坎南编著，《亚当·斯密关于法律、警察、岁入及军备的演讲》，第40—47页，第126—128页；另见：亚当·斯密，《国民财富的性质和原因的研究》（下卷），第254—271页，第272—284页。

的在于保障财产"①。那么，人类第一阶段的狩猎民族为什么没有产生与建立财产权呢？斯密给出了这样几项答案：首先，在狩猎民族的社会，几乎谈不到有什么财产；即使有，也不过值两三日劳动价值的财产罢了。②其次，是因为他们还没有形成比较完善的"占有"观念："在野蛮人中间，财产权以占有开始并以占有结束，因为他们对于不在自己身体周围的东西似乎没有这些东西是属于他们自己的这种观念。"③从野蛮人的认知能力的"狭隘"和"局限"来解析他们尚未形成财产的"权利"观念，是罗伯逊、米勒、凯姆斯以及斯图尔特等众多苏格兰思想家共有的思路。他们还追溯了其中的一个原因：野蛮人没有时空感，这种时空感的缺乏源于语言能力还没有发展起来，罗伯特甚至发现当时的美洲人还不能计算三个以上的物品。④因而能够想象到，这样的生存模式下，也就意味着用不着"固定的审判官"或者"经常的司法行政机构"，"他们按自然法则生活"。⑤

第二个阶段是"比较进步的游牧民族的社会状态"⑥。在以斯密为代表的苏格兰启蒙学者眼里，这种进步性主要渊源于生存方式的变更（即从狩猎到畜牧）及其对财产的"关注"与"渴望"，其他的一切变迁都可以从这里找到根据。因而，这一阶段也是这批著作家们着墨比较多的部分，特别是他们都着重阐述了财产权观念的扩展及其后果。

弗格森对前后两个阶段做了深刻的对比：靠渔猎或采集野果为生的"野蛮人"，"对于财产几乎毫不关心，而且几乎还没有等级制度和

① 坎南编著，《亚当·斯密关于法律、警察、岁入及军备的演讲》，第41页。
② 亚当·斯密，《国民财富的性质和原因的研究》（下卷），第272页。弗格森指出，"在一个以渔猎为生的部落中，个人所携带的武器、器皿和毛皮是他仅有的财产。明天的食物还野生在林中，躲在湖泊里。在还没获得之前，它们是无法分配的。而且，即便获得了，由于它是集体渔猎之所得，它自然归集体所有，要么马上被食用，要么成为公共贮藏的一部分。"见：弗格森，《文明社会史论》，第90页；另见：Adam Ferguson, An Essay on the History of Civil Society, p.81。
③ 坎南编著，《亚当·斯密关于法律、警察、岁入及军备的演讲》，第127页。
④ Christopher J. Berry, Social Theory of the Scottish Enlightenment, pp.94-96.
⑤ 亚当·斯密，《国民财富的性质和原因的研究》（下卷），第272页；另见：坎南编著，《亚当·斯密关于法律、警察、岁入及军备的演讲》，第41页。
⑥ 亚当·斯密，《国民财富的性质和原因的研究》（下卷），第254页。

政府的萌芽"；而靠畜牧为生的"未开化人"，"财产权虽然没有以法律形式规定下来，但它是人们关注和渴望的主要东西"。① 凯姆斯和达尔林普尔（Dalrymple）也把游牧阶段视为财产概念的第一次扩展。② 斯密也持相同的看法，"在牧人中间，财产权的观念进一步扩大了。不但他们带着走的东西属于他们，而且放在他们小屋里的东西也属于他们。他们认为那些有了回到他们那边来的习惯的牲畜是他们的"。③ 随着财产观念的形成与扩展，人们的行为方式也会很不相同，比如父母开始希望为子女提供比从许多合伙人乱七八糟管理的食品中获得的食品更好的东西，人们也不再有把每一样东西都和公众分享的倾向，开始一味地关心起个人财富。④ 而其最严重的后果就是导致了"财富不均"与等级分化。

对于游牧时代的财富不均，斯密深刻地看到，它所起的作用比此后时期所起的作用大得多。首先，在经济生活上，"富者对贫者具有很大的左右力量"。并且，在这个阶段，这种"左右"力量比以后时期的会更大，因为双方都强化了这种力量：一方面，"那些没有牛羊群的人必须倚靠有牛羊群的人，因为他们现在不能再靠打猎维持生活，从前可供打猎的野物现在都变得驯服，成为富人的财产。因此，占有若干牛羊群的人对于其他的人必定拥有很大的左右力量"；另一方面，"即就现今来说，一个人可能把很多的财产花掉，而得不到从属者。他这样做，对于技术和制造都起着推进的作用，但不能使人隶属于他。在游牧国，情况完全不同。他们没有花掉财产的办法，因为他们无法过奢侈的生活，但是把财产的一部分赠给穷人，他们就可对穷人拥有那么大的力量，使穷人一定程度上成为他们的奴隶"。⑤ 其次，"由财产造成的权威，以这时为最大，因而权威与服从的判分，也以这时最为

---

① 弗格森，《文明社会史论》，第 89 页；另见：Adam Ferguson, An Essay on the History of Civil Society, p.81。

② Christopher J. Berry, Social Theory of the Scottish Enlightenment, pp.96–97.

③ 坎南编著，《亚当·斯密关于法律、警察、岁入及军备的演讲》，第 127 页。

④ 弗格森，《文明社会史论》，第 107 页；另见：Adam Ferguson, An Essay on the History of Civil Society, p.95。

⑤ 坎南编著，《亚当·斯密关于法律、警察、岁入及军备的演讲》，第 42 页。

确定"。在斯密看来，权威的来源无外乎四个方面，"个人资质的优越"（包括体力、智慧、勇气、容貌等）、"年龄的优越"、"财产的优越"、"门第的优越"。而在狩猎民族社会，由于普遍的贫乏，没有财产不平等的可能，这造成了普遍平等的局面，年龄的优越、个人资质的优越，是权威和服从的薄弱而又唯一的基础。而在人类的第二阶段，财产则有"最大的声势"，甚至超过富人在后来一切社会里所具有的声势，因而由财产造成的权威，以这时为最大和最为稳固。斯密还指出，门第的优越是由财产的优越派生出来的，在狩猎民族中显贵没有存在的可能，而在这一阶段也衍生出来了。[①] 再次，财产的不平等"带来了人与人之间过去不可能存在的某种程度的权力和服从，而因此又带来了保持权力和服从所必须的某种程度的民政组织"。当然，这种民政组织（主要是行政司法机构），"实际就是保护富者来抵抗贫者，或者说，有产者来抵抗无产者"。[②]

苏格兰启蒙学者分享了与卢梭大致相同的政治理念，认同财产的不平等是其他一切不平等的基础与根源，认识到经济、政治与社会身份和地位是紧密相连的，看到富人与穷人、强者与弱者、主人与奴隶等是相伴相随的。但是，他们没有像卢梭那样痛斥财产的不平等，即使是与他同样推崇斯巴达式的"美德之治"的弗格森，也毫不含糊地表态，"财产是一种进步"。[③] 斯密认为这种演进是"自然而然的"[④]，并且将它明确标注为"比较进步的"时期。

第三阶段是"比较更进步的农业社会"。这种更进步，同样首先在于它克服了上一阶段生存方式的局限，显然农耕比游牧生活更稳定、更丰裕，甚至会有很多剩余产品[⑤]。而在财产权方面，"财产权的观念由于农业而得到了最大的扩充"。在以农耕为主的农业社会，农业是衣食

---

① 亚当·斯密，《国民财富的性质和原因的研究》（下卷），第273—276页。

② 亚当·斯密，《国民财富的性质和原因的研究》（下卷），第277页。

③ 弗格森，《文明社会史论》，第90页；另见：Adam Ferguson, An Essay on the History of Civil Society, p.81.

④ 亚当·斯密，《国民财富的性质和原因的研究》（下卷），第277页。

⑤ 坎南编著，《亚当·斯密关于法律、警察、岁入及军备的演讲》，第48页。

之源，而土地又是其最主要的生产资料。土地的占有被众多的启蒙学者看作是人类走向文明化、制度化的重要标志。斯密指出，"动产在社会初期就可加以占有，但土地要到实际划分以后才能占有"，并明确将是否具有占有土地的观念看作是野蛮民族和稍稍开化的民族之间的重大区别："在那些土地没有划分而人都住在可以随身带走的活动棚舍里的地方，人们都不留恋土地，因为他们的全部财产系由活的东西组成，可以轻易地随身带走。"① 卢梭和弗格森用很俏皮的话表达了同样的意思："谁第一个把一块土地圈起来并想到说这是我的，而且找到一些头脑十分简单的人居然相信了他的话，谁就是文明社会的真正奠基者。"② "'我想拥有这片土地。我要把它留给我的后人。'第一个说这句话的人并不知道自己正在为民法和政治机构建立基础。"③

在苏格兰启蒙学者看来，农业社会"乡村式的"生活方式与经济组织形式——"没有对外贸易，除了几乎全在各自家中制造为自己使用的粗劣用品的制造业外，没有其他制造业"——形塑了这一阶段欧洲的社会政治面貌。斯密这样写道："在既无国外贸易又无精制造业的农村，一个大地主，对维持耕作者所剩余的大部分土地生产物，既无物可以交换，就无所谓地把它花费于乡村式的款客。这剩余部分，如足够养活一百人，他即用以养活一百人，如足够养活一千人，他即用以养活一千人。舍此以外，实无其他用途。所以，他的周围常有成群的婢仆和门客。他们依赖他的给养，既无任何等价物品为报酬，就服从他，像兵士服从国王一样。""在这种情况下，大领主对于其佃农和家奴，必然有一种驾驭的权威。这种权威，便是一切古代贵族权力的基础。他们在平时，是境内居民的裁判者，在战时，是境内居民的统领者。他们有统率境内居民以抗不法者的权力，所以在境内成了治安的维持人，法律的执行者。没有任何其他人拥有这样的权力，国王也没有这权力。国王在古代，不过是领土内最大的领主……"因而，对

①　坎南编著，《亚当·斯密关于法律、警察、岁入及军备的演讲》，第 47、128 页。
②　卢梭，《论人类不平等的起源和基础》，第 111 页。
③　弗格森，《文明社会史论》，第 136 页；另见：Adam Ferguson, An Essay on the History of Civil Society, p.119。

于欧洲的封建制及其大领主的权威，斯密断然否认起源于封建法律，因为它们实际上与封建法律相左，"封建法律的推行其目的决不是想扩大封建领主的权力，倒可以看作是想把他们的权力缩小"。[1]斯密用同样的思路与理由解释了中世纪的教权及其二元化的政治社会体制："它们（指地租——引者注）的数量，大大超过牧师们自己所能消费的限度。当时既无艺术品或制造品可资交换，他们对于这大量的剩余，就除了像诸侯处置其剩余收入一样，大宴宾客、大行慈善以外，再也没有其他有利的使用方法。""当欧洲技艺及制造业未发达之前，牧师们的富有，使他们对普通人民拥有诸侯对其家臣、佃户及扈从的同样权力。"[2]

在苏格兰启蒙思想家的宏观视域里，社会从一个历史阶段迈进另一个历史阶段，绝非人之理性选择的结果，而是生存方式、经济方式的变迁使然；前几个阶段的转变如此，第四个阶段商业社会的兴起亦然。具体地说，这一新阶段是"财产制度与风习"、"技艺、制造业及商业"、人之自利、奢侈等欲望等自发推动与促进的结果。在《国富论》中，斯密提供了这种分析的典范之作。在斯密看来，大领主权力的削弱，中世纪社会体制的解体是由"商业和制造业潜移默化，逐渐实现"的，而奢侈的欲望是其内在催化剂。斯密这样写道："商业与制造业的兴起，渐使大领主得以其土地的全部剩余产物与他物交换。……他们一发现了由自己来消费所收地租的全部价值的方法之后，他们就不愿再和别人共同享受这价值。他们就宁愿把足以维持一千人一年生活的粮食或其价格，用来换取一对金刚石纽扣或其他同样无用而无意义的东西，随而也把这粮食所能给他们带来的权威一并舍弃了。"[3]这一"舍弃"，正如赫希曼所分析的，"领主的（贪婪或奢靡的）欲望战胜了其更为长远的利益，而非利益驯服了欲望"。[4]对此，斯密感叹道："对于公众幸福，这真是一种极重要的革命，但完成这种革命

① 亚当·斯密，《国民财富的性质和原因的研究》（上卷），第372—374页。
② 亚当·斯密，《国民财富的性质和原因的研究》（下卷），第360、359页。
③ 亚当·斯密，《国民财富的性质和原因的研究》（上卷），第375页。
④ 艾伯特·奥·赫希曼，《欲望与利益：资本主义走向胜利前的政治争论》，第96页。

的，却是两个全然不顾公众幸福的阶级。满足最幼稚的虚荣心，是大领主的唯一动机。至于商人工匠，虽不像那样可笑，但他们也只为一己的利益行事。他们所求的，只是到一个可赚钱的地方去赚一个钱。大领主的痴愚，商人工匠的勤劳，终于把这次革命逐渐完成了，但他们对于这次革命，却既不了解，亦未预见。"①基于同样的理由，对中世纪教会的历史命运，斯密做了同样的宣判："像大领主一样，牧师们在技艺、制造业及商业的生产物中，找到了可用以交换自己所有的原生产物的东西，并且由此发现了自己可以消费其全部收入的方法。自己既能完全消费自己的所有物，不必分许多给旁人，所以他们的施与，逐渐缩小范围，他们的款待，也不像先前那样慷慨、那样丰盛。其结果，他们先前那么多的扈从，由渐渐减少以致全部散去。……教会这时在欧洲大部分的势力，几乎就只剩下了心灵上的权威；甚且连这心灵上的权威，也因牧师们慈善不行，款待中辍，而非常薄弱了。""技艺、制造业及商业逐渐的发达，是大领主权力瓦解的原因，也是牧师们在欧洲大部分的世俗权力全部瓦解的原因。"②

对于人类社会的第四个阶段——商业社会，苏格兰启蒙知识分子首先从"时代精神"的高度把握到这一历史新时代与之前各历史阶段的根本差异。弗格森指出，"战争，无论是防御性的还是侵略性的，都是每个部落的重大事务"，"每个野蛮国家的头等大事就是战争"，并在战争的氛围中培育了诸如斯巴达式的公民—战士传统，"最著名的斗士就是公民"③。斯密在《国富论》中用大致相同的句式反复强调之前各个历史阶段"人人都是狩猎者，人人亦都是战士"，"各个人是游牧者，同时也是战士"，农业社会里"每个人都是战士，或可以很容易地成为战士"④；而在第四个阶段，"一切人都要依赖交换而生活，或者说，在一定程度上，一切人都成为商人，而社会本身，严格地说，也成为商

---

① 亚当·斯密，《国民财富的性质和原因的研究》（上卷），第378页。
② 亚当·斯密，《国民财富的性质和原因的研究》（下卷），第361—362页。
③ 弗格森，《文明社会史论》，第139—140、164、173页；另见：Adam Ferguson, An Essay on the History of Civil Society, pp.122，142，149。
④ 亚当·斯密，《国民财富的性质和原因的研究》（下卷），第254、254、256页。

业社会"[1]。这种古今差异，用他们的思想后裔贡斯当[2]的话说：在古代社会中，战争是人们"永恒的兴趣或者说几乎是习惯性的关注"，而在现代社会里，战争在很大程度上已为商业所替代。[3]商业是该社会形态里最核心的元素，它规约着人们的生存方式、经济行为、精神气质。这些丰富的内容，我们将在下一章中进行详细的阐释与解读。

从上文粗线条的论述中可以看出，在社会的演进上，苏格兰启蒙学者既没有沿袭自柏拉图、亚里士多德到孟德斯鸠那种政体论的分析范式，也没有沿用从荷马史诗到维科《新科学》之"神的时代""英雄的时代""人的时代"的历史图示，而是开启了经济学、社会学的视角，把生存方式、经济组织形式的变迁作为社会发展演变的主导线索。他们的理论出发点不是政体形式而是经济生活；不是政治社会中的执政者人数的多寡、"立法者"的德性，而是市民社会的生存模式、财产关系、等级结构。苏格兰人在社会演进及其机制上的这一创见，被众多学者认为构成了历史唯物主义的先驱[4]。

在《国体与经体》一书中，约瑟夫·克罗波西认为斯密的社会演进"四阶段论"（他称为"斯密原理"）有两个特别之处。这里打算不厌其烦地做一引介，因为一方面他的论析是本书很好的"支援意识"，另一方面，我们可以借他之口对这一部分的内容做一总结和提升。

---

① 亚当·斯密，《国民财富的性质和原因的研究》（上卷），第 20 页。

② 贡斯当于 1783 至 1785 年在苏格兰的爱丁堡大学接受了两年最正规的教育，这个时期是苏格兰启蒙运动达到高潮的时期，苏格兰政治经济学传统作家特别是休谟、斯密和杜格尔德·斯图尔特的思想对贡斯当洞察古代社会和现代商业社会有着非常重要的影响。邦雅曼·贡斯当，《古代人的自由与现代人的自由》，阎克文、刘满贵译，北京：商务印书馆，1999 年版，"附录：英译者序"，第 407、415—416 页。

③ 贡斯当认为，虽然古代也有商业民族，例如雅典城邦和中世纪的意大利等城市都是商业共和国，但是与近代国家相比，区别在于：首先，那时商业是"幸运的意外"，远非今天的"正常状态"；其次，"古典商业民族的商业本身浸透了时代的精神，浸透了笼罩在这些民族周围的战争与敌对的气氛"。邦雅曼·贡斯当，《古代人的自由与现代人的自由》，第 28—30 页。

④ 皮埃尔·罗桑瓦隆，《乌托邦资本主义：市场观念史》，第 51 页。克里斯托弗·贝瑞也持相同的看法，认为"四阶段论"是马克思的历史唯物主义的最初的版本（a proto-Marxian version of historical materialism）。另见：Christopher J. Berry, Social Theory of the Scottish Enlightenment, p.93。

克罗波西将他倍为推崇的"斯密原理"的第一个特别之处表述为"用的完全是非政治性的术语"，并认为明显存在着"国体"与"社会"的分野。后者的一个重要例证是，狩猎者被形容为生活在社会里面，然而他们"既没有君主，也没有国家"。克罗波西洞识到，在斯密的四阶段论里，人类生活的野蛮或文明，即它优越与否的判别标准，在于经济或"社会"组织的模式，而不在于是否有政治生活与政治组织的出现，更未采用传统方法所使用的"君主政治""贵族政治""民主政治"等词汇来讨论。克罗波西还更进一步地读出了斯密思想的"隐含之意"——国家与社会分野的思想。他这样写道：

> 斯密不把文明与"政治"生活扯上关系，等于提醒我们：在他的作品中，并没有任何地方提到"自然状态"或"政治社会状态"这著名的区分。那些引用此区分的作者，把前者往后者的过渡，与另一种过渡——即认为在同一时期，人从一个孤独的个体迈向群体生活因而也是政治生活——重叠，因为社会或群体的生存，被视作跟拥有主权或国家不可分。但由"自然状态"到"政治社会状态"，基本上属政治性的过渡，而斯密却代之以非政治性的分野：野蛮—文明。这不只隐含了国体与社会的区分，更使前者从属于后者：出于"文明"之故，得把"国体"概括地化约为"社会"服务。……在扼要简明的历史叙述中所披露的，关于社会的本质，或对不同阶段社会的判别准则，在于取得生存手段的方式，就等于我们现时所说的经济组织。不同阶段的社会和明确不同的经济组织形式，他视作同一，而经济组织的改变，不只刻画出"社会"的改变，其实本身就是"社会"优劣层次的变更。按此说法，社会是人为要维护生存所必需的手段的汇聚，而国家体制，同样是人的汇聚，不过是统治权力与责任分配的手段而已。[①]

---

① 约瑟夫·克罗波西，《国体与经体：对亚当·斯密原理的进一步思考》，第86—87页。

　　克罗波西认为"斯密原理"的第二个特别之处，即在对"从一个历史阶段迈进另一个历史阶段的机制，或者说一种新形式的出现过程"的分析说明上，斯密断然拒绝了"一般之见"——"当人考虑到互相生活在一起，他们会计算这共同生活的成本和效益，又会根据理性原则或深思熟虑的选择，来增强或改变那安排方式"。克罗波西继续写道："这种社会演进过程中的理性选择因素，恰恰是斯密所否定的。正相反，社会体制被形容为直接出自某种生活条件，而斯密统称之，把它叫作某具体历史时期所流行的'财产制度与风习'。"① 在文中，他也大段引用斯密对欧洲文明再生期②——从日耳曼"蛮族"的入侵到近代商业社会的兴起这段历史演变的考察，详细展示了斯密等苏格兰启蒙思想家的"无意识后果论"与社会自生自发理论。

4.3　社会发展的辩证法

4.3.1　进步的理念

　　"进步"是18世纪启蒙运动的基本理念，尽管不能断言"所有启蒙运动的思想家们都坚定地信奉进步"③。沃特金斯更是从西方政治文化传统上溯源启蒙运动的乐观心态与"进步"观念，将它们视为"一

---

① 约瑟夫·克罗波西，《国体与经体：对亚当·斯密原理的进一步思考》，第86—88页。

② 弗格森以日耳曼的入侵及其破坏为界标，认为"人类两次在历史的经纬中，从野蛮的开端上升到非常高的文明程度。"参见：弗格森，《文明社会史论》，第123页。斯密也毫不留情地指出了日耳曼的入侵对欧洲固有文明的破坏乃至中断："自日耳曼民族和塞西亚民族侵扰罗马帝国西部以来，欧洲起了一个大变革，跟着这个大变革发生的是，欧洲扰攘了好几百年。野蛮民族对原居民的掠夺和迫害，中断了城乡间的贸易。城市都成了荒墟，乡村亦无人耕作。在罗马帝国统治时很富裕的西欧，一变而为极贫乏，极野蛮。"另见：亚当·斯密，《国民财富的性质和原因的研究》（上卷），第349—350页。弗格森、斯密这种人类文明经历过两个周期的说法在20世纪的历史哲学家斯宾格勒（Oswald Spengler）、汤因比（Arnold J. Toynbee）、索罗金（Pitirim A. Sorokin）等人的著作中也可以找到回响。现在似乎已成为共识：欧洲文明曾中断过，而中华文明一直绵延不息，从未中断。

③ 这句话出自《布莱克维尔政治学百科全书》第243页，表述显然不是很严密。

种长久深藏于西方文明当中的心理习惯"，并将之与传统的中国政治文化作对比："中国古代一代代的儒家圣贤，仅满足于尽力恢复先圣的德性，同时也清楚，所有人类的努力，包括他们自己的努力，都既不完美亦会衰颓；可对一个生长于犹太—基督教背景下的人，听天由命未免太难忍受。创世、救赎和复活的故事当中，便隐含了历史绝非无意义的循环，而是具有幸福结局的一场戏剧。通过基督教的影响，西方世界已经惯于认为，在基督再度来临，建立完美国度时，所有世俗的苦痛终将结束。当启蒙时代的人把注意力从宗教活动移到世俗活动，他们启示性的希望也从灵界移到了俗界。虽然偶然有卢梭这种自我为中心的忧郁者，脱离时代的乐观主义，但一般而论，人们仍然认为，完美是历史注定的结局。"①尽管沃特金斯的分析很有历史的厚重感，但赋予进步观念以神学启示录与至善论的特征一定程度上忽视了启蒙运动的多元性与思想家之间的差异性。实际上，即使是理性主义传统浓郁的法国也并不是所有的启蒙哲人都信奉那种进步至善论的观念，比如伏尔泰在《老实人》中对"我们这个世界是一切可能的世界中最好的世界"这一乐观主义信仰进行了嘲讽。②

　对于苏格兰启蒙学者而言，在社会的演进的价值评判上，情况更显复杂与多元。一方面，他们是进步论者，不是卢梭的同盟军，他们并不将社会的演变看作是一个衰败的过程，而是视为由野蛮走向文明的不断进步的过程；另一方面，他们远离了至善论的狂热，不与孔多塞、威廉·葛德文等人为伍，对社会的历史变迁秉持一种辩证的历史主义态度，尤其是既看到了商业社会或者说市民社会之"利"，也正视其"弊"。如果这些是苏格兰启蒙思想家群体在进步论之"质"上分享的共同理念的话，那么在进步、乐观之"量"上，他们又存在明显的分殊，比如休谟比较乐观，斯密有一个由乐观到比较谨慎的思想转变，而凯姆斯、米勒和弗格森在这一阵营中较为缺乏信心甚至有些悲观。

---

① 沃特金斯，《西方政治传统》，第 78—79 页。
② 约翰·格雷，《自由主义》，第 29 页。

4.3.2 弗格森 vs 卢梭

在苏格兰启蒙思想家那里，无论是斯密、米勒等人的"四阶段论"，还是弗格森特立独行的"三阶段论"，都是一个由野蛮而文明的历史进化谱系。然而，他们对社会的进步并没有采取简单的直线论，这既体现在他们对"文明"的看法上，也体现在对"野蛮"的看法上。这方面，卢梭是很好的参照对象，将其与苏格兰启蒙学者尤其是弗格森做一对比，能很好地展示这一群体对野蛮与文明的辩证视野。如前所述，弗格森是这一群体中进化论色彩最淡的一个，对社会的发展也最为谨慎的一个，这种比较能起到以小见大的效果。此外，两人还有一个相同的"头衔"：弗格森被认为是英美思想传统中最早从"现代性危机"的角度对现代文明加以批判的经典作家之一[1]；而在欧陆思想传统中"现代性的第一次危机出现在让－雅克·卢梭的思想中"[2]。同时补充说明一点，由于本章的主题是关于社会的一般理论，有关商业文明的"利"与"弊"我们将在下面一章专门探究。

在启蒙运动时期，歌颂文明、贬抑野蛮，是众多启蒙学者共有的基本立场。尽管在18世纪，也有一些思想家歌颂"高尚的野蛮"，但是其中最为真诚和执着的无疑当推卢梭与弗格森。他们两人在各自的启蒙阵营中都略显"另类"，并在很多问题上不谋而合，比如：都强调人的社会性情感[3]；都推崇斯巴达的美德之治；都强调公民的政治参与和积极自由；都有共和主义的情怀；都是近代文明及其隐患的早期批判者；都从人类学的视野歌颂"高尚的野蛮"。然而，两人的思想旨趣有根本的不同，从而在野蛮与文明问题上，进而在社会历史观上做出了完全不同的判断。

痛斥"人为的文明"、歌颂"高尚的野蛮"、建构新版的"公意"共同体，是卢梭思想演进的理路，也是卢梭社会历史观的简明纲要。在

---

① 弗格森著，《文明社会史论》，"中译本序"。

② 列奥·施特劳斯，《自然权利与历史》，彭刚译，北京：生活·读书·新知三联书店，2006，第257页。

③ 卢梭认为，没有"社会性的感情"，"一个人既不可能是良好的公民，也不可能是忠实的臣民"。卢梭，《社会契约论》，2003，第181页。

"科学与艺术的复兴是否有助于敦风化俗"的征文中，卢梭对各种人为的文明，如科学、艺术、知识、理性，持一种彻底批判态度。在这篇很短的论文中，他不惜笔墨地对科学与艺术进行批斗："科学与艺术都是从我们的罪恶诞生的"，正如"天文学诞生于迷信；辩论术诞生于野心、仇恨、谄媚和撒谎；几何学诞生于贪婪；物理学诞生于虚荣的好奇心"；科学和艺术就其所提出的目的来说是虚幻的，就其所产生的效果而言是危险的；科学与艺术"在摇撼着信仰的基础并在毁灭德行了"；"我们的灵魂正是随着我们的科学和我们的艺术之臻于完美而越发腐败"，"随着科学与艺术的光芒在我们的地平线上升起，德行也就消逝了"。①

在第二篇论文《论人类不平等的起源和基础》中，卢梭更是惊世骇俗地宣称："人文明起来了，而人类没落下去了"，"个人完美化方向上的表面进步，而实际上它们引向了人类的没落"，"循着文明社会的发展史，便不难作出人类的疾病史"。②他还煞有介事地在道德的天平两端衡量野蛮人与文明人的优劣高低："是否在文明人中间，美德多于邪恶？或者他们的美德给他们的好处是否比他们的邪恶给他们的损害还多？或者当他们逐渐学会了彼此间所应为之善的时候，他们的知识的进步是否就足以补偿彼此间所作的恶？或者，总的说来，他们既不畏惧任何人对他为恶也不希求任何人对他为善，较之他们隶属于普遍依附地位，负有接受一切的义务，而另一方面对于他们则不负有给予任何东西的义务，更为幸福呢？"对于这些，卢梭给出的结论是"这些人（指野蛮人——引者注）因对邪恶的无知而得到的好处比那些人因对美德的认识而得到的好处还要大些"。③启蒙学者们关于人类进步的图式在卢梭这里却沦为"没落""疾病史"，并将其罪魁祸首归为财产的起源及其不平等的发展。法国著名的研究卢梭的专家让·斯塔罗宾斯基在撰文解读《论人类不平等的起源和基础》时指出，卢梭创造了

---

① 卢梭，《论科学与艺术》，何兆武译，北京：商务印书馆，1963，第 21、23、11 页。
② 卢梭，《论人类不平等的起源和基础》，第 121、120、79 页。
③ 卢梭，《论人类不平等的起源和基础》，第 97、99 页。

现代版的"创世记",其中伊甸园、原罪、堕落、赎罪、拯救、重生等一概不缺。"这个关于起源的故事版本褪去宗教外衣,剥离神话含义。它以另一种语言重复《圣经》,从而替代了《圣经》。……基督教的理论虽被废弃,其结构模式仍然为卢梭的思想服务。在最初的生存状态下,人呈现出某种近乎动物的特性。那时的人幸福——这种最初的生存状态便是'天堂'。人只有在有机会施行理性时才脱离动物状态。随思索而来的,是有关善恶的认识应运而生,人焦虑地意识到分离存在之不幸:这便是'堕落'。"①

而社会和人的"重生",卢梭认为只能在重新约定的"道德的与集体的共同体"中才能实现。这一方面是因为,"堕落而悲惨的人类,再也不能从已踏上的道路折回"②;另一方面是因为,一个肮脏的社会的罪行可能因逃出家庭而减轻,一如《新爱洛伊丝》所示,或因个人的良好教育而缓和,一如《爱弥儿》所示,但作为"障碍"的罪恶,最终——如果不是根本——只能通过整个的社会政治转型而消灭,美好社会的道德只能是政治—社群的美德。③而这正是他为《社会契约论》一书所规设的主题。

与此形成鲜明对比的是,弗格森坚决反对自然与人为的区分。正如前面所论述的,在弗格森眼里,契约论者所虚拟的自然状态与自然人(即野蛮人)皆非自然,野蛮人与文明人有共同的人性因子,即人所具有的一切善良的和邪恶的性格气质,在原始人身上同样具有。譬如,原始人和文明人一样勇敢热情、一样仁慈友爱,"可能所有的原始国家都拥有这一道德体系:轻富贵、爱国、吃苦耐劳、不怕危险"。④同样,原始人也和现代人一样恶习缠身:怠惰、虚荣、嗜赌、寻欢作

---

① 让·斯塔罗宾斯基,《卢梭的〈论人类不平等的起源和基础〉》,载:刘小枫、陈少明主编,《卢梭的苏格拉底主义》,北京:华夏出版社,2005。
② 卢梭,《论人类不平等的起源和基础》,第126页。
③ 本杰明·史华慈,《卢梭在当代世界的回响》,载:许纪霖、宋宏编,《史华慈论中国》,第102页。
④ 弗格森,《文明社会史论》,第85页。

乐、争风吃醋。① 弗格森总结道："人类在最未开化的时候就兼有这么多缺陷、恶习和一些令人钦佩的品质。热衷于交朋结友、友谊、公益心、洞察力、口才以及勇气似乎人类本来就有，而非矫饰营造的结果。如果说人类有能力完善自身言行举止，那么这些需要改善的东西是与生俱来的。"因而，与其说他在歌颂"高尚的野蛮"，不如说他在还原野蛮人的本来面目。

另一方面，在弗格森看来，既然人性的"多样性"是人与动物的根本区别②，那么，如果人与社会在自身发展的过程中丢弃了这种"多样性"，只追求某一方面，如肉体感官的满足，如财富的追逐，而舍弃了其他方面，这同样是非自然的，甚至可以说连野蛮人都不如。正是基于人与社会要"全面发展"的关怀，弗格森对商业社会的诸多做法颇有微词："作为社会的纽带，作为一种长远的追求，感官的需求是人类生活体系中的一个重要部分。这些需求引导我们去实现大自然的意旨，保存个人，使整个人类世代繁衍下去。但是，如果把感官享乐看成是构成幸福的主体部分，这在思想上将是个错误，在行动上将是个更大的错误。""我们可能会看到诸多国家都偏向为保证公众安全，人身自由或私人财产而采取特定的政策，而很少为伦理道德，为真正使人类更完美而采取特定政策。""生活必需品积累了，财富增多了，我们就忽视了一个民族的幸福、道德和政治风貌。"③ 而在弗格森看来，人类社会对"财富的积累""保持民族美德"这两者都负有"重大责任"，"只是出于谬误，人们把这两者对立了起来。甚至当两者统一起来时，它们也没有足够的力量与恶势力做斗争，这种恶势力凡事必言私利，自私自利，从不关心他人财富的安全或积累"。④ 因而，与其说弗格森在批判现代商业文明本身，不如说他是在批判一种片面的、非自然的发展模式。

更为重要的是，与卢梭不同，弗格森将人与社会由野蛮而文明看

---

① 弗格森，《文明社会史论》，第 83 页。
② 弗格森，《文明社会史论》，第 11 页。
③ 弗格森，《文明社会史论》，第 47、153、162 页。
④ 弗格森，《文明社会史论》，第 162 页。

作是一种进步与发展，对商业文明的兴起持一种肯定甚至辩护的立场，尽管毫不留情地揭示了其中存在的一些问题与隐忧。比如，与卢梭将财产的起源视为社会不平等与"没落"不同，弗格森认为"财产是一种进步"[①]：未开化社会由于具有财产的观念从而站在比第一阶段的野蛮社会更高的历史阶段上；而文雅社会之所以是可欲的，主要在于财产权以法律的形式规定下来并受到保障。[②] 比如，与卢梭留恋原始人的安逸、平静、闲散、怠惰不同[③]，弗格森与他的同胞一样，将其视为恶习，"人类的怠惰……妨碍了辛勤与占有制的发展"[④]。再比如，与卢梭对商业、财富、科学、艺术、奢侈等进行彻底的批判不同，弗格森反复强调商业也应被看作是"国家的伟大目标，人类研究的主要对象"，"财富的积累"是人类社会负有的"重大责任"之一。[⑤] 他对奢侈的辩护也是相当有力度的，"生活必需品"是个模糊而相对的术语，在野蛮人看来是一码事，在文明人看来又是另一码事，它与爱好以及生活习惯有关。[⑥] 在《文明社会史论》中，弗格森更是用了整整一章详细考察了"政策和艺术的历史"，成为这部被誉为"第一部关于社会的自然史"一书的主干内容。因而，完全有理由认为，弗格森既不是复古主义者，也不是历史相对主义者，而是文明进步论者。

自从"社会学先于孔德"[⑦]的说法流行起来之后，苏格兰启蒙思想家的社会观日益成为社会学之源头的强势版本。斯温杰伍德是较早的

---

① 弗格森，《文明社会史论》，第 90 页；另见：Adam Ferguson, An Essay on the History of Civil Society, p.81。
② 弗格森，《文明社会史论》，第 89 页；另见：Adam Ferguson, An Essay on the History of Civil Society, p.81。
③ 卢梭认为，"野蛮人仅仅喜爱安宁和自由：他只顾自由自在地过着闲散的生活，即使斯多葛派的恬静也比不上他对身外一切事物的那样淡漠"。并对现代人"终日的勤劳""奔波和焦虑"嗤之以鼻。参见：卢梭，《论人类不平等的起源和基础》，第 126 页。
④ 弗格森，《文明社会史论》，第 107 页。
⑤ 弗格森，《文明社会史论》，第 61、162 页。
⑥ 弗格森，《文明社会史论》，第 158 页。
⑦ Harry E. Barnes, Sociology Before Comte, American Journal of Sociology (Chicago, 1917).

开拓者之一，最后我们以他对苏格兰启蒙思想家社会观的一段评论结束这个话题："十八世纪下半叶，一批在格拉斯哥和爱丁堡工作的学者推动了同社会契约说大相径庭的对人类社会的科学研究。……这批学者认为，不能把作为独立研究对象的社会等同于个人与国家之间的契约关系，但可以被经验地规定为具有自身固有的历史或'假设的历史'的独特结构。人们对苏格兰启蒙运动的学术成就一直有种种评价，同时始终有这样的倾向：着重突出它对哲学和经济学的贡献，而低估了它对社会学的贡献。斯密、弗格森和米勒通过对财产的社会作用、政体、分工的发展、工业劳动的异化及语言发展的分析，提出了批判的社会学的论点和问题，这些论点和问题已经越出原作的范围而构成一种社会学思潮的精髓，并且成为它在经济学、哲学和史学的广泛领域里的理论概括。"[1]

① 斯温杰伍德，《社会学思想简史》，第 18 页。

5 从"政治的计算"到"财富的科学"
——苏格兰启蒙运动的政治经济学

政治计算的主体是君主，贸易的主体是商人，那么，没有真正的市民社会，经济就没有主体。[1]

——皮埃尔·罗桑瓦隆

苏格兰启蒙运动最为重要的贡献之一被认为是创建了古典政治经济学。历史地看，在 18 世纪苏格兰启蒙运动之前，经济学很大程度上还停留在对人口、农业、税收等进行统计的"政治的计算"的层次。大卫·休谟、亚当·斯密、亚当·弗格森等苏格兰启蒙思想家通过对政府与市场、私利与公益、经济行为的伦理动机与社会后果等问题的厘清与诠释，从而使经济学日益挣脱了国家主义的干涉、僧侣式德性的束缚而成为"财富的科学"。

当前，我国经济社会转型正全面、加速推进，形成了有关转型的诸多共识。中国特色社会主义建设事业在不断推进的同时，建立中国经济学理论体系和学术话语体系的呼声也日益高涨，从经济学角度分

---

[1] 皮埃尔·罗桑瓦隆，《乌托邦资本主义：市场观念史》，第 159 页。

析社会主义市场经济条件下个人与社会、私利与公益、自由与秩序、财富与道德等成为经济学界热议的问题。事实上，对于这些问题的讨论及其在经济学理论体系建立中发挥的重要作用，在苏格兰启蒙运动时期欧洲一些国家的经济与社会转型中便有体现，其取得的重大突破很大程度上得益于大卫·休谟、亚当·斯密、詹姆斯·斯图亚特、亚当·弗格森等苏格兰启蒙学者的思想启蒙，尤其是他们对政治经济学理论体系的重塑，被《布莱克维尔政治学百科全书》的编撰者们视为"最重要的贡献"与"最不朽的遗产"。① 重温苏格兰启蒙学者的政治经济学的思想学说，不仅有助于我们深化对现代经济学的形成与发展史的认识，而且有助于深刻领悟当前我国社会转型时期经济、政治、社会、伦理问题的复杂关系，从苏格兰古典政治经济学中寻找理论借鉴，推动新时代中国特色社会主义不断前行。

5.1　苏格兰启蒙思想家与古典政治经济学

我们拟首先从经济学发展史的角度直接诠释苏格兰启蒙运动对古典政治经济学的突出贡献。② 继而再详尽地论述苏格兰启蒙思想家对"财富的科学"的思想启蒙，尤其是对"商业社会"之"好"与"忧"的辩证思考。

5.1.1　苏格兰启蒙运动推动政治经济学摆脱了"政治计算"

在为《百科全书》撰写"政治经济学"词条时，卢梭对这一概念进行了词源学考察："经济学（Economy）这个名词起源于希腊文'oikos'（家）和'nomos'（法），本来的意思是贤明合法地管理家政，为全家谋幸福。后来这个词义扩大到大家庭——国家的治理上。为了区分这一名词的两种意义，就把前者叫作特殊的经济学或家庭经济学，

---

① 米勒、波格丹诺主编，《布莱克维尔政治学百科全书》，第 739 页。
② 该方面的内容作为前期成果，以《苏格兰启蒙运动对古典政治经济学创建的意义及启示》为题刊发在《经济纵横》（2013 年第 7 期）。

把后者一般称为一般经济学或政治经济学。"① 历史地看，从"家庭经济学"向"政治经济学"转型的过程，也是"伦理学"、"政治学"与"经济学"不断融合与分离的过程，正如皮埃尔·罗桑瓦隆所言："经济的诞生体现为一种分化与混合的双重运动。"②

经济学的源头可追溯至古希腊时代，历史学家色诺芬就曾提出了要重视农业和分工的思想。柏拉图进一步认为，分工、生产和交换的发展必须依托使用货币；而货币只是交换媒介和价值尺度，反对把货币用作贮藏手段。但他对商业的态度是矛盾的，一方面认为商业有一定的作用，应允许其存在；另一方面又认为商业是不道德的，应加以限制，尤其是应禁止雅典公民去从事商业。亚里士多德更是深入地研究了经济问题，并提出了财富二分的思想，即以有限性或无限性为标准把财富区分为两种：一是作为有用物（即使用价值）的总体财富，这是有限的；二是作为货币积累的财富，这是无限的。与此相应，他又认为有两种科学——经济学和货殖术。经济学是研究如何取得对于生活必需、对于家庭或国家有用的东西；货殖术是研究如何取得货币形态的财富，即用货币来赚取更多的货币。然而，与柏拉图一样，亚里士多德也贬低货殖术，认为追求货币财富是违反自然的，是可恨的。可见，古希腊时期的经济学只是"家庭经济学"或"家政管理"。③

近代经济学的产生是从否认亚里士多德之"经济学"与"货殖术"的区分开始的。1615 年，法国重商主义者蒙克莱田发表《献给国王和王太后的政治经济学》，首次提出了"政治经济学"概念，经济与政治形成了密不可分的关系。经济学家们逐渐认识到，以获取物品为目的的经济学，对于家庭和国家都是共同的，经济之政治性、公共性开始为人们所认同。然而，正如皮埃尔·罗桑瓦隆所洞察到的，政治与经济的过度结合使诸如威廉·配第等后继者们"都是从权力的观

---

①　卢梭，《论政治经济学》，王运成译，北京：商务印书馆，1962，第 1 页。
②　皮埃尔·罗桑瓦隆，《乌托邦资本主义：市场观念史》，第 150 页。
③　丁冰，《资产阶级古典政治经济学》，重庆：重庆出版社，1984，"前言"。

173 |

点来思考经济"，"实际上从未真正关心过经济理论本身。他们未曾寻求对整个经济过程做一个总体的解释。……他们的大部分著作只是人口统计和农业统计汇编"，只是"政治计算"，而非"财富的科学"。因此，在皮埃尔·罗桑瓦隆看来，"直到18世纪至少在亚当·斯密之前几乎不存在经济学，人们只知道一方面是贸易，另一方面是政治"；然而"政治计算的主体是君主，贸易的主体是商人，那么，没有真正的市民社会，经济就没有主体"。因此，"英国政治经济学之所以比法国政治经济学'先进'，也仅仅在于英国的市民社会领先于法国的市民社会"。①

马克思对古典政治经济的理解更为宽容，他并没有像罗桑瓦隆那样将威廉·配第的经济学也纳入"政治计算"的行列，而是认为他开启了一个新的时代，"古典政治经济学在英国从威廉·配第开始，到李嘉图结束，在法国从布阿吉尔贝尔开始，到西斯蒙第结束"。②古典政治经济学的研究已经开始从流通领域转向生产领域，而"真正的现代经济科学，只是当理论研究从流通过程转向生产过程的时候才开始"。③研究转向生产领域意味着经济学的一场革命，使经济日益挣脱了重商主义而成为新的自主活动。

但是，不论把现代意义的经济学定格在哪个具体时段，18世纪的苏格兰启蒙运动对于政治经济学体系建立的意义都是无可争议的。④相对于重商主义甚至重农主义，苏格兰启蒙思想家对经济学的最卓越贡献在于，他们推动了经济的"非政治化"，从而与政治非伦理化、伦理非宗教化结成一体，形塑了现代性的基本特征。《布莱克维尔政治学百科全书》的编撰者对其经济学的贡献有这样一段精辟描述："苏格兰人建立政治经济学的核心观点在于，经济生活是自我调节的，经济成

---

① 以上引文参见：皮埃尔·罗桑瓦隆，《乌托邦资本主义：市场观念史》，第150—160页。

② 马克思，《政治经济学批判》，载《马克思恩格斯全集》（第13卷），1962，第41页。

③ 马克思，《资本论》（第2卷），载《马克思恩格斯全集》（第25卷），1974，第276页。

④ 马克思指出，"在亚当·斯密那里，政治经济学已发展为某种整体，它所包括的范围在一定程度上已经形成"。参见：《马克思恩格斯全集》（第26卷·下），1974，第181页。

长是一个能动的、自我持续的过程。正是休谟以其刺激性的，但却是零碎的经济学论文发动了这场辩论。詹姆斯·斯图亚特在其《政治经济原理》（1767 年）一书中试图既回答休谟的论点，又对这个问题做出总体的论述。不幸的是，1776 年斯密《国富论》的出版明显使斯图亚特的著作黯然失色。……斯密认为，政治经济学可能仍然只是'一位政治家或立法者的科学的一个分支'；然而《国富论》可以单独地理解。它比斯图亚特《政治经济原理》——或欧洲的其他著作：魁奈的《经济表》（1758—1759 年）和杰诺韦西的《商业演说》（1765 年）结构更严密，更通俗易读，更令人信服，而且坦率地说，也更加智慧——它以自己的立论创立了政治经济学。"[1]

5.1.2 苏格兰启蒙思想家确立了古典政治经济学中市场的地位

尽管在《国富论》中亚当·斯密仍然将政治经济学视为"政治家或立法家的一门科学"[2]，甚至在学科门类上还归属于政治学，但是正如很多学者所分析的，这一提法的主要用意是对政治家或立法家的政治权力与政治行为进行划界，使他们从其热衷的政治计算中走出来，从而将政治经济学带进其所认为的科学发展的轨道。在古典经济学家看来，政治经济学之所以长期无法摆脱干涉主义，从根本上说是因为其无法科学解答这样一个理论难题：如果没有政府这只强有力的手，社会经济秩序如何保证？社会公益是否可以实现？对于这个问题，无论是霍布斯及其之后的重商主义者还是法国的重农主义者都没能给出科学的解答。前者认为，只有在君主掌控的国家下，私利才能形成公益。重农主义者虽然心仪自然秩序与自由放任主义，然而他们又依托政府来维护和实现这种自然秩序，因而不仅赞成政府干涉市场，而且试图在制度化的设计中将君主的利益与经济体制捆绑在一起，甚至提出将国民财产的一个固定份额给予君主。

与干涉主义不同，苏格兰启蒙思想家指出了市场本身的独立性与

---

① 米勒、波格丹诺主编，《布莱克维尔政治学百科全书》，第 739 页。
② 亚当·斯密，《国民财富的性质和原因的研究》（下卷），第 1 页。

自组织性，以及私利与公益之间的通融性。对于市场不依赖于国家的独立性，苏格兰启蒙思想家主要是在国家与市民社会相区分的思路框架下，进行了深刻的分析。[①]对于市场自身的协调机制与自组织性，苏格兰启蒙思想家从多个层次予以解答。如在人性伦理层次，哈奇森认为人既有自爱之心，也有仁爱之心；休谟认为，每一个人既有利己的一面，又有有限慷慨的一面；斯密认为，既有利己之心，也有同情之心；弗格森认为，人既有自我保存的天性，也有联盟的天性；因而人与人的关系不会陷入自相残杀的境地。在社会观上，苏格兰启蒙思想家认为，社会的生成与有序化是自发的，并非契约论者所主张的需要人为的理性建构，经济运行能够实现自我调节，这是由分工、交换、自由竞争等作用的结果。其中，亚当·斯密的"看不见的手"的论述对于市场自身的协调机制与自组织性的论述最具形象和说服力。这些内容，我们在下文将进一步展开分析。

在 18 世纪的苏格兰启蒙时代，私利与公益的问题不仅仅是一个伦理问题，也是当时重要的经济社会问题，而且关系到财富分配的社会后果以及对社会秩序的认识与评价。对于私利与公益问题，曼德维尔率先通过《蜜蜂的寓言》诠释了古典政治经济学中的私恶即公益的思想，但其寓言式分析和悖论式逻辑使其理论说服力大打折扣。后继者休谟、斯密、弗格森在对曼德维尔"低调的人性"改造的基础上，从情感主义的维度对私利与公益的相通性进行了深入阐述。按照他们的看法，人是情感的动物，任何人都有同情心，能够通过情感的相互认同而协调各自的行动与利益，从而形成公序良俗。

5.1.3　苏格兰启蒙思想家非常重视古典政治经济学的伦理问题

由于理顺了政治学领域中政府与市场的关系问题，以及伦理学中私利与公益的关系问题，苏格兰启蒙思想家使经济学日益摆脱了干涉主义和僧侣式德性的束缚，并成为"财富的科学"。然而，这并不是说

---

① 遗憾的是，长期以来有关市民社会与国家相界分的首创功劳却被记在黑格尔身上。对于这一点，我们在前文中有过详尽的分析与论证，这里不再赘述。

作为"财富的科学"的经济学从此远离乃至排斥政治学与伦理学；恰恰相反，正如阿马蒂亚·森所指出的，在任何时候，"经济学研究最终必须与伦理学研究和政治学研究结合起来"。因为，经济学中一些根本问题的解答依赖于伦理学：一是人类行为的动机问题，即"伦理相关的动机观"。二是社会成就的判断问题，即"伦理相关的社会成就观"。① 也是基于这一认识，阿马蒂亚·森严肃批评了现代经济学的"无伦理"特征。限于篇幅，这里简单阐释苏格兰启蒙思想家对经济学中两个根本问题的分析。

（一）经济行为的"伦理动机"

长期以来，人们普遍认为古典政治经济学提供了一种经济人的解释模式，甚至认为亚当·斯密的《国富论》首先提出了这一人性假设。诚然，无论是休谟还是斯密，苏格兰启蒙思想家们都承认自私是人性中最为基本的方面。即使有着社群主义倾向的弗格森，也认为人最倾向于"只关心自己的"，并极力强调人的社会性也是为了消解这种自利的取向。然而，同样毋庸置疑的是，苏格兰启蒙思想家们都反对对人性自私的过分渲染，而且在人性论上秉承着一种辩证的态度。因此，在经济生活中，尽管我们不能否认人具有经济人的特征，但是不能据此对其进行极端化与庸俗化理解，将人的自利与利己的一面推向唯利与利己主义。对此，莱昂内尔·罗宾斯曾对斯密的人性论做了非常精辟的辩护："在《国富论》的全书中，自利并不意味着自私。它的意思只是说个人的利益是一个人最密切关心的事。它们当然可能只是他个人的幸福；但也同样可能包含了家庭情爱、社会义务、朋友情谊，甚至还包含在他看来具有中心意义的更为广泛的活动。将自利解释为一定是'物质的'，也同样是一种曲解。随着购买力的提高，'仅仅出于物质性'的关心——不管'物质性'一词作何解释——的吸引力不是更多，而是更少了。"②

① 阿马蒂亚·森,《伦理学与经济学》, 第8—10页。
② 罗宾斯,《过去和现在的政治经济学——对经济政策中主要理论的考察》, 陈尚霖、王春育译, 北京: 商务印书馆, 1997, 第37—38页。

（二）"伦理相关的社会成就观"

苏格兰启蒙思想家的卓越性在于，他们既充分肯定了财富的积极效应，也客观评价了财富可能带来的消极影响，即对财富及其增长采取了科学和辩证的态度。对于商业文明的积极影响，苏格兰启蒙思想家充分肯定了商业文明对经济社会发展的重要作用：在经济上，财富的增长能带来日益精致和舒适的物质生活。在政治上，工商业与技艺的进步改变了传统社会的阶层结构，催生与壮大了中产阶级，从而形塑了不同于前商业社会的政治形态。在精神生活领域，商业文明能够敦风化俗，有助于重诺言、守时间、爱秩序、节约、谨慎等商业精神的成长与发育。对于商业文明的消极影响，苏格兰启蒙思想家在现代市民社会发生之初就敏锐地意识到其潜在的问题与危机：一是社会分工容易导致人的片面化与单向度发展，使得每个人"就像是一台发动机上的零件"[1]。二是追求财富的欲望具有腐蚀道德的倾向，会使人们把关注的焦点集中在私利而非道德上，而没有德性支撑的财富崇拜容易将人引向感官享乐主义、物欲主义的深渊。三是在过分商业化的社会中，私人化特征极其明显，人们容易蜷缩在狭小的自我圈子中患得患失。四是公共精神的缺失、政治冷漠的蔓延会增加极权主义、政治奴役的风险。这部分内容我们在本章最后一节要详尽论述。

5.1.4　苏格兰启蒙思想家与古典政治经济学的"气质"

苏格兰启蒙思想家所开创的古典政治经济学既不同于古希腊的家庭经济学和 15 至 16 世纪的重商主义，又有别于 19 世纪末之后在西方流行的一般经济学。[2]古典政治经济学研究具有三个重要特质或维

---

① 弗格森，《文明社会史论》，第 160 页。
② 可以说，古典政治经济学"是一种意义非常独特的经济体系，它们对于经济的看法超越了以前的就事论事的孤立方法，已经涉及社会的经济过程、生产、交换以及财富的本性等基本的经济学问题，特别是在苏格兰历史学派那里，'经济'被放到了一个社会政治的广阔背景下来加以分析和研究，'政治社会'成为'经济学'的出发点，因此，它们又可以说是一种市民社会的政治经济学"。参见：高全喜，《休谟的政治哲学》，北京：北京大学出版社，2004，第 172 页。

度：一是人本维度。苏格兰启蒙思想家并不是后世所谓的自私自利的经济人与理性人假设的信奉者；相反，他们从情感主义的立场出发，充分肯定了人的情感的丰富性与多样性，客观公允地评判人的自利情感与社会性情感，以及两者互动共融的心理基础与协调机制，并在此基础上有力地论辩了私利与公益的问题，从而为经济活动提供了一种人本主义的心理学基础。二是政府维度。苏格兰启蒙思想家并不是后世所谓的自由放任主义、"最小国家"理念的笃信者。尽管在他们的政治经济学分析架构中，一方面着力强调了国家与市民社会的区分，极力排斥政府对市场行为的行政干预；但在另一方面，他们并没有走向极端，而是有着浓郁的制度主义特色。苏格兰启蒙思想家强调政府作为"竞赛规则"的制定者与裁判者对于"看不见的手"的制度保障作用①，而且敏锐地意识到市场机制的缺陷，提出"建设并维持某些公共事业及某些公共设施"，因为"这种事业与设施，在由大社会经营时，其利润常能补偿所费而有余，但若由个人或少数人经营，就决不能补偿所费"②，甚至提出政府应当承担社会建设与社会保障的职能。如，弗格森认为，政府应当"保证家庭的维生之计和住所；保护勤劳的人从事自己的职业；调和公共秩序的限制条件、人类的社会公德心和他们各自为个人打算的追求间的矛盾"。③ 三是伦理维度。与阿马蒂亚·森所批判的现代经济学的"无伦理"特征不同，苏格兰启蒙思想家既重视分析"伦理相关的动机观"，又注意探究"伦理相关的社会成就观"，把财富与德性共同置于研究的重心。

　　然而，在现代西方主流经济学中，古典政治经济学的实质基本被抽空了，只剩下对于某些局部经济行为或经济领域"精细"的技巧性分析，丢弃了古典政治经济学多重的分析维度。尤其是新古典经济学无视经济分析的道德伦理维度，仅仅围绕经济人的自利假设展开研究，

---

① 米尔顿·弗里德曼，《资本主义与自由》，张瑞玉译，北京：商务印书馆，1986，第16页。
② 亚当·斯密，《国民财富的性质和原因的研究》（下卷），第253页。
③ 弗格森，《文明社会史论》，第160页。

反而为现实社会中的不道德经济行为提供了依据。[①]

　　我国对古典政治经济学的认知经历了一个由"马克思"到"斯密"的转变过程。但是毋庸讳言，我们对斯密以及其他苏格兰启蒙思想家所倡导的市场原则与市场精神也存在很多误解与偏差，也存在将苏格兰启蒙思想家的政治经济思想简单化、庸俗化为以经济人、自由放任、"守夜人"国家、价值中立等为特质的"斯密主义"的问题。当前，我国经济社会发展取得了举世瞩目的成就。但同时，过度市场化、诚信缺失、道德滑坡、收入差距扩大、生态环境遭到破坏等深层次问题和矛盾也日益凸显。面临如何跨越中等收入陷阱、全面建成小康社会的处境，在社会经济转型的重要时期，中国经济学界需要根据我国实际，以马克思主义经济学为指导，创建中国经济学理论体系。而在这一过程中，我们不仅要总结几十年来的成功经验和规律，还要反思问题和教训，突破对市场运行机制的偏狭化理解，研究社会主义制度与市场经济有效结合的理论基础。因此，在这一背景下，重温和思考苏格兰启蒙运动中古典政治经济学的创立过程，有助于我们突破形形色色的"斯密主义"，理顺个人与社会、私利与公益、自由与秩序、财富与德性等的相互关系，真正理解与践行市场经济既是一种法制经济也是一种道德经济的理念，从而推进中国经济学理论体系的建立与完善，促进社会主义市场经济的健康持续发展。

---

① 　正如阿马蒂亚·森在为亚当·斯密做申辩时指出的："在现代经济学的发展中，对亚当·斯密关于人类行为动机与市场复杂性的曲解，以及对他关于道德情操与行为伦理分析的忽视，恰好与在现代经济学发展中所出现的经济学与伦理学之间的分离相吻合……如果对亚当·斯密的著作进行系统的、无偏见的阅读与理解，自利行为的信奉者和鼓吹者是无法从那里找到依据的。实际上，道德哲学家和先驱经济学家们并没有提倡一种精神分裂症式的生活，是现代经济学把亚当·斯密关于人类行为的看法狭隘化了，从而铸就了当代经济理论上的一个主要缺陷，经济学的贫困化主要是由经济学与伦理学的分离而造成的。"参见：阿马蒂亚·森，《伦理学与经济学》，北京：商务印书馆，2000，第32 页。

5.2　商业与自由、文明

5.2.1　商业植根于自由

日本学者永井义雄在讨论苏格兰启蒙的对象时认为，民众的启蒙已非时代的课题，因为民众已经比为政者更了解自身的利害关系，实际上可以说"启蒙"一词的适用对象就是立法和经济政策的制定者，因为他们的政策业已落后于时代。[①] 具体地说，向"政治家"或"立法家"灌输"商业根植于自由"的"财富科学"，破除干涉主义的迷信，理顺政府与市场的关系，凸显市场之"看不见的手"的逻辑力量，是当时启蒙学者的重要使命。

5.2.1.1　对干涉主义的破除

在苏格兰启蒙时代，经济生活中主导性的思想观念，在英国主要是重商主义，在法国主要是重农主义。我们知道，在《国富论》中，斯密用了近 1/4 的篇幅批判重商主义，以致熊彼特抱怨"事实材料太多，以致互相磕碰"[②]。为什么斯密不厌其烦、耗费如此之多的笔墨对重商主义口诛笔伐呢？如果联系到斯密声讨的重点，其意图就不难理解了。在这近 1/4 的篇幅中，斯密反复地痛斥重商主义"富国"的"两大手段"——限制输入（高关税和绝对禁止）和奖励输出（退税、奖金、商业条约、建立殖民地）之危害。在斯密看来，这些人为的经济管制手段不仅破坏了公平竞争的"自然的自由制度"与"看不见的手"的市场调节机制，而且即使在财富的增值上也是适得其反、事与愿违。在批判中，斯密反复阐述了商业根植于自由、自由创造财富的理念。在对自由、自由竞争、自由贸易等众多的辩护中，斯密对"自由人"与"奴隶"之对比甚为精彩，如果我们将经济管制下的劳动类比为奴隶式的劳动，这段话的深意就更浓："使用奴隶从事制造工作的效果，绝不能和使用自由人的效果同日而语，因为奴隶除害怕责罚外，没有

---

① 李非，《富与德：亚当·斯密的无形之手》，天津：天津人民出版社，2001，第 45 页。
② 熊彼特，《经济分析史》（第一卷），第 283—284 页。

其他动机去劳动。奴隶绝不可能发明机器来减轻工作的困难。自己拥有资金的自由人，如果认为某种东西能增进工作的方便，就能够把那东西做成。假使一个木匠认为刨比刀更好使用，他就可到铁匠那边定制一把刨。但奴隶如果提出这种建议，人们将骂他为懒汉。从来没有为着奴隶工作上的便利而进行的试验。"①

斯密说得好，重农主义是对重商主义的一种"矫枉过正"，为了突出农村产业的重要性，转而轻视城市产业，"把土地生产物看作各国收入及财富的唯一来源或主要来源"。②对于重农主义者，斯密还是给予了公允的评价。一方面，斯密充分肯定了重农主义者对重商主义财富观的超越，将生财之道转向了生产领域而非流通领域，"这一学说认为，国民财富非由不可消费的货币财富构成，而由社会劳动每年所再生产的可消费的货物构成，并认为，完全自由是使这种每年再生产能以最大程度增进的唯一有效方策，这种说法无论从哪一点说，都是公正而又毫无偏见的"，"在政治经济学这个题目下发表的许多学说中，要以这一学说最接近于真理"。③另一方面，斯密明确指出，重农主义把投在土地上的劳动看作唯一的生产性劳动，未免太过于偏狭，"这种学说最大的谬误，似乎在于把工匠、制造业工人和商人看作全无生产或全不生产的阶级"。④在重农主义者那里，社会各阶级被分为三类：第一种，土地所有者阶级；第二种，耕作者、农业家和农村劳动者阶级，对于这一阶级，他们给以生产阶级这一光荣称号；第三种，工匠、制造者和商人阶级，对于这一阶级，他们给以"不生产阶级"这一不名誉的称号。⑤对这种偏激的阶级划分，斯密在《国富论》上卷中就已经做出回应："一国土地和劳动的全部年产物，或者说，年产物的全部价格，自然分解为土地地租、劳动工资和资本利润三部分。这三部分构成三个阶级人民的收入，即以地租为生、以工资为生和以利润为

① 坎南编著，《亚当·斯密关于法律、警察、岁入及军备的演讲》，第239—240页。
② 亚当·斯密，《国民财富的性质和原因的研究》（下卷），第229页。
③ 亚当·斯密，《国民财富的性质和原因的研究》（下卷），第244页。
④ 亚当·斯密，《国民财富的性质和原因的研究》（下卷），第241页。
⑤ 亚当·斯密，《国民财富的性质和原因的研究》（下卷），第230页。

生这三种人的收入。此三阶级，构成文明社会的三大主要和基本阶级。一切其他阶级的收入，归根结底，都来自这三大阶级的收入。"①

如果说在批判重商主义学说时，斯密侧重关注的是自由竞争的益处，那么，在批判重农主义者的过程中，斯密特别强调了分工、交换对农业的好处。其实，我们知道，斯密对农业也颇为重视，也有颇多赞美之词②。在斯密看来，农业、工业、商业之间的分工，"像其他方面的分工一样，对双方从事各种职业的居民都有利益。农村居民，与其亲自劳动来制造他们需要的制造品，毋宁做这种交换，因为由这种交换，他们可用较小量的自身劳动生产物购得较大量的制造品。都市是农村剩余产物的市场，农民用不了的东西，就拿到都市去交换他们需要的物品。都市的居民愈多，其居民的收入愈大，农村剩余产物的市场愈广阔。这种市场愈广阔，对广大人民愈有利"。③故而，斯密指出，为了增进农业而特别重视农业，并主张对制造业及国外贸易加以限制的重农主义学说，其作用都和其所要达到的目的背道而驰，并且间接妨害他们所要促进的那一种产业。就这一点说，其矛盾也许比重商主义还要大。重商主义毕竟在一定程度上鼓励了它所要促进的产业，而重农学派的学说，却归根到底实际上妨害了它们所爱护的产业。④可见，针对重农主义及其限制工商业的政策，斯密进行了一次釜底抽薪的批判。

无论是重商主义者还是曾对其严厉批评的重农主义者，他们都殊

---

① 亚当·斯密，《国民财富的性质和原因的研究》（上卷），第 240 页。
② 斯密认为，"在一切技艺中，对社会最有利的是农业。什么东西会阻碍农业的发展，什么东西就对公共利益有极大的危害"。参见：坎南编著，《亚当·斯密关于法律、警察、岁入及军备的演讲》，第 35 页。因而他还强调，"按照事物的自然趋势，进步社会的资本，首先是大部分投在农业上，其次投在工业上，最后投在国外贸易上"。在《国富论》里，斯密甚至带着田园诗般的情调描述农耕生活及这种生活带来的独立性："乡村风景的美丽，乡村生活的愉快，乡村心理的恬静，以及乡村所提供的独立性，只要这种独立性不受到人为的迫害的话，这些实具有吸引每一个人的巨大魅力。耕作土地既为人的原始目标，所以，在有人类存在的一切阶段，这个原始的职业将为人类所永远爱悦。"参见：亚当·斯密，《国民财富的性质和原因的研究》（上卷），第 347、349 页。
③ 亚当·斯密，《国民财富的性质和原因的研究》（上卷），第 345 页。
④ 亚当·斯密，《国民财富的性质和原因的研究》（下卷），第 252 页。

途同归于要对工商业采取管制，如激励、指导、监督或是限制，都需要引入政府这只"看得见的手"。因而，问题的关键是如何看待政府与工商业、政府与市场的关系。在政府与市场的关系上，或者说在政府职能问题上，正如我们在后文所要着重强调的，苏格兰启蒙学者不是自由放任主义者，他们除了赋予政府在国防、司法等方面的保障性职能外，还充分肯定了政府在公共事务上的积极作用，他们所心仪的是一种政府权力受到限制与监督的"有限国家""法治国家"，而非所谓的"守夜人"式的"最小国家"。就对待市场而言，弗格森的一句话反映了这一群体（詹姆斯·斯图亚特除外，他的思想中有一定的保护主义色彩）共同的心声，"如果需要保护，就一定得保护；如果出现犯罪或招摇撞骗，就一定得予以制止；政府所能做到的就是这些"。[①] 也就是说，他们坚决反对政府对市场进行人为的干预与管制。在他们看来，政府既没能力也无权力更无必要进行干涉。

首先，"理性不及"。对于这一条理由，斯密说得很透彻，政府没有那个能力担当起"监督私人产业""指导私人产业"的义务，"要履行这种义务，君主们极易陷于错误；要行之得当，恐不是人间智慧或知识所能做到的"[②]。弗格森曾以人口的增长为例，对热衷于干预主义者进行了很尖锐的挖苦，这段话很是有名："在人类生活更富足的地方，政治家自以为是他通过奖赏婚姻，诱惑外国人前来居住，并把本国人困在本土，使人口得到了增长。殊不知他就像寓言故事里的苍蝇，为能转动轮子，推动马车而沾沾自喜：其实，他只不过是伴随着运动中的物体而已。他奋力拨桨，只不过加速急流；他奋力摇扇，只不过加快风速而已。"在弗格森看来，当老道的政客插手人口与财富的增长，他只能增添麻烦，增加抱怨的理由，其他则无能为力。其实，这方面也无须他们有所作为，"大自然要求强者应公正无私；但除此之外，她没有把保存她作品的重任托付给强者不切实际的计划。政治家能为青春的火焰添加什么燃料呢？他只要不熄灭这团火焰，那么它的作用就

---

① 弗格森，《文明社会史论》，第 160 页。
② 亚当·斯密，《国民财富的性质和原因的研究》（下卷），第 252 页。

有保证了"。[1]

也就是说，在斯密、弗格森等人看来，干涉主义实质上是一种理性的狂热，有着计划、规划、设计等怪癖。在《道德情操论》中，斯密将这类人命名为"体系人"（the man of system），并对其进行了入木三分的刻画："体系人容易自以为非常聪明，并且常常对自己所想象的政治计划的那种虚构的完美迷恋不已，以致不能容忍它的任何一部分稍有偏差。他不断全面实施这个计划，并且在这个计划的各个部分中，对可能妨碍这个计划实施的重大利益或强烈偏见不做任何考虑。他似乎认为他能够像用手摆布一副棋中的各个棋子那样非常容易地摆布偌大一个社会中的各个成员。"斯密也承认，"某种一般的甚至是处于有系统的有关政策和法律的完整的设想，对于指导政治家持何种见解很可能是必要的"；但是，如果自命清高，听不进任何反对意见，一意孤行地实行自己所谓的计划或设想，那就是蛮横无理与霸道，更何况社会中的每个人根本不是他手心里的棋子，每个人有着自己的利益与想法。[2] 并且，这段话中，斯密提出了市民社会有自身独特的运行原则，政府之立法与政策之指导原则必须与该原则相一致、行动方向也相同，才能出现和谐发展的局面，否则就是混乱与无序。

其次，"每个人比任何其他人都更适合关心自己"。苏格兰启蒙学者基本上都认同斯密这一看法，"毫无疑问，每个人生来首先和主要关心自己；而且，因为他比任何其他人都更适合关心自己"。[3] 基于这种认识，斯密在批判国家的限制或奖励政策时反复强调："关于可以把资本用在什么种类的国内产业上面，其生产物能有最大价值这一问题，每一个人处在他当地的地位，显然能判断得比政治家或立法家好得多。如果政治家企图指导私人应如何运用他们的资本，那不仅是自寻烦恼地去注意最不需注意的问题，而且是僭取一种不能放心地委托给任何个人，也不能放心地委之于任何委员会或参议院的权力。把这种权力

---

[1] 弗格森，《文明社会史论》，第 157—158、160、157 页。
[2] Adam Smith, *The Theory of Moral Sentiments*, pp.233–234.
[3] 亚当·斯密，《道德情操论》，第 101—102 页。

交给一个大言不惭地、荒唐地自认为有资格行使的人，是再危险也没有了。"① 弗格森也是"每个人比任何其他人都更适合关心自己"这句话的信奉者，并且将这一立场贯穿于"人口与财富"这一章节的讨论中，而且有很多创造性的发挥："这一重要的目标并不总是取决于君主的智慧，或个别人的政策。人类的确应为此感到庆幸。重视自由的民族会自觉地寻求一种环境，这一环境使他们得以按自然习性行事，且效果较之国家事务委员会所规划的环境更显著。当君主或规划者作为这一问题的假想主宰时，他们所能做的充其量就是小心别损害他们无法大力提高的利益，小心别制造他们无法弥补的破坏。""政治家在这一方面，正如在增加人口方面一样，除了避免添乱子，几乎无能为力。如果在商贸开始时，他就知道如何制止左右商贸的欺诈行为就好了。商贸如果继续下去，那么在这一行业中，坚信自己的经验的人们将最不容易出差错。"从这个例证中，弗格森得出结论："私利较之国家的精心安排更能保护商业和繁荣。"②

这种立场，在约翰·密尔的《论自由》中更加淋漓尽致地体现了出来，他从这种信念出发对政府的权力边界进行了严格界定，反对政府干涉："第一种是，所要办的事，若由个人来办会比由政府来办更好一些。"第二种是，"有许多事情，虽然由一些个人来办一般看来未必能像政府官吏办得那样好，但是仍宜让个人来办而不要由政府来办；因为作为对于他们个人的精神教育的手段和方式来说，这样可以加强他们主动的才能，可以锻炼他们的判断能力，还可以使他们在留给他们去对付的课题上获得熟练的知识"。"第三种理由也即最有力的理由乃是说，不必要地增加政府的权力，会有很大的祸患。"③

其次，"政府的干涉往往是不恰当的或者说往往没有不超出其保护范围的"。④ 斯密明确指出，"禁止人民大众制造他们所能制造的全部物品，不能按照自己的判断，把自己的资财与劳动，投在自己认为最有

---

① 亚当·斯密，《国民财富的性质和原因的研究》（下卷），第 27 页。
② 弗格森，《文明社会史论》，第 156、159、160 页。
③ 约翰·密尔，《论自由》，许宝骙译，北京：商务印书馆，2006（1998），第 130、131 页。
④ 弗格森，《文明社会史论》，第 161 页。

力的用途上,这显然是侵犯了最神圣的人权"①。因此,总的说来,最好的政策,还是听任事物自然发展,既不给予津贴,也不对货物课税。②

最后,对统治者之不信任也是苏格兰启蒙思想家反对政府对市场进行干涉的重要原因。休谟认为,在政治领域,必须把每一个设想为"无赖"。斯密尽管经常夸赞祖国的自由的政治制度,但对英国政府的评价也很低:"英格兰从来没有过很节俭的政府……他们自己始终无例外地是社会上最浪费的阶级"③,"像英格兰这样的政府,不论其优点如何,从未曾以善于理财著名。它的行动,在平时一般总是流于君主国自然难免的来自怠惰和疏忽的浪费,在战时又常常流于一切民主国易犯的无打算的浪费。把这种事业让它来经营管理,它是否能胜任愉快,至少是一个很大的疑问"④。

5.2.1.2 市场的逻辑

苏格兰启蒙思想家反对政府对市场之人为干涉,从根本上说,在于他们认为以市场为主体的市民社会自身在伦理上是自足的,不是黑格尔主张的那样需要国家的道德救济;在社会秩序形成上是自生自发的,不是契约论者主张的那样需要人为的理性建构;在经济运行上是自我调节的,不是重商主义者主张的那样需要政府的干预。在前面的两章中,我们分别从人性论、社会观上揭示了市民社会之自主性和社会秩序之形成与调节机制——社会秩序是在个人丝毫不考虑公共利益的情况下追求各自最大利益而无意识地造成的。本章我们继续从政治经济学的视野、从市场的逻辑来深化这一认识。当然,这两种视野不是截然分开的,而是浑然一体的,尤其是人性论与社会观构成政治经济学的理论前提。在政治经济学里,它们主要诉求于分工、交换、价格、自由竞争、无意识之后果,诚然,最形象、最有说服力的还是斯密所述的"看不见的手"。

在苏格兰启蒙思想家中,弗格森对社会秩序之自生自发极为强调,

---

① 亚当·斯密,《国民财富的性质和原因的研究》(下卷),第153页。
② 坎南编著,《亚当·斯密关于法律、警察、岁入及军备的演讲》,第35页。
③ 亚当·斯密,《国民财富的性质和原因的研究》(上卷),第318页。
④ 亚当·斯密,《国民财富的性质和原因的研究》(下卷),第377页。

尽管他没有撰写专门的经济学著作，在古典政治经济学家的名单里也鲜有提及；但是，他通过商业社会中的分工深刻揭示了私利是怎样形成公益的，当然从另一个视角他又将其视为一种异化，并对其进行批评。弗格森看到，分工归根结底就是一种专业化，"每一种艺术都要求人们全神贯注……渐渐地，艺术国家的成员除了本行以外，对人类事务一无所知。并且他们无须关注国家利益就能为保存和扩大各自的国家作出贡献"。弗格森还进一步指出，与商业活动相类似，在军事与政治领域也是这样无意识地协同发展的。他写道："分工在制造下层分支中所取得的成就似乎可以和决策及战略的高级部门类似的做法所取得的成效相媲美。除了服兵役外，士兵没有其他任何顾虑。政治家分担了文职政府中的事务。任何部门中的公仆尽管对处理国家事务并不熟练，但他们只要能遵守已建立在他人经验之上的形式，就能获得成功。他们就像是一台发动机上的零件，不约而同地为一个目的而运作。虽然和生意人一样对总体一无所知，但他们却和他一道，一起为国家提供资源、管理方式和力量。"① 由此，他得出结论：人类的社会机构和每一种动物的灵巧一样，都受到大自然的启发，是本性的产物，受到人们所处的形形色色的环境的引导。那些机构的出现源于人们取得的不断进步，但是，人们从没有考虑过它们的普遍影响。而且它们使人类事务具备了一种复杂性，这是人类天生的最大的能力所无法预测的。就是把所有的这一切都付诸实施时，人们也无法全面理解。谁都无法预见或哪怕罗列出将商业国家成员区分开来的各个职业和专业，无法预见或罗列出人们运用于独立的部门以及专心于本职工作的艺术家所发明的用以减少工作量或方便工作的各种各样的装置。②

正如众多研究者所洞察到的，斯密是试图以经济的逻辑、以"看不见的手"的理论来解决政治或者立法难题——社会秩序如何可能？公益如何可能？社会调节与运行机制为何？比如，麦克纳玛拉（McNamara）认为，"《国富论》在以个人生活改善愿望为经济动力的

---

① 弗格森，《文明社会史论》，第200页。
② 弗格森，《文明社会史论》，第200—201页。

论述中，是以经济的逻辑解决政治的问题。在斯密看来，'立法者的科学'……不外乎就是按照经济学原理教导政治家"。[1] 库克指出："《国富论》一书中所提出的政治经济学理论，可以被视作一种逻辑一贯的法律和立法的理论……关于'看不见的手'这一著名的论断已成为亚当·斯密法律观的精髓。"[2] 在《道德情操论》中，斯密主要是基于人之利己心与同情心说明了私利之间的情感调节。在《国富论》中，斯密指出，在经济生活中，每一个人都是基于改善自己的境况的愿望或者说动机与他人进行经济往来的。因而，在经济交往中，"不论是谁，如果他要与旁人做买卖，他首先就要这样提议。请给我以我所要的东西吧，同时，你也可以获得你所要的东西：这句话是交易的通义。我们所需要的相互帮忙，大部分是依照这个方法取得的。我们每天所需的食料和饮料，不是出自屠户、酿酒家或烙面师的恩惠，而是出于他们自利的打算。我们不说唤起他们利他心的话，而说唤起他们利己心的话。我们不说自己有需要，而说对他们有利"。[3] 斯密甚至认为，交换与自利一样都是人类的本然的性能，为"人类所共有，亦为人类所特有"[4]。因而，对于自利与交换这两种本然的性能，斯密都反复强调其正当性。对于前者，他反复强调私利能促进公益，"在可自由而安全地向前努力时，各个人改善自己境遇的自然努力，是一个那么强大的力量，以致没有任何帮助，亦能单独地使社会富裕繁荣，而且还能克服无数的顽强障碍"。[5]"各个人都不断地努力为他自己所能支配的资本找到最有利的用途。固然，他所考虑的不是社会的利益，而是他自身的利益，但他对自身利益的研究自然会或者毋宁说必然会引导他选定最有利于

---

① P. McNamara, "Political Economy and Statesmanship", Adam Smith and Alexander Hamilton on the foundation of the commercial republic, Northern Illinois University Press, 1998；转引自：李非，《富与德：亚当·斯密的无形之手》，第152—153页。

② C. A. Cook, Adam Smith and Jurisprudence, Law Quarterly Review, LI (1935), p.328；转引自：哈耶克，《自由秩序原理》，第339页。

③ 亚当·斯密，《国民财富的性质和原因的研究》（上卷），第13—14页。

④ 亚当·斯密，《国民财富的性质和原因的研究》（上卷），第13页。

⑤ 亚当·斯密，《国民财富的性质和原因的研究》（下卷），第112页。

社会的用途。"① 对于后者，他反复强调互利之"交易的通义"的普适性，"社会上，除乞丐外，没有一个人愿意全然靠别人的恩惠过活。而且，就连乞丐，也不能一味依赖别人"②。

如果说在《道德情操论》中同情之心与公正的旁观者是斯密解释"秩序之源"与"财富之源"的重要杠杆的话，那么，在《国富论》中，它们被置换成了交换的倾向与市场这只"看不见的手"。同时，在两部著作中，斯密学说都有浓厚的自然神学的色彩。在这两部著作中都分别出现了一次"看不见的手"，它们形象地揭示了市场自身的逻辑力量：

> 他通常既不打算促进公共的利益，也不知道他自己是在什么程度上促进那种利益。由于宁愿投资支持国内产业而不支持国外产业，他只是盘算他自己的安全；由于他管理产业的方式目的在于使其生产物的价值能达到最大程度，他所盘算的也只是他自己的利益。在这场合，像在其他许多场合一样，他受着一只看不见的手的指导，去尽力达到一个并非他本意想要达到的目的。也并不因为事非出于本意，就对社会有害。他追求自己的利益，往往使他能比在真正出于本意的情况下更有效地促进社会的利益。我从来没有听说过，那些假装为公众幸福而经营贸易的人做了多少好事。事实上，这种装模作样的神态在商人中间并不普遍，用不着多费唇舌去劝阻他们。③

> 在任何时候，土地产品供养的人数都接近于它所能供养的居民人数。富人只是从这大量的产品中选用了最贵重和最中意的东西。他们的消费量比穷人少；尽管他们的天性是自私的和贪婪的，虽然他们只图自己方便，虽然他们雇用千百

---

① 亚当·斯密，《国民财富的性质和原因的研究》（下卷），第 25 页。
② 亚当·斯密，《国民财富的性质和原因的研究》（上卷），第 14 页。
③ 亚当·斯密，《国民财富的性质和原因的研究》（下卷），第 27 页。

人来为自己劳动的唯一目的是满足自己无聊而又贪得无厌的欲望，但是他们还是同穷人一样分享他们所作一切改良的成果。一只看不见的手引导他们对生活必需品作出几乎同土地在平均分配给全体居民的情况下所能作出的一样的分配，从而不知不觉地增进了社会利益，并为不断增多的人口提供生活资料。①

最后，我们强调一下，苏格兰启蒙思想家主张市场之自我调节机制，并不意味着他们在倡导自由放任主义。其实，他们都承认无论是市场之自我调节机制，还是个人之改善自我境况的努力，都需要一定的制度保障，尤其是严正的司法制度。在斯密的著作中，这样的限定条件说得很明确，"无数个人在那里普遍地不断地努力改进自己的境况，节省哪、慎重哪，他们不动声色地、一步一步地把资本累积起来。正是这种努力，受着法律保障，能在最有利情况下自由发展，使英格兰几乎在过去一切时代，都能日趋富裕，日趋改良"。②"大不列颠的法律给予每个人以保障，使其能够享有自己劳动的成果；仅这一点本身就足以使任何国家繁荣……可以说，这一保障乃是经由光荣革命而得到完善的。"③休谟也同样认为，"只要私人经商和私有财产得到社会权力机构的较大保障，社会本身就会随着私人商业的繁荣发达而相应强盛起来"④。颇有意思的是，与对公民德性的推崇形成鲜明对比，弗格森对市民社会之制度需求似乎漠不关心，他更倾向于认为政治制度自然而然、或多或少地总会与经济和社会的变化自发地相适应，他对立法的观念尤其持怀疑态度。⑤

---

① 亚当·斯密，《道德情操论》，第 229—230 页。
② 亚当·斯密，《国民财富的性质和原因的研究》（上卷），第 318 页。
③ Adam Smith, An Inquiry Into The Nature And Causes of The Wealth of Nations, Vol.II, pp.42-43.
④ 休谟，《休谟经济论文选》，陈玮译，北京：商务印书馆，1984，第 5 页。
⑤ 米勒、波格丹诺主编，《布莱克维尔政治学百科全书》，第 739 页。

5.2.2　商业能开出自由之花

商业植根于自由，同时商业又能开出自由之花。那么，商业为什么能够开出自由之花？为什么"技艺进步对自由是相当有利的"？[①] 为什么"农村居民一向处在与其邻人的战争和对其上司的依附状态中。工商业的发达，却逐渐使他们有秩序，有好政府，有个人的安全和自由"？[②] 对这一问题，苏格兰启蒙思想家从经济社会学的视角做了明确的解答，即从工商业与技艺的进步对人们之间的经济关系、社会结构、人格属性等方面的影响来探究。正如斯密在《国富论》中所极力推崇的，休谟先生是率先"注意此点的作家"。在休谟看来，主要是因为商业、技艺的进步改变了传统社会的阶层结构，催生了中产阶级，从而形塑了不同于前商业社会的政治生态。休谟这样详细地写道：

> 在那些轻视百工技艺的未开化国度里，全部劳动都用在耕作方面；整个社会划分为两个等级——土地所有者及其奴隶或佃户。后者必然寄人篱下，与奴隶制相适应，处于被统治地位；尤其是，由于他们没有财产，他们的农业知识也就不为人重视，其结果必然形成轻视百工技艺。至于前者，必然自封为土皇帝，他们一定或者投靠一个专制独裁者，屈膝称臣，以保太平无事；或者，如果他们要想像古代贵族那样保持独立性，就必然实行封建割据，互相兼并，从而使整个社会陷入一片混乱，其结果说不定比一个最专制的政府更糟。只要讲究享受哺育了商业和工业，农民耕种得法，就会富裕和独立起来；与此同时，手艺人和商人都挣了一笔财产，赢得了第二流人物的势力和声望。这第二流人物正是自由社会最优秀最坚定的基础，他们既不肯像农民那样，由于经济上的贫困和精神上的自卑，而屈服于奴隶制统治的淫威；也不

---

① 休谟，《休谟经济论文选》，第 25 页。
② 亚当·斯密，《国民财富的性质和原因的研究》（上卷），第 371 页。

希望像贵族那样，骑在别人头上作威作福；既然如此，当然也不打算像贵族那样，拜倒在君主脚下，匍匐称臣。他们渴望人人平等的法律，以保障自己的财产不受君主以及贵族暴政的侵犯。①

　　沿着休谟的路径，斯密详细分析了商业、制造业所催生的中产市民阶级在人格属性上的独特之处。正如弗莱施哈克尔（Fleischacker）所指出的，"对于斯密而言，'独立'是一个重要的概念。……可以说，对'独立'的关注是斯密研究政治经济问题的动力"②。斯密与之后的马克思一样，将人的生存境况与人格特性，即是"依附"还是"独立"看作界分社会发展不同阶段的重要维度，尽管他没有形成马克思晚年在《1857—1858年经济学手稿》中那样系统的关于人的发展三阶段的理论：人的依赖性关系—以物的依赖性为基础的人的独立性—人的全面自由和充分的发展③。中世纪的封建地主与农民、教会和芸芸众生的关系在斯密笔下是典型的依附与奴役关系，而打破这种异己力量的正是商业、制造业的发展以及由此所催生的独立而能自立的市民阶级。对于它们的价值，在法学讲义中，斯密在比较伦敦和巴黎、格拉斯哥和爱丁堡的治安问题时做了著名的论述："防止犯罪，关键不在于设置警察，而在于尽量减少仰食于人的人数。使人陷于堕落的，无过于依赖；反之，独立则会提高人的诚实性格。建立商业和制造业是防止犯罪的最好政策，因为商业和制造业有助于增进人们的自立能力。"④

---

① 休谟，《休谟经济论文选》，第25—26页。

② Samuel Fleischacker, A Third Concept of Liberty: Judgment and Freedom in Kant and Adam Smith, New Jersey: Princeton University Press, 1999, p.151.

③ "人的依赖关系（起初完全是自然发生的），是最初的社会形态，在这种形态下，人的生产能力只是在狭窄的范围内和孤立的地点上发展着。以物的依赖性为基础的人的独立性，是第二大形态，在这种形态下，才形成普遍的社会物质变换、全面的关系、多方面的需求以及全面的能力的体系。建立在个人全面发展和他们共同的社会生产能力成为他们的社会财富这一基础上的自由个性，是第三阶段。"参见：《马克思恩格斯全集》（第42卷），1979，第104页。

④ 坎南编著，《亚当·斯密关于法律、警察、岁入及军备的演讲》，第173页。

斯密的弟子米勒在《等级差别的起源》中深化了其师及休谟的见解，认为商业和制造业的发展会逐步淘汰封建性的从属和屈服的习惯，推动人身依附关系向契约关系的转变。该书最有特色的地方在于考察"不同历史时期妇女的等级和状况"（占该书三分之一的篇幅），研究得出的结论是：各种家庭组织以及男子与妇女在家庭中的特定角色并非由神预先规定的，而是人类历史的产物。商业社会发展了妇女的天赋与能力，为妇女提供了获得解放的机会，而这种机会与封建社会和原始社会强加于妇女的束缚形成了鲜明的对照。[①]

在《政治经济学原理研究》中，詹姆斯·斯图亚特指出，工商业的发展造就了一种不同于"家长和儿童""主人与奴隶""封建主和佃户"的新型关系，即"工人和老板"的自由雇佣关系，这同时意味着过去那些关系所规约的经济依存方式，如"为了他的全部生存而依存另一个人""为维持其个人生命而依存另一个人""为了拥有、争取生存资料而依存另一个人"不复存在了，人们转而"依靠出售其自身的劳动力"。与此相对应，政府形式从以往的氏族制、奴隶制、封建制过渡到自由民主制政府也就势之必然了。[②]

5.2.3 商业能结出文明之果

商业不仅能开出自由之花，还能在自由精神的灌溉下结出文明的丰硕成果。这方面，孟德斯鸠进行了较早的思想启蒙："贸易的结果是富裕；随着富裕而来的是奢侈；随着奢侈而来的是工艺的精良"；"贸易正在使野蛮的风俗日趋典雅与温厚"，"哪里有商业，哪里就有善良的风俗"；"贸易的精神在人们的思想中产生一种精确的公道的观念"；"贸易的自然结果是和平"。[③] 孟德斯鸠这些零星而闪光的思想火

---

① Cf John Millar, The Origin of Distinction of Ranks (1779), 3rd edn, rept. in John Millar of Glasgow, William C. Lehmann, Cambridge: Cambridge University Press, 1960, especially chapter I "Of the rank and condition of women in different ages", chapter V "The changes produced in the government of a people by their progress in Arts, and in polished Manners".

② James Steuart, An Inquiry into the Principles of Political Economy, vol.1, ed. A.Skinner, Chicago: University of Chicago Press, 1966, chapter 8.

③ 孟德斯鸠，《论法的精神》（下），张雁深译，北京：商务印书馆，1963，第14—16页。

花，在同时代的苏格兰启蒙思想家这里演绎成了波澜壮阔的行动宣言，并构成苏格兰知识分子群体最具独创性贡献的政治经济学的核心内容之一。鉴于在"商业能开出自由之花"中我们已经涉及政治文明方面的内容，下面便关注人们在物质与精神上所享受到的商业文明的成果。

5.2.3.1 "奢侈"

"技艺和专业分工后，财富的源泉大开"①，养家糊口的生存经济时代开始远去，追求精致而舒适的"奢侈"生活日益成为市民社会之新风景。因而，认识与辩护这种转型的合理性，甚至积极去推动这种转向，是人们敢于追求与享受文明之果的前提。"政治经济学的先决条件是对于奢侈的道德分析，是对于不能再从生存需要来考虑人的期待的确认。"②

首先需要辨析一下，在 18 世纪，启蒙思想所言及的奢侈，正如后来弗格森所总结的，"尽管我们各抒己见，但是我们在用该术语来指人类为了过上舒适、便利的生活而设计的复杂器具方面大体上是一致的"。③ 也就是说，"奢侈"在当时的语境下，是一个相对意义的概念，即与人们在前商业社会满足于"生活必需品"相对照，是指人们对生活舒适品或便利品的追逐。它所指称的社会内容就是"技艺的日新月异"，即商业艺术和工业艺术的日益发展。因而，休谟于 1752 年发表的论文《论奢侈》（"Of Luxury"）到 1760 年再刊时，就改名为《技艺的日新月异》（"Of Refinement in the Arts"）④。用孟德斯鸠的范式来说，意指一种"相对的奢侈"，而非"绝对的奢侈"⑤。

在这方面，曼德维尔是先行者，《蜜蜂的寓言》对奢侈行为的讨论被视为这方面最出色的文献之一，其辩护力超过之前的所有文献。有评论者把曼德维尔视为第一个从经济理论的立场为奢侈行为进行辩

---

① 弗格森，《文明社会史论》，第 200 页。
② 米勒、波格丹诺主编，《布莱克维尔政治学百科全书》，第 739 页。
③ 弗格森，《文明社会史论》，第 269 页。
④ David Hume, Political Essays, edited by Knud Haakonssen, Cambridge University Press, 1994, p.297.
⑤ 孟德斯鸠，《论法的精神》（上），第 101 页。

护者"①。在《蜜蜂的寓言》中，曼德维尔不仅在宽泛的层面上将奢侈与自利、骄傲、虚荣等一并视为人之行动的主要动机，从而贯穿全书；而且专门写就了一条评论（第"L"条），从细微的语义学角度进行诠释与辩护。曼德维尔指出，倘若"堪称（严格意义上的）奢侈的东西，指一切并不直接满足人的生存需要的东西"，那么，从某种意义上说"一切事物均可以被称作奢侈"，"即使在野蛮人中也存在，即当野蛮人对其先前的生活方式做些现时的改进，亦属奢侈"；但从另一个意义上说，"世上便根本不存在奢侈"，"这是因为，若说人们的需要不计其数，那么，应当为人们提供的东西亦永无止境。被某个阶层的人称作多余的东西，会被更高阶层的视为必需品"。在曼德维尔看来，奢侈这种相对性、不确定性从根本上源于用以界定它的"必需品""生存需要"以及与其相对的"舒适""便利"等词"含义多样，甚为宽泛""模糊"。②曼德维尔这一看法，成了后继者在奢侈问题上的通见。比如，休谟的看法也大体相似："Luxury（享受，奢侈）一词是个含义摸不透的字眼，既可用于褒义，也可用于贬义。就一般而论，这个词是指满足感官需要的日益讲究，对于享受的每一步演进，都因时代、国家以及各人身份地位的不同，而有不同的评价，或认为无害，或认为应受谴责。在这方面，善与恶的界限，较之别的道德问题，更难于确切划定。"③

在关于"奢侈"的长篇评论中，曼德维尔还依次驳斥了奢侈"毁掉国家的财富""激发贪婪与掠夺""滋生腐败""使民众孱弱"等论点，指出"通过明智的管理，所有民族均能够随意享用其本国产品所能购买到的外国奢侈品，而不会因此变穷"；"凡在军事得到应有重视、士兵得到良好报偿并严守纪律的国家，一个富裕的民族均能享有一切可以想到的、便利丰裕的生活；在该国的许多部分，人们会享有人类智慧所能设想的众多繁华精美的生活，同时，这样的国家亦使其邻国感

---

① 曼德维尔，《蜜蜂的寓言》，"中译本序言"。
② 曼德维尔，《蜜蜂的寓言》，第 94、84—85 页。
③ 休谟，《休谟经济论文选》，第 17 页；参见：Hume, Political Essays, p.105。

到畏惧"。① 在他看来，把那些弊端归咎于奢侈显然是找错了地方，它们的真正起因乃是"治理不善"，"应当归咎于那班恶劣的政治家"。② 曼德维尔对奢侈以及由此而促进技艺的精良、物质生活的富裕等历史功用之推崇，有一句俏皮话展现得淋漓尽致："宗教改革的贡献几乎并不比一种愚蠢而变化无常的发明更大。那发明就是带撑环、加软衬的女裙。"③

休谟对奢侈的辩护主要体现在他匡谬纠偏了"两种各趋极端的观点"——"生活放荡的人甚至对奢侈腐化也大加赞扬，认为对社会大有好处；可是在另一方面，古板道学的人，则连最无伤大雅的享受也要横加指斥，认为是随着民治政体而来的一切腐败堕落、混乱骚动、倾轧内讧的根源"；同时着力证明了："一、享受随着时代的进步而日益精致，是人心所向极为正当的趋势；二、如果享受不再是无害的，也就不会是有益的；沉湎无度是有害处的，不过这种害处对于社会政治生活也许还不至于成为什么弥天大罪"。④

对于第一点，休谟从奢侈、享受对个人与社会的影响这两个层面来立论。对个人而言，首先，奢侈与享受对关涉人类幸福的三个方面"活动（action）、消遣（pleasure）和悠闲（indolence）"不可或缺。正如休谟反复强调的，"几乎人生中所有道德上的以及自然的恶都自怠惰而生……只有最强烈的需要才能逼使人去劳动"⑤，而"享受奢华之乐"的欲望无疑最能激发人们去操劳⑥。在休谟看来，"在工业发达技

---

① 曼德维尔，《蜜蜂的寓言》，第 84—94 页。
② 曼德维尔，《蜜蜂的寓言》，第 87 页。
③ 曼德维尔，《蜜蜂的寓言》，第 225 页。
④ 休谟，《休谟经济论文选》，第 18 页。如果联系到前文"人论"部分的内容，联系到休谟的人性论，那么，休谟对奢侈的辩护还有一个**人性的维度**。休谟指出："贪欲或获利的欲望是一种普遍的激情，它在所有的时候、所有的地方，对于所有的人都起作用。""一个看门人和一个朝廷命官，都同样有贪财之心，不过前者把钱花在咸猪肉和白兰地上，后者用以买香槟和蒿雀。财富，在任何时代，对任何人都是宝贵的，因为人们总是要购买自己所习惯的和渴望的生活享受。"这两处引文分别参见：休谟，《休谟政治论文选》，第 63 页；休谟，《休谟经济论文选》，第 24 页。
⑤ 休谟，《自然宗教对话录》，第 78 页。
⑥ 休谟，《休谟经济论文选》，第 13 页。

术进步的时代，人们终年操劳，安居乐业；作为对他们的报偿，这种操劳本身，也像作为他们劳动果实的消遣一样，使他们感到心满意足。人的思想总是生气勃勃，日新月异，人的才能和本领也在不断增长"；与此相反，好逸恶劳是邪恶欲念滋生的温床。① 这样，休谟就着重突出了奢侈对人类幸福至关重要的"活动"与"消遣"这两个方面的功用。而奢侈对于第三个方面的"悠闲"，休谟认为，它如同睡眠一样，对于人的生理嗜好必不可少。其次，休谟从"工业和机械技术的进步"与"文化艺术的进步"相辅相成、相互促进的关系为奢侈辩护。休谟洞察到，历史上产生伟大的哲学家和政治家、名将和诗人的年代，通常也涌现大批技术高超的织布能手和造船巧匠。② 奢侈品促进了技艺的精良，而技艺的精良又为文化的繁荣提供了土壤。最后，休谟认为奢侈有助于形成温文尔雅的社会风尚和热情、友好、社交氛围。立足于这三点理由，他得出非常乐观的结论："勤劳、知识和仁爱就这样被一条牢不可破的锁链联结在一起了，人们根据理智和经验认为，这三者正是比较辉煌的年代，即通常称为崇尚享受的盛世的特征。"③

至于奢侈对社会的影响方面，休谟得出了同样乐观的结论："一切美化生活的商品的增加和消费，都对社会有好处；因为它们在成倍地扩大满足那些无害的个人欲望的同时，也增加了劳动（产品）的贮存，这种贮存，在国家一旦出现紧急情况时，就可转入社会劳务。"④ 对此的论证，休谟采取的是比较的方法，即将商业社会的奢侈的生活模式与古代社会尤其是斯巴达的节俭的生存模式进行对比。从其偏爱前者、贬抑后者的繁复分析中，我们认为这几点最为关键：第一，古代的政策只考虑统治者的利益或者美其名曰国家的利益，而"全然不顾为臣民造福"。对此，休谟的评判是"那种导致国富民穷的政策乃是暴政"。⑤ 第二，"古代的政策过于暴戾，不太合乎天理人情，有违事物发

① 休谟，《休谟经济论文选》，第18—19页。
② 休谟，《休谟经济论文选》，第19页。
③ 休谟，《休谟经济论文选》，第20页。
④ 休谟，《休谟经济论文选》，第21页。
⑤ 休谟，《休谟经济论文选》，第8、10页。

展的正常过程"。对此,休谟的建议是,"如果某一社会赖以维系的那一套原则愈是不太顺乎自然规律,立法者想要确立完善这套原则时所遇到的困难就愈大。在这种情势下,立法者最妥善的做法是:俯顺人心之所向,因势利导"。① 第三,古代的美德之治"过于大公无私,极难获得人们拥赞"。对此,休谟给出的对策是"有必要用其他的爱好来影响人们,以利禄在于勤勉、技艺即是享受的精神来激励他们"。② 第四,休谟断然否认了奢侈必然引起腐败的论点,"在生活上讲究享受和舒适,本身并不带有引起贪污腐化的必然趋势"。和曼德维尔一样,休谟也认为将古罗马的衰败与灭亡"归咎于享受和艺术,完全是找错了原因"。他甚至认为,技艺最差劲的地方,贪污受贿、腐化堕落之风可能最盛,如当时的波兰;技艺越发达,国家越繁荣,如当时的很多欧洲国家,"欧洲国家目前的版图和两百年前几乎一样,可是这些国家的繁华景象却有天壤之别!这不能不归之于百工的技艺日进"。③ 第五,休谟也否认了奢侈会导致民众身心的孱弱与尚武精神的丢失。"我们也无须担心:人们抛弃了凶猛残忍的性格之后,会失去勇敢尚武精神,或者不能那么临危不惧勇往直前地保卫祖国、捍卫自由。技艺不会产生这种削弱身心的影响,相反,作为技艺的不可分离的伴当——勤劳,只会给身心增添新的力量。"④

休谟所论析的第二个方面——"如果享受不再是无害的,也就不会是有益的"——充满着辩证法的智慧。休谟毫不含糊地承认奢侈、享受是一种"恶",同时又力图避免曼德维尔悖论式的话语——"罪恶对社会有利"。他技高一筹地将奢侈看作是一种"必不可少的恶"、一种"以恶易恶"的工具,用他的话说,"以罪恶来矫正罪恶"。⑤ 因为,"如果除恶而不彻底,那只能使情况变得更糟。假使只排斥堕落的享受而不矫正懒散和对别人漠不关心的恶习,那样,除了使本国的生产

---

① 休谟,《休谟经济论文选》,第8、9页。
② 休谟,《休谟经济论文选》,第12页。
③ 休谟,《休谟经济论文选》,第21、24页。
④ 休谟,《休谟经济论文选》,第22页。
⑤ 休谟,《休谟经济论文选》,第28页。

情绪低落外，丝毫也无助于发扬人们慷慨解囊、乐善好施的博爱精神。所以只能说，让两种相反的罪恶并存或许要比其中之一独存来得有利"①。

在 18 世纪苏格兰启蒙运动中，尽管有些知识分子还留有奢侈与腐败的共和主义分析构架，尽管有些知识分子对商业文明的前景并不如此乐观，但无疑他们都认同日益精致的商业社会是"人心所向极为正当的趋势"，无疑都将奢侈看作是"对文明，甚至于对幸福都不可或缺的一种生活方式"，并热情地歌颂着"它孕育了艺术，支持了商业，造就了国家的强大和富饶"②。

5.2.3.2　商业精神

商业不仅能导致物质生活的舒适与技艺的精良，而且还能敦风化俗。休谟将商人称为"最为有用的人"。在这种"最为有用的人"身上，休谟看到了勤勉与节俭及其发散与扩大作用。他写道："商业能促进勤劳，把这种精神带给每个社会成员，自然而然地流传开来，使人人不当无用废物与草木同腐。商业能发扬节俭，使人人安居乐业，发挥一技之长来求利；这种技艺很快就使人精神有所寄托，转移奢侈逸乐的癖好。一切勤劳的行业使人节俭，同时也使爱利得之心胜过嗜逸乐之念，这一点是置之四海而皆正的。"③对照一下韦伯的著作，这是一种典型的资本主义精神。

---

① 休谟，《休谟经济论文选》，第 28 页。尽管休谟在这里点名批评了曼德维尔，其实曼氏在其之前就开出过以毒攻毒的药方和诸多混合配方："我将社会中的贪婪与挥霍看作医学中两种相克的毒药。……倘若它们的相克矫正了它们各自的德性，它们便能够互相帮助，并且常常可以混合成为良药。""我本将国家政体比作一只盛着潘趣酒的碗。贪婪就是这碗酒里的酸味剂，挥霍则会使碗中的酒变甜。而大众的无知、愚蠢和轻信，则是这碗酒中的水，漂浮其上，索然无味。智慧、荣誉、坚毅乃至人类的其他高尚品德……而应当被喻为白兰地。……若不熟悉这碗有益健康的混合饮料，若分别啜饮其中的几种成分，必定会以为它们绝不可能混合成任何可以下咽的饮料。其中的柠檬精太酸，而糖又过甜，白兰地实在太烈，水索然无味。然而，经验却告诉我们：合理地混合我所说的这些成分，却能够制作出一种无比美妙的饮料，会得到口味高雅人士的喜爱和赞赏。"曼德维尔，《蜜蜂的寓言》，第 83、82—83 页。

② 弗格森，《文明社会史论》，第 269 页。

③ 休谟，《休谟经济论文选》，第 45、46 页。

在《法学讲义》中，斯密专门谈及了"商业对于人民习俗的影响"；在《国富论》中，也多处提及商人的好习惯。在斯密看来，商业不仅带来了重诺言、守时间[1]、爱秩序、节省、谨慎等各种习惯[2]，而且市场这只"看不见的手"还具有道德强制的功能。而后者正是斯密着力探究的方面。斯密看到，商人本来最怕失信用，他总是时刻小心翼翼地按照契约履行所承担的义务，他绝对不能从欺骗附近的人而得到大好处，他的奸诈面目一被看出，失败便无可避免。坎南还引用坦普尔的话补注曰："商人依赖诚实公道，不下于战争依赖纪律，缺乏诚实风气，商业就要完蛋，大商家就会沦为小贩。"[3] 因而，正是市场的道德强制，营业者对丧失顾客以致破产的恐惧，自然使其萌生道德之心。可见，在商业社会里，谋利式的"市民"对自身的利害关系愈加敏感，则必会勤勉、节约、诚实、小心谨慎。对此，克罗波西解读为："人对横死的恐惧，给人对自身境况的渴求取代了；这样斯密达成了对霍布斯体系的自由化与商业化"，"在商业体制中，竞争是直接取代美德的因素"。[4] 后面这种强调有点过，恰当地说，竞争的残酷能激发出契约、守法的精神。

在《文明社会史论》中，尽管弗格森对"商人"社会颇有异议，但在对比古今商人时，他对现代社会中的商业习性还是给予了肯定。他写道："蒙昧时代的商人目光短浅，招摇撞骗，唯利是图。但是，当他的商业艺术取得了进步，达到了高级阶段时，他的视野就开阔了，他的信条也就确立了。他变得守时，开明，守信，富有进取精神。当大家都堕落腐化时，除了强行保护自己的财产外，唯独他拥有各种美德。他除了需要国家保护之外，对国家别无他求。而且往往他自己就是最聪明、最值得尊敬的国民。"[5] 不过，他还是一再告诫商人不要丢失

---

① 坎南编著，《亚当·斯密关于法律、警察、岁入及军备的演讲》，第260页。
② 亚当·斯密，《国民财富的性质和原因的研究》（上卷），第371页。
③ 坎南编著，《亚当·斯密关于法律、警察、岁入及军备的演讲》，第260页。
④ 约瑟夫·克罗波西，《国体与经体：对亚当·斯密原理的进一步思考》，第99页。
⑤ 弗格森，《文明社会史论》，第159页。

"公心"，不可损人利己，"商人一旦忘记自己为国筹划的重要性，远见和想象很快就不存在了，商贸的坚实基础也就消失了。或许，他听说，只要他追求利益时让人无可抱怨，那么商贸的利益就得到了保证"。①

5.3 对"商人"社会的忧虑

按照斯密的看法，现代市民社会"一切人都要依赖交换而生活"，因而"在一定程度上，一切人都成为商人"②，是一个"商人"社会。在前一章中，我从社会观的角度指出过苏格兰启蒙学者持有的是一种辩证的发展观，不过当时悬置了他们对市民社会的辩证态度。在前面几节里，我主要从正面谈及他们对市民社会的积极赞颂与启蒙，现在转入探究他们对"商人"社会，更确切地说，是一种过分商业化与市场化的社会之忧虑。这种忧虑在亚当·斯密与亚当·弗格森这两个"亚当"那儿最为显著，相对来说，休谟比较乐观。福布斯曾断言：休谟对"风俗与道德的腐败""分工的危害"均不以为意，"在休谟那里，也很难挖掘出'异化'理论"。③即使是在公民人文主义方面极为着意的波考克也认为，休谟没有沉溺在对商业社会悲观的习气之中。④

5.3.1 分工的异化

由于直到 1895 年才发现亚当·斯密在格拉斯哥大学讲课时使用的关于法律、警察、岁入及军备的讲稿（时间约为 1763 年）⑤，因而，在《国富论》之前有关斯密对劳动分工的消极影响的看法长期被"封存"，以致马克思在该问题上也搞错了谁是"先行者"，将弗格森作为斯密的老师而热情地称赞。⑥

---

① 弗格森，《文明社会史论》，第 160 页。
② 亚当·斯密，《国民财富的性质和原因的研究》（上卷），第 20 页。
③ Duncan Forbes, Hume's Philosophical Politics, p.308.
④ J. G. A. Pocock, The Machiavellian Moment, p.497.
⑤ 坎南编著，《亚当·斯密关于法律、警察、岁入及军备的演讲》，"原编者引论"。
⑥ 皮特·纽曼主编，《新帕尔格雷夫法经济学大辞典》（第二卷），第 137 页。

对于劳动分工的消极影响，斯密首先指出，专业化的分工会导致普通劳动者的技能、知识、能力的单一性、片面性，"使人们的见识变得狭隘"。他分析道："依劳动为生者的大部分的职业，也就是大多数人民的职业，就局限于少数极单纯的操作，往往单纯到只有一两种操作。可是人类大部分智力的养成，必由于其日常职业。一个人如把他一生全消磨于少数单纯的操作，而且这些操作所产生的影响，又是相同的或极其相同的，那么，他就没有机会来发挥他的智力或运用他的发明才能来寻找解除困难的方法，因为他永远不会碰到困难。这一来，他自然要失掉努力的习惯，而变成最愚钝最无知的人。"① 在先于《国富论》的《法学讲义》中，斯密更是认为："在一切商业国，下层阶级人民都非常愚笨。荷兰平民特别愚笨，英格兰人的愚笨更有甚于苏格兰人。这是普遍的规律：城市居民的知识不及乡村人，富裕国家人民的知识不及贫穷国家的人民。"② 在斯密的思想中，也不同程度存在着歌颂"高尚的野蛮"的韵味，认为在所谓的野蛮社会如猎人社会、牧人社会，甚至在制造业未发达及国外贸易未扩大的幼稚农业状态下的农夫社会中，商业社会中的人的片面发展就不存在。"在这些社会中，各人工作的多式多样，使他不得不奋其能力，不得不随时想些方法，去对付不断发生的困难，发明定会层见迭出，人的心力也不会陷于呆滞无作用的状态，像文明社会几乎全体下级人民的智力都无作用的状态那样。"③

斯密接着指出，分工导致的呆板、模式化的生活方式同样会引发精神"无感觉的状态"："精神上这种无感觉的状态，不但使他不能领会或参加一切合理的谈话，而且使他不能怀抱一切宽宏的、高尚的、温顺的情感。其结果，对于许多私人日常生活上的平常义务，他也没有能力来作适当的判断。至于国家重大的和广泛的利益，他更是全然辨认不了的。"④ 在对分工异化的批评中，斯密很赞同古典共和主义的看

---

① 亚当·斯密，《国民财富的性质和原因的研究》（下卷），第338—339页。
② 坎南编著，《亚当·斯密关于法律、警察、岁入及军备的演讲》，第262页。
③ 亚当·斯密，《国民财富的性质和原因的研究》（下卷），第339页。
④ 同上。

法，认为它"使人豪气消沉，一点没有尚武精神"①。斯密的推论依旧很自然，"他的无变化生活的单调性质，自然把他精神上的勇气销毁了，使他看不惯兵士们的不规则、不确定和冒险的生活。就是他肉体上的活动力，也因这种单调生活毁坏了，除了他既经习惯了的职业外，对于无论什么职业，他都不能活泼地、坚定地去进行"②。最后，斯密明确点出了发展的"代价"问题：分工所带来的特定职业的技巧和熟练是由牺牲人的智能、交际能力、尚武精神而获得的。③

与斯密的看法相类似，杜格尔德·斯图尔特也认为，"工匠的心灵，由于他活动范围的限制，会降低到农民或野蛮人的水平以下"；同时，对消解劳动分工之副作用，他也和斯密一样比较乐观，"印刷术的影响，加上商业精神的辅助作用，使教化和文雅广为传播，这似乎是自然为了弥补伴随机器工业进步而来的劳动分工的恶果所准备的一剂药。为了使这剂补救的药物有效，只要有便利普遍教育和使各个人的教育与其岗位相适应的开明制度就行了"。④

对分工，弗格森也一方面持积极肯定的态度，认为"商业的进步只不过是手工艺术的继续分工"，并绘声绘色地描述分工的功效：艺术家发现他越是把注意力集中于任何工作中的一个特定部分，产品就会越完美，而且产量也会越多。制造商发现如果工人分工越细，个件上雇的工人越多，花销就越少，获利就越多。消费者同样也要求每一种商品的做工会比那些雇来要一心多用的工人生产的商品更完美。⑤ 另一方面，他同斯密、杜格尔德·斯图尔特一样，也在专业化的分工中看到了人的"单向度"，并且用语甚为生动与精妙，这可能也是他最打动马克思之处。这里，我简单摘录他的几句话："在商业国家里，人们发现一个人只要扮演其中一个角色就够了"，"艺术国家的成员除了本行以外，对人类事务一无所知"，"他们就像是一台发动机上的零件"，

---

① 坎南编著，《亚当·斯密关于法律、警察、岁入及军备的演讲》，第263页。
② 亚当·斯密，《国民财富的性质和原因的研究》（下卷），第339页。
③ 同上。
④ 杜格尔德·斯图尔特，《亚当·斯密的生平和著作》，第50页。
⑤ 弗格森，《文明社会史论》，第199—200页。

"制造业最繁荣昌盛的地方的人们最不注重思考,而且不花气力去想象,只是把车间看成是一台由人做零部件的发动机"。[①] 不过,相对于劳动分工,弗格森更关心的是社会分工。对于前者,虽然他使用了后来马克思频频使用的"零件",但似乎都不及斯密在意,甚至乐见其成;他真正在意的是"政治家"与"公民—战士"的分工、"政治家"与"军事家"的分工,下面一段话可以为证:"艺术和专业的分工有时会提高业务水平、促成目标的实现。裁缝和鞣皮匠分工后,我们就穿上了更好的鞋子和衣服。但是将造就公民的艺术和造就政治家的艺术区别开来,将制定政策和进行战争的艺术区别开来,无异于试图分解人类性格、摧毁我们恰恰试图改进的艺术。有了这种分工,我们事实上剥夺了保证自由民族安全的必不可少的因素。或者说我们为防御外敌入侵做好了准备。但是,这种防御可能导致篡权行为,而且国内也有成立军政府的危险。"[②] 因而,在弗格森的思想中,我们看到的主要是他对"职员与会计"取代"政治家和斗士"的强烈不满,与斯密的差异是相当明显的。

5.3.2 财富与德性的腐化

在财富与德性的认识上,斯密的研究者们基本上都认为,斯密有一个由乐观到悲观的转变,这种思想转变最为突出地体现在《道德情操论》的修改增补上,特别是在第六版中,斯密增加了初版中所没有的"论由钦佩富人和大人物,轻视或怠慢穷人和小人物的这种倾向所引起的道德情操的败坏"这一章(即第一卷第三篇第三章),并将初版第一卷第四编第三章"论斯多亚哲学"删除(该章的内容并入第六版的最后一卷"论道德哲学体系")。罗卫东教授认为,这一增一删后结构与内容的变化,表明斯密对情感与德性之间关系的认识已经随着商业社会负面现象的加剧而发生了根本性的逆转。[③]

---

① 弗格森,《文明社会史论》,第 249、200、201 页。
② 弗格森,《文明社会史论》,第 254 页。
③ 罗卫东,《情感、秩序、美德——亚当·斯密的伦理学世界》,第 272 页。

斯密基于这样一个常识或者说理论预设，人们对快乐表示同情的倾向比对悲伤表示同情的倾向更为自然、更为贴切，即同情心具有指向快乐的强烈倾向，比如"我们夸耀自己的财富而隐瞒自己的贫穷，是因为人们倾向于同情我们的快乐而不是悲伤。我们不得不在公众面前暴露出自己的贫穷，并感到我们的处境虽然在公众面前暴露无遗，但是我们受到的痛苦却很少得到人们的同情，对我们来说，再也没有什么比这更为耻辱了"。① 在初版中，斯密很乐于从人的这种情感中推演"野心的起源"与"社会阶层的区别"（初版第一卷第四篇第二章的主题），并做出结论："等级差别和社会秩序的基础，便是人们同富者、强者的一切激情发生共鸣的这一倾向。"② 也就是说在初版中，斯密对人类天然具有的向"强者""富者"顶礼膜拜的情感持一种肯定的态度，认为这种情感及其所引发的"虚荣心""荣誉感""野心"不仅是社会秩序之源，也是财富之源。斯密还满怀深情地写道："天性很可能以这种方式来欺骗我们。正是这种蒙骗不断地唤起和保持人类勤劳的动机。正是这种蒙骗，最初促使人类耕种土地，建造房屋，创立城市和国家，在所有的科学和艺术领域中有所发现、有所前进。这些科学和艺术提高了人类的生活水平，使之更加丰富多彩；完全改变了世界面貌，使自然界的原始森林变成适宜于耕种的平原，把沉睡荒凉的海洋变成新的粮库，变成通达大陆上各个国家的行车大道。"③《国富论》中"看不见的手"与"自由制度"就是基于这样的秩序观与财富观而展开的。

然而，在第六版新增的"论道德败坏"这一章中，斯密对以前自己所认可的"秩序之源"与"财富之源"展开尖锐的批评，而且开门见山一并声讨："钦佩或近于崇拜富人和大人物，轻视或至少是怠慢穷人和小人物的这种倾向，虽然为建立和维持等级差别和社会秩序所必需，但同时也是我们道德情操败坏的一个重要而又最普遍的原因。财富和

---

① 亚当·斯密，《道德情操论》，第60页。
② 亚当·斯密，《道德情操论》，第65页。
③ 亚当·斯密，《道德情操论》，第229页。

地位经常得到应该只是智慧和美德才能引起的那种尊敬和钦佩；而那种只宜对罪恶和愚蠢表示的轻视，却经常极不适当地落到贫困和软弱头上。"在整个这一章中，斯密深刻解释了道德情感败坏的三点理由，从中我们也可以看出他对市民社会的隐忧：第一，重"财"轻"德"。尽管斯密在晚年依旧相信，"在中等和低等的阶层中，取得美德的道路和取得财富（这种财富至少是这些阶层的人们能够合理地期望得到的）的道路在大多数情况下是极其相近的"；但是在学理上他已经清晰地认识到，为了受到、获得和享受人们的尊敬和钦佩，人们有两条道路可以选择：一条是学习知识和培养美德，另一条是取得财富和地位；然而遗憾的是，"通往美德的道路和通往财富的道路二者的方向有时截然相反"。更成问题的是，"大部分人都是财富和显贵的钦佩者和崇拜者"，"富裕和有地位的人引起世人的高度尊敬，而具有智慧和美德的人却并非如此"，谦逊有礼和公正正直的美德之士，仅仅为很少的社会精英注意到。第二，"嫌"贫"爱"富。斯密指出，在同等程度的优点方面，几乎所有的人对富人和大人物的尊敬都超过对穷人和小人物的尊敬，绝大部分人对前者的傲慢和自负的钦佩甚于对后者的真诚和可靠的钦佩。而在相似程度的罪恶与愚蠢方面，上流社会人士的放荡行为遭到的轻视和厌恶比小人物的同样行动所遭到的小得多，后者对有节制的、合乎礼仪的规矩的仅仅一次违犯，同前者对这种规矩的经常的、公开的蔑视相比，通常更加遭人愤恨。第三，虚荣心的蜕变。在初版中，斯密乐观地认为，人所共有的那种寻求他人认可与赞同的虚荣心能激发人们去追求真正的自我完善与创造财富，从而成为"值得"他人尊敬的对象。然而，在《道德情操论》的第六版中，斯密认识到，起码在上层社会中，虚荣心蜕变为拙劣的"模仿"，如模仿富者与大人物之时髦的衣着、语言、生活方式，满足于那些"不值得称赞的"掌声与鲜花，从而导致所谓的"时髦的风尚"。这种风尚，在斯密看来，就是阿谀奉承、虚伪欺诈。因而，他感叹，"正如在宗教和美德问题上存在伪君子一样，在财富和地位问题上也存在伪君子"。①

---

① 参见：亚当·斯密，《道德情操论》，第72—77页。

在财富与德性的腐败上，弗格森比斯密更为悲观同时也更为激进。在理论上，弗格森并不认为财富与德性是对立的，也承认"商业包含了每一种可能营利的技巧……是国家的伟大目标，人类研究的主要对象"，甚至还反对将两者对立的政策，"（鉴于）人的美德是可靠的，一些关注公益事业的人们只想到人口的增长，财富的积累。另外一些人或许是担心腐化堕落，只想到如何保持民族美德。人类社会对这两者都负有重大责任。只是出于谬误，人们把这两者对立了起来"。[①] 然而，弗格森又深感追求财富的欲望天然地具有腐蚀德性的倾向，它致使人们把关注的焦点集中在私利而非德性上，"商业高度发达的国家很容易就会走向腐化堕落，因为它们把财富看成是显赫地位的基础，而这种财富又不是靠个人的高尚和美德来维持的，还因为它们所关注的焦点是私利，认为私利是通向引人瞩目的地位和荣誉的道路"。[②] 在弗格森看来，这种没有德性支撑的财富狂热或者财富崇拜容易将人引向感官享乐主义和物欲主义的深渊。他指出，"感官的需求是人类生活体系中的一个重要部分。……但是，如果把感官享乐看成是构成幸福的主体部分，这在思想上将是个错误，在行动上将是个更大的错误"[③]。弗格森不仅不满于市民社会中的个人迷恋财富，而且也不满于政府急功近利、不重视美德的做法，"诸多国家都偏向为保证公众安全，人身自由或私人财产而采取特定的政策，而很少为伦理道德，为真正使人类更完美而采取特定政策"。[④]

尽管斯密晚年批判了市民社会中人的"同情共感"有腐化败坏的可能，但他对那种基于"一致的估价"，"完全着眼于实利的互惠行为"[⑤] 的市民社会的伦理运行机制基本上还是认可与信任的。但是，弗格森极为反感把商业交易中的那一套规则引入情感之中，并不厌其烦地指出其使诸多美德变味乃至歪曲，使得德性体系蜕变了。他愤怒地

---

① 弗格森，《文明社会史论》，第 61、162 页。
② 弗格森，《文明社会史论》，第 281 页。
③ 弗格森，《文明社会史论》，第 47 页。
④ 弗格森，《文明社会史论》，第 153 页。
⑤ 亚当·斯密，《道德情操论》，第 106 页。

写道:"由于我们要求引人注目,我们非但没有改善道德体系,反而使它沦丧了;由于我们要求报恩,同时又不断建议人们应恪守这一原则,我们恰恰暴露出我们歪曲了它的本质;我们恰恰表现出对私利越来越敏感,并以此衡量友谊和慷慨大度是否合宜。并且由于我们对于私利越来越敏感,我们把交易的精髓引用到情感交流中来了。这样做的结果,我们经常不得不婉言谢绝他人的恩惠,就好像要摆脱受人奴役的工作或拒绝受贿一样。而没有涵养的野蛮人则会欣然接受每一个恩惠,而且会大大方方、不假思索地接受每一份馈赠。"[①]

在弗格森对商业社会之忧虑中,不仅分工的异化会使勇气、尚武等美德流失,财富崇拜更是有过之而无不及,它使人贪图享受、性格柔弱娇气、行为"脂粉气"十足[②],它使人蜷缩在狭小的自我圈子、患得患失、缺乏公共精神。这样,弗格森由对分工的异化、财富的崇拜与德行的腐化的担忧转入了一个更深层次的担忧,即公共精神的缺失与政治奴役。

5.3.3 公共精神的缺失与政治奴役

"商人"社会的一个重要特征,用弗格森的一句名言概括即为,"对于古希腊人或古罗马人而言,个人无足轻重,公众至高无上。对于现代人而言,在欧洲的许多国家里,个人至高无上,公众无足轻重"[③]。但是,当个体将自我作为生活的主轴、将"公事"委托给"公仆"后,很可能就会出现政治冷漠、政治参与衰退、奉献意识淡薄、公共精神缺失、公民私人化等症状。在市民社会新兴之际,这一群满怀公共精神的知识分子就对这种情形(有的学者径直称为"政治的终结"[④])深感忧虑,并积极寻求对策,当然方案策略各异。

在斯密那里,公共精神的缺失,首先是由分工的异化造成的"单

---

① 弗格森,《文明社会史论》,第97—98页。
② 弗格森,《文明社会史论》,第281页。
③ 弗格森,《文明社会史论》,第63页,引文略有改动。
④ 这构成博格斯一本著作的书名与主题。参见:博格斯,《政治的终结》,陈家刚译,北京:社会科学文献出版社,2001。

面人"在客观上导致他们对国家的重大和广泛的利益全然辨认不了①。其次，斯密更将矛头指向"商人"（或起码是大商贾）道德情感的败坏，指责他们一方面"只为一己的利益行事。他们所求的，只是到一个可赚钱的地方去赚钱"②；另一方面又囤积居奇、结党营私，通过不正当方式控制舆论、影响立法机关，直接损害公众利益。克罗波西甚至将《国富论》下面的一段话解读为斯密将有的商人不再视为一个"公民"③："土地所有者，必然是其地产所在国的一个公民。资本所有者则不然，他很可说是一个世界公民，他不一定要附着于那一个特定国家。一国如果为了要课以重税，而多方调查其财产，他就要舍此他适了。他并且会把资本移往任何其他国家，只要那里比较能随意经营事业，或者比较能安逸地享有财富。他移动资本，这资本前此在该国所经营的一切产业，就会随之停止。……资本向外移动，不但资本利润，就是土地地租和劳动工资，亦必因而缩减。"④此外，正如赫希曼在《欲望与利益》一书中所分析的，斯密还注意到了，"只要并非每个人都玩'纯粹'赚钱的游戏并且大多数市民沉溺于这种游戏，这就会任那些为攫取权力而下更大赌注者更为自由地去实现其野心"⑤。而这种忧虑，在弗格森那里已经跃然纸上了。他认为"商业精神"在带来自由与文明之花果的同时，也有可能趋向反面的政治奴役，如果公众为了"私心"丢弃"公心"的话。

对于"公心"，弗格森界定为："忠实履行任何对公共善负责的正式指定；一贯将公共安全与公共善放在个别的利益与私人的考虑之上。"⑥在弗格森看来，"共同体的各个成员都应具备公心"，"思想上把自己看作只是某个我们所热爱的社区的一部分，只是某个社会的一分

---

① 亚当·斯密，《国民财富的性质和原因的研究》（下卷），第 339 页。
② 亚当·斯密，《国民财富的性质和原因的研究》（上卷），第 378 页。
③ 约瑟夫·克罗波西，《国体与经体：对亚当·斯密原理的进一步思考》。
④ 亚当·斯密，《国民财富的性质和原因的研究》（下卷），第 408 页。
⑤ 艾伯特·奥·赫希曼，《欲望与利益：资本主义走向胜利前的政治争论》，第 114—115 页。
⑥ 弗格森，《道德哲学原理》，第 141 页。

子的习性。这个社区或社会的整体利益是我们热心追求的最高目标，也是我们行为的崇高准则"。[①] 基于这一看法，他对商业社会的"私心"及其政治奴役的后果做了深刻的描绘："我们一心只想着我们牲口的繁殖，因而我们就看不到牲畜棚和草原以外的东西了。我们忘了少数人往往能让多数人成为自己的猎物。我们忘了对穷人而言没有什么比富人的金库更具有诱惑力了。我们忘了要为自由付出代价时，胜利者的沉重的利剑就会失衡，插入相反的秤盘。"[②] 应该说，弗格森的这席话并非危言耸听，这再一次说明社会发展富于辩证法，谋利式的商业及其扩张既有助于改善个人经济状况和政治文明的发展，同时也可能在新的基础上形成依赖性与依附性，甚至产生新的专制主义与政治奴役。正是基于这两种面向，马克思将"人"的社会形态在商业社会阶段界定为"物的依赖性—人的独立性"。

那么，怎么走出市民社会中存在的种种困境呢？与斯密注重知识教育不同，在弗格森看来，最为有效的途径是：通过发展民族幸福和强大所依赖的艺术；通过在上层社会培养既适用于事务委员会又适用于战场的人才（一旦分开培养，效果就不显著了）；通过培养大众的爱国热忱、军事素质，使他们参与到捍卫权利的斗争中来。[③] 这显然是一条古典的共和主义的公民美德的路径，在下一个主题中，本书将继续进行探讨。

---

① 弗格森，《文明社会史论》，第 162 页。
② 同上。
③ 同上。

6 "正义优先于善"——苏格兰启蒙运动的道德哲学

> 行善犹如美化建筑物的装饰品，正义犹如支撑整个大厦的主要支柱。[①]
>
> ——亚当·斯密

19 世纪的英国法律史家梅因（Henry Sumner Maine）曾指出，宗教改革以后，伦理学分化为两大思想学派：一是由天主教会的道德神学演变而来的诡辩学派，一是承袭罗马法的格老秀斯的自然法学派。而后者最终控制了全部伦理学领域，它在很大程度上使伦理学与罗马法融为一体。[②] 苏格兰启蒙思想家的道德哲学与自格老秀斯以来的自然法传统一脉相承，同时又立足于英国商业社会与工业革命兴起的新时代，回应新的道德问题，积极推动了从"共同体的道德"向"社会"与"个体的道德"伦理转型，充分立论了正义优先于善促进了现代正义伦理学的兴起。

[①] 亚当·斯密，《道德情操论》，第 106 页。
[②] 梅因，《古代法》，沈景一译，北京：商务印书馆，1959，第 197—198 页。

6.1　德性传统：从古代到近代

在进入苏格兰启蒙思想家的德性世界之前，我们首先想回顾一下西方德性传统的历史流变，这不仅仅是思想脉络的梳理，更重要的是为了深究当"共同体"转向"社会"后，德性传统是怎样与时俱进的。苏格兰思想家的理论工作是否如麦金太尔所说是一种"颠覆"，还是一种顺应时势的"拓展"？同时，顺便简单提及一下，孟德斯鸠还在《论法的精神》一书中将德性（virtue，或译为品德、美德）区分为"政治的德性""基督教的德性"与"道德的德性"[①]。在这里，本书想从西方政治伦理传统的历史变迁中析出近代的道德属性[②]。

6.1.1　英雄社会与"英雄德性"

阅读苏格兰启蒙思想家的著作，无论是哲学、伦理与历史，还是政治、法学与经济，都富有浓厚的历史韵味，他们旁征博引远古社会的史料，或是故事，或是传说，或是诗歌，对其间的英雄主义无不敬佩与赞叹。休谟径直将那些"伟大而豪迈的""辉煌的"德性称为"英雄的德性"（heroic virtue），认为它根源于人之骄傲和自尊的情感，与基于谦卑的"基督教的德性"（the excellency of the Christian religion）形成鲜明的对比[③]，并列举了一些主要德目，如勇敢、无畏、雄心、荣誉感、豪情。这里，我们不打算一一阐释与甄别这些德目，只是试图通过探寻英雄德性生长的土壤与环境即英雄社会的特征，并从而了解其属性。

按照麦金太尔的研究，英雄社会是一个得到明确界定并具有高度确定性的角色和地位系统，这个系统的关键结构是亲属关系和家庭的结构。可以说，它实质上就是一个"血缘共同体"。因而，在这样的共

---

① 孟德斯鸠，《论法的精神》（上），"著者的几点说明"。
② 项松林、李虹，《西方政治伦理思想的历史流变及其启示》，载《伦理学研究》，2006 年第 5 期。
③ David Hume, The Philosophical Works of David Hume, vol.2, p.356.

同体下，"一个人通过认识他在这些结构中的角色而知道自己是谁；而且通过这种认识，他还了解了他应尽何种义务以及每一其他角色与地位的占有者应对他尽何种义务"。顺理成章的是，一个所谓有德之人，显然就是"在其角色所要求的那些行为中显示自身的那些品质"。故而完全可以做出这样的结论，"对英雄社会中的美德的任何充分的说明，都不可能脱离其在此社会结构中的语境"，"道德和社会结构在英雄社会中实际上是一回事。这里只有一套社会关系"。① 从英雄社会中道德与社会结构这种浑然一体的关系中，我们可以简单地概括出英雄德性有如下的一些特征：第一，借用社群主义的观点，个人与社会是"构成性"的关系，每个人都有特定的身份与角色，需要承担特定的责任与义务，英雄的德性不是普适的，它是"共同体主义"的。麦金太尔说得好，"英雄式的自我本身并不希求普遍性，尽管在对英雄社会的追溯中我们可以认识到这种自我的成就中的普遍性价值"②。第二，英雄的德性是那些能够促使个体去做他或她的角色所要求的事情的品质，如力量、勇气、才智、友谊与忠诚。第三，"在英雄社会里，生命就是价值标准"③。德性在很大程度上是习惯性的，"以力取胜"的生存之道与正义之间存在着紧张的张力。

6.1.2 城邦共同体与"政治的德性"

在西方，继英雄社会这种血缘共同体之后的是城邦共同体，从而道德权威的中心已从家庭和家族转换到了城邦。正如《政治哲学史》一书的著者们所解读的："'城邦'（polis）是一种合作关系，是联合体或共同体，亦即共同分享或持有某些东西的一群人。……必须将亚里士多德的观点与下述为人所熟悉的观点加以区别：'国家'的作用仅仅在于它是构成'社会'的各种私人团体的工具。然而，如果以为在亚里士多德看来各种不同形式的'国家'都因而不过是'社会'的奴仆，

---

① 麦金太尔，《追寻美德》，宋继杰译，南京：译林出版社，2003，第153、154、155页。
② 麦金太尔，《追寻美德》，第159页。
③ 同上。

那就错了。因为'社会'与'国家'的区别对于亚里士多德的思维方式来说是陌生的。"① 也就是说，在古希腊，城邦最确切的意义是一种共同体。在这一共同体中，不仅政治国家与社会同构，而且个体也与城邦同构。对于这一点，我们可以从词源学上得到确认。公民的希腊用语为 polites，本义即为"属于城邦（polis）的人"。不过，这一共同体已不再是纯粹的血缘、家族关系，它"焊"进了新的属性。根据亚里士多德的定义，"城邦的一般意义就是为了要维持自给生活而具有足够人数的一个公民集团"，而公民又纯粹被看作是属于城邦的"政治动物"。② 因而，"做一个好公民"成为道德生活的新主题。这样，在城邦共同体的早期存在着从英雄社会承继而来的英雄德性和现实的城邦生活中所要求的德性这两种不同的道德规范。毋庸置疑，有联系但更主要的是冲突。如何对此进行调适，是古希腊先哲们从悲剧作家、智者、柏拉图到亚里士多德竞相思考的焦点。悲剧作家与智者主要强调德性之间的冲突，前者侧重于人性自身的冲突与"命运"的不可抗拒，后者侧重于德性自身的多样性与冲突性。而从柏拉图到亚里士多德意在构建一种和谐的德性体系。尽管四者之间有分歧有争论，但他们之间分享这样的共识：德性与城邦是分不开的，德性的实践是在城邦的环境中进行的，并且只有依据城邦德性才能界定，用麦金太尔的话说，"美德在城邦的社会语境中有其位置，就成了雅典人共同的前提。所有的希腊人都认为，做一个好人至少与做一个好公民是紧密相连的"。③ 这里我们重点介绍柏拉图和亚里士多德的解答之道与德性论。

与智者学派对德性概念之多样性与冲突性的理解不同，柏拉图试

---

① 列奥·施特劳斯、约瑟夫·克罗波西，《政治哲学史》（上册），李天然等译，石家庄：河北人民出版社，1993，第141—142页。该书的"绪论"部分反复强调：第一，不要将"polis"理解为"国家"（state）或"城市国家"（city-state）；第二，也不能说"polis"包括社会和国家，因为城邦（polis）这一概念先于国家和社会的区分。他们认为，城邦的现代同义词是"country"。
② 亚里士多德，《政治学》，第7、113页。
③ 麦金太尔，《追寻美德》，第171页。

图寻求一种和谐的德性体系，不仅个人的诸种美德能和谐，而且更主要的是能与城邦的德性相谐和而臻至完美。正如斯密所辨析的，这种完美的德性，柏拉图仿效毕达哥拉斯学派将其称为"正义"①。在《理想国》一书中，他从个人与城邦两个层面分别推演出"个人的正义"与"城邦的正义"。柏拉图认为一个人的灵魂包含理性、激情、欲望三个要素。理性在价值上居最高层次，表征着智慧；激情是勇敢的化身；欲望居最低层次，需要进行节制。在他看来，一个有德性的人应该使理性居主导地位，统率激情，控制欲望，这是人的灵魂的最佳的和谐状态，用他的话说就是实现了个人的正义。同时他还相信，个人是城邦的缩影，城邦是个人的扩大，城邦和个人是同构的。城邦也同样存在不同的要素，其公正有序的状态就实现了城邦的正义。在一个城邦里，哲学家最有智慧，代表着国家的理性；生产者从事粗鄙的经济活动，谋衣谋食，代表着欲望；而军人处于两者之间，代表着激情。城邦追求的美德和正义是哲学家领导着军人统治着生产者。在对人及其在城邦中的身份、分工、职责和地位进行"秩序化"与"伦理化"的安排与设计后，柏拉图进而憧憬着美德与知识化身的"哲学王"治国。然而柏拉图苦心经营的"理想国"却遭到学子亚里士多德不留情面的批判。在亚里士多德看来，柏拉图的德性理论有三个致命的缺陷：一是极端化。完全以公民个人的品德和能力作为他们在城邦中的地位和作用的唯一标准，并视为正义；完全以城邦的整体利益替代个人利益，并视为正义。二是隔离化，把个人与城邦隔离，认为个人可以单个地、独自地实现正义与达到完善，从而忽视了城邦的善业对个人道德的完善的促进或牵制作用。三是理想化。用理念论裁剪现实。对柏拉图德性论存在问题的揭示和剖析在一定程度上也表明了亚里士多德有新的致思取向与价值追求。简单地说，亚里士多德的德性论在元理论层面最为核心的是他引入了目的论，并对这种目的论做了自然主义的解答："自然对每一事物各赋予一个目的"，"一切社会团体的建立，其目的总是完成某些善业"，而城邦是"至高而广涵的社会团体"，因而在城邦

---

① Adam Smith, The Theory of Moral Sentiments, p.269.

中可以追求"最高而最广的善业"。① 这种解答之道其实比柏拉图更富有政治性，更是一种"政治的德性"，它的基本内容无外乎关切这两个方面："懂得作为统治者，怎样治理自由的人们，而作为自由人之一又须知道怎样接受他人的统治。"② 反过来，按照孟德斯鸠的说法，作为共和制政体原则的德性又强化了政治与德性之间的亲缘性。对于这种属性，贡斯当的揭示是相当深邃的："个人在公共事务中几乎永远是主权者，但在私人关系中却都是奴隶。作为公民，他可以决定战争与和平；作为个人，他的所有行动都受到限制、监视与压制。"③

在罗马帝国时期，道德生活之"政治性"的色彩开始稀释，公民的政治身份与民事身份开始出现分离。这种差异，可以从转译"polites"（公民）的拉丁语"civis"的复杂含义中体认到。一方面，"civis"保留了与公共生活、政治生活和国家密切相连的含义，与"civis"同源的"civitas""civitatem"有城邦、政体和政治国家的意思，"civilis"有"国家公民"的含义；然而另一方面，"civis"还有着重要的经济与市民法的意义。④ 对这一进程，萨拜因妙笔生花："作为政治动物，作为城邦或自治的城市国家一分子的人已经同亚里士多德一道完结了；作为个体的人则是同亚历山大一道开始的。"⑤

6.1.3　崇拜共同体与"基督教的德性"

服务于、服从于神权政治的基督教首先面临着这样一个理论难题：一方面，要把人、人性、人的社会政治生活、人的理想与命运等都撕裂为两半——灵魂与肉体、理性与信仰、内在世界和外在世界、精神生活和世俗生活、来世与现世，并通过把前者从后者中剥离出来

---

① 亚里士多德，《政治学》，第 5、3 页。
② 亚里士多德，《政治学》，第 124 页。
③ 邦雅曼·贡斯当，《古代人的自由与现代人的自由》，阎克文、刘满贵译，上海：上海人民出版社，2003，第 35 页。
④ 方朝晖，《市民社会的两个传统及其在现代的汇合》。
⑤ 乔治·萨拜因，《政治学说史》（上），盛葵阳、崔妙因译，北京：商务印书馆，1986，第 178 页。

并与上帝建立起直接的联系，赋予前者某种神圣的意义，贬低后者的价值和地位，制造"上帝的选民"与"世俗世界"之间鲜明的二元性对立；另一方面，随着在实践中教会与王权双方在"双剑论"上日益达成共识，因而在伦理价值上又要试图去消解这种二元性的对立，调和神的权威与政府的权威，整合教会与政府、教徒与臣民，并为教权与王权确定相应的职责权限。为此，《圣经》里抛出了"该撒的物当归该撒，神的物当归给神"的语录，奥古斯丁在《上帝之城》中区分了上帝之城和尘世之城，托马斯·阿奎那在《神学大全》中更是通过复兴亚里士多德主义，在目的论的语境中调和了神圣共同体和宗教共同体。

不过，与古代政治与社会天然合一的城邦共同体的道德不同，生长在两种不同共同休氛围下的"基督教的德性"具有一种内在的紧张：它既要批判极权的世俗政治秩序，又要抵制教会内滋生的无政府主义或消极遁世的倾向；既要承认政治国家有维护世俗秩序、执行社会正义、扬善除恶的使命，又要排斥其对人们精神与信仰的僭越与干涉；既要对世俗权威有着根深蒂固的怀疑和厌恶，又要倚重其工具性的价值，从而也肯定服从世俗权威是信徒的义务。然而正是这种紧张及长达几个世纪的教会与国家二分的社会架构，直接影响了后世对权力、对国家、对国家与社会的相互关系等的认识。查尔斯·泰勒非常推崇中世纪的社会观，认为它对新的市民社会观念的形成起了十分重要的作用。①

6.1.4 从"共同体"到"社会"与"个体的道德"

可以说，前述几个历史阶段都是处在一定的"共同体"之下，如血缘共同体、城邦共同体、崇拜共同体，尽管在德性理念上存在很大差异，但无疑对人之个体性的关怀都很微弱，无疑都可以归为"共同体的道德"。在近代，这种德性传统被置换了，用奥克肖特的范式来

---

① 参见：查尔斯·泰勒，《市民社会的模式》，载邓正来、J. C. 亚历山大主编，《国家与市民社会》，第 11—12 页。

说，它被"个体的道德"取代了 [1]。

德性传统的转变从根本上说根源于社会的转型。而这场转型是涵盖方方面面的社会整体的大变迁，如：时代主题从战争到商业，经济形态从生存经济到商品经济的兴起，政治实体从城邦共同体到民族国家，意识形态的主色调从共和主义到自由主义。这种转型，也是一波又一波思潮推动的结果，如马基雅维里"政治祛道德化"的呐喊，宗教改革运动与文艺复兴，17世纪个人主义的强势崛起，18世纪的启蒙运动。在我所描述的这四次冲击中，18世纪的启蒙运动是最为重要的一环，是这种转型开始定型的重要阶段，前几个阶段都有不同程度的问题。如马基雅维里的"政治祛道德化"容易被解读为"政治无道德论"，他自己也深陷"罪恶的导师"的骂名；宗教改革运动与文艺复兴很大程度上还是在理顺精神世界与世俗世界之间的关系，对世俗世界自身的秩序论述不多；而17世纪的个人主义主要还是在契约论的外壳下声张人的自由平等的政治权利，对于道德善恶采取的是赤裸裸的感觉主义，太容易滑向利己主义的深渊。只是在18世纪，尤其是在苏格兰道德哲学家这里，德性问题才被给予了全面而丰富的研究。这很大程度上也是源于他们所处历史条件的成熟。我们知道，在18世纪的苏格兰，社会的变迁不是思想家头脑中空洞的玄想，而是真切的现实境况。1707年苏格兰放弃政治独立，与英格兰合并到大不列颠王国，从而从一个小的政治共同体变为大的现代国家的一个组成部分；合并后的苏格兰充分利用新的经济贸易环境促进了商业的繁荣与发展，开始步入商业社会。简而言之，用滕尼斯的范式来说，17、18世纪的苏格兰悄然发生着从"共同体"到"社会"的变迁。

对于这类变迁及其政治后果，贡斯当在《古代人的自由和现代人的自由》的演说中提供了经典的解读范例：首先，国家规模的扩大（贡斯当认为在现代社会，即使最小的国家也比斯巴达或存在长达5个

---

[1] 奥克肖特认为，近代欧洲有三种不同的道德："共同体道德"、"个体道德"、"集体主义道德"（即"反个体的道德"）。参见：奥克肖特，《哈佛演讲录：近代欧洲的道德与政治》，顾玫译，上海：上海文艺出版社，2003。

世纪的罗马大得多）导致每一个人分享政治的重要性相应降低。其次，奴隶制的废除剥夺了自由民因奴隶从事大部分劳动而带来的所有闲暇。第三，商业不同于战争，它不给人们的生活留下一段无所事事的间隙。[①] 最后，商业激发了人们对个人独立的挚爱。[②] 不过，与贡斯当聚焦于古今政治生活不同，他的先驱者苏格兰启蒙知识分子更关心的是社会自身的变化及其对人们道德生活的触动与影响，即这一变迁的社会后果与道德后果。在这方面，曼德维尔率先进行了思想启蒙。他的基本观点，在我们看来，浓缩在这样两对概念或命题上："怠惰的社会"与"大型的社会"、"平静的美德"与"美德在于行动"。在他眼里，传统的社会是一"怠惰的社会"，道德家们谆谆告诫的诚实、友爱、节俭、克制、仁慈等充其量是"平静的美德"，因为它们使整个社会"停滞而平静"。对此，他痛斥道："那种自诩中庸的方式，那些受到推崇的平静美德，除了养育游手好闲者以外，别无他用。它们或许能使人适应苦行生活的愚蠢享乐，至多只能使人适应农夫式安宁的愚蠢享乐；然而，它们却不能适应劳作与艰辛，绝不能激励人们去争取伟大的成就，去完成艰辛的使命"；"人的温厚性格不能使任何人奋起：人的诚实，人对结伴的热爱，人的善良、满足和节俭，乃是一个怠惰社会中十分可人的东西；它们愈是真实，愈是发自内心，它们就愈会使一切都停滞而平静"[③] 曼德维尔敏锐地意识到，正在兴起的商业社会迥异于农夫式的安宁生活、基督徒式的僧侣生活，它是人的欲望得到充分释放、人的个性与才能得到全面张扬的开放社会。用他的话说，"人的骄傲及虚荣心愈是得到展现，人的所有欲望愈是扩大，人们就愈可能不得不组成数量繁多的大型社会"[④]。因而，与此相应，在大型社会里，所应鼓励的就不是"平静的美德"，而是骄傲、奢侈、虚荣、自利、贪婪与挥霍等"恶德"。当然，正如我们一再指出的，曼德维尔并非在宣扬

---

① 亚里士多德与韦伯在其之前与之后都持这样的看法：将"有产"与"闲暇"看作是"公民"（亚里士多德意义上的）或"职业政治家"的必备条件。

② 参见：邦雅曼·贡斯当，《古代人的自由与现代人的自由》，第36—38 页。

③ 曼德维尔，《蜜蜂的寓言》，第 206、233 页。

④ 曼德维尔，《蜜蜂的寓言》，第 217 页。

恶；其实他是在正话反说。按照他的标准——"美德在于行动"①，"平静的美德"实际上不能称其为美德，走出"怠惰社会"、进入"大型社会"后滋生的谋利式的欲望、奋起的行动才是真正可人的美德。

曼德维尔对"大型社会"与"美德在于行动"的呼唤，极大地触动了后继者休谟、斯密等苏格兰启蒙思想家。他们像曼德维尔那样立足于"大型社会"，关注"人是什么"而非"人应该怎样"，并在这种转向中推动了近代德性从"共同体道德"向"个体道德"的转型，并形成了思想丰富的德性论与正义论。具体地说，他们的伦理道德的主体不再是城邦共同体下的公民—战士，亦非不食人间烟火的圣徒，而是有着七情六欲的凡夫俗子；他们的伦理道德的主要德目表不再是"勇敢""智慧""节制"，亦非"独身、斋戒、苦行、禁欲、克己、谦卑、沉默、孤居独处以及整套僧侣式的德性"②，而主要是一些社会性的美德与情感，尤其强调正义优先于善；他们的伦理道德的取向不再是王道之术，亦非独善其身的来世修身学，而是一种公共关怀。因而，不同于"政治的德性"与"基督教的德性"，这种德性论本质上是一种以个体为取向的市民社会的伦理道德。

6.2 德性论

6.2.1 德性的分类与德目表

休谟在《人性论》中的德性分类引人注目："自然的德"与"人为的德"，前者意指"完全是自然的，而不依靠于人为措施和设计的德"，后者乃是"由于应付人类的环境和需要所采用的人为措施或设计"。③正如休谟自己所看到的，没有任何一个词比"自然"这个名词更为含混而模糊的了，为此，他对"人为"与"自然"进行了细致区分，强调所谓的"人为"并不是与"自然"的这三种含义相对称而言的，即

---

① 曼德维尔，《蜜蜂的寓言》，第 206 页。
② 休谟，《道德原则研究》，曾晓平译，北京：商务印书馆，2001，第 123 页。
③ 休谟，《人性论》（下册），第 616、517 页。

"与神迹的对立"、"同稀少和不常见相对立"和尤其将自然看作是"事物的本性"；他还反复指出，从这三种意义上说，比如正义（"人为的德"）完全可以被称作自然的正义、自然的法则，"没有一种德比正义更为自然"，因为"正义虽然是人为的，可是人对它的道德性的感觉却是自然的"[①]。他所谓的"人为"是与"自然"在被视作"天然而自成"的意义上相对而言的，用他自己的话说，"由于正义和所有权以理性、深谋远虑、设计以及人们当中的一种社会性的联合和联盟为前提，因此'自然'这个词在后一种意义上严格说来或许并不能适用于它们"。[②]在《人性论》中，休谟列举的人为之德目主要有：正义、忠顺、守诺、贞操、淑德；自然之德目更多，有仁慈、慷慨、公道、友谊、热忱、感恩、怜悯，以及一些自然才能如机智、风趣、幽默、勤劳、勇敢、努力、恒心、积极、坚持、忍耐、决断等。

很有意思的是，在《道德原则研究》里，休谟没有重提自己这样有特色的分类，甚至将"自然"与"人为"这样的关键的话语区分都隐藏在注释之中，或许是他意识到这种区分引起的含混，或许是行文思路结构不一样所致。后者的解释可能更具说服力。我们知道《道德原则研究》着重的不是道德区别的起源及其方式问题，而是道德本身得以成立的原则和道德价值的构成问题，这个问题主要不在于确断在人类本性中占支配地位的是仁爱（性善）还是自爱（性恶）、在道德规定中起支配作用的是理性还是情感，而在于弄清人们的品质、性格和行动何以受到敬重、好感、称赞和颂扬或憎恨、轻蔑、谴责和讽刺。因而在方法上，《道德原则研究》不是从一般到具体，将蕴含于前提中的结论展开阐述，即不是从"感觉论""情感论"推导出道德区别的起源，然后根据这种起源（快乐和不快的感受）来说明各种德性的产生的方式，而是从具体到一般，通过对单个事例的分析和归纳而逐步得出道德的真正起源和原则。这两个方面决定在结构上，《道德原则研究》不是简洁地划分为道德的一般理论（"德性和恶行总论"）和各种

---

① 休谟，《人性论》（下册），第 514、524、663 页。
② 休谟，《道德原则研究》，第 159 页注释①。

德性的具体阐述("人为德性"和"自然德性")两大部分，而是按照德性价值的不同来源而划分为各种类型的德性，如对他人有用的品质、对我们自己有用的品质、直接令我们自己愉快的品质与直接令他人愉快的品质四种情况。而这四种情形如同它们的名称所显示的，又可分成两类："有用的品质"与"愉快的品质"。

在《道德情操论》中，斯密沿袭休谟在《道德原则研究》中按德性的对象之不同进行分类，并在此基础上着重介绍了一种新的"四主德"：谨慎、正义、仁慈、自制。不过，在斯密的德性类型学中，"对个人自己的幸福所产生的影响"与"对其他人的幸福所产生的影响"这种界分似乎只是表面的，他的四种美德其实有更为根本的分层，他的这段话体现得最为明显："按照完美的谨慎、严格的正义和合宜的仁慈这些准则去行事的人，可以说是具有完善的美德的人。但是，只依极其正确地了解这些准则，并不能使人以这种方式行事：人自己的激情非常容易把他引入歧途——这些激情有时促使他、有时引诱他去违反他在清醒和冷静时赞成的一切准则。对这些准则的最充分的了解，如果得不到最完善的自我控制的支持，总是不能使他尽到自己的职责。"[①] 可见，谨慎、正义、仁慈被归为一类，自制或自我控制被归为另一类。这种区分的内在根据我们在下文论述自制之德时再展开探讨。中外众多研究者认为斯密的这种区分，尤其是其将自制看作一种自足的德性，反映了他从《道德情操论》前几版中的非德性论和伦理相对主义转变为后期的德性伦理学和自制论，反映了他晚年对市民社会中人们道德生活的忧虑。

与休谟、斯密的分类侧重于下文要分析的"品质"不同，弗格森在《道德哲学原理》中主要是按德性的构成与本性进行分类的，并列举了一长串的德目表。在弗格森看来，德性是心灵的一种品性，尽管在对德性的说明中常常关注这种品性所要求的效果和表现。他认为，

---

① 亚当·斯密，《道德情操论》，第308页。顺便提及一下，麦金太尔对斯密表述中的"准则"很敏感，认为"有美德的再一次被等同于遵守规则的人"。参见：麦金太尔，《追寻美德》，第298页。

"品性由性情、技艺、运用和力构成"，因而相应于这四种成分，德性也被划分为四个主要的分支，即四种"基本德性"，即正义或正直、审慎、节制、坚韧：正义或正直是专注于人类的权利与幸福的注意力，审慎是人们借以区别目的的价值和实现目的之手段的恰当性的辨别力，节制是摆脱那些误导我们追求的低级快乐和娱乐的抑制力，坚韧是能够经受得起反对、困难与危险的忍耐力。接着他分别考察了基于这四种德性的义务所形成的具体的美德：源于正直的义务，有私的义务如清白、坦诚、虔诚、友谊、感恩、慷慨、慈善、文明和礼貌，公的义务有臣民的忠诚、官员的保护和所有人的公共精神；源于审慎的义务，有得体、适当、谦逊、经济、决断、警觉；源于节制的义务，有清醒与勤奋；源于坚韧的义务，有耐心、勇敢和执着。[①]

6.2.2 社会性的德性

前面刚刚提及过，休谟与斯密对德性的考察不是探究它们的构成或本性，而是考察它们的品性或特征，如休谟在《道德原则研究》中使用的"qualities"，斯密在《道德情操论》中使用的"character"。那么，现在需进一步地追问，他们二人列举的德目表中的德性到底是什么品质？是各自为政还是可以统一于一个门类下？是共同体的"政治的德性"、"基督教的德性"还是近代转型后的"个体道德"（并非利己主义道德之意）？下面，我们就试着来解答这些疑问。

这些问题，在休谟那里并不难回答，他自己明确做出了回答。休谟指出，无论是"有用的品质"（包括对他人与对自己）所引起的赞许的情感，还是"快乐的品质"（直接令自己和令他人）所引起的愉悦的情感，"这两种情感都产生于同一种社会性的同情，亦即对人类的幸福或苦难的同胞感（fellow-feeling）"。[②] 也即，他的德性之品质从根本上说是一种"社会性的德性"，无论是人为之德，还是自然之德。休谟还明确写道："在人为的德方面已经成功地做了实验，结果发现各种性质

---

① 弗格森，《道德哲学原理》，第 137—144 页。
② 休谟，《道德原则研究》，第 112—113 页。

对社会福利的倾向性，就是我们所以表示赞许的唯一原因……许多自然的德都有这种导致社会福利的倾向，这是无人能够怀疑的。柔顺、慈善、博爱、慷慨、仁厚、温和、公道，在所有道德品质中占着最大的比例，并且通常被称为社会的德，以标志出它们促进社会福利的倾向。"①

对德性的这种定位是否也存续在斯密那里呢？我们或许都很容易接受"对其他人的幸福所产生的影响"的正义与仁慈之德是一种"社会性的德性"（这两种德性我们将在下一节单独探讨），而对将谨慎与自制这样的德性也划归到这一品质之下可能就颇有疑虑。下面就着重分析这两种德性的品质。

在我们看来，斯密将谨慎列为四大美德之一，除了是因为谨慎具有一些常常被广为称道、被韦伯誉为蕴含着"资本主义精神"的一些基本品质之外，如真实、真诚、谦虚、小心谨慎、坚持不懈、勤劳和俭朴等，他更为推崇的是它的"尊重"与"反党派性"的品性。对于谨慎之人所显露的尊重他人的特征，他绘声绘色地描绘道："他从来不傲慢地采取超出别人的姿态；并且，在所有普通的场合，他宁愿把自己置于同他地位相等的人们之下而不愿置于他们之上。他在行动上和谈话中都是一个恪守礼仪的人，并以近乎笃信的严谨态度去尊重所有那些已经确立的社交礼节和礼仪。"②对于其"反党派性"的特性，斯密反复强调："他反对加入任何党派之间的争论，憎恨宗派集团，并不总是非常热心地去倾听甚至有关宏图大略的陈说。在特殊的要求下，他也不拒绝为自己的国家做些事情，但他并不会玩弄阴谋以促使自己进入政界。并且，公共事务得到他人出色的管理，在同由他自己管理而遇到麻烦来承担责任相比之下，他会感到更大的高兴。他在心灵深处更喜欢的是有保证的安定生活中的那种没有受到干扰的乐趣，不仅不喜欢所有成功的野心所具有的表面好看的光彩，而且不喜欢完成最伟大和最高尚的行动所带来的真正和可靠的光荣。""他总是不想谋求那

---

① 休谟，《人性论》（下册），第 620—621 页。
② 亚当·斯密，《道德情操论》，第 275 页。

些小团体和派系对他的支持……如果这个谨慎的人曾经同任何这样的团体有联系，那也只是出于自卫的需要，不是为了欺骗公众，而是为了利用那个团体或其他一些同类团体的各种不利于他的喧嚣责难，秘密传闻或阴谋诡计，来使公众避免上当。"①

尊重他人、不搞"小团体"与"小派系"被现代伦理学家视为公共伦理生活中最基本的行为规范。从这个意义上说，谨慎虽然着眼点在于个人的幸福，其实是一种公共伦理。这种解读可从斯密对谨慎之德的分级中得到进一步的确认。斯密将谨慎分为两个层级：较低级的谨慎与较高级的谨慎。前者仅仅用来指导关心个人的健康、财富、地位和名声，因而虽然被视为在某种程度上是可爱的和受欢迎的一种品质，但是它从来不被认为是最令人喜爱或者最高贵的美德；而后者指向比关心个人的健康、财富、地位和名誉更为伟大和高尚的目标，有可能实现最高的智慧和最好的美德两者之间的完美结合。斯密还认为，较高级的谨慎非常接近学院派和逍遥学派中哲人的品质，而较低级的谨慎近似于伊壁鸠鲁学派哲人的品质。②

如果对谨慎之"尊重"含义或者说社会性品质的解读主要基于一种推论的话，那么，对于自制的这种特性，斯密在对比自制与其他三种美德时就说得非常直接与明了：

> 对自己幸福的关心，要求我们具有谨慎的美德；对别人幸福的关心，要求我们具有正义和仁慈的美德。后者中的一个是抑制我们伤害他人，另一个是敦促我们促进他人的幸福。在不去考虑他人的情感是什么、应该是什么，或者在一定的条件下会是什么这些问题的时候，那三种美德中的第一种最初是我们的利己心向我们提出来的要求，另两种美德是我们仁慈的感情向我们提出来的要求。然而，对别人情感的关心，

---

① 亚当·斯密，《道德情操论》，第 277、274 页。在后面的章节，本书将详细探究党派性这一问题。斯密这里其实反对的是那些搞阴谋诡计、结党营私、偏执狂热的"小团体""小派系"。

② 亚当·斯密，《道德情操论》，第 277—278 页。

则会强化所有这些美德付诸实施并给予指导；而且一个人若
在其整个一生中或一生中的大部分时间坚定而又始终如一地
仿效谨慎、正义或合宜的仁慈这种思想方式，则其行为便主
要是受这样一种尊重的指导，即对那个想象中的公正的旁观
者、自己心中的那个伟大居住者、判断自己行为的那个伟大
的法官和仲裁者的情感的尊重。[①]

在这段话里，斯密至少表达了这样三层意思：第一层意思是谨慎、
正义和仁慈基于不同的原则与情感；第二层意思，当这三种美德仅仅
基于各自的原则和情况时还是会出问题的，它们是不自足的，因而需
要自制这样的实践德性去"强化"与"指导"；第三层意思，自制的
德性原则是唯一的，是"对别人情感的关心"，其判断依据是公正的旁
观者所认可的合宜感。斯密后面的话语也证实了我的这种解读，"虽然
谨慎、正义和仁慈这些美德在不同的场合可能是由两种不同的原则几
乎相同地向我们提出来的要求，但是，自我控制的美德在大多数场合
主要并且几乎完全是由一种原则——合宜感，对想象中的这个公正的
旁观者的情感的尊重——向我们提出来的要求。……对他人的情感是
什么、应该是什么或者在一定的条件下会是什么这些问题的尊重，在
大多数场合，是震慑所有那些难以驾驭和骚动的激情，把它们变成公
正的旁观者能够接纳和同情的那种气度与脾气的唯一原则"[②]从这些话
语中可以看出，自制并不仅仅是个人修养身心的个体品质，斯密把它
拔高为了解、理解、尊重所有人（包括自己和公正的旁观者）的美德，
比个人审慎之层次高得多，审慎的克制与其相比"大为逊色"，只能获
得"那种冷淡的敬意"，而自制总是让人感觉"万分激动"（transport）
和"钦佩"。[③] 因而，完全有理由做出结论，斯密的新"四主德"也是
一种社会性的德性、公共德性。

[①] Adam Smith, The Theory of Moral Sentiments, p.262.

[②] Adam Smith, The Theory of Moral Sentiments, pp.262–263.

[③] Adam Smith, The Theory of Moral Sentiments, pp.263–264.

6.2.3　另一种声音：公民美德

我们知道，从词源学来看，今天被译成"德性"（virtue）的"aretē"一词，在荷马史诗中是用来表示任何种类的卓越（excellnece），一个跑得快的人展现了他双脚的"aretē"，儿子可以因为任何种类的"aretē"而胜过父亲，如作为运动员、作为士兵或因为心智能力等。[①] 德性最基本的含义就是这样一种"优秀之好"（"good"，或称为"善"），进而是一种引起或带来其他好东西（"goods"，或称"善物"）的"有效性之好"。[②] 弗格森曾从这个层面对德性做了很富有历史感和辩证色彩的诠释，很值得引用：

> ……得到普遍承认并且也是唯一的真正的卓越之处，是个人的品性：能力、性情与精神之力。但人们仍在他们所偏好的品性以及所期望的结果上有所不同。他们所中意的品性是其环境最需要的，是其行事方式中最杰出的。在危险的环境和尚武的年代中，他们主要推崇勇气。在重文尚礼的社会里，他们推崇知识与天才。在事商的国家里，他们崇尚勤奋、守时以及公平交易。但是，还有一些人所共同的情形与性情。比如说，他们都在社会中组织起来，并且关注与他们同伴有关的事情；人们普遍推崇适合个人去拓展人类福祉的品性，如智慧、正义、勇敢和节制。这样的品性一般被理解为德性，相反的特性被理解为恶习。人们经常把外表或装饰，以及拥有令人垂涎的财富、权力和名望错当成德性本身。相反，他们将德性误以为是缺陷。这种情况如此之甚，以至于当他们在赞美德性或批评恶习时，他们越发地崇拜服饰、装饰、财富、身份以及名声；他们比谁都害怕贫穷，害怕默默无闻。

---

① 麦金太尔，《追寻美德》，第 154 页。
② 麦金太尔，《谁之正义？何种合理性？》，第 14 页。

这些崇拜和恐惧是忽视个人特性和人性倒退的征兆。[1]

如果按照这段话的逻辑，他的思想走向应该是像休谟、斯密一样顺应时势的变迁，探究"在事商的国家里"如何去克服"崇拜服饰、装饰、财富、身份以及名声"的恶习，如何去激发"勤奋、守时以及公平交易"等德性，从而向市民社会中的"市民"提供德性规范。然而颇为吊诡的是，在他的话语中，正如我们在前面几章中所揭示的，尽管对商业社会颇有微词，但在思想的底色上他并没有排斥或否定商业文明及其商业精神；但是在德性问题上，他的另一种声音——共和主义的公民美德——非常的强势，他本人也被称为"18世纪的苏格兰最后一位新罗马思想家"。[2]波考克认为，弗格森的《文明社会史论》是苏格兰思想家在德性主题上最马基雅维里主义的。[3]

在前文涉及过弗格森对现代商业文明的忧虑，如分工的异化、德性的腐败、公共精神的丧失与政治奴役。那么，这些危机是如何造成的呢？出路又在哪里呢？他给出的答案是："民族风尚恶化可能是由于人类能愉快地培养、发挥能力的那种景象消失了；或者也可能是由于人类关于荣誉或幸福成分的盛行观点改变了。当人们认为单纯财富或王室恩宠就是地位的象征时，思想对于本应依赖的素质的想法就产生了偏离。大度、勇气、对人类的爱，因贪婪、虚荣而牺牲了或受到了依赖感的压抑。个人只有在群体有助于个人晋升或获得私利时才会考虑到它。"[4]因而，在他看来，要治疗现代性的病，要摒弃那种在享受安

① 弗格森，《道德哲学原理》，第20—21页。
② Fania Oz-Salzberger, "The political theory of the Scottish Enlightenment", in Alexander Broadie ed., The Scottish Enlightenment, Cambridge University Press, 2003, p.168. 一般认为，在18世纪的苏格兰，安德鲁·弗莱彻是初期典型的公民人文主义者，而在这前后之间，苏格兰启蒙运动的重要人物如哈奇森、休谟和斯密被认为兼有公民人文主义和自然法理论两种思想传统。M. M. Goldsmith, Regulating Anew the Moral and Political Sentiments of Mankind: Bernard Mandeville and the Scottish Enlightenment, Journal of the History of Ideas, Vol. 49, No. 4. (Oct.-Dec., 1988), p.588.
③ J. G. A. Pocock, The Machiavellian Moment, p.499.
④ 弗格森，《文明社会史论》，第262—263页。

逸和便利的生活条件中所沾染的"脂粉气"，要改变那种将人异化为机器上的零部件的车间，必须返回到古典传统中去，重拾那些有助于培养与发挥能力的德性，如勇敢、竞争、爱国、积极的政治参与等公民美德。

尽管弗格森曾宣称"聪明、勇敢、富于爱心构成了人类完美的天性"[①]，但如果要让他将其所心仪的德目表排一下座次的话，我想"勇敢"无疑是居第一位的。对勇敢、勇气及尚武、斗争精神的推崇，是他的德性论最醒目之处。他还从人之天性中为这些德性寻找根据，在他看来，人除了"联盟的天性"外，同样具有竞争、分歧、争斗的天性，"人类不仅想和睦相处，而且也很喜欢对抗"[②]，并由此开始了对后者一连串的赞歌："竞争是点燃美德的火炬"，"人类的美德是在奋斗中，而不是在实现目标后才会绽放出最夺目的异彩"，"自由是由于多数人持续的分歧和对抗而得以维护"，"一个朝气蓬勃的人的习惯是在与困难做斗争的过程中形成的，而不是在享受安逸中形成的。洞察力和智慧是阅历的结果，而不是在退隐和休闲中吸取的教训。热情和慷慨是一个因自己着迷的事业而亢奋，而受到激励的人的素质，而不是思考和知识的赐予"。[③] 从这些丰富的名言警句来看，后世学者将其视为"冲突社会学"[④] 的先驱实不为过。

对勇敢、尚武精神的推崇也使弗格森对现代人与市民社会中所谓文雅、安逸、舒适等态度颇为暧昧。他写道："当人类收起匕首，消除前嫌，把武器换成了智者的说理、能言善辩者的口才时，我们有充分的理由祝贺我们人类已经逃离了未开化民族的骚动和暴力状态，进入了国内安定、政治稳定的时期。但同时，我们又不得不为人类感到惋惜，惋惜人类在追求完美的过程中会将每个管理部门都置于幕后，竟

---

① 弗格森，《文明社会史论》，第 261 页。

② 弗格森，《文明社会史论》，第 22、26 页。

③ 分别参见：弗格森，《文明社会史论》，第 67、143、228、282 页。

④ Lisa Hill, Eighteenth-Century Anticipations of the Sociology of Conflict: The Case of Adam Ferguson, Journal of the History of Ideas, Vol. 62, No. 2 (Apr., 2001), pp.281–299.

用职员和会计来取代政治家和斗士。"① 对于斯密所言及的"商人"社会中的"职员"和"会计",弗格森没什么好感,公民—斗士的人格形象才是他魂牵梦绕的梦想②,以至于对战争、军事他有一种偏执的迷恋,经常叫嚣:"没有国家间的竞争,没有战争,文明社会本身就很难找到一个目标,或者说一种形式","在敌对国的抗争中,我们以为通过使用暴力和策略已经为爱国者和斗士们找到了人类美德最光辉灿烂的顶点","战争在一些人看来是致命的,而在另外一些人看来是自由精神的发扬"③。这些话语很大程度上使他的关怀偏离了"商业"这一时代精神,还停留在他自己所称的野蛮社会"战争"的主题上。

在弗格森所推崇的古代的道德体系④ 中,"爱国"是又一重要美德。在弗格森看来,国民的幸福存在于他们对国家的热爱之中,当共同体受到最大程度的热爱,其成员的个人焦虑会减轻,其成员与公众相关的才能也能得到发挥,"人的理智与心灵在履行社会义务和操持公共事务的过程中可得到最好的培养"。因而,他认为每个人都应将国家看作是"全体国民的父亲",积极为其服务,以其利益为最高利益。⑤这样的爱国情怀是典型的共同体主义,是他人性观的自然流露,他将人看作是"整体的一分子,一个组织或一部机器的一部分",并认为热心追求整体利益既是人们行为的最高目标,也是崇高的行为准则。⑥ 对爱国德性之器重,也从另一个侧面反映了弗格森对市民社会之中人们公共精神缺失的强烈不满,他经常谴责人们普遍对国家目标漠不关心,"沉迷于孤独的消遣,或者培养出一种他们喜欢称之为爱好的行当,诸如对园艺、建筑、画画或音乐的爱好",同时又"唯利是图"和"见钱眼开",逃避对国家的积极责任。⑦

---

① 弗格森,《文明社会史论》,第 249 页。
② 笔者检索了一下,中译本《文明社会史论》中共出现"斗士"32 次。
③ 分别参见:弗格森,《文明社会史论》,第 26、26、27 页。
④ 在《文明社会史论》中,弗格森指出:"可能所有的原始国家都拥有这一道德体系:轻富贵、爱国、吃苦耐劳、不怕危险。"参见该书第 85 页。
⑤ 弗格森,《道德哲学原理》,第 162—163 页。
⑥ 弗格森,《文明社会史论》,第 63、56 页。
⑦ 弗格森,《文明社会史论》,第 284、62、284 页。

对于古典共和主义而言，政治参与不仅是公民的权利，而且也是公民的义务，并被纳入德性规范中进行引导。对政治参与之强调，可以说弗格森做到了无以复加的地步，无论是前人亚里士多德、马基雅维里，还是后来者阿伦特都望尘莫及。如前所述，弗格森对"政治家"与"立法者"是最为不信任的，最力主社会秩序的自生自发。他的这种取向，在这一段话中展现得淋漓尽致："自由是每个人都必须随时自我维护的权利。试图将自由权利作为恩惠施予他人的人，事实上，恰恰会因此而丧失了自由权利。甚至政治制度也容不得轻信。尽管它们看上去不为人们的意志所左右，也无须接受人们的仲裁，但是，我们仍然不能依赖它们来保存自由。"那么，怎样维护自由？公民的幸福与安全如何可能呢？弗格森给出的答案是："社会的竞争和自由民的煽动是政治生活和人类的基本动力"，"人们是否有资格享有这一福祉只是取决于能否使他们理解自己的权利，能否使他们尊重人类的正当的权利要求；取决于他们本身是否愿意承担管理国家和国防的重任，是否愿意投身于自由人的事业，而不耽于怠惰或者耽于用屈从和恐惧换取安全感的虚妄的希望"。[①] 为此，他反复告诫人们不要沦落为陶工手中的泥土，任由君主来塑造[②]。这无疑是一种典型的积极自由观、共和主义的自由观。

当然，弗格森的问题关怀也是值得肯定的。马克思在《论犹太人问题》中曾指出，"人分为公人或私人这种二重性"[③]，正如前一章中所论及的，由于"市民"对私人生活和自我利益的关注与推崇，"公民"的公共角色不可避免地呈现为"消极公民""半公民"的态势，政治参与的范围往往仅限于定期选举，有的甚至连"投票人"的角色都不愿担当，以致现代西方社会出现了日益严重的公民"私人化"的症状。因而，如果从这一层来看，弗格森对政治参与的积极强调是现代市民社会中日益严重的政治冷漠的很好的解毒剂。

---

① 弗格森，《文明社会史论》，第 293、67、294 页。
② 参见：弗格森，《文明社会史论》，第 293 页。
③ 《马克思恩格斯全集》（第 1 卷），1956，第 430 页。

把政治体制与公民美德紧密捆绑在一起，使弗格森越来越远离他思想中微弱的"个体的德性"倾向而滑向"共同体的德性"。弗格森认为，国家是由人民组成的，由腐化堕落、贪生怕死的人们组成的国家是弱小的；由精力充沛、富于公益精神、坚韧不拔的人们组成的国家是强大的。他念兹在兹的公民美德如勇气、爱国、公心、政治参与等都在于它们与国家的强大息息相关，"美德是民族力量的必要组成部分"，"国家的财富、扩张、力量往往是美德的结果；而这些优势的丧失通常是不良习气造成的"。他的这种政治与伦理关怀，在这样一句话里和盘托出："国家要强盛和安全就必须努力保持人民的勇气，培养他们的美德。通过这种方式，他们既实现了外在目标，又获得了幸福。"①

6.3 正义论

正如博登海默所言："正义有着一张普洛透斯似的脸，变幻无常，随时可呈不同形状并具有极不相同的面貌。"②正义既是一种美德，又是一种规则。其实，这样的表述还不确切，因为任何伦理道德都有行为准则，但正义的准则无疑又很特殊，与一般德性规范又不相同。休谟称正义是人为之德，但又在著述中经常使用"自然的正义"与"政治的正义"③，前者基于自然的义务（如对别人财产的尊重），后者基于政治的义务（如忠顺）。休谟一方面强调，"我们的政治义务是和我们的自然义务联系着的，而前者的发明主要是为了后者"；另一方面又指出，"私人义务依靠于公共义务的程度，超过公共义务依靠于私人义务的程度"④。它们之间的关系连休谟都感觉难以辨析，以致干脆说："如果有人问，这两种道德彼此间有什么比例关系，那么我就

---

① 弗格森，《文明社会史论》，第 248、249、227、228、67 页。

② 博登海默，《法理学：法律哲学与法律方法》，邓正来等译，北京：中国政法大学出版社，1999，第 252 页。

③ 休谟，《人性论》（下册），第 611、583 页。

④ 休谟，《人性论》（下册），第 584、586—587 页。

答复说，这是我们永远不能精确地回答的一个问题。"[①] 可见，如果我们下面的行文采取自然正义与政治正义二分的结构来探讨正义也会深陷谜团。

另外，斯密在《道德情操论》中对正义论的历史相当熟谙，指出了正义的三种不同意义：一种意义是，当我们没有给予旁人任何实际伤害，不直接伤害他的人身、财产或名誉时，就说对他采取的态度是正义的。第一种意义是同亚里士多德和经院学派所说的交换的正义相一致的，也是同格老秀斯所说的补充性正义或辅助性正义（justitia expletrix）相一致的。另一种意义是，如果旁人的品质、地位以及同我们之间的关系使得我们恰当地和切实地感到他应当受到热爱、尊重和尊敬，而我们不做这样的表示，没有相应地以上述感情来对待他，就说我们对他采取的态度是不义的。第二种意义是同一些人所说的分配的正义相一致的，也是同格老秀斯所说归属性正义（justitia attributrix）相一致的。第三种，正义包含了所有的尽善尽美的美德，柏拉图就是在这一个层面来使用"正义"这个词的。[②] 尽管，斯密在文中明确表明自己是在"交换的正义"层面使用正义，但是斯密、休谟以及弗格森等在论述正义时，对照的不是分配正义，而是仁慈或者其他德目。因而，下文也不打算探讨分配正义与交换正义的问题。不过，他们非常关心正义之德的来由，其他有关正义的论题基本上是由此引发开来的。

6.3.1　正义：发生学考察

对于休谟的正义理论，正如布莱恩·巴里在《正义诸理论》中所理解的，它首先包括两个部分：第一个是对正义起源问题的探讨；第二个是对有关正义如何成为一种德性的探讨。[③]

正义是如何被发明的呢？这方面的内容与我们前文论述的"人"

---

① 休谟，《人性论》（下册），第 610—611 页。
② Adam Smith, The Theory of Moral Sentiments, pp.269–270.
③ 布莱恩·巴里，《正义诸理论》，孙晓春、曹海军译，长春：吉林人民出版社，2004。

论与"社会观"紧密相关。我们知道，在休谟那里，人既非大慈大悲的善人也非无恶不作的坏蛋，而是介于两者中间的既有自私的一面也有有限慷慨的一面；社会既非富饶丰足的"黄金时代"也非极端匮乏的"匪寇社会"，而是介于两者中间的既不极其充裕但也不至于极端匮乏。如果这两个方面都是极端的好与坏，正义之德也就不会被创设出来。反过来，正是这种不好不坏的中间状态使"正义"成为必须。也就是说，要创设一种行为准则以规范和约束"自然性情"与"外界条件"这两个方面，因为它们对于那种必需的社会结合有时是很不利的，甚至是破坏性的，比如在自然性情方面，人之自私是其中最重大的；外界条件的一个严重缺陷就是财物占有的"不稳定"和"稀少"。在休谟看来，为了享受社会的益处，这些障碍必须被克服。然而，就自然情感而论，"我们的自然的、未受教化的道德观念，不但不能给我们感情的偏私提供一种补救，反而投合于那种偏私，而给予它以一种附加的力量和影响"，唯一的选择只能采取人为之德的正义来补救了①。经过这番分析，休谟得出结论："在任何值得考虑的环境下，倒换一下人们的状况如：生产或者极端丰足或者极端必需，植根于人类胸怀中的或者是完全的温良和人道，或者是完全的贪婪和恶毒，即通过使正义变成完全无用的，则你们由此就完全摧毁它的本质，中止它所加予人类的责任。"②"正义只是起源于人的自私和有限的慷慨，以及自然为满足人类需要所准备的稀少的供应。"③

那么，正义是如何被认同的呢？"正义起源于人类的约定"④？对于契约论者的"约定论"，休谟不慌不忙地进行辨析，认为如果把"约定"看作是"契约"或者"许诺"的话，那是荒谬的。因为，对许诺的遵守本身就是正义的最重要的部分之一，更何况许诺本身实际上也起源于人类的协议，这无异于同义反复。但是，"如果约定是指一种对

---

① 休谟，《人性论》（下册），第 527、528 页。
② 休谟，《道德原则研究》，第 39 页。
③ 休谟，《人性论》（下册），第 536 页。着重号笔者已省略。
④ 休谟这里批评的是霍布斯，霍布斯认为，"正义取决于事先存在的契约"。参见：霍布斯，《利维坦》，第 115 页。

共同利益的感觉，这种感觉是人人在自己内心里感受到、在自己同胞身上觉察到、在自己和他人协力时将自己带入一个旨在促进公共的效用的一般行动计划或体系中的，那么必须承认，在这个意义上，正义起源于人类的约定"。① 对于休谟的这种解释我们不难理解，这是他的同情共感理论顺理成章的逻辑结论。

还有一个问题，我们为什么要把德的观念赋予正义？在休谟这里，其实理由也很简单，能从前面推论出来。既然道德上的善恶无非就是那些给予人快乐或痛苦的东西，使人免受伤害与获得益处的东西，而正义就是基于维护自我利益和社会的效用而被发明的。因而，休谟对这个问题似乎提不起多大精神，径直导出一个论断："自私是建立正义的原始动机，而对于公益的同情是那种德所引起的道德赞许的来源。"② 这句话，正如他后面所分析的，蕴含着正义的两个基础，即利益和道德感：利益之所以成为这个基础，是因为人们看到，如果不以某些规则约束自己，就不可能在社会中生活；道德之所以成为这个基础，则是因为当人们一旦看出这种利益以后，他们一看到有助于社会的安宁的那些行动就感到快乐，一看到有害于社会的安宁的那些行动就感到不快。使最初利益成立的，乃是人类自愿的协议和人为措施；因此，在这个范围来说，那些正义法则应当被认为是人为的。但当那个利益一旦建立起来并被公认后，则对于这些规则的遵守自然且自动地产生了一种道德感。当然，这种道德感还被一种新的人为措施增强，政治家们的公开教导，父母的私人教育，都有助于使我们在对他人的财产严格约束自己行为的时候，产生一种荣誉感和义务感。③

对于正义之情感基础，斯密并不赞同休谟的断言——"公共的效用是正义的唯一起源，对这一德性的有益后果的反思是其价值的唯一基础"④，并在《道德情操论》中做了详细的正面回应。首先，斯密承认，从"保持社会整体利益""保持社会秩序"之必要性等效用角度阐

---

① 休谟，《道德原则研究》，第157页；休谟，《人性论》（下册），第530页。
② 休谟，《人性论》（下册），第540页。
③ 休谟，《人性论》（下册），第574页。
④ 休谟，《道德原则研究》，第35页。

释正义"毫无疑问是正确的",因为"只有较好地遵守正义法则,社会才能存在;所以对这一正义法则必要性的考虑,就被认为是我们赞成通过惩罚违反正义法律的那些人来严格执行它的根据"。然而,斯密话锋一转,一再强调效用原则并不是我们谴责诸如犯罪的"唯一理由",也不是"决定性的"。在斯密看来,正义之德总是与个体的爱憎情感紧密相关,而不是基于休谟所谓的社会维系的必要性、社会的整体利益之考虑。斯密明确写道:"虽然看出所有放荡不羁的行为对社会幸福的危害倾向通常无须良好的识别能力,但是最初激起我们反对它们的几乎不是这种考虑。所有的人,即使是最愚蠢和最无思考能力的人,都憎恶欺诈虚伪、背信弃义和违反正义的人,并且乐于见到他们受到惩罚。但是,无论正义对于社会存在的必要性表现得如何明显,也很少有人考虑到这一点。"①

那么,正义之德是基于哪种考虑呢?斯密还是坚持他一贯的同情论与公正的旁观者,视野还是方法论上的个人主义。他写道:"最初使我们注意对侵犯个人罪行的惩罚的,不是某种对保护社会的关心,这一点可以用许多显而易见的理由来证实。我们对个人命运和幸福的关心,在通常情况下,并不是由我们对社会命运和幸福的关心引起的。我们并不因为一个畿尼是一千个畿尼的一部分,以及因为我们应该关心整笔金钱,所以对损失一个畿尼表示关心。同样,我们也不因为个人是社会的一员或一部分,以及因为我们应该关心社会的毁灭,所以对这个人的毁灭或损失表示关心。不论在哪一种情况下,我们对个人的关心都不是出于对大众的关心。"②为了增强自己论辩的说服力,斯密举了两个例子进行对比:一个哨兵在他应警戒时睡大觉而被军法处死,这是因为这种疏忽可能使整个军队遭到危险。在许多情况下,这种严厉的惩罚可能十分必要,从而显得正确和合适。当对某一个人的保护与大众的安全发生矛盾时,偏重多数最为正确。然而这种惩罚无论怎样必要,总显得过分严厉。这个自然地犯下的罪行是如此之小,而惩

---

① 斯密,《道德情操论》,第110页。
② 同上,第110—111页。

罚是如此之重，以致要我们内心同它保持一致是极为困难的。虽然这样的疏忽看来极应受到责备，但是关于这个罪行的想法并不必然会激起如此强烈的愤恨，致使我们要实行如此可怕的报复。一个仁慈的人必须使自己冷静下来，做出某种努力，并充分运用自己的坚定意志和决心，才能亲自实行或者赞同别人实行这种惩罚。然而，他并不以这种方式来看待对某个忘恩负义的凶手或杀害自己父母的人实行的公正惩罚。在这种情况下，他热切地，甚至喜不自胜地赞成这个看来是由这种可恶的罪行引起的正义的报复，如果这种罪行偶然地避免惩罚，他就会感到极大的愤怒和失望。斯密所举的这两个例子表明这样两层意思：一方面，从反面说明正义感的基础并非源于对社会的关心，否则我们就不会对那个不幸的哨兵予以同情，并对他要遭受如此严重的惩罚而遗憾。另一方面，第二个例子是从正面强化了我们的正义感源于对受到侵害的具体的人和物的关心与同情，尤其是当这个人和物与我们紧密相关时。当然，在斯密那里，公正的旁观者在很大程度上能校正正义感的相对主义与偏私。

6.3.2　正义优先于善

正如黑格尔所说："在市民社会中，正义是一件大事。"[1] 因为，"没有单个人之间的联结，人类本性决不可能存续；而不尊重公道和正义的法则，单个人之间的联结又绝不可能发生。混乱，骚动，一切人对一切人的战争，就是那样一种无视法则的行为的必然后果"[2]。因而，在诸种德目中，甚至在整个道德体系中，正义都具有其优先性。包利民教授曾以内容、意义、要求、社会评价、实施办法、语句、情感、批评对象、要求（代价）、人数等十个指标，将道德体系分为四个层级——"正义（公正）"、"伦理"（特指家庭、家族、亲友等"亲密关系"中的道德要求）、"道德"、"仁爱（普爱）"，制作了一份很精致的图表，如下：

---

① 黑格尔，《法哲学原理》，第 203 页。
② 休谟，《道德原则研究》，第 57 页。

道德体系

层级	正义	伦理	道德	仁爱
内容	权利，契约，毋伤害	家庭及亲友关系	主动帮助	献身为别人
意义	无此层则社会崩溃	→	→	无此层社会还能继续
要求	义务	责任	超出责任	无
社会反应、态度	守规则则不受表扬，违反规则则受惩罚	→	→	不做，不受批评；做了，受到赞誉
实施办法	机构化的法律强制	社会舆论，亲情	良知	爱
道德语句	否定的（禁令）	命令式，劝说式	内在命令	积极鼓励
情感	愤怒	温暖	钦佩	敬仰
批评对象	他者	→	→	自身
要求	低代价	→	→	高代价
行为数量	全体	大多数	少数	极少数

他解释说，在这份表格中，越是基层的（靠左边），则越是否定性的，越是强制的，越是一切人都必须遵守的，社会越可能出面干预；遵守之，不会被称（赞）为"道德的"，不遵守，则受谴责。反之，越是"高层"（靠右边），越是肯定性的道德，越诉诸人的自愿，社会越是不强制。做不到，往往不受指责，做到的，则被称（誉）为"道德的"。① 尽管他并未提及苏格兰启蒙思想家对这份表格的贡献，但我们发现在休谟、斯密、弗格森等人那里这方面的内容极为丰富，用语极为精妙，可以说是这份表格最美妙绝伦的例证，甚至很多方面是这份表格无以涵盖的，如德性的认同机制、作用方式、属性等。他们不仅

---

① 包利民，《生命与逻各斯：希腊伦理思想史论》，北京：东方出版社，1996，第16页。需要说明的是：笔者做了一点改动，将原表中的"公正"与"普爱"改为了"正义"与"仁爱"，以便与本书中的一些术语能较好地统一。

从人性出发揭示了人之"等差之爱"：自己→子女父母→兄弟姐妹→亲朋好友→左邻右舍→陌生人……而且，对正义与仁慈做了全方位的对比，并在这种对比中确定正义的优先性地位。

尽管休谟没有像斯密那样在著述中将正义与仁慈这两种美德之比较列为章节标题，但在这方面，他的思想极为丰富，在著述中多处直接明了地指出两种德性的差异：第一，从产生方式上看，仁慈是"对他人的温柔同情和对我们人类种族的慷慨关怀"[①]，是一种自然之德；而正义是一种人为之德，是"为了某种目的被人为地发明出来的"。[②]第二，从意义上看，"正义对于维持社会的必需性是正义这一德性的唯一基础"[③]，而仁慈这种德性的价值一方面在于它"具有一种自然的美和亲切"，另一方面在于它"对人类和社会的利益所怀抱的那种尊重"。[④]第三，从属性上看，仁慈是一种需积极而为的美德，而正义则是"警戒性"和"防备性"的德性[⑤]。第四，从作用方式上看，正义着眼于社会整体，仁慈着眼于单个行为。用休谟自己的话说，"自然的德与正义的唯一差别只在于这一点，就是：由前者所得来的福利，是由每一单独的行为发生的，并且是某种自然情感的对象；至于单独一个的正义行为，如果就其本身来考虑，则往往可以是违反公益的；只有人们在一个总的行为体系或制度中的协作才是有利的"[⑥]。也就是说，尽管自然之德和正义为代表的人为之德都能促进人类的福利和效用，但自然之德的促进方式依赖于单个人的行善行为，从量上来看，越多越有利于人类利益，缺少一些则对人类社会构不成威胁。而正义则不然，它对社会利益的意义在于其整个体系为人们所遵守，从而确保人类社会秩序。因而，即使对于一个坏蛋的财物权利也应该按正义规则予以保证，因为正义的体系不能因个人而破坏；反过来，如果有人出于仁慈的考虑，

---

① 休谟，《道德原则研究》，第 30 页。
② 休谟，《人性论》（下册），第 579 页。
③ 休谟，《道德原则研究》，第 55 页。
④ 休谟，《道德原则研究》，第 65、81 页。
⑤ 休谟，《道德原则研究》，第 35 页。
⑥ 休谟，《人性论》（下册），第 621 页。

强迫坏蛋给贫困者财产，则将破坏正义体系。这种看似"正义"的行为实际上是最为有害的。第五，从规范的严密性上来看，正义之德明晰确定，而自然之德相互间的界线往往极不明朗、"互相涉入"。休谟发现，"一切自然的性质，都是不知不觉地互相涉入，而在许多场合下是不可区别的。"① 比如，勇敢和鲁莽、节俭与吝啬、慷慨与铺张浪费、自谦与自卑等之间的界线就比较难于区分。同时，自然之德还可以用程度来衡量，有的人很勇敢或鲁莽，有的人一般勇敢或鲁莽，有的人过度勇敢或鲁莽，等等。与此截然不同，权利、义务和财产权不容许有那样一种不可觉察的程度区别；一个人若不是有充分而完全的财产权，就是完全没有；若不是完全有实践某种行为的义务，就是完全没有任何义务。② 因而，作为确认财产权的正义规则也一样，它是清晰明确的，要么是正义的要么就是非正义的，不应有无以决断的中间状态。

斯密认为，首先，在发生机制上，仁慈与正义两种美德的区别在于："仁慈总是自愿的，不能以力相逼"；而对正义的"尊奉并不取决于我们自己的意愿，它可以用力强迫人们遵守"。③ 弗格森也表示相同的意思，"善意或仁爱的行动绝不能受强力的驱使"，"以强力索取的恩惠与抢劫无异"④。其次，从认同机制与后果上看，斯密指出，仅仅是缺乏仁慈并不会受到惩罚，因为这并不会导致真正确实的罪恶，它可能使人们对本来可以合理期待的善行表示失望，由此可能正当地激起人们的厌恶和反对，然而它不可能激起人们会赞同的任何愤恨之情。与此不同，违背正义就意味着伤害，就会招致愤恨之情而不仅仅是厌恶之情，从而就应该受到惩罚。再次，与休谟的看法一样，斯密非常强调正义规则的确定性。斯密这样写道，"有一种美德，一般准则非常确切地规定它要求做出的每一种外在的行为，这种美德就是正义。正义准则规定得极为精确，除了可以像准则本身那样准确地确定，并且通常确实出自与它们相同的原则者外，不允许有任何例外和修改"，而几

---

① 休谟，《人性论》(下册)，第 570—571 页。
② 休谟，《人性论》(下册)，第 570 页。
③ Adam Smith, The Theory of Moral Sentiments, p.78, p.79.
④ 弗格森，《道德哲学原理》，第 133 页。

乎其他有关美德的一般准则，如谨慎、宽容、慷慨、感激和友谊的一般准则，在许多方面都是含糊不清的，允许有很多例外，需要作出如此多的修正，以致几乎不可能完全通过对它们的尊重来规定我们的行为。① 他还用了一个形象的比喻句，"正义准则可以比作语法规则；有关其他美德的准则可以比作批评家们衡量文学作品是否达到杰出和优秀水平而订立的准则。前者是一丝不苟的、准确的、不可或缺的。后者是不严格的、含糊的、不明确的，而且告诉我们的与其说是如何臻于完美的确实无疑的指示，还不如说是有关我们应该指望臻于完美的一般设想。一个人可以根据规则学会完全正确地合乎语法地写作；因而，或许，同样可以学会公正地行动。虽然有些文学评判准则可以在某种程度上帮助我们纠正和弄清楚我们对完美可能抱有的一些模糊看法，但是，却没有哪种准则能确实无误地引导我们写出杰出或优秀的文学作品。同样，虽然某些准则能使我们在某些方面纠正和弄清楚我们对美德可能抱有的一些不完善的想法，但却没有哪种准则可以使我们确实学会在一切场合谨慎、非常宽宏或十分仁慈地行动"。② 简而言之，"正义是人们可以合宜地为其制定正确准则的唯一美德"。③ 最后，这些差异决定了仁慈与正义具有不同的德性品质，或者说具有不同的面向：仁慈是一种积极的美德，而正义只是一种消极的美德。也就是说，仁慈需要"做出很大努力来实践"，与此不同，"在极大多数情况下，正义只是一种消极的美德，它仅仅阻止我们去伤害周围的邻人。一个仅仅不去侵犯邻居的人身、财产或名誉的人，确实只具有一丁点实际优点。然而，他却履行了特别称为正义的全部法规，并做到了地位同他相等的人们可能适当地强迫他去做，或者他们因为他不去做而可能给予惩罚的一切事情。我们经常可以通过静坐不动和无所事事的方法来遵守有关正义的全部法规"。④

从上文的论述中可以看出，休谟和斯密对正义与仁慈之差异性的理

---

① 斯密，《道德情操论》，第 214 页、213 页。
② 斯密，《道德情操论》，第 215—216、434 页。
③ 斯密，《道德情操论》，第 437 页。
④ 斯密，《道德情操论》，第 100—101 页。

解、对正义之特殊性与优先性的强调所见相同。正义或被看作是建筑大厦的"地基"或被视作拱顶，而行善或被视为建筑物的"装饰品"或被看作是"一砖一石"。下面，就是这两个精妙比喻句的未删节版：

> 与其说仁慈是社会存在的基础，还不如说正义是这种基础。虽然没有仁慈之心，社会也可以存在于一种不很令人愉快的状态之中，但是不义行为的盛行却肯定会彻底毁掉它。……行善犹如美化建筑物的装饰品，而不是支撑建筑物的地基，因此作出劝诫已经足够，没有必要强加于人。相反，正义犹如支撑整个大厦的主要支柱。如果这根柱子松动的话，那么人类社会这个雄伟而巨大的建筑必然会在顷刻之间土崩瓦解。[1]
>
> 人类的幸福和繁荣起源于仁爱这一社会性的德性及其分支，就好比城垣筑成于众人之手，一砖一石的垒砌使它不断增高，增加的高度与各位工匠的勤奋和关怀成正比。人类的幸福建立于正义这一社会性的德性及其分支，就好比拱顶的建造，各个单个的石头都会自行掉落到地面，整体的结构唯有通过各个相应部分的相互援助和联合才支撑起来。[2]

6.3.3 "规则之治"

正义是一种德性，然而由于其在整个道德体系中的特殊性与优先性，它往往是以具体而严密的规则在道德生活中发生作用的；而且这种规则对每个人来说，不是"备选项"而是"必选项"，它因而近似于法律，或者说它处于一种准法律层，即是社会生活中道德域与法律域接轨的边缘层。法律往往出面保护这一层，而法律自身的道德基础

---

[1] 斯密，《道德情操论》，第 106 页。
[2] 休谟，《道德原则研究》，第 156—157 页。

（"自然法"）也常常从这一层中取得。[1] 这样，正义之情、正义之德也就上升为正义之法、规则之治。

由于市民社会是陌生人社会，是仁慈、友爱等道德情感的最边缘层，正如斯密所说，它不是充满着"热爱、感激、友谊和尊敬"的地方，也可能不是"互相行善的公共中心"，所有不同的社会成员并不是"通过爱和感情这种令人愉快的纽带联结在一起"。但是，这也并不意味着市民社会无以存续，休谟、斯密等都相信，"凭借公众对其作用的认识，社会可以在人们相互之间缺乏爱或感情的情况下，像它存在于不同的商人中间那样存在于不同的人中间；并且，虽然在这一社会中，没有人负有任何义务，或者一定要对别人表示感激，但是社会仍然可以根据一种一致的估价，通过完全着眼于实利的互惠行为而被维持下去"。[2] 当然也应看到，这样一个"实利""互惠"的市民社会肯定无法与温情脉脉的家庭相比，也无法与公共权力威慑下的政治国家领域相比，它是相当的脆弱与不安稳，需要一定的规则来精心地呵护，尤其要尽量避免彼此的伤害而削弱其相互依存的社会根基、相互尊重的情感机制、共赢互利的激励机制。斯密说得好，"社会不可能存在于那些老是相互损伤和伤害的人中间。每当那种伤害开始的时候，每当相互之间产生愤恨和敌意的时候，一切社会纽带就被扯断，它所维系的不同成员似乎由于他们之间的感情极不和谐甚至对立而变得疏远"。因而，在这样的社会中，更迫切需要的是正义的美德、遵守正义的行为准则，而不仅仅是规劝人们去行善。

那么，更具体地说，正义的规则最基本的有哪些呢？休谟和斯密基本上可以说是"兵分两路"，一个侧重从财产关系与财产权的角度，一个侧重从人权的角度，分别对正义的基本规则做了界定。休谟的正义规则有三条：稳定财物占有的法则，根据同意转移所有物的法则，履行许诺的法则[3]。在这三条原则中，前两条是一种基于自然义务的自

---

① 包利民，《生命与逻各斯：希腊伦理思想史论》，第 16 页。
② 斯密，《道德情操论》，第 105—106 页。
③ 休谟，《人性论》（下册），第 525—566 页。

然正义，而第三条法则即履行许诺，休谟反复强调他是人为的，是一种道德义务，与对政府的忠顺建在同一基础之上，即"人类社会的明显利益和需要"[①]。明确这三原则之间的这种差异，对于理解休谟的正义论乃至他的整个政治思想是关键和必要的，至于这些法则是如何基于"共同的利益感"被设定、被认同的，我们就不再赘述。在斯密那里，正义法则的不同层次性来源于引发正义感之憎恨的程度："杀害人命是一个人所能使另一个人遭受的最大不幸，它会在同死者有直接关系的人中间激起极为强烈的愤怒。因此，在人们和罪犯的心目中，谋杀都是一种侵犯个人的最残忍的罪行。剥夺我们已经占有的东西，比使我们对只是希望得到的东西感到失望更坏。因此，侵犯财产，偷窃和抢劫我们拥有的东西，比仅仅使我们对所期望的东西感到失望的撕毁契约行为罪恶更大。所以，那些违法者似乎要受到最严厉的报复和惩罚。"因而，"最神圣的正义法律就是那些保护我们邻居的生活和人身安全的法律；其次是那些保护个人财产和所有权的法律；最后是那些保护所谓个人权利或别人允诺归还他的东西的法律"[②]。简单地说，在斯密那里，正义之法就是保护生命与人身安全、保护私人的财产所有权、保护契约行为的法律。

　　然而，由于人性之自私、人性之不完善性，正义之法需要有政府来执行、判断与维系。同时，凡夫俗子也应该基于"权利原则"与"实利原则"承担相关的政治义务。这些内容正是我们下一章的主题。不过，在转入下一章之前，还是再探讨一下本部分所关注的两个主题——德性与规则——之间的关系。

6.4　德性与规则之争

　　在麦金太尔的"德性"阅读方法下[③]，苏格兰启蒙运动"颠覆"了

---

① 休谟，《道德原则研究》，第 131 页。
② 斯密，《道德情操论》，第 103 页。
③ 在前文导论中提及过，克里斯托弗·贝瑞把麦金太尔的"阅读苏格兰启蒙运动"的方法称为"德性"的阅读方法，将其归入"知识的"阅读方法这一大类中。参见：Christopher J.Berry, Social Theory of the Scottish Enlightenment, pp.193-194。

亚里士多德主义的德性传统。正如在导论中所评述的，这一判断有正确的一面——苏格兰启蒙思想家推动了"共同体的道德"向"个体的道德"、从德性到正义规则、从目的论到机械论的转型；但也有偏失的方面，它没有看到"共同体"与"社会"间的差异及其对德性要求的变化，同时也没有正确把握到苏格兰启蒙思想家这一群体对德性论的双维视野，实际上，无论是休谟还是斯密，更不用说弗格森，他们并没有抛弃亚里士多德的德性论与公民人文主义传统，并深刻认识到在市民社会中正义优先于善。质言之，他们主张的并不是麦金太尔所理解的祛德性的规则至上论，他们对古典古代的传统不是"颠覆"，而是在新的历史条件下的一种"拓展"。也就是说，在我们看来，麦金太尔"误读"了苏格兰启蒙思想家的道德哲学，他批判的矛头找错了地方。

这里，我们简单围绕当代自由主义与社群主义之争，来探究一下德性伦理与规则伦理的关系，尤其是各自走向另一端的局限。我们先来看发起这场争论的麦金太尔可能存在的问题：首先，他回避了罗尔斯在《政治自由主义》中对政治善与普遍善的界分，因而在很大程度上双方没有真正直接交锋过。罗尔斯一再承认"政治的正义永远需要其他美德的补充"[①]。其次，麦金太尔没有追问善的正当性问题，而这正是罗尔斯最关切的。无论是《正义论》中的"原初契约"，还是《政治自由主义》中的"交叠共识"与"公共理性"理念，罗尔斯倾心关注的是各种互竞的德性所应满足的最基本原则与要求。再次，德性伦理也有其不容回避的限度：第一，在现代社会，张扬何种德性，何种德性享有主导性的价值，而且各德目之间存在一定的"不可通约"，这本身就是一个值得思考的问题。第二，德性基本上是个体性的、主观性的，对于群体生活而言，缺乏可操作性、规范性。第三，德性主要关涉的是个人的品行修养，公共生活主要涉及的是与他者的关系。在熟人圈子里，德性有其重要功能，而在陌生人为主体的市民社会中，其调适性会大打折扣。而这正是苏格兰启蒙思想家"正义优先于善"这一命题的深刻性之所在。

---

① 罗尔斯，《政治自由主义》，万俊人译，南京：译林出版社，2006（2000），第 22 页。

当然，麦金太尔的"问题意识"也不是伪问题，规则伦理的确有其不可回避的局限，尤其是其中蕴含的普遍主义取向。具体地说：首先，现代社会的道德实践一方面继续表现出对普遍合理性和规范化的道德要求，另一方面又逐渐显示出日益鲜明的价值多元化特点，道德相对主义和特殊主义也是道德生活的基本面向。其次，现代社会的基本特点固然在于其高度法制化和条理化，但生活在现代社会中的现代人，也具有高度的自由选择性或被称为高度个性化的人。这种自由性和个性化既使现代人的生活创造力和个性化特点空前强化，也无情地把现代人抛入了一种无根的状态，经受着太多的个人心理和情感的磨砺。这非但使人们对社会外在的道德规范难以自觉接受和认同，而且给他们的道德生活造成了许多不确定或不知所措的偶然性的、随意性的危机。因此，缺少个人心性品格的关照和理想信仰的终极关切，无论道德规范多么周备严密，都是难以处理好人的道德生活和精神需求的。正是在此意义上，麦金太尔的德性伦理主张不仅具有其合理性，而且也切中了现代道德和现代人生的要害。[1] 简单地说，仅有平衡个人利益的程序性的制度机制是不够的，还需要一定水准的公民品德和公民精神。[2] 而这方面的内容，也同样能在苏格兰启蒙思想家的德性论那里找寻得到。遗憾的是，双方都忽视了苏格兰启蒙思想家对这一问题的整体性看法。

最后想指出的是，如果能意识到德性论中正义与善之不同面向，我们可以更好地走出德性与规范所设置的两难困境。这两个面向，一是"积极的""有所为"，一是"消极的""有所守"。前者展现人之友善，后者则导使公民遵守自己协同立下的规则与契约。"消极的"名称绝无贬义，往往在个体行为上具有优先性。比如，消极的面向，如防火、不纵火，有时比积极面——如志愿救火——还要重要。[3]

---

① 万俊人，《"德性伦理"与"规范伦理"之间和之外》，载《神州学人》，1995 年第 12 期。

② 威尔·金里卡，《当代政治哲学》，刘莘译，上海：上海三联书店，2004，第 513 页。

③ 陈弱水，《公共意识与中国文化》，北京：新星出版社，2006，第 41—42 页。

7　稳健与调和——苏格兰启蒙运动的政治思想

为了得到自由，我们才是法律的臣仆。[①]

——西塞罗

人离开了社会便不能生存，离开了政府便不能结合。[②]

——休谟

苏格兰启蒙运动是 18 世纪的一场思想盛宴，其政治思想对英美民主宪政产生了深远的影响。遗憾的是长期以来其未受到应有的重视，正如萨尔茨伯格所洞见到的："休谟、斯密、弗格森——作为政治理论家——对当时欧洲学者的影响，是一个比较复杂而又较少探究的主题。"反过来，或许正是缘于这种研究的欠缺，谢尔顿·沃林（Sheldon S. Wolin）才在《政治与展望：西方政治思想的接续与创新》一书中有这样的"心得"：在霍布斯之后的政治思想中，对"社会"的关注的增长意味着"政治"关注的下降，"社会的再发现"并未给

---

① 转引自：严存生，《法律与自由》，天津：南开大学出版社，1987，第 12 页。
② 休谟，《人性论》（下册），第 586 页。

"独特的政治观"留下多少机会和地位。① 这是一种洞见还是一种误解呢？苏格兰启蒙思想家亦复如此？苏格兰启蒙思想家政治思想中有没有独特的思想遗产呢？这些问题构成下文讨论的重要话语背景。

7.1 政治权威与政治义务

政治学的核心问题是权力与权利的关系问题，其他问题由其所派生，比如保障权利与限制权力、自由与秩序、政治权威与政治义务。我们首先来关注权力的合法性及其基础问题，即政治权威与政治义务的问题。在这一问题上，苏格兰启蒙思想家抛弃了契约论者先验论的论证，否认了契约论者关于权威基于"自愿同意"的认识，认为政治权威的合法性基础在于"权能原则"与"实利原则"，在"交互义务"的前提下强调了对维系社会不可或缺的公共权力的认同感、责任感与忠诚感。

7.1.1 对契约论的批评

与社会的起源一样，对政府与政治权威的起源也主要有三类不同的看法：契约论、神权论和父权主义。而在 17、18 世纪，对政治权威与政治义务之合法性论证主要诉诸的是契约论。休谟被认为是对契约论最具颠覆性的批评者，但他同时也使那些在政治义务问题上坚持神权论和父权主义的人如芒在背。② 这里，我们着重考察苏格兰启蒙思想家（主要是休谟和斯密）对契约论者关于权威基于自愿同意说的批评。至于对神权论的讽刺与抨击，引述一下休谟的这一段话也许就能够说明问题："国王不能说是神的代理人，而只能说既然他的每项权力得自于神，因而可说是在代神行事。既然世上实际发生的一切均在统一安

---

① Sheldon S.Wolin, Politics and Vision: Continuity and Innovation in Western Political Thought, Princeton University Press, 2004 (1960), esp.Chapter Nine, "Liberalism and the Decline of Political Philosophy", pp.257–314.

② 戴维·鲍彻、保罗·凯利，《社会契约论及其批评者》，载：莱斯诺夫等著，《社会契约论》，第 365 页。

排之中或者说均属天意，因而即使是最伟大、最合法的国君，较之一个低级官员，甚至较之一个篡权者、一个强贼和海盗，亦无更多的理由要求特殊的神圣不可侵犯的权威。……在每一个国家中，产生王权的原因，同样也是这个国家中每个小法庭和每个有限的权威得以产生的原因。因此，由于神的委托，一个警官可以和国王一样行动，并拥有不可剥夺的权利。"①对于父权主义，尽管休谟、斯密、弗格森等人在论及个体到社会，乃至社会的演进中都曾或明或暗地援引过，但在关于政府的起源上，休谟明确指出，将政府看作是人为的发明，看作是实施正义的机构，"要比人们通常由家长统治或父权所推得的理由更为自然一些"②。顺便提及一下，曼德维尔对政治权威的理解是一种"父权主义"。曼德维尔特别强调，要使人生活在政治社会状态，必须将人变成一种"受约束的动物"，而人这种受约束性根源于对"父母的敬畏之心"③。这种权威观也基本上规约了曼德维尔政治取向的威权主义。他明确写道："结成一个共同体的动物，首先必须是可以被治理的动物。这种素质要求动物怀有畏惧感，并具备一定的理解力，因为没有畏惧心的动物是永远无法被治理的；若没有这种有用激情的影响，动物的智能与勇气愈多，它就愈不驯良、愈难治理。同样，没有理解力的畏惧只会使动物逃避它所惧怕的危险，而并不顾及自己脱险后的处境。"④

在那篇专门批判契约论的经典文献《论原始契约》中，休谟先是给出了一些"迁就的说法"，即承认所有政府及其权威最初都是建立在"同意"之上。当然他的出发点不是虚构的自然状态，而是"从人类的本性，从这类生物的所有个体发现均具有平等或某些接近平等的情况"予以追溯。休谟这样写道："考虑到人们的体力几乎接近相等，甚至他们的智力和智能在未受教育和培养之前也是相差无几的，我们必须承认，最初若不是人们自己同意，没有什么别的东西可以使他们联

① 休谟，《休谟政治论文选》，第 119 页。
② 休谟，《人性论》（下），第 586、583—584 页。
③ 曼德维尔，《蜜蜂的寓言》，第 218、391 页。
④ 曼德维尔，《蜜蜂的寓言》，第 376—377 页。

系在一起，并服从任何权威。政府最初建立于丛林和沙漠之中，假若
我们溯本追源的话，可以看到人民是一切权力和管辖权的源泉。他们
为了安宁和秩序自觉地放弃天赋的自由，从自己的平辈和同伴手中接
受法律。他们愿意顺从这种权威的条件有时明确地表示出来，有时不
言而喻，人们觉得无须予以表明。假若此即原始契约，那就不能否定
所有的政府最初都是建立在契约之上的，人类最古老和粗率的联合主
要是依据这种原则形成的。"①然而正如休谟自己所说，这只是"迁就的
说法"。在休谟看来，首先，依据同意而最初建立政府的时候，"这种
同意甚至在很长时期之内仍然很不完备明确"，因为"形成普遍服从首
领的契约或协议，这种观念远远超越了野蛮人的理解力"。其次，这
种最初的权威更主要的是基于"习惯性"与"好处"："首领每次运用
权威必然是个别实施的，是当时紧急情况所必需的。由于他的干预所
产生的可以感觉到的好处，使得这种权威的运用日益频繁；这种频繁
在人民之中逐步产生一种习惯性的甚至是自愿的（如果你喜欢这样说
的话）、因而也是不稳定的默认。"②著名的研究契约论的专家莱斯诺夫
正是鉴于休谟这些重重修正，得出"从休谟的观点来看，他是否承认
'原初契约'的真实性这一点仍然是有疑问的。他称之为'原初契约'
的仅仅是指最初确定政治权威时的一种自动的默认；但仅仅是这种默
认并不能代表对于服从**未来的特定承诺**。因此，它不同于所有契约理
论家所理解的契约"。③

而对于那些认为现存的社会与政府及其权威也取决于契约或被统
治者预先同意的观点，休谟从历史与哲学两个层面予以批判。一方面，
他诉诸史料和对现实的观察，指出，"几乎所有现存的政府，或所有
在历史上留有一些记录的政府开始总是通过篡夺或征伐建立起来的，
或者二者同时并用，它们并不自称是经过公平的同意或人民的自愿服
从"。"征服或篡夺，直率地说，即用武力摧毁旧的政府几乎是世上从

---

① 休谟，《休谟政治论文选》，第 119—120 页。
② 休谟，《休谟政治论文选》，第 120 页。
③ 莱斯诺夫等著，《社会契约论》，第 98 页。引文处的黑体为原书所标注。

古到今一切新建政府的起源。即使在少数情况下似乎有人民的同意，但通常是很不正规的，甚为局限，不是带有欺诈就是夹杂着暴力，因而这种认可并不具有多大权威。"① 另一方面，休谟从政治哲学上对契约论进行了彻底否定。他首先强调，同意或认可必然隐含着自由的选择权，用他的话说，"同意只有在一个人想象事情可由他自己抉择的地方才有存在的余地"。而对于那些生来就处于一个政府之下、没有迁徙与流动自由、不忠与叛逆被视为重罪的人而言，奢谈同意与认可显然是"荒谬绝伦"的。由此，他对契约论者冷嘲热讽，并举了一个被广为引用的例子："对于一个贫困的、不懂外语或外国风俗、靠着微薄工资维持日食的农民或工匠，我们能够认真地说他对于是否离开自己的国家具有选择的自由吗？如果能够这样说的话，那么，对于一个睡梦中被人搬到船上、若要离船则只有跳海淹死的人，我们岂不可以同样宣称他留在船上就表示他已自由同意接受船主的统治。"② 其次，在休谟的眼里，人性是不完善的，理性是不及的，断言所有合法的政府都产生于人民的同意，"这肯定给予了它们远远超过实际应得的荣誉"。休谟对此的论述分析相当精辟："假若所有的人都坚持正义，完全不愿沾手别人的财产，他们就可永远处于绝对自由的状态，不需服从任何行政长官或隶属于任何政治社团。不过，这种完美境界，我们完全有道理认为，不是人性所能企及的。又若所有的人都洞明世事，始终了解自己的利益，那么，除了他们自己同意并经每一社会成员讨论通过的政府之外，他们决不会服从任何别种形式的政府。但这种完美境界也远远超乎人性之上。"③

　　苏格兰思想家们深受休谟的影响，比如斯密有关这方面的内容都大量参照或引用休谟的观点、史料，甚至一些例证。④ 简单提及一下，

---

① 休谟，《休谟政治论文选》，第 122、125 页。

② 休谟，《休谟政治论文选》，第 126 页。这一例子，斯密在《法学讲义》中也用过，参见：坎南编著，《亚当·斯密关于法律、警察、岁入及军备的演讲》，第 38—39 页。

③ 休谟，《休谟政治论文选》，第 129、125 页。

④ 埃德温·坎南颇为细心地在他所编的《1763 年亚当·斯密在格拉斯哥大学讲课时使用的关于法律、警察、岁入及军备的讲稿，根据一个学生的笔记整理而成》[学界通常称之为《法学讲义》(A)] 中做了具体的明确标注。参见：坎南编著，《亚当·斯密关于法律、警察、岁入及军备的演讲》，尤其是第 38 页注释③、第 39 页注释①②③。

斯密在《法学讲义》中提出了三点反对契约论的理由：第一，在那些不知道原初契约学说的地方，政府也存在着。第二，对没有参与原初契约的后代而言，他们一生下来就处在某一个政府的统治之下，并需要服从它。第三，如果以原初契约而论，不忠或叛国应该不会被定罪，移民应该享受国民待遇，因为离开或进入一个国家本身就意味着解除或同意了与政府的契约关系。[①]

7.1.2　政治权威的基础

在休谟、斯密等苏格兰启蒙思想家看来，"契约不是服从政府的重要因素"[②]，但另一方面，"一个民政政府，必先取得人民的服从"[③]。那么，为什么"多数人居然轻易地为少数人所治理，而且人们竟能抑压自己的情绪和爱好，顺从统治者的喜爱"？人民服从政府的根据在哪呢？政府的权威基于什么呢？对这个问题，休谟和斯密纷纷给出了不同于契约论者的答案，而且所见完全相同。斯密的答复简洁："权能原则和实利原则是服从政府的重要因素。"[④] 而休谟的阐释颇为详尽和富于论辩："政府是完全建基在公众信念之上的。……公众信念有两类，即关于利益的看法和关于权利的看法。……所有的政府以及少数人赖以统治多数人的权威都是建立在关于公共利益的看法、关于权力之权的看法和关于财产权的看法基础之上的。"[⑤]

7.1.2.1　"权能原则"

权能原则，顾名思义，因"能"而"权"（权力与权威）。在《法学讲义》《国富论》中，斯密主要是从"能"或者说"优越性"方面来考察谁被给予权威。他列举了以下四点："资质的优越"（包括：生理上的如体力、容貌等，精神上的如智慧、道德等）、"年龄的优越"、"财富的优越"和"门第的优越"。就它们构成政治权威的基础而言，

---

① 坎南编著，《亚当·斯密关于法律、警察、岁入及军备的演讲》，第38—40页。
② 坎南编著，《亚当·斯密关于法律、警察、岁入及军备的演讲》，第40页。
③ 亚当·斯密，《国民财富的性质和原因的研究》（下卷），第273页。
④ 坎南编著，《亚当·斯密关于法律、警察、岁入及军备的演讲》，第40页。
⑤ 休谟，《休谟政治论文选》，第19—20页。

斯密深刻认识到，"民政政府的必要程度，既是逐渐随财产价值的增大而增大，所以使人民自然服从的主要原因，也是逐渐随财产价值的增长而发展"①，更何况"财产权和政府在很大程度上是相互依存的。财产权的保护和财产的不平均是最初建立政府的原因"②，因而，"财产"与"门第"——"这种优越，是以先代财产上的优越为前提的"——"是使一个人高于另一个人一等的两大要素。它们又是个人显贵的两大来源，因此也是人类中自然而然有发号施令者又有听人命令者的主要原因。"③ 按照斯密的考察，在游牧时代，它们嫁接在一起开始取代了"资质""年龄"构成"酋长"权威之源。④

　　与斯密主要从所"能"方面来探寻执政长官的政治权威不同，休谟则直接从"权利"入手考察："应当对谁服从？我们应当认谁为我们合法的执政长官？"在《论政府的首要建基原则》一文中，他还将权利分为两类："权力之权"和"财产之权"⑤。非常有意思的是，与其对财产权的考察如出一辙，休谟认为赋予执政长官"权力之权"有这样五种情形："长期占有""现实占有""征服""继承权""成文法"。其中"长期占有"被视为给予世界上一切政府以权威的"最确定的""无例外的"原则，因为在他看来"古老总是可以产生权力之感"⑥，时间和习惯能使任何政府形式具有被服从与认同的权威，不管其起源多么"偶然而又不大完善"、多么"经不起认真的推敲"⑦。"征服"被列入其中，如果联想到休谟对政府起源的一贯看法也就不会感到意外。尽管他不否认最初的政府可能基于人们的同意或许诺而被发明，但其一贯的立场是：断定有案可稽的一切政府最初都是建立在篡夺、征伐、欺

---

① 亚当·斯密，《国民财富的性质和原因的研究》(下卷)，第 273 页
② 坎南编著，《亚当·斯密关于法律、警察、岁入及军备的演讲》，第 35 页。
③ 亚当·斯密，《国民财富的性质和原因的研究》(下卷)，第 275、276 页。
④ 坎南编著，《亚当·斯密关于法律、警察、岁入及军备的演讲》，第 42 页。
⑤ 休谟，《休谟政治论文选》，第 19 页。
⑥ 休谟，《休谟政治论文选》，第 19—20 页。
⑦ 休谟，《休谟政治论文选》，第 25、132 页。

诈、暴力等基础上。①

7.1.2.2 "实利原则"

在政治权威的合法性基础上，与"权能原则"相比，"实利原则"更为根本，从而也更为苏格兰启蒙思想家关注。前者侧重的主要是"我对谁或对什么负有政治义务"——政治权威的识别（休谟的用语为"忠顺的对象"），而后者侧重的是"我是怎样负有政治义务的"——政治权威的起源（休谟的用语为"忠顺的起源"）。

对于"我是怎样负有政治义务的"，如前所述，休谟不同意契约论（休谟称其为"现代时髦的政治学体系"）的思路逻辑："政府和权势只能借同意建立起来；人类既然同意建立政府，因而就给他们加上自然法所没有规定的一种新的义务。因此，人们之所以必须服从其执政长官，只是因为他们许诺了这种服从；如果他们不曾明白地或默认地表示随意保持忠顺，那么忠顺永远不会成为他们道德义务的一部分。"撇开政府是否起源于同意不论，休谟还反对这样三点：服从基于许诺、忠顺基于许诺的约束力、许诺基于自然法。与其针锋相对，休谟认为，服从基于"利益"、"利益的自然约束力在许诺和忠顺两个方面是各别的"、忠顺与许诺都是人为的发明。下面我们就围绕休谟的三个核心观点展开论述，渐次剥离出他的"利益原则"与忠顺的特性。

休谟指出，当人们观察到社会对于他们的共存是必不可缺的，并且发现，如果不约束他们自然的欲望，便不可维持任何一种交往，这时他们就发明了正义的规则——稳定财物占有、根据同意转移财物和履行许诺。但是当人们观察到，正义规则并不能保证在广大的文明社会中被自动遵守，于是他们就建立政府，作为达到他们目的的一个新的发明。因此，在这个范围内来说，我们的政治义务是和我们的自然义务②联系着的，而前者的发明主要是为了后者。但同时也必须承认，

---

① 主要参见：休谟，《人性论》（下），第597页；休谟，《休谟政治论文选》，第122、125页。

② 在《原初契约》中，休谟区分了两种道德义务：一种由天生本能或直觉倾向驱动所产生的道德义务（如对儿童的热爱、对恩人的感激、对不幸者的同情等等），另一种是受"我们考虑到人类社会的必要性"这一责任感的驱动而产生的道德义务，主要（转下页）

它们有各别的义务：服从民政长官是维持社会秩序和协调的必要条件；履行许诺是在人生日常事务中发生互相信托和信赖的必需条件。两方面的目的和手段都是完全各别的，两者也没有彼此从属的关系。^① 这样休谟轻而易举地论证了忠顺与许诺都是人为的发明，同时两者又有着不同的义务。

休谟思想的深邃之处在于，他既看到了自然义务（如履行许诺）与政治义务（如忠顺）之"分"，又看到了其"合"——"效忠和忠诚看来是明确无误地建立在同一基础之上，而且二者之所以为人们遵循是由于人类社会的明显利益和必要"^②，"两种义务都恰好建立在同一基础上，而且它们的最初发明和道德约束力也都有同样的根源。人类之所以设计它们，都是为了补救相似的不便，而它们之所以获得道德的强制力，也同样都是因为它们可以补救那些不便"。^③ 而这些同一性从根本上说根源于人类自利的本能与利益的同情共感，休谟这样写道："显然，由于每个人爱己胜于爱人，他自然会全力以赴地尽可能增加他的收益；除了理性和经验，别无什么可以约束这种倾向。理性和经验使他明白贪得无厌的危险后果，使他明白这样必然会导致整个社会的彻底瓦解。因此，后天的判断或考虑就遏制和约束了人的原始倾向和本能。在这种实情上，公正和忠实的自然义务如此，政治或公民的效忠

（接上页）有公正（justice）（对别人财产的尊重）、忠实（fidelity）（信守诺言）这样的自然义务，以及政治或公民的效忠（allegiance）义务。参见：休谟，《休谟政治论文选》，第 130 页。Cf The Philosophical Works of David Hume, vol.3, pp.454~455.

① 休谟，《人性论》（下），第 586、583—584 页。

② 休谟，《休谟政治论文选》，第 131 页。同时，为了抵制契约论者将忠顺归结为许诺，休谟又一再强调两者既然维护的都是同样明显的、公认的公共利益，那么它们的地位也应该是对等的，谁也不依靠谁。休谟这样写道："尊重财产对自然社会固然是必要的；而服从对于政治社会或政府也是同样必要的。前一种社会对人类的生存固属必要，而后一种社会对人类的福利和幸福也是同样必要的。简单地说，履行许诺固然是有利的，服从政府也同样是有利的：前一种利益如果是普遍的，后一种利益也是如此；前一种利益如果是明显的和公认的，后一种利益也是如此。这两条规则既然是建立在同样的利益的约束力上面的，它们就必然各有其独立的权威，彼此互不依靠。"参见：休谟，《人性论》（下），第 585—586 页。

③ 休谟，《人性论》（下），第 583 页。

义务也完全如此。我们的原始本能引导我们不是走向无限制的自由放纵，或者说去寻求统治他人，而是只去思考为了社会安宁和公共秩序使我们放弃这种强烈的欲望。少量的经验和观察就足以教导我们，没有行政长官的权威，社会就无法维持，而不严格服从长官，则这种权威必将迅即为人蔑视。"这样，休谟得出自己所心仪的结论："我们为何必须服从政府"，是"因为不如此则社会无法生存下去"，"对这些共同的、明显的利益的尊重是产生一切效忠和我们称之为道德责任感的源泉"。①

对于休谟繁复论证"利益原则"，斯密做了简单归纳，不过休谟苦心孤诣的"忠顺"与"许诺"的界分、自然义务与政治义务的相通并未被提及：每一个人都感觉到这个原则对维护社会正义和安宁的必要性。通过政府，连最贫苦的人受到最有钱有势的人的侵害时，也能得到赔偿。虽然在个别情况下政府可能有枉法行为，但为了避免更大的祸害，我们往往还是甘心忍受。使人去服从政府的，正是这种公共利益感，而不是私人利益感。有的时候，我的利益可能在于不服从政府，而且希望政府垮台，但我觉得别人的意见和我不同，不会帮助我来推翻政府，所以为着全体利益，我还是服从它的决定。②

斯密还指出，在所有国家，权能和实利这两个服从原则都在一定程度上发挥着作用，但在一个君主国家里权能原则占主要地位，而在一个民主国家里则实利原则占主要地位。一般来说，人们信奉哪一个原则是由他们的天然"气质"而定。在一个狂放不羁爱管闲事的人那里，实利原则往往在他脑海中占主要地位，而一个气质温和淳厚的人往往喜欢柔顺地服从长官。③

7.1.3   政治义务及其限度

政治义务与政治权威是同一问题的两个不同层面。一般认为政治

---

① 休谟，《休谟政治论文选》，第 131—132 页。
② 坎南编著，《亚当·斯密关于法律、警察、岁入及军备的演讲》，第 35 页。
③ 坎南编著，《亚当·斯密关于法律、警察、岁入及军备的演讲》，第 37—38 页。休谟也持相同的看法，参见：休谟，《休谟政治论文选》，"谈谈英国的政党"，第 46 页。

义务涵盖三个方面的问题："我对谁或对什么负有政治义务"——政治权威的识别，"我是怎样负有政治义务的"——政治权威的起源，"我对政治义务的服从究竟有多大程度或是在什么方面"——政治义务的范围。[①]前两个问题上文已经探讨过，现在来看第三个问题，休谟称其为"忠顺的限度"。

在批评契约论时，苏格兰启蒙思想家并没有闹费尔巴哈式的"小孩和洗澡水一起倒掉"的笑话，而是汲取其蕴藏的合理内核。即使被认为给予契约论者最后一击的休谟也公开承认：那些把许诺或原始契约看作对于政府忠顺的起源的政治学作家们，所企图建立的一条原则是完全正确而合理的，虽然他们力求建立那条原则时所根据的推理是错误的、诡辩的。他们想要证明，我们对于政府的服从允许有例外，并且统治者们如果过分残暴，就足以使臣民解除一切履行忠顺的义务。也就是说，休谟看到了契约论中所设定的"权威"与"服从"是有条件的、是相互的、是一种交互义务："执政长官也必须约定有一种交互的义务，即提供保障和安全；他只有通过向人们提供得到这些利益的希望，才能说服他们来服从自己。但是，人们如果得不到保障和安全，却遭到暴虐和压迫，于是他们就不再受他们的许诺的约束（一切有条件的契约都是这样），回到建立政府以前的那种自由状态。"[②]对于契约论者在政治义务上所设定的这一原则尤其是其中隐含的"反抗权"，从理论原则上说，休谟、斯密都认同。休谟从自己的"利益原则"出发，也得出了大致相同的结论——利益与政府，如果当服从政治社会得不到安全与保障利益时，如果被执政长官压迫过度，以致对其权威完全不能忍受，这时我们就没有再服从他的义务了。原因一停止，结果也必然就跟着停止。[③]斯密直接明了地说："不论效忠原则是怎样，反抗无疑是合法的权利，因为任何权力都不是完全无限制的。"[④]

---

① 米勒、波格丹诺主编，《布莱克维尔政治学百科全书》，"政治义务"词条。

② 休谟，《人性论》（下），第591页。

③ 同上。

④ 坎南编著，《亚当·斯密关于法律、警察、岁入及军备的演讲》，第37—38页。休谟也持相同的看法，参见：休谟，《休谟政治论文选》，"谈谈英国的政党"，第46页。

不过，需指出的是，他们的认可有不同程度的保留。在"忠顺的限度"部分中，休谟显得遮遮掩掩的，一方面反复论证在自然义务上，原因一停止结果必然停止；而在道德义务上，原因一停止结果未必停止，因为"人们是十分迷恋于通则的"，故而"在忠顺方面，即使成为忠顺原因的利益的自然约束力已经停止，而忠顺义务的道德约束力仍然不停止。人们仍然会违反自己的和公共的利益，受其良心的约束，而服从于一个暴虐的政府"。另一方面他又指出，"在我们的全部道德概念中，我们确是不会抱有像消极服从的那样一种荒谬的主张，而都一定承认在罪恶昭彰的专制和压迫的情况下可以进行抵抗"。"我们可以对于最高权力的较为强暴的行为进行反抗，而不犯任何罪恶和非义。"① 从这两个方面来看，与其说休谟在关注忠顺的限度，不如说他在权衡"反抗""革命"的限度，并试图将其降低到最低限度，用他的话说，"如果利益首先产生了对政府的服从，那么那个利益什么时候在任何很大的程度内并在大多数情况下停止了时，服从的义务也就停止了。"② 米勒的解读颇为切中要害，他指出休谟的上述思想中存在着一个难点，即如何建立一个关于抵抗的标准。"他心里似乎有一个我们有资格希望政府给予实施的最低标准，尽管它们极少发生，只是在一般意义上被描述为'公共灾难''严重的偶发事件''极度的专制与压迫'，这些是其常用的术语。"③ 对于这一谨慎乃至保守的苦衷，休谟在下一个章节里和盘托出："不过在某些场合下，健全的政治学和道德学虽然都主张反抗最高权力是正当的，可是在人事的通常进程中，再不能有比这件事更为有害、更为罪恶的了。除了革命总是要引起动乱以外，那样一种实践还会直接趋向于推翻一切政府，并且在人类中间引起普遍的无政府状态和混乱局面。正如人数众多的文明社会离开了政府便不能自存，政府离开了最严格的服从也就完全无用。我们永远应当衡量由权威所获得的利益与不利，并借此对反抗学说的实践采取更加谨慎

---

① 休谟，《人性论》（下），第 592—593 页。
② 休谟，《人性论》（下），第 594 页。
③ David Miller, *Philosophy and Ideology in Hume's Political Thought*, Oxford University Press, 1981, p.92. 高全喜，《休谟的政治哲学》，第 249 页。

的态度。通常的规则要求人们服从；只有在惨酷的专制和压迫的情形下，才能有例外发生。"①

与休谟一样，斯密也不是复兴反抗权的普赖斯的新洛克主义的信奉者。斯密非常认同休谟的"人们是十分迷恋于通则的"，并在《道德情操论》各个版本中保持着对"一般准则"之必要性的强调，并从人的自然情感探究了其是怎样被内化为"责任感""义务感"乃至被神圣化为"造物主的法则"。②在《法学讲义》中，尽管斯密将反抗权列为"人民的权利"，尽管他也声张"在一定情况下反抗某些滥用权力的行为，当然是合法的，不管政府是根据什么原则建立的"，但他一再表露出这样一项权利"不可能说得很精确"，"什么事可以做，什么事他不可以做，这是很难确定的"，"反抗在某些情况下是合法的，但要说什么是专制君主可以做、什么是专制君主不可以做，那就非常困难"，更何况"但君主如果做错了事，没有法官来判决"，"人民对这个问题是没有表决权的"，"上帝是君主的唯一裁判者，但我们不能够说他将怎样裁决"。这样，斯密在法律权利现实的操作层面得出了与休谟相同的结论："没有一个政府是十全十美的，忍受一些不便总比企图反抗政府好些。"③

长期以来，对古典自由主义者尤其是斯密存在很多误解，误以为他们鼓吹自由放任、主张"最小国家"，而忽视了他们对政治权威与政治义务的强调，以及对秩序的推崇。列维斯顿说得好，"自由主义传统中谈论权威本性的人甚少，只有霍布斯、休谟和奥克肖特是著名的例外。没有权威，法治以及自由主义的实践是不可能的"。④不过，列维斯

---

① 休谟，《人性论》（下册），第 594 页。

② 参见：亚当·斯密，《道德情操论》，第三卷中"第四章 论自我欺骗的天性，兼论一般准则的起源和效用"与"第五章 论道德的一般准则的影响和权威，以及它们被公正地看作造物主的法则"。温奇基于《道德情操论》中的这些内容认为，斯密反对普赖斯的新洛克主义（Price's neo-Lockean）对反抗权的强调，与休谟一样重视对政府的义务。Donld Winch, Riches and Poverty: An Intellectual History of Political Economy in Britain, 1750–1834, Cambridge University Press, 1996, p.146, p.172.

③ 参见：坎南编著，《亚当·斯密关于法律、警察、岁入及军备的演讲》，第 89—92 页。

④ Donald W. Livingston, Philosophical Melancholy and Delirium: Hume's Pathology of Philosophy, The University of Chicago Press, 1998, p.391.

顿的这份名单也不完整，至少应该补上斯密。同时，需强调的是，在权威问题上，休谟、斯密、霍布斯形同陌路。最为根本的区别有两点：第一，与休谟和斯密将政治权威的正当性建基于"权利原则"与"利益原则"不同，霍布斯赤裸裸地将权威与服从诉诸"恐惧"。第二，他们对国家的形象与职能的定位根本不同。具体的展开我们留在下一节进行。

7.2 国家观

7.2.1 "最小国家"？

约翰·基恩在《民主与市民社会》一书的一个章节中详细考察了五种国家权力类型：霍布斯的"安全国家"（the Security State）、洛克的"立宪国家"（the Constitutional State）、潘恩的"最小国家"（the Minimum State）、黑格尔的"普遍国家"（the Universal State）、托克维尔的"民主国家"（the Democratic State）。[①] 如果要从中为苏格兰启蒙学者所主张的国家权力形态选一"型号"的话，将其排除在"安全国家""普遍国家""民主国家"之外应无争议，因为在苏格兰启蒙学者的时代，思想家们（卢梭除外）对民主制尤其是直接民主制基本上都持否定态度；将其归属为洛克式的"立宪国家"也许不会有问题，但很多现代自由主义者很可能更喜欢将其贴上"最小国家"的标签。

"最小国家"的标签对吗？拉齐恩·萨丽（Razeen Sally）给出了明确的答复："很多对自由主义所知不多的人以为，古典自由主义在鼓吹无限制的自由放任及最低限度的'守夜人'式的国家即卡莱尔（Carlyle）以嘲笑的口吻所说的'无政府加巡警'。当然不是这么回事。对正义或法治的强调就显示了，古典自由主义提倡的是受限定的而非绝对的自由放任……现代社会的法律规则框架是相当复杂的，各国也各不相同，并且不断地因时而变。这就要求行政、立法、司法各部门，

---

① 约翰·基恩，《市民社会与国家权力型态》，载：邓正来、亚历山大主编，《国家与市民社会》，第101—120页。

必须持之以恒，深思熟虑，并具有采取行动的能力。苏格兰道德哲学家，特别是休谟早就注意到了这一点及其复杂性……"[1] 萨丽的判断是完全站得住脚的，我们从苏格兰启蒙思想家对国家的职能的界定上就能略窥一二。

休谟对政府职能的理解远不是米尔顿·弗里德曼（Milton Friedman）在《资本主义与自由》一书中所敲定的"竞赛规则"的"制定者"与"裁判者"[2]。针锋相对的是，休谟明确地在这两者之外追加了一些新的职能，一并将其视为政府的优点："由于正义的执行和判断这两个优点，人们对彼此之间的和自己的弱点和情感都得到了一种防止的保障，并且在长官的荫庇之下开始安稳地尝到了社会和互助的滋味。不过政府还进一步扩展它的有益影响；政府还不满足于保护人们实行他们所缔结的互利的协议，而且还往往促使他们订立那些协议，并强使他们同心合意地促进某种公共目的……这样，桥梁就建筑了，海港就开辟了，城墙就修筑了，运河就挖掘了，舰队就装备了，军队就训练了；所有这些都是由于政府的关怀，这个政府虽然也是由人类所有的缺点所支配的一些人所组成的，可是它却借着最精微的、最巧妙的一种发明，成为在某种程度上免去了所有这些缺点的一个组织。"[3]

亚当·斯密对政府的职能进行了系统而专项的考察，他认为政府有三项"应尽的义务"，即国防、司法与公共服务职能："按照自然自由的制度，君主只有三个应尽的义务——这三个义务虽很重要，但都是一般人所能理解的。第一，保护社会，使不受其他独立社会的侵犯。

---

[1] 拉齐恩·萨丽，《什么是自由主义》，载：拉齐恩·萨丽等著，《哈耶克与古典自由主义》，秋风译，贵阳：贵州人民出版社，2003，第 13 页。

[2] 弗里德曼认为，"政府的必要性在于：它是'竞赛规则'的制定者，又是解释和强制执行这些已被决定的规则的裁判者"。参见：米尔顿·弗里德曼，《资本主义与自由》，第 16 页。当然，弗里德曼也没有完全排除政府建设并维护某些公共事业或公共设施的职能（基于技术垄断或相邻影响而产生的），以及"政府根据家长主义理由"对无责任能力的人——如疯子、儿童等——之照顾义务；但是，他对政府的这两项职能非常谨慎，强调要提防被滥用。

[3] 休谟，《人性论》（下册），第 578—579 页。

第二，尽可能保护社会上各个人，使不受社会上任何其他人的侵害或压迫，这就是说，要设立严正的司法机关。第三，建设并维持某些公共事业及某些公共设施（其建设与维持绝不是为着任何个人或任何少数人的利益），这种事业与设施，在由大社会经营时，其利润常能补偿所费而有余，但若由个人或少数人经营，就决不能补偿所费。"① 如果前两项是一种保护或保障性职能的话，那么第三项职能远远超出了"守夜人"国家的范围，赋予国家广泛的和重要的公共活动领域。

另一个亚当，在《文明社会史论》中更是用多个章节探究了国家的职能，如"人口和财富""国防和征服"等章节。在弗格森看来，国家的职能主要有"国防，公正的分配，国家自保和国内繁荣"，"保证家庭的维生之计和住所；保护勤劳的人从事自己的职业；调和公共秩序的限制条件、人类的社会公德心和他们各自为个人打算的追求间的矛盾"，这显然也非"最小国家"。他还经常抱怨："我们可能会看到诸多国家都偏向为保证公众安全，人身自由或私人财产而采取特定的政策，而很少为伦理道德，为真正使人类更完美而采取特定政策。"② 让政府承担伦理道德教育职能多为自由主义者所诟病，但即使在被后世者奉为自由放任主义大师的斯密那里，公民教育设施上的费用也是他的"廉价政府"（cheap government）③ 的一项重要支出。

当然，正如前引拉齐恩·萨丽所言，苏格兰启蒙思想家承认政府的重要职能，同时又强调这些职能是有界线的，是受到限定的，是一种"有限政府"。也就是说，他们界定了政府的积极与消极两个面向，"积极方面是指可以做的，包括提供公共物品，改进普泛的规则框架；消极的方面，则指不得做某些事，比如不得干预私人财产和价格"④。弗格森说得更干脆，"如果需要保护，就一定得保护；如果出现犯罪

---

① 亚当·斯密，《国民财富的性质和原因的研究》（下卷），第 252—253 页。
② 弗格森，《文明社会史论》，第 151、160、153 页。
③ 大河内一男认为，斯密在"自然的自由的制度"下所要建立的是"廉价政府"。参见：大河内一男，《过渡时期的经济思想：亚当·斯密与弗·李斯特》，第 134 页。笔者认为"廉价政府"确得其旨，《国富论》论述政府职能的线索正是围绕"费用"的。
④ 拉齐恩·萨丽，《什么是自由主义》，第 14 页。

或招摇撞骗，就一定得予以制止；政府所能做的就这些。当老道的政客插手其中时，他只能增添麻烦，增加抱怨的理由"①。斯密也明确做出断言："不列颠政体是权力有着适当限制的各种政体的完善的混合物，是自由和财产的完全保证。"② 对公共权力的限度及其边界的警惕，或者说反对国家对市民社会的干涉，是苏格兰学者启蒙思想中被后世津津乐道的重要内容，以至于他们对国家积极面向的重视被遮蔽了。鉴于前文已从古典政治经济学的角度探究过他们反对政府干预市场的缘由，这里我们拟从有限政府理论的层面再拓展和深化他们在国家职能之消极方面的洞见。一般认为，有限政府的基本理念包括以下几个方面③：

第一，国家并没有它自身的目的，它不过是人们为了实现安全与福利而创造出来的某种工具，由此决定国家的权力及其活动必须以实现这些目的为限度，超出这个限度的国家权力与活动便成为非法的权力与活动。洛克认为，"政府的目的是为人民谋福利"，"人们联合成为国家或置身于政府之下的重大的或主要的目的，是保护他们的财产"。④苏格兰启蒙学者充分吸收和强化了这一理念，斯密用同样有力的语言宣称，民政组织的建立就是为了保障财产的安全。⑤ 休谟说道，"我们整个庞大的政府机构，其最终目的无非实施正义"，无非是为了"安全与保障"。⑥ 对于国家这种工具属性，我国"五四"启蒙时期的高一涵做了精辟的阐述，"国家非人生之归宿"，在高一涵看来，国家为人类创造之一物、为一国人之总业，人民主也，国家业也。他反问道："天下有业而能不为主所用者乎？有创造于人之物，不为创造者所凭借，而创造者反为所创造者之凭借乎？"⑦

---

① 弗格森，《文明社会史论》，第 160 页。
② 坎南编著，《亚当·斯密关于法律、警察、岁入及军备的演讲》，第 69 页。
③ 参见：唐士其，《西方政治思想史》，北京：北京大学出版社，2002，第 263—264 页。
④ 洛克，《政府论》（下），叶启芳、瞿菊农译，北京：商务印书馆，2005（1964），第144、77 页。
⑤ 亚当·斯密，《国民财富的性质和原因的研究》（下卷），第 277 页。
⑥ 休谟，《休谟政论文选》，第 131—132 页；休谟，《人性论》（下册），第 591 页。
⑦ 高一涵，《国家非人生之归宿论》，载《青年杂志》，第一卷第四号。

第二，国家本身便是一种"邪恶的东西"，但人们为了便利的生活必须借助这一机构，所以是一种"必不可少的恶"。因而，在可以不需要国家介入的场合，自然就应该尽可能地通过国家之外的其他途径来解决个人和社会所面临的各种问题。在苏格兰启蒙思想家那里，这突出反映在前文论述的他们对国家干预市场的深恶痛绝上。

第三，掌握国家权力的人并不必然地具有超人的智慧与德性，因此存在权力被滥用的可能性。有关这一点，休谟的"无赖假定"赫赫有名。尽管斯密经常对英国的政治制度进行夸赞，但对于处理公共事务的人，斯密的评价也一贯甚低，经常将他们描绘为"政治投机""蛮横无理""固执""怠懒""浪费"[①]，甚至认为"商人的性格与君主性格两不相容的程度，可以说是无以复加了"。[②] 他们对统治者这种极其低的评价深刻影响了美国的建国者们，杰斐逊就曾明确断言："世界上每一个政府都表现出人类的某些痕迹，即腐化和堕落的某种萌芽。狡黠的人会发现这种萌芽，坏人则会慢慢地扩大、培养和利用这种萌芽。任何一个政府，如果单纯委托给人民的统治者，它就一定要退化。"[③]

第四，国家权力作为一种重要的社会资源可能为掌握这种权力的人带来其他的利益，权力本身就带有走向腐败的倾向，因而权力不能集中到某一个单独的政府机构手里，要进行分权并相互制衡。这就是孟德斯鸠所说的，"一切有权力的人都容易滥用权力，这是万古不易的一条经验。有权力的人们使用权力一直到遇有界限的地方才休止"，"要防止滥用权力，就必须以权力约束权力"。[④] 休谟在《论议会的独

---

① 亚当·斯密，《道德情操论》，第302—303页；亚当·斯密，《国民财富的性质和原因的研究》（下卷），第27、377、318页。

② 亚当·斯密，《国民财富的性质和原因的研究》（下卷），第378页。

③ 菲利普·方纳编，《杰斐逊文选》，王华译，北京：商务印书馆，1963，第78页。

④ 孟德斯鸠，《论法的精神》（上），第154页。还有阿克顿勋爵的两句名言经常被一并串起来引用："权力导致腐败，绝对权力导致绝对腐败。""只要条件允许，每个人都喜欢得到更多的权力，并且没有任何人愿意投票赞成通过一项旨在要求个人自我克制的条例。"阿克顿，《自由与权力：阿克顿勋爵论说文集》，侯健、范亚峰译，北京：商务印书馆，2001，第342、343页。

立性》《谈政治可以析解为科学》《论党派》等多篇文章中，以英国宪政体制尤其是王权与下议院为例，反复阐述了这样"分权"与"制衡"的必要性，并特别告诫不要以为压制王权、抬高议会的权力就会对自由有利。在斯密那里，分权与制衡的思想突出体现在他对行政权与司法权分离的强调上。当然，要详细了解这一群体在政治建制方面的思想，有必要转入他们的政体论。

7.2.2　调和与制衡：政体论

正如经济学家罗宾斯所言，相信国家强制性的权威，承认其职能的必要性，本身并不决定这样的权威应如何组成的方式。[①]也就是说，它还涉及国家的政权组织形式即政体的问题，它从制度上规约了政府的权威及其职能的属性。在政体论上，一般认为苏格兰启蒙思想家原创性较少，一方面是由于，希腊自古以来，政体问题尤其是休谟、斯密、弗格森等人热衷的混合政体一直是政治学讨论的中心问题，相关著作文献可谓汗牛充栋；另一方面是因为，与他们同时代的孟德斯鸠在政体类型学的研究上达到了一个高峰，苏格兰启蒙思想家也毫不掩饰对其思想的推崇，似乎也很难再出其右。比如弗格森就有这样明确的表白："在他[②]的著作中，读者们不仅可以发现我现在为了使条理清楚而从他那里引用的原文，而且同样可能发现我在许多地方自以为是创新而没有提到作者的许多不断重复的评述的出处。"[③]不过，新的市民社

---

① 罗宾斯，《过去和现在的政治经济学——对经济政策中主要理论的考察》，第 180 页。

② 指孟德斯鸠。

③ 弗格森，《文明社会史论》，第 71 页。在政体论上，尽管弗格森很自谦，认为自己在"重复"孟德斯鸠的学说，其实他仍有其相当的特色和意义。比如，除了下文将要论述的对党派性的洞见外，他还在孟德斯鸠的政体类型学之外，提出了一种新的分类方式：所有的人类政治建制可被归为两类——单一的和混合的。弗格森认为，在单一的建制中，最高权威由单个人或单独的会议或一群人掌握，包括民主制、贵族制、君主制及独裁制。在混合建制中，最高权威由并行权力中的多数来操作，混合的共和制，或混合的君主制。比如，弗格森强调，政体形式是多种多样的，没有普世的或者说最好的，各国要根据本国实际情况选用自己的政体形式，他说："各国哲人们企图建立一种同样适合于所有人类的政府模式，纯属枉费心机。国民不适合于以他国的方式来治理（转下页

会的历史境遇、英国新鲜的宪政经验及其所面临的现实问题，以及思路取向的不同，使休谟、斯密、弗格森等人在对待政体形式问题上还是有诸多独创性的成果，并对美国的宪政制度架构产生了切切实实的影响。同时补注一下，我们下文主要探讨他们的这些独创性的内容，有关政体的一般理论、政体类型学、混合政体理论就不单独讨论。

7.2.2.1 党派性："野心对抗野心"

现代政治是一种政党政治。如何理解"党派性"，如何在政治建制中规范与引导政党行为，这是一个全新的课题，以前包括孟德斯鸠在内的政体论著作家都不曾探究过。因为，政党及其党派性是民主宪政的产物，它在很大程度上已不再是之前混合政体论中的王权、贵族与平民之间的分殊，后者不仅经济利益对立而且政治上不平等，而政党之间的分庭抗礼主要是基于利益差异，其实质就是一种利益之争。从这里我们也就能理解到，尽管休谟与斯密沿用了孟德斯鸠有关政体的分类——共和政体、君主政体、专制君主政体，但他们不再探究孟德斯鸠有关三种政体的德性原则如美德、荣誉与恐惧，他们汲取的是其中有关分权与制衡，尤其是其基于自由与法治将君主制一分为二——自由君主制与君主专制的内容，因为这些方面吻合大不列颠的现实政治。而这也是我们解读苏格兰启蒙思想政体思想的关键之所在，否则就会偏离问题的重心。

对于党派性，休谟从个人生活与政治生活间的差异寻求解释，他说："人们通常在其个人活动中比在社会活动中更为诚实，他们在为党派服务时比处理仅与个人利益有关的事务时可以走得更远。荣誉对人类有很大的制约作用，但当一大群人聚合行事时，这种制约在很大程度上就被排除了，因为一个人如果增进了党派的共同利益，肯定会得到该党的赞许，而他自己很快就会不在乎反对者的喧嚷。"[1]不同于休谟从群体心理学角度拐弯抹角的论证，弗格森径直宣称，与"人类联盟

（接上页）或被治理。国家依其特性和环境的不同而各不相同。"再比如，他对政体以国民德性的不同做了比孟德斯鸠更为细化的分类与探讨。重点参见：弗格森，《道德哲学原理》，第 22—23、163—167 页。

[1] 休谟，《休谟政治论文选》，第 27 页。

的天性"一样，党派性也是人之本性。弗格森写道："人类历史中有大量的事实证明人类既互相恐惧又互相热爱……我们对于一部分人或一个派别的忠诚似乎往往是来自我们对于对立一方的敌意。反过来，这种敌意又往往来自我们对拥护一方的热忱，来自我们要捍卫自己党派权益的欲望。""在每一种无拘无束、多元混合的民族生活方式中，个人的安全及其政治影响，在很大程度上取决于自身，但是，在更大的程度上取决于他参加的党派。因此，有共同利益的人们容易结成党派，出于这个共同利益，他们会互相支持。"① 弗格森是苏格兰启蒙思想家中对党派性论述得最为充分的和丰富的，不过长期以来没有引起重视。比如，弗格森就曾比较了共和政体与君主政体这两种制度体系下人们不同的思想倾向，并将党派作为共和政体的核心问题来看。他分析道："共和政体的国民只有在国家中发挥作用才能保住自己的权利要求。要想安然无恙，他就得加入党派；要想做大人物，他就得领导一个党派。君主政体中臣民享有的荣誉和他的出身息息相关。为了显示他的重要性，他得在宫廷里当差，得拿出有靠山、得宠的标记以赢得众人的尊敬。"②

　　既然党派性是现代政治的基本面向，也是人之本性；那么，怎样来设计政府体制呢？怎样来引导和协调各种不同党派的利益呢？他们给出的共同方案是"党派制衡党派""野心对抗野心"。其实，这也是他们情感主义的一贯思路，情感只能以另一种情感来疏通或抑制。休谟说得好："在设计任何政府体制和确定该体制中的若干制约、监控机构时，必须把每个成员都设想为无赖之徒，并设想他的一切作为都是为了谋求私利，别无其他目标。我们必须利用这种个人利害来控制他，并使他与公益合作，尽管他本来贪得无厌，野心很大。"③ 也就是说，他认为，如同在经济市场上私利能自发促进公益一样，在政治市场上，这群"无赖之徒"之间的私利竞技，也能使其"与公益合作"。弗格森的

① 弗格森，《文明社会史论》，第 17—18、180 页。
② 弗格森，《文明社会史论》，第 210 页。
③ 休谟，《休谟政治论文选》，第 27、28 页。

诠释之语虽没有休谟的"无赖之徒"这样引人注目，但私利与公益的辩证逻辑解释得非常透彻，"在党派纷争中，公众的利益，甚至于正义和坦率的信条有时都被人们淡忘了。不过，也并不一定会不可避免地产生这种堕落似乎预示着的致命结果。公众的利益往往得到了保证，这并不是因为个人把它看成是行为的目的，而是因为每个人，无论地位如何，都决心要维护自己的利益"。弗格森的这句话是现代竞争性民主政治的精辟概括："当人类陷入任何党派的威胁时，人类所能得到的最好的保护往往来自该党派敌对一方。"[1]

这颇为讽刺，又颇值得咀嚼。在政党政治的老祖宗那里，党派政治被看作是政客们讨价还价的竞技场而非卢梭式的"公意"代表。或许，正是这样浓郁的幽暗意识[2]，才使得"权力在阳光下运行"；或许，所谓的至善政治不是乌托邦式的遐想就是鲁迅先生笔下带血的馒头。当然，"野心对抗野心"也存在问题，尤其当双方为一丘之貉时。我们在前文第 6 章中就曾谈及过，在修改的第六版《道德情操论》中，斯密将谨慎之人的主要品质之一归为他的"反党派性"。这说明，斯密晚年已经充分认识政党政治的消极面向，尤其是当这种党派性在现实生活中完全蜕变为"结党营私"后，完全沦为商人所操纵的经济市场之附庸后。这在一定程度上也促使他转向寻求德性资源，既寄希望于个人养成自制、谨慎的美德，又憧憬政治家与立法家能够担当起"人类的伟大的保护者、指导者、造福者"的职责。[3] 有意思的是，尽管他晚年对政治市场颇有忧虑，但对道德市场的评价却似乎不低。斯密写道："在各文明社会，即在阶级区别已完全确立了的社会，往往有两种不同的道德主义或道德体系同时并行着。其一称为严肃的或刻苦的体系，又其一称为自由的或者不妨说放荡的体系。前者一般为普通人民所赞

---

① 弗格森，《文明社会史论》，第 143、150 页。
② 按照张灏先生的解释，"所谓幽暗意识是发自对人性中与宇宙中与生俱来的种种黑暗势力的正视和省悟：因为这些黑暗势力根深蒂固，这个世界才有缺陷，才不能圆满，而人的生命才有种种的丑恶、种种的遗憾"。参见：张灏，《幽暗意识与民主传统》，第 24 页。
③ 亚当·斯密，《道德情操论》，第 162 页。

赏和尊敬；后者则一般为所谓时下名流所尊重和采用。"①

7.2.2.2 分权与制衡

在休谟那里，是否满足"野心对抗野心"，构成政体设计合理与否的标尺。休谟写道："当有人提出任何政府设计方案，不论是真实的还是虚构的方案，供我们审查，而其中权力分由几个机构和几个等级的人们所掌握，我们就应当经常考虑各个机构、各个等级的利益。如果我们发现通过巧妙的分权，在执行时这种利益必然和公共利益协调一致，那么就可以宣布这种政府组织是明智的可喜的。如果情况与此相反，各机构各等级的各自利益不受制约，不是朝着为公的方向，对于这种政府我们所能期望的只有分裂、混乱和暴虐。我的这个看法既为经验所证实，也为古今所有哲学家和政治家的权威所肯定。"简单地说，党派之间应该分权与制衡。当然，这样的理论构架还会面临着人性自身的挑战，因为人们天生野心很大，他们的权欲永远不能满足；如果一个阶层的人在追求自己的利益时能够掠夺其他一切阶层，他们肯定就会这么干，并使自己尽可能地专断一切，不受制约。②休谟发现，这样的问题已经在英国政制中显露端倪，议会（立法权）与国王（行政权）之间的制衡出现了权力的严重不对称性，一方的权力越来越大，而另一方的权力走向虚化与形式。休谟如实地描绘道："我们的体制分配给下议院的那份权力很大，使它可以绝对控制政府的其他一切部门。国王的立法权显然对它起不了正常的制约作用。因为国王虽然有权不公布法律，但这种权柄事实上作用很小。两院表决通过的一切，总是可以成为法令，王室的同意不过形式而已。国王的力量主要在于行政权，但在每个政府中行政权总是从属于立法。"在休谟看来，无论是根据理性研判还是实际经验，立法权与行政权任何一方的独占鳌头都有弊端，甚至会危及自身的存在。休谟指出："他们彼此都无足够力量或权威单独存在下去。"③

---

① 亚当·斯密，《国民财富的性质和原因的研究》（下卷），第 351 页。
② 休谟，《休谟政治论文选》，第 27 页。
③ 休谟，《休谟政治论文选》，第 28—29、29 页。

那么，如何解决这一现实矛盾呢？既然根据英国的宪制，下院必须尽可能具有它所要求的一切权力，而且只能由它自己限制自己，那么用什么方法将体制的这一部分限制在恰当限度之内呢？这怎样能和我们所体验的人性协调一致呢？休谟给出的答案是："在这里团体的利益要受个人利益的约束，下议院不再扩大它的权力，是因为这种垄断违背其多数成员的利益。国王手中握有许多可以授予的职位，在该院那些诚实无私的成员的协助之下，总是能够控制整个议院的决定，至少可以做到保存古老的政治体制，使之不受危害。我们可以任意称呼这种影响，可以授之以腐蚀和依赖等难听之名。但这在某种程度上和在某些方面是与宪制的性质分不开的，是保存我们混合政府所必需的。"休谟的话有些遮遮掩掩，他的意思说得裸露一点就是下议院应收敛扩权的念头，王权是古老体制所不可或缺的。他还反复劝告下议院与民权党，"不要绝对地断言：议会的依赖性，不论其程度如何，都会损害英国的自由"，而是应该"冷静探索宫廷影响和议会依赖性的恰当限度"；甚至警告他们不要野心膨胀而走向专权之路，应该想到民众也时刻在担心下议院独揽大权，"害怕过分贬抑国王的作用会将事情推向相反的极端"。因此，休谟得出结论，"最好不要使这种极端情况能够危及宪制，或者最好不要使国王对议会议员的影响太小"。① 总之一句话，"权势均衡是政治上的秘诀"。②

在论及这种相互制衡之中，尽管他认为自由君主制的混合政体是现实政制中最好的，但他也发觉了一些弊端，尤其是不利于权力的分立与制衡的弊端。他说，行政权经常握在单独一人手中，不是在国王手中便是在大臣手中，由于此人的雄心、能力、勇气、声望或财产不一，这种权力在这人手中可能太大，而在另一人手中可能又太小。因而，对于理想中的政制，休谟还是无意掩饰自己对于共和政体的向往。他对这种体制做了对比，"在纯粹的共和国中，权力分散在几个议会或议院中，制约和监控的机构能更为正常地发挥作用；因为这些议院人

① 休谟，《休谟政治论文选》，第29—30页。
② 休谟，《休谟政治论文选》，第58页。

数众多，可以假定他们的议员在能力和品德上总是差不多相等的，需要考虑的不过是他们的人数、财富和权势而已。但一个有限的君主国却不享有这种稳定性，也不可能授予国王以确定之权限，使之不论在何人之手均能形成与该体制其他部分的恰当平衡。这是伴随这类具有很多优点的政体的一个不可避免的缺点"。①

与休谟关心行政权与立法权、议院与国王之间的权力分立与制衡不同，斯密关注的重心在行政权与司法权之间的分权与制衡；与休谟担心王权的弱化不同，斯密关心的是王权的专权，而强调司法权之独立性之必要。斯密沿用了孟德斯鸠对政府权力的划分："政府的权力有三种：立法权，即为着公共利益而制定法律的权力；司法权，即使每个人不得不遵从这些法律并处罚那些不遵从的人的权力；行政权，或像有些人所称为的那种中枢权力，包括宣战权力和媾和权力。"② 对于行政权与司法权的分离，斯密认为这依然是自发而无意识的产物：司法权和行政权的划分，原始原因似乎是社会进步，社会事务因而增加。社会事务日益增多，司法行政变得麻烦复杂，于是承担这任务的人，就不能再分心注意到其他方面。同时，承担行政职责的人，因为无暇处理私人诉讼案件，所以，就任命代理人代为处理。③ 以后，这样的分立就逐渐形成一种惯例。在《国富论》中，斯密多次提到执行司法要"严正"(exact)、要"规范"(regular)④，因为它关系到"保护人们不使社会中任何人受其他人的欺侮"⑤，而与行政权的分立是确保其公平与公正的最基本的制度保障。斯密写道："司法权如不脱离行政权而独立，要想公道不为世俗所谓政治势力所牺牲，那就千难万难了。肩负国家重任的人，纵无何等腐败观念，有时也会认为，为了国家的重大利害关系，必须牺牲个人的权利。但是，各个人的自由，各个人对于

---

① 休谟，《休谟政治论文选》，第 30—31 页。
② 坎南编著，《亚当·斯密关于法律、警察、岁入及军备的演讲》，第 43 页。
③ 亚当·斯密，《国民财富的性质和原因的研究》（下卷），第 283 页。
④ Adam Smith, An Inquiry into the Nature and Causes of the Wealth of Nations, Vol.II, p.195, p.395.
⑤ 亚当·斯密，《国民财富的性质和原因的研究》（下卷），第 272 页。

自己所抱的安全感，全赖有公平的司法行政。为使各国人感到自己一切应有权利，全有保障，司法权不但有与行政权分离的必要，且有完全脱离行政权而独立的必要。审判官不应由行政当局任意罢免，审判官的报酬也不应随行政当局的意向或经济政策而变更。""任何国家，如果没有具备正规的司法行政制度，以致人民关于自己的财产所有权，不能感到安全，以致人民对于人们遵守契约的信任心，没有法律予以支持，以致人民设想政府未必经常地行使其权力，强制一切有支付能力者偿还债务，那么，那里的商业制造业，很少能够长久发达。"①

基于权力分立与制衡及法治的优点，弗格森倾心于混合政体。他解释说："在适当的混合政府中，民众的利益和君主或贵族的利益是相当的，从而他们之间建立了一种平衡。公民自由和公共秩序就存在于这一平衡中。"因而无论是罗马的混合共和政体，还是自己祖国的混合君主政体，他都赞不绝口，"罗马和英国都推行混合政体。一个倾向民主政体，另一个倾向于君主政体。事实已经证明这两国都是伟大的立法者。前者为欧洲大陆留下了其民法的基础和大部分的上层建筑。后者在其岛国内将法律的权威性和法制臻至完美，达到了人类史上前所未有的高度"。②相反，基于权力的分立与制衡之阙如，弗格森对专制与暴政做了最为严厉的批评。在弗格森看来，那些主张专制政府是最好选择的论调无外乎基于这样三个假设——所有人都会犯罪；犯罪只有靠全权的权力才能得以约束；全权的权力所受委托的人，将会抑制他人的犯罪行为而自己不会犯罪——全都是歪曲的和虚假的。③对于第一个假设，弗格森指出，一切人对一切人的战争只是霍布斯笔下的虚构状态，卢梭就曾提出另一种针锋相对的图景。④对于第二点，弗格森认为权力并不是万能的，"人们的行事方式是多种多样的；同样的刑法以及审判形式，在国民具备德性时可以进行成功的治理，但在

① 亚当·斯密，《国民财富的性质和原因的研究》（下卷），第 284、473 页。
② 弗格森，《文明社会史论》，第 183、184 页。
③ 弗格森，《道德哲学原理》，第 167 页。
④ 弗格森，《文明社会史论》，第 2 页。

道德败坏时，却总是不够用"。① 对于第三个论据即掌有全权的人不会犯罪，弗格森认为没有比这更荒谬的了，他径直将这样的统治称作是一种暴政，并对其进行了严厉声讨，"持续的暴政是既非必要亦非有用的权宜之计；它是一种篡夺，是国家的一种不幸。持续的暴政易于产生极端的罪恶，而它本身却被认为是这种罪恶的治理方法。暴政的目的不是保证臣民获得其权利，而是将他们视为一种财产；不是压制罪恶，而是压制心灵最高尚、最高贵的德性、公共精神、独立精神以及勇敢"。②

7.2.2.3　政治变革：渐进与调和

与法国启蒙思想家之激进取向不同，在苏格兰启蒙学者的政治思想中，有着浓郁的稳健、渐进、调和的政治风格。这除了源于他们对人性之幽暗面、理性之不及、秩序之自生自发的深刻洞察外，还源于他们对政治体制之特殊性、政治权威之重要性、政治革新之复杂性、政治传统之稳定性的深刻认识。

休谟曾对政治体制之特殊性有过这样一段高论："政府体制与其他人造发明物性质不同，如果我们发现另一部更为精密和灵便的引擎，便可废弃旧的引擎；人造发明物还可安全地进行实验，尽管结果不一定成功。而已经建立起来的政府由于它业已建立这一重要事实就具有莫大的优势，因为人类的大多数一直受治于权力，而非受治于理性，他们决不会把权力归咎于古人未曾推崇过的任何事物。因此，一位贤明的元首决不会根据一些假定的论据和哲学干预政治事务或据以进行实验，他总是尊重那些带有时代标志的事物，虽然也可能为了公众利益试图做出一些改革，却尽可能将自己的革新与古老的组织相协调，完整地保存原有体制的主要支撑。"基于政治体制这种属性，休谟发出了这样的呼声，"让我们尽可能爱护、改进我们古老的政府吧，不要激发人们爱好危险的新奇东西"。休谟还指出，"一切假定人类生活方式要进行巨大变革的政府设计方案，显然都是幻想性的"，现实的路径是

---

① 弗格森，《道德哲学原理》，第 167 页。
② 弗格森，《道德哲学原理》，第 168 页。

温和而渐进的改革。① 弗格森用过与休谟几乎同样的语调告诫，不要"在自己的政策中运用或接受危险的革新"。②

这样稳健与谨慎的态度也同样出现在斯密的思想里。在《道德情操论》中，在对爱国情怀进行书写时，斯密似乎是在有意地借题发挥，着重谈到了一个公民如何对待自己国家的政治体制的问题。斯密认为对自己国家的热爱，包括两个方面：第一，对实际上已经确立的政治体制的结构或组织的一定程度的尊重和尊敬；第二，尽可能使同胞们的处境趋于安全、体面和幸福这个诚挚的愿望。斯密还认为，如果一个人是一个不尊重法律和不服从行政官的公民，那他肯定也不是一个热心于维持同胞们福利的公民。这种逻辑推论，充分反映了斯密对政治体制、对固有传统的充分尊重。如果政治体制确需进行改革，那该如何呢？斯密毫不含糊地表态："在这种情况下，或许常常需要政治上的能人智士做出最大的努力去判断：一个真正的爱国者在什么时候应当维护和努力恢复旧体制的权威；什么时候应当顺从更大胆但也常常是危险的改革精神。"③ 可见，斯密将这样的重担交付给"政治上的能人智士"做出判断，对民众、对民主也基本是不信任的④，众多斯密研究者据此认为晚年的斯密已与柏克穿上了同一条"裤子"。

苏格兰启蒙思想家这种稳健的政治风格还体现在他们"调和""妥协""宽容"的政治理念上，尤其是反对"走极端"。斯密说得很简练，"党派间的争执，不发脾气，不走极端，这是自由民主社会道德上最重

---

① 休谟，《休谟政治论文选》，第 157、22、158 页。

② 弗格森，《文明社会史论》，第 298 页。

③ 亚当·斯密，《道德情操论》，第 300 页。

④ 在苏格兰启蒙运动的那个时代，主流政治思想家对民主政体，尤其是直接民主都是极其不信任的，休谟把古代民主政体下享有投票与决定权的"人民"描绘为："受到每一欺世盗名之徒的哄骗""几乎从每个候选人那里接受特殊贿赂，过着闲散的生活""放纵""无赖"。参见：休谟，《休谟政治论文选》，第 6—7 页。弗格森更是直接明了地对代议制民主与直接民主做了一对比，用语非常尖锐："在仅靠有人民代表办事的地方，人民的力量有可能用到一处。他们可能在一种比其他政体更持久的政府中占有一席之地。在那些政体中，人民拥有或篡夺了全部立法权。他们聚合在一起时是暴君，分散开来时是混乱国家的奴隶。"参见：弗格森，《文明社会史论》，第 182—183 页。

要的事情"①。因而，准确地说，斯密晚年极为反感党派的偏执与狂热。他曾对党派狂热有过这样一段刻画："党派的狂热行为拒绝一切缓和手段、一切调和方法、一切合理的迁就通融，常常由于要求过高而一无所获；而稍加节制就大半可以消除和减轻的那些不便和痛苦，却完全没有缓解的希望了。"②弗格森从正面充分肯定了调和、妥协、折中、让步的政治价值与政治智慧。在他看来，"自由国家中最明智的法律可能都不是依据任何一个阶层的人们的利益和精神而定的，它们的提出、否决、修订都是由不同的人来进行的，最终这些法律成了表达对立党派相互强迫对方接受的折中混合的意见"③。因为，他们深深懂得这样一条辩证法：两极是相通的。比如，休谟在自己政治论文集的开篇就指出，"政府中的两种极端，自由与奴役，常常相互最为接近"④。弗格森反复强调，"民主政体和专制政体经常互相更替"，"完美的民主政体和彻底的专制政体似乎是相去最远的两种政体，是对立的两个极端。在第一种政体中需要尽善尽美的道德，而在第二种政体中则可能产生彻头彻尾的腐败。然而，仅就形式而言，人们除了随意地、暂时地拥有权利之外就没有什么一成不变的等级和差别了，社会很轻易地从一个人人都有平等的当家做主权利的阶段进入到一个人人都得服侍他人的阶段"。⑤

7.3　自由观

对国家与市民社会进行二元界分，强调国家权力的有限性与分权制衡，其根本目的或者说其终极理由应该是"自由"，或者说是为享有自由的权利，而非"实利原则"。这也是本书一再强调的休谟、斯密等

---

① 亚当·斯密，《国民财富的性质和原因的研究》(下卷)，第 333 页。
② 亚当·斯密，《道德情操论》，第 301 页。
③ 弗格森，《文明社会史论》，第 143 页。字体着重号为笔者所加。
④ 休谟，《休谟政治论文选》，第 1 页。
⑤ 弗格森，《文明社会史论》，第 79、80 页。

与边沁功利主义的距离之所在。[①]那么，他们所理解的自由是什么？后世学者又是怎样给他们贴上"主义"标签的呢？下面我们就从各种不同的维度、各个不同"主义"的基本理念入手，并罗列一些比较典型的看法，在此基础上再谈谈我们的一些认识。

7.3.1　"主义"谱系的复杂性

按照约翰·格雷的界定，自由主义的基本理念为："它是个人主义的，因为它主张个人对于任何社会集体之要求的道德优先性；它是平等主义的，因为它赋予所有人以同等的道德地位，否认人们之间道德价值上的差异与法律秩序或政治秩序的相关性；它是普遍主义的，因为它肯定人类种属的道德统一性，而仅仅给予特殊的历史联合体与文化形式以次要的意义；它是社会向善论，因为它认为所有的社会制度与政治安排都是可以纠正的和改善的。正是这一关于人与社会的观念赋予自由主义以一种确定的统一性，从而使之超越了其内部巨大的多样性和复杂性。"[②]据此，约翰·格雷指出："在苏格兰启蒙运动的社会哲学家和政治经济学家的著作中，我们发现了对自由主义原则和基础的第一次全面而系统的阐述。""正是在以保守主义的理论家而闻名的休谟这里，我们发现了为有限政府的自由主义体系所做出的最有力的辩护。""最有影响力的自由主义原则体系是由亚当·斯密在其《国富论》中详细加以说明和辩护的。"[③]约翰·格雷明确地将以休谟、斯密为代表的苏格兰启蒙思想家划入自由主义者的阵营，而且还嘲讽了那些将休谟视为保守主义者的论调。哈耶克基于自生自发的秩序观，将"进化论理性主义"与"唯理论理性主义"的分野归结为"英国的传

---

① 在《过去和现在的政治经济学》一书的结尾部分，罗宾斯在论及市场经济体制"要坚守自由的理由"时也指出，古典自由主义者尤其是斯密不是功利主义者，他们推崇自由市场并非基于自由市场"行得通""效果也过得去"这些功利主义的理由，而是基于自由这一终极价值本身。参见该书中译本，第173—175页。
② 约翰·格雷，《自由主义》，第2页。
③ 约翰·格雷，《自由主义》，第36页。

统"与"法国的传统"，①并极力推崇苏格兰启蒙运动诸公以及柏克的"英国式的自由主义"。

关于保守主义的"一般原则与基本信条"，刘军宁教授归纳为五个方面：超越性的道德秩序、社会连续性的原则、传统的原则、审慎的原则、不完善的原则。②尽管刘氏的这本著作的附录中，苏格兰人均没有入围保守主义名单，但是在行文中他多次明确地提到，"在柏克之前，对保守主义思想贡献最大的要算是大卫·休谟"，"英国近代的自由主义和保守主义的先驱者如大卫·休谟、亚当·斯密、埃德蒙·柏克"，"保守主义对市民社会的思想的创立有着重大的贡献。其思想来源的奠定者是英国的保守主义思想的先驱亚当·弗格森，后来为苏格兰启蒙思想家洛克、休谟、亚当·斯密、柏克、孟德斯鸠、托克维尔等人所继承"。③如果将此条条框框与前文所述苏格兰启蒙学者的基本思想相对照的话，苏格兰启蒙学者中的众多人都难逃"保守主义"的帽子，因为他们都无不强调美德、秩序、渐进、传统。如果稍有例外的话，可能是被称为"激进辉格党"的约翰·米勒。④当然，相对于休谟来说，斯密《国富论》中的经济自由主义遮蔽了其保守主义色彩，因而，学界最通常的说法是，斯密是自由主义者，柏克是保守主义者，而休谟介于两者之间。⑤

---

① "我们所说的'英国传统'，主要是一些苏格兰道德哲学家所明确的，他们当中的杰出者首推大卫·休谟、亚当·斯密和亚当·弗格森，随后，他们在英格兰的同时代人塔克、埃德蒙·柏克和威廉·帕列（William Paley）也对之做出了详尽的阐释……法国人孟德斯鸠以及晚些时候的贡斯当，尤其是托克维尔等人，更接近于我们所说的'英国'传统，而不是'法国'传统。"与他们观点相反的乃是法国启蒙运动的传统，其间充满了笛卡儿式的唯理主义：百科全书派的学者和卢梭、重农学派和孔多塞（Condorcet），乃是此一传统阐述者中最知名的代表人物。……另外，英国人托马斯·霍布斯至少是唯理主义传统的奠基人之一，更不用说为法国大革命而欢呼雀跃的整个一代热情的人了，如 Godwin、Priestley、Price 和潘恩等人（就像在法国旅居生活了一段时间以后的杰斐逊一般），都属于此一传统。"哈耶克，《自由秩序原理》（上），第 63 页。

② 刘军宁，《保守主义》，北京：中国社会科学出版社，1998，第 23—26 页。

③ 刘军宁，《保守主义》，第 4、60—61、168 页。

④ Christopher J.Berry, Social Theory of the Scottish Enlightenment, p.14.

⑤ David Miller, Philosophy and Ideology in Hume's Political Thought, Oxford University Press, 1981, p.196.

共和主义是西方政治思想史中历史最为悠久的传统之一，其基本内核经千锤百炼后更为醒目。尽管它有希腊与罗马两个源头，但这两句话比较好地概括了它的核心："如果说均衡宪政是共和国特有的形式，那么公民美德则是其命脉。"① 作为一种政体形式，共和与"君政"相对，倡导"天下为公""多元均衡""温良中道"，是一种理想的混合政体。② 如果前者是外在的形式，那么后者即公民美德就是它的内在灵魂，它希冀公民具有爱国、勇敢、智慧、节俭、正义等美德和积极参与政治的情感。从公民人文主义的视野解读苏格兰历史学派的斯密，是当代学者研究苏格兰启蒙运动的一条基本脉络。亚当·弗格森、约翰·米勒、哈奇森、休谟、斯密等都在这一传统中考量过。休谟可能是其间公民人文主义色彩最淡的一个③，但在政体形式上他和弗格森一样热衷混合政体，也憧憬"理想的共和国"。

社群主义与共和主义有很大的亲缘关系④，关于它的基本诉求，丹尼尔·贝尔在《社群主义及其批评者》的"引言"中做了最精练的表述，即：反对自由主义的原子式的"自我观"，强调个人与共同体的构成性关系；批评自由主义的"普遍主义"，强调共同体或"社群"的差

---

① G. F. Gaus, C. Kukathas, *Handbook of Political Theory*, London: Sage Publications, 2004, p.170；关于共和主义的源流和基本思想参见该书"Republicanism, classical and modern"词条，pp.167–170。

② 张凤阳等著，《政治哲学关键词》，南京：江苏人民出版社，2006，"共和"词条，第79—111页。

③ Duncan Forbes, *Hume's Philosophical Politics*, p.308; also, J. G. A. Pocock, *The Machiavellian Moment*, p.497.

④ 维罗里对社群主义与共和主义曾做过细致的辨别："尽管社群主义者所使用的词汇与共和主义的词汇非常相似，但是，共和主义者的共和国与社群主义的共同体却相差不可以里计。前者建立在正义的基础上，而不是某种特殊的善的观念、文化或传统之上。按照这一观点，共和国就是个人的一种集合，他们同意建立一个法律秩序并希望生活在法律带来的正义之中。它的目的是保护公民的自由以对抗傲慢者的狂妄自大。正义是共同的善（它对那些不想受到支配但又不想支配他人的人来说是一种善，但对那些妄图超越法律实施压迫的人来说却不是），因为它可以为一切人所获得。因此，城市的基础是正义或平等的权利这一观念，而它在社群主义的哲学家看来是不够的"，后者还需要"一种文化、传统或'实质性的'善"。参见：莫里吉奥·维罗里，《共和主义的复兴及其局限》，应奇、刘训练编，《公民共和主义》，北京：东方出版社，2006，第161—162页。

异与多元；不满于自由主义所谓的价值中立与不可通约性，主张"共同善"。^①苏格兰启蒙思想对人之社会性的强调，显然与原子式的个人主义同床异梦，是哈耶克所说的"真正的个人主义"而非"伪个人主义"，这就无怪乎社群主义的一些大师经常援引苏格兰思想家的话语进行申辩^②，尽管也有麦金太尔怒称其为美德传统"颠覆"者。尤其是弗格森，如我们前文所论述的，他在方法论与价值观上都有很强势的社群主义倾向。

可见，从各个"主义"的基本立场出发，正如李强教授在《自由主义》一书中所说的会出现一种"颇为有趣"的印象，他的这一段话很好地总结了我们上面的阐释，尽管他谈论的主要是休谟与斯密。他说："今天的自由主义、保守主义、社群主义者也都从苏格兰启蒙运动中发现某些值得推崇的特征。颇为有趣的是，不同的人从同样的思想家中会发现全然不同的价值观。譬如，自由主义者从斯密那里发现对市场经济原则的推崇，社群主义则从斯密关于道德情操的讨论中看到对普遍主义道德观的批评；自由主义者从休谟的学说中发现怀疑主义的价值，保守主义者看到休谟对传统与历史的尊重，社群主义则注意到休谟对社群的关注。功利主义者从斯密与休谟理论中找到功利主义的成分，功利主义的批评者则看到他们的功利主义与边沁功利主义的区别。"^③这也从反面警示我们，在对待像苏格兰启蒙思想家身处的现代意识形态尚未完全成形的 18 世纪的思想家的思想倾向时，把他们归为一种现代政治意识形态的做法是多么危险。

李强认为，苏格兰启蒙运动思想家之所以受到如此高度的礼遇，"原因之一恐怕在于他们关于自由主义诸原则的讨论不详，给当代学者留下自由发挥的余地，给不同学派留下了解释的空间。……在苏格兰启

---

① 丹尼尔·贝尔，《社群主义及其批评者》，李琨译，北京：生活·读书·新知三联书店，2002，"前言"，第 1—19 页。

② 查尔斯·泰勒，《自我的根源》，韩震等译，南京：译林出版社，2001，第 525—532 页（休谟的自然主义对"分解式"思维方式的修正）、第 374—435 页（沙夫茨伯里与哈奇森的道德情感）。

③ 李强，《自由主义》，第 76—77 页。

蒙思想诸公那里对许多自由主义重要原则只有零星论述"。① 我觉得并不能将"主义"谱系的复杂性归咎于苏格兰启蒙学者。问题在于自由主义、保守主义、社群主义等意识形态都是在苏格兰启蒙运动之后才最终成形的。比如，作为一种政治思潮和智识传统，作为一个在理论和实践上与众不同的思想流派，自由主义的出现不早于 17 世纪。实际上，"自由主义的"（liberal）一词第一次被用来指称一种政治运动，是19 世纪的事情——1812 年它为西班牙的自由党所采纳。② 从某种意义上说，现代保守主义的兴起是与法国大革命相关联的，作为完整的意识形态体系在苏格兰启蒙运动之前也同样没有成形。如果从今天的各种"主义"的角度来看，的确都能在苏格兰政治思想家那里找到"因子"，何况新古典自由主义与保守主义的趋同日益明显，而"自由主义与社群主义者之间的差异绝不可过分夸大，因为经常处于争论中的问题事实上并不是实质性的差异，而是元理论证明和方法论方面的差别；正是基于这个原因，社群主义的立场或许才最好称为'自由社群主义'，也就是说，社群主义和自由主义并非相互排斥的立场"③。更何况，各种"主义"本身的基本理念之间就长期争论不已，形成了不同的流派，仅有"家族相似"而已，甚至它们各自的左翼与对方的右翼相接近的程度超过其本身。

因而，在苏格兰启蒙运动的当代复兴中，众多研究者都反对给这一群体乱贴"标签"，尤其反对将休谟归为保守主义阵营，而都极为强调休谟与斯密政治理念的一致性。比如，福布斯就指出，过去大而化之地给休谟和斯密分别贴上托利党和辉格党的标签都不准确，事实上，休谟和斯密都同样是一个"怀疑的、科学的辉格主义"者④。斯图尔特也认为，"休谟是一个保守主义者，抑或自由主义者？正像他自己所

---

① 李强，《自由主义》，第 77—78 页。

② 约翰·格雷，《自由主义》，第 1 页。

③ 参见：格拉德·德尔惕，《社群主义与公民权》，恩靳·伊辛、布雷恩·特纳主编，《公民权研究手册》，杭州：浙江人民出版社，2007，第 221 页。

④ Duncan Forbes, Hume's Philosophical Politics, esp.chapter 5 "scientific and vulgar Whiggism", pp.125-192.

告诫的^①，仅仅限于字面上的争议是无趣的……我的看法是休谟并非他们所说的保守主义者；我认为休谟是一个自由主义者。我是在一个广泛的意义上使用这个词的，它包括这样一些人，他们认为在 18 世纪末和 19 世纪初的大英帝国来一场变革是必要的，我的意思是指在经济上的和政治上的变革……"^② 沃林更是认为，休谟超越了自由主义与保守主义，并为两者都注入了新的血液："如果要对休谟的学说与影响做一暂时区分的话，那么，毫无疑问他在两个不同的方向维系着。他对于因果关系、理性的角色以及道德判断的性质的探讨最终有助于摧毁 18 世纪自由主义的自然法构造，而他对于把功用作为检验制度的标尺的强调，则成为边沁式的自由主义的重要思想资源。在另一个方面，休谟对于理性以及所谓的普适真理的攻击有助于为 18 世纪的保守主义释压，并为情感的权威开辟了道路。休谟的工作和努力既改变了自由主义的未来图景，也改变了保守主义的未来图景。"^③

当然，这也并不意味着，苏格兰思想家的自由观是"任人打扮的小姑娘"。前述那些反对乱贴标签或诉诸"超越论"的学者其实都在为休谟的自由主义立场辩护，他们也都还是要回归到各自所理解的那种"主义"。他们的研究贡献在于强调休谟（包括斯密）的自由主义是一种"怀疑的、科学的"自由主义，其着力方向是"经济自由"与"社会发展"。本书很大程度上就是以此为"问题意识"而铺展开来的。将前文各章主干内容抽取出来，我们看到苏格兰启蒙学者在诸多问题上形成了这样的共识：一种"真正的个人主义"，信奉个体自由，关注经济自由与市民社会的自主性；不同于理性建构主义，是一种情感主义政治学；强调社会秩序的自生自发，尊重习俗与传统；主张"有限

---

① 关于自己的思想的特性，休谟曾说过这样一段话："我在对待事情的态度上契合于辉格党的原则，但在对人方面则投合托利党的偏见。至于我时常被人们归入托利党之列，没有什么比如下更能说明原因的了，即人们常常是注重人甚于注重事。"转引自：高全喜，《休谟的政治哲学》，第 296 页。

② Stewart, The Moral and Political Philosophy of David Hume, Princeton University Press, 1992, pp.6–7；转引自：高全喜，《休谟的政治哲学》，第 296 页。

③ Sheldon S. Wolin, Hume and Conservatism, The American Political Science Review, Vol. 48, No. 4 (Dec., 1954), p.999.

国家"以及政制的调和与制衡。这样一种风格，无论是新旧保守主义，还是社群主义、共和主义，都是无以涵盖的，尽管我们不排除它们在单个问题上有相近或相同之处；这样一种风格也与洛克式的自由主义有差异，也不是哈耶克式的自由主义，两者在人性、情感、德性等问题上的思想资源都很稀薄。这是一种典型的"苏格兰式"风格。不过，若非要给他们贴上一个标签的话，我们倾向于称之为古典自由主义。正如前文各章所论述的，弗格森确实有些特殊，他在这些价值共识之外，思想中还有很强势的公民人文主义情怀，他的思想中杂糅着自由主义、公民共和主义甚至社群主义的各种"因子"，色彩斑斓，更不宜简单归入某一"主义"门下。其实，他们的自由主义理念，如果以"法律下的自由"审视的话，能很好地协同起来。

7.3.2 "法律下的自由"

苏格兰启蒙学者的自由主义是一种"苏格兰式"的风格，那么，具体到对自由的理解上，他们的自由意指为何？其独特性又在哪儿呢？我们知道，在苏格兰启蒙思想家那里经常谈及的是贸易自由、交换自由、生产自由等，对于自由的具体含义并没有明晰地界定过。即使是休谟，也只是在《人性论》以及后来对该书第一部分进行改写的《人类理解研究》中讨论了"自由与必然"，也仅对"自由意志"意义上的"自由"进行了解释，"所谓自由只是指可以照意志的决定来行为或不来行为的一种能力，那就是说，我们如果愿意静待着也可以，愿意有所行动也可以"[1]。在休谟看来，这种概念上的自由是普遍属于各个人的，只要他不是一个囚徒，只要他不在缧绁之中，因而是一个偶然性的问题。不过，在辨析自由与必然的关系过程中，休谟也指出了自由"最常见的含义"，即与暴力和强制相对立[2]，并多次指出，"说自愿的就是自由的，并不是一个正确的结论"[3]。可以说，休谟以后的著述中

---

① 休谟，《人类理解研究》，第 85 页。
② 休谟，《人性论》（下册），第 446 页。
③ 休谟，《人性论》（下册），第 652 页。

有关自由的讨论，基本就是在与强制、奴役、约束相对的意义上使用的，而非意指"自由意志""自愿"。斯密同休谟一样，也完全是在这一用法上使用"自由"概念的[①]。按照伯林对自由概念的经典分类，这是一种典型的"消极自由"，是一种"免于……的自由"。"消极自由"在弗格森的著作中也零星闪现过。其实，如果不过于苛刻的话，在他们古典政治经济学语境下的经济自由完全可以解读为一种消极自由，其核心意义就是免于干涉或限制的自由（freedom from...）。这方面，弗格森也不例外，他和斯密、休谟一样反对政府对市场的干涉。或者说，他们把 17 世纪霍布斯、洛克对自由的理解充分延伸到经济领域，并与二人对自由的定义相吻合：前者认为，"自由一词就其本义来说，指的是没有障碍的状况"[②]；后者认为，"自由意味着不受他人的干涉与强暴"[③]。这既是苏格兰学者自由观的特色，也是他们卓越的理论开拓与贡献。对此，格兰普（William D. Grampp）评论说："在 17、18 世纪，尤当强调的是自由主义的发展。在霍布斯和洛克的著作中，自由交换的理论仅占极少部分，而政治的自由和安全则被突出地强调。这样一比较就可以理解之所以在下一个世纪的学者休谟和斯密的著作中，政治的自由几乎被当作给定的条件，而对经济的自由表现出极大关心的缘由。前者（霍布斯和洛克）在解说人的政治权利上出名，但对自由市场，他们几乎没有什么信念。然而对于后者（休谟和斯密），最引人注目的似乎仅仅是倡导自由市场，他们的政治理论几乎不被重视。但是在这两个世纪里，经济理论也罢，政治理论也罢，没有本质上的差异。"[④]

格兰普上述评论之深刻性在于三个方面：第一，他指出了不同

---

① 对斯密自由观的研究有一种新的动向，即认为斯密所理解的自由既非"消极自由"亦非"积极自由"，而是一种强调"独立"的"第三类自由"。

② 霍布斯，《利维坦》，第 162 页。

③ 洛克，《政府论》（下册），第 35 页。

④ William D. Grampp, Economic Liberalism, in Adam Smith's Politics, An Essay in Historiographic Revision, edited by D. Winch, Cambridge University Press, 1978. 转引自：李非，《富与德：亚当·斯密的无形之手》，第 169 页。

时代有着不同的时代精神与关切；第二，他敏锐地发觉到在 18 世纪的苏格兰启蒙思想的话语中"政治的自由几乎被当作给定的条件"；第三，他还揭示了学界长期以来的一个偏失，即忽视休谟、斯密的政治理论。其实，经济自由是他们理论的特色之处，但并不意味着他们在政治自由上毫无建树；已获取或享有政治自由并不意味着他们就不去探究它；相反，他们很关心如何去行使、如何去维护个人的自由权利与商业自由。正是基于这种关切，三十年里斯密念念不忘要撰写"法律和政治的一般原理"方面的著作①。约翰·米勒、詹姆斯·斯图亚特也都和斯密在《法学讲义》中一样关心自由是怎样失去而又是怎样获得的历史经验教训，前者从社会等级着手，后者从人们经济上的依存关系着眼。弗格森更是对商业社会的"市民"仅仅留恋财富的追逐却忽视"维护""争取"自由而焦虑，用他的话说，"在法律真正对自由的保存有作用的地方，法律的影响不是从堆满书本的书架上掉下来的什么神奇力量。事实上，那是决心获得自由的人们的影响"。② 这就是他们对自由的最大关切，是他们在那个世纪共享的问题意识，他们不再需要像洛克、卢梭等在抽象的自然法层面去论证人的"天赋自由"（natural liberty），而是转向关注"法律下的自由"。福布斯在《休谟的哲学政治学》中明确指出，休谟对自由的界定是"法律下的个人安全"。③ 哈耶克同样认为，"尤其对于亚当·斯密来说，经济系统得以发挥有益作用所赖以为基础的显然不是天赋的自由，而是法律下的自由（liberty under the law）"。④ 弗格森更是自我界定："自由与非正义相对，而非与约束相对；因为若没有正义的约束，自由甚至无法存在。自然状态下的自由并非像人们有时假定的那样会为政治体制所损害，而是依政治体制而存在，它只会被强占和侵害所损害。不同共同体的法律赋予其成员以不同的特权；但自由存在于对法律所赋予的权利的可靠

---

① 亚当·斯密，《道德情操论》，"告读者"。

② 弗格森，《文明社会史论》，第 291 页。

③ Duncan Forbes, Hume's Philosophical Politics, p.87.

④ 哈耶克，《自由秩序原理》，第 339 页。

掌握之中。"①

　　毋庸置疑，把自由与法律联系在一起的那种法律下的自由观念自古就有。亚里士多德就曾有言："法律不应该被看作奴役，法律毋宁是拯救。"② 西塞罗还有句传诵千古的名言："为了得到自由，我们才是法律的臣仆。"③ 洛克更是进一步强调："哪里没有法律，哪里就没有自由"，"法律的目的不是废除或限制自由，而是保护和扩大自由"。④ 应该说苏格兰启蒙思想家的自由理念是这些思想脉络的承继，他们的发展之处不仅在于将前辈们零星的论述扩展为一种关于自由的基本理念，而且把法律观念推进到了法治的层次。因而，更确切地说，他们的自由是"宪政下的自由"。宪政的核心内涵无外乎这样两条：限制与规范政治权力，保障公民的权利，尤其是自由权利。苏格兰启蒙思想家对自由的辩护主要就是围绕这两个层面展开的。

　　休谟认为，"在最佳的政治体制中，每个人都受到严格的法律约束"，这有助于保护每一个公民自己"免遭伤害"，"并能防止管理机构发生无法无天的情况"。⑤ 在休谟看来，这首先是因为，法律约束下的自由具有确定性、可预见性，能防止人们侵犯他人的自由。他举例说："在最小的法庭和机关中，人们发现，按照固定的形式和方法处理事务较能防止人性的自然蜕化。"⑥ 其次，只有当公共权力在法律的规范与约束下，公民的自由才可能有保障。休谟写道："政治上有一条大家认为是无可争议和普遍适用的箴言：通过法律授予高级官员的权力，不论这种权力多么大，它对于自由的危险，总是小于强夺和篡夺的权力，即使这种权力很小。因为法律总是对所授予的每种权力给予限制，而且同意接受所授予权力这个事实的本身就树立了授权者的权威，保持了该体制的协调一致。而不经过法律手续获得一项特权之后，又可以

---

① 弗格森，《道德哲学原理》，第162页。
② 亚里士多德，《政治学》，第276页。
③ 转引自：严存生，《法律与自由》，第12页。
④ 洛克，《政府论》（下册），第35页。
⑤ 休谟，《休谟政治论文选》，第18、17页。
⑥ 休谟，《休谟政治论文选》，第13—14页。

要求另一项权力，而且要求一次比一次便利；第一次篡夺的权力既可以成为以后篡权的先例，又可以成为继续篡权的力量。"[1] 基于这一点，休谟明确反对古典共和主义的"美德之治"，反复告诫：如果把自由和财产的保护寄托在统治者的"善心""特定人物偶然具有的性格与品德"上，那就"根本没有保障""别无更多稳定性可言"。[2]

根据杜格尔德·斯图尔特的理解，斯密所主张的并不是伯林分类中的"积极自由"（freedom to...），而是一种法律下的"公平"和"便利"，"人类的幸福，并不依赖于人民在法律的制定中直接或间接所享有的权利，而是依赖于所制定的法律的公平和便利。人们在政府中所占有的地位，主要是引起了少数以取得重要政治影响为目的的人的兴趣。但是法律中的正义和便利，却能引起每一个社会成员的兴趣，特别是能引起那些社会地位卑微而只能从他们受其管辖的政府的一般精神实质中得到一些激励的人们的兴趣"。[3] 不过，相比于休谟，斯密着重的是"法律下的自由"的第二个层次即对自由权利的保障。在《法学讲义》中，斯密指出，"法律的目的在于防止伤害，而这乃是政府的基础"。在他看来，英国的政制就是基于这一理念而创设的，并对其赞不绝口："英格兰法律总是自由的朋友。"具体说来，他很欣赏英国法律中的"人身保护法"与"陪审制度"，认为前者是"自由政府对于自由的保障"，对于后者他吹捧道，"没有什么制度能比陪审制度提供更大的对生命、自由和财产的保障了"。当然，作为古典政治经济学的集大成者，斯密更关心的是保障经济自由和财产权利。他的辩护正如哈耶克所说，并不是基于天赋人权，而是从经济自身的运行着眼。他说："鼓舞勤劳的推动力，主要是人们享有把劳动果实换取所心爱的东西的自由。要是这个自由受到限制，人们一定不会那么积极地改善制造技术"，"阻碍人们花钱的自由，就等于阻碍钱所由来的制造业的发展"，"在人们感觉财产没有安全保障随时有被人掠夺的危险时，人们自然不

---

① 休谟，《休谟政治论文选》，第 115 页。
② 休谟，《休谟政治论文选》，第 27、1 页。
③ 杜格尔德·斯图尔特，《亚当·斯密的生平和著作》，第 47 页。

想勤劳地工作"。[①]

弗格森尽管倾心于公民美德与美德之治，但是他对"法律下的自由"之理解毫不逊色于苏格兰启蒙阵营中其他诸公，而且在两个层次都做了深入的阐述。在弗格森看来，人民的安全在于他们安全享有他们的权利。而确保人的权利的必要条件，乃是应无人干涉他的权利或应有足够的权力来捍卫权利。为此，"在法律之治下，人们的权利与义务应该清晰地得到表达"。具体地说，根据法律授权给行政官员约束犯罪及保卫共同体；但要确保充分限制此权力的滥用，"不能委托随心所欲的权力"；同时制定最完备的法律有效地保护每个人的权益。也就是说，"权利的保证由公民的与政治的自由构成"。这里，弗格森明确将自由界分为"政治的自由"与"公民的自由"，深刻地影响到哈耶克对自由的认识。弗格森还接着强调，"为了保护合法的权利，法律必须严格地得到执行与表决"。他还饶有意味地考察了"与起诉有关的自然法的准则"，强调了几个"不应该"：任何人都不应该被迫提供可能会不利于他自己的证据；任何人都不应该被刑讯逼供；任何人都不应该被惩罚，除非他做了被法律认定为犯罪的行为。他的法治理念很强硬，"宁让罪犯逃脱，也毋要无辜者受罪。施于罪犯的惩罚不比纠正犯罪并制止犯罪的要求更重要"。[②]

最后，我们再强调一下，"美德之治"与"法律之治"在弗格森的思想里并不是对立的两极，享有法律下的自由是基本前提。他强调美德之治主要是愁苦于：如果浸淫于法律条文与制度框架之中，人们的美德精神与对统治者权力之恶的警惕就会丧失。我们甚至可以这样认为，在弗格森的思想里，法律之治与消极自由是第一个层次，美德之治与积极自由是更高的层次，前者关注自由之有无，后者热衷于自由之多少。

---

① 上述引文分别参见：坎南编著，《亚当·斯密关于法律、警察、岁入及军备的演讲》，第31、75、162、75、216、216、232页。

② 弗格森，《道德哲学原理》，第160—162页。

8　最棘手的启蒙——苏格兰启蒙学者的信仰观

在 18 世纪全部汗牛充栋、千差万别的宗教和神学文献中，有一个始终如一的中心论题——建立起一种"人性范围内的宗教"。其实这已不是一个新问题，它所要做的只是用新的精神武器对之进行探讨。[①]

——卡西尔

信仰是启蒙时代无法回避的主题，诚如彼得·盖伊所言："所有时代的绝大多数人都有宗教信仰。对于一个批判的时代来说，这个事实就需要解释了。"[②] 宗教启蒙亦是当时最棘手的思想启蒙。在西方，历史地看，现代化的一项最复杂、最艰巨的工作就是如何安置宗教，如何净化信仰。一般而论，启蒙时代的显著特征之一是批判宗教。德国著名思想家卡西尔如是观之："假如我们想寻找启蒙时代的一般特征，那么按照传统回答，它的基本特征显然是它对宗教的批判的、怀疑的态度。如果我们想用具体历史事实检验这种传统观点，那么就德国和英国的启蒙思想而言，我们马上就会持有最重大的怀疑和保留态度。然

---

① 卡西尔，《启蒙哲学》，第 127 页。
② 彼得·盖伊，《启蒙时代：现代异教精神的兴起》，第 380 页。

而，18 世纪的法国哲学却似乎不容争辩地证实了这一传统观点。"[①] 各国启蒙运动对宗教采取了不同的态度，宗教启蒙相比其他主题共识度最低，这使其更加棘手与困难。

宗教是西方文明最重要的底色，时至今日依然如此。在西方，启蒙运动常常被视为现代性的开端。启蒙哲人有关宗教的论著之多，研究与解读的论著更是汗牛充栋。然而，毋庸讳言，对几个核心问题的追问总是不那么彻底，启蒙运动时代宗教之争到底是一种什么景象？启蒙运动对"真正的宗教"有何谋划？启蒙运动完成了宗教启蒙吗？

在宗教启蒙上，从整体特质来看，苏格兰启蒙运动并不像法国启蒙运动那样表现出公然的对抗，它更平静、更温和[②]，即使是休谟也是如此；但是，这并不意味着苏格兰启蒙思想家在宗教启蒙论题上乏善可陈、无所建树。实际上，苏格兰启蒙运动卓有成效地引领了苏格兰教会改革，推动了苏格兰社会的世俗化与生活化；多学科视野地回应了启蒙时代的宗教之争，创造性地转换"理性的"自然神论为"情感的"自然神论，有力推进了"真正宗教"的启蒙，给 18 世纪最棘手的宗教启蒙留下了丰富的思想资源。

8.1 启蒙时代的信仰之争

8.1.1 信仰之争

宗教问题的复杂性首先在于不同的人群有着不同的宗教信仰，有的甚至相互抵牾，启蒙时代如此，21 世纪亦然。在众多有关苏格兰启蒙运动时期的宗教思想的著述中，有一个很普遍的倾向就是把休谟放在一个很"特别"的位置，有的甚至直接以休谟为界标，把苏格兰启蒙时期的宗教之争划分为三个阶段：休谟之前、休谟论宗教、休谟之后。[③] 诚然，休谟将其最大的精力用于对宗教的批判，其在宗教方面的论

---

① 卡西尔，《启蒙哲学》，第 124 页。
② 克里斯托弗·J. 贝瑞，《苏格兰启蒙运动的社会理论》，第 193 页。
③ 亚历山大·布罗迪编，《剑桥指南：苏格兰启蒙运动》，第 29—57 页。

著甚为丰富，尤其是其宗教思想在苏格兰启蒙阵营中比较特殊，甚至有些"另类"，但总体来说，他的宗教观念依旧属于苏格兰启蒙家族。盖伊曾这样评论道：不管他的论证多么有个性，他的结论多么出人意料，但是从他的知识谱系、思想目标和世界观来看，他属于启蒙哲人圈子。[①]

毫不夸张地说，若要了解启蒙时代的宗教之争，休谟的《自然宗教对话录》是绕不过去的，具有极其重要的学术史意义。如果我们暂不去纠结作品中"谁代言休谟"的话，那么通过这篇文献中第美亚、克里安提斯、斐罗之间的论争，我们能较全面地了解18世纪"正统派""自然神论""怀疑论"之间的信仰之争。《自然宗教对话录》结构简单明了，除篇首解释选择对话体的原因以及简要介绍主要人物外，全书一共12篇，紧扣启蒙时代宗教论争的几个核心主题。粗略地看，主要涉及以下四个方面：（一）宗教信仰是建基于宗教的虔诚（第美亚）、哲学的怀疑论（斐罗），还是理性（克里安提斯）。（二）神之存在的证明问题，第美亚的"先天论证"、克里安提斯的"设计论"以及斐罗的替代性视角——"生殖论""生长论""运动论"。（三）"神义论"的问题，即"人生的不幸""苦难""恶"的问题。（四）宗教的作用与"真正的宗教"。即使不去细读《自然宗教对话录》，透过这些论题本身，我们也可以了解休谟这篇文献的梗概、18世纪信仰之争的基本概况。

《自然宗教对话录》是休谟自己最为看重的一部著作，然而在他生前一直没有付梓。中外众多研究者基本上都认为其主要原因是规避宗教的迫害。这样的解读宽泛地看，虽然没什么问题，但是也有很多值得商榷的地方。比如，《自然宗教对话录》中的基本观点、基本思想在《自然宗教史》《论神迹》《论迷信与狂热》《论自杀》《论灵魂不朽》中都能够找到，而那些著作无一例外地都发表了。《自然宗教对话录》有着休谟作品的一贯特色，风格如其个性一样，并不比其他任何一部作品更激进。那么，是什么因素使这部作品"推迟"问世呢？我们揣测很可能是

---

① 彼得·盖伊，《启蒙时代：现代异教精神的兴起》，第375页。

"对话"中的"代表人物"容易让人将他们启蒙团体中的某些成员对号入座，而这些成员有的可能去世了，有的可能还健在。也就是说，很可能是为了"情感""团结"而延期发表。内部这种分歧也是苏格兰学者在宗教启蒙上面对的很棘手的一个问题。

如果将休谟的《自然宗教对话录》与哈奇森、弗格森宗教方面的作品一起阅读的话，似乎《自然宗教对话录》的"正统派""自然神论""怀疑论"正是他们本人的代言人。需特别强调的是，他们的信仰也很复杂，不是纯粹单面向的。为了显露这种宗教观点与宗教信仰之间的分歧，了解 18 世纪启蒙时代宗教之争的关键点，我们扼要地把休谟与弗格森进行比较。在《道德哲学原理》中，弗格森用格言式的话语专章论述了"关于上帝的知识"，主要涉及以下四个问题，并在每一个问题上都回应了休谟的质疑。

（一）上帝的存在问题。弗格森首先直接回应了休谟在《自然宗教对话录》中的怀疑论立场，径直宣称："上帝存在的信念是普遍的。怀疑论者的吹毛求疵并没有贬低这一信念的普遍性，如同他们不能贬低人们对于事物存在的知觉普遍性那样，但是后者的普遍性也会受到质疑。"[1] 对于休谟借斐罗之口对上帝的"作品"之嘲讽，"这个世界只是某个幼稚的神的初次尝试作品……它只是某个不独立的、低级的神的作品……它是某个老迈的神的衰朽期的作品……"[2] 弗格森以退为进，辩护上帝存在的信念，"相信艺术家或作家存在的信念，与对其能力及品质平庸的和不恰当的看法是不矛盾的。相信荷马写作《伊利亚特》与对诗人天才的片面之见并行不悖。相信学校里所读之书由人所作，也与这样的观念相一致：甚至经典也是为孩童所用的"。[3] 对于上帝存在的证明，弗格森不加区分地把自然神论者克里安提斯的"设计论"与所谓以正统信仰自居的第美亚的"先天论证"照单全收：在人的劳动中对目的或意向的知觉，包含了一个手艺人的信念，在自然的运行中对目的或意

---

[1]　弗格森，《道德哲学原理》，第 57 页。
[2]　休谟，《自然宗教对话录》，第 46 页。
[3]　弗格森，《道德哲学原理》，第 57 页。

向的知觉，包含了上帝的信念。在我们的知识所及之处，自然乃为终极因的体现。终极因可被认作是上帝的存在借以展现给人的语言。

（二）上帝之属性。弗格森按照传统的神学语言，认为："上帝之属性乃是至高存在之所为所呈现的特性。可归为五点：唯一，能，智慧，善与正义。"弗格森是唯一神信仰者，反对休谟的多神论观念，认为"多神的观念是一种败坏"。①

（三）神义论的问题。在论神的全善属性时，弗格森回应了"恶"的问题，他首先分析了"肉体上的恶"（"自然恶"），认为"对肉体恶的抱怨并不表明自然中有绝对恶，而表明有一种积极的自然恰好处于其自身中，并能找到恰当的刺激来发挥其能力。若一境况无明显的恶待纠正，换言之，若不再有可获得的善，那它将会是死水一潭……""道德上的恶"的功能同样，"对道德上的恶的抱怨，是处于进步或改进之中的自然的表征。若某人不能感知恶或缺陷，他将不会有改进的本原。若取消对道德上的恶的抱怨，人们就必然或者没有任何缺陷，或者对他们所具有的缺陷毫无知觉"。②

（四）灵魂不朽。休谟从形而上学、道德哲学、物理学等方面明确否认了灵魂不朽。与之不同，弗格森坚持认为，"与肉身死亡的表现相反，人类灵魂一般被认为能脱离肉身，并被保留至接受未来的奖赏或惩罚状态。这一理解与关于上帝之善与正义的最合理的观念是一致的"。③

如果我们对于休谟与弗格森在这些论题上的观点如此针锋相对而感到很惊讶的话，那么翻开"苏格兰启蒙运动之父"哈奇森的《道德哲学体系》，我们就会发现弗格森这些格言式的阐述仅仅是哈奇森作品的缩写版、精简版，两人的许多观点如出一辙。为避免论述的重复，休谟与哈奇森的宗教思想的分野我们就略去不论。

信仰之争是启蒙思想家群体的常态。内部的这种分歧性也是宗教

---

① 弗格森，《道德哲学原理》，第 59 页。
② 弗格森，《道德哲学原理》，第 61 页。
③ 弗格森，《道德哲学原理》，第 63 页。

启蒙问题很棘手的一个重要原因。要客观了解启蒙时代的宗教思想，首先要从认识和研判这种宗教信仰的纷争开始。反过来说，哈奇森、弗格森与休谟为不同取向的宗教观念的申辩，本身就是思想的大碰撞、思想的大启蒙。因为，真理越辩越明，道理越讲越清。如果了解我们写作的这个用意，那么就不会感觉这一部分揭示"信仰之争"的内容与主题无关了。

8.1.2　教会改革

在《苏格兰人如何发明了现代世界》一书中，阿瑟·赫尔曼将"艾肯赫德案"作为全书的序幕是很有见地的。正如前文所述，这也突出表现了苏格兰启蒙运动有其深厚的内在根源，在宗教启蒙上更是如此。近代欧洲，没有哪个国家的教会像苏格兰教会那样有历史意义、地位特殊与影响巨大。16 世纪约翰·诺克斯（John Knox）在苏格兰推行的宗教革命既留下了光荣的遗产，也埋下了不断纷争的种子。苏格兰教会在长老制、主教制的反反复复、纷扰不断后，直到光荣革命后才最终确定为长老会制，1707 年的合并协议中保留了长老会制。然而，长老会中保守派很强势，打压温和派与"宗教异端"。"艾肯赫德案"是一起很普通的所谓渎神案件。然而，这起案子又不普通，是一个很重要的导火索，它拉开了苏格兰教会改革与宗教启蒙的序幕。对此，赫尔曼舒畅地写道："旧秩序已日暮西山了。处决艾肯赫德是苏格兰加尔文教派独裁者们的最后挣扎。"[①]

苏格兰的教会改革在 18 世纪中叶进入新阶段，保守派在教会的势力日渐衰落，罗伯逊、布莱尔、侯姆等温和派主将都反对严苛的加尔文主义，致力于推进教义的宽容化、教会管理的民主化。对于当时教会改革斗争的情形，阿瑟·赫尔曼有一段很精彩的分析："他们与顽固派在教徒代表大会上展开了激烈的拉锯战，进行了一系列公开辩论。保守派即所谓的福音主义者在人数方面占据优势，还拥有农村会众的支持，绝大多数农村人都满足于用恐怖的地狱威慑人的古老作风。罗

---

① 阿瑟·赫尔曼，《苏格兰：现代世界文明的起点》，第 9 页。

伯逊等人的优势在于组织性、意见一致、齐心协力，而且受过良好教育的教会外人士也支持他们，例如'精英协会'、拥有土地的贵族，还有出版、新闻媒体。他们自称温和派，以区别于苏格兰教会的宗教极端主义者和宗教怀疑论者——前者坚决赞同处决托马斯·艾肯赫德，后者的典型是英国的自然神论者或他们的朋友大卫·休谟。他们将弗朗西斯·哈奇森视为英雄，他们提出了开明而富有同情心的长老会教义，相信它将与现代商业社会共同进步。"①1756 年，教徒大会试图通过官方决议谴责大卫·休谟，但被温和派设法阻止。同年 12 月，拯救信仰与传统观念的最大捍卫者乔治·安德森（George Anderson）牧师去世。1761 年，罗伯逊被任命为爱丁堡大学校长。1768 年，威瑟斯庞远赴美洲，担任新泽西州普林斯顿大学的校长，他的离去标志着温和派的最终胜利，以及在苏格兰建立开明教会的梦想终于实现。②

通过改革，苏格兰教会与苏格兰启蒙运动建立了友善关系。罗伯逊不仅是一个牧师，而且是苏格兰教会最高宗教会议的主席。他不是特例，亚历山大·杰拉德（Alexander Gerard）也是主席，弗格森、里德和坎贝尔都是被正式任命的牧师。与法国启蒙运动不同，苏格兰启蒙运动的主将是一群博学而虔诚的教士，这也有助于我们把握苏格兰宗教启蒙思想之独特性。正如阿瑟·赫尔曼所评论的，"在奠定现代苏格兰基础的过程中，信奉正统基督教的加尔文教派也以令人惊异的方式发挥过作用，给人留下了深刻印象。归根结底，如果缺乏苏格兰长老会的赏识和支持，苏格兰人开创现代文明的故事将是不完整的"。③

8.2　"最好的东西的腐败产生最坏的东西"

苏格兰启蒙思想家群体尽管信仰有异，但在宗教启蒙上，他们有一个共同的出发点，那就是哈奇森式的宗教情操——如何引领民众通

---

① 阿瑟·赫尔曼，《苏格兰：现代世界文明的起点》，第 182 页。
② 阿瑟·赫尔曼，《苏格兰：现代世界文明的起点》，第 183 页。
③ 阿瑟·赫尔曼，《苏格兰：现代世界文明的起点》，第 11 页。

往现实的幸福之路；他们还分享着一个共同研究路径，在批判"腐败的宗教"中探寻"真正的宗教"。

与法国启蒙运动的同人不一样，众多苏格兰启蒙思想家认为，宗教是个"好东西"。那这个"好东西"如何蜕变成"坏东西"了呢？"最好的东西一旦腐败就变成最坏的东西"①，这已成为一句至理名言，富有深邃的辩证法智慧。在哈奇森虔诚的话语中，上帝是"伟大建筑师"，上帝是公正的"道德管理者"，"上帝的善是我们幸福的重要基础和德性的主要柱石"；但他也很清醒地认识到，"最好的东西一旦败坏也可能是最有害的。营养丰富的食品的过量食用也许比营养较少的食品的过量食用更危险，如放坏了的酒比变坏了的水更危险。有理性的心灵要做的事就是接受一种真正的宗教所有的赐福并防止它腐败变质……"②"最好的东西的腐败产生最坏的东西"③，休谟反复申辩了这一看法。如果说宗教是一种"好东西"，那它为什么变成了一种"坏东西"？苏格兰启蒙学者是宗教的病理医生，无论他们信仰为何，他们都客观正视了宗教的败坏及其根源，都不约而同地将矛头对准了迷信、狂热、无知、愚昧以及教会与教士。因而，他们也是通往"真正的宗教"路上的清道夫。

8.2.1 迷信与狂热

正确的信仰一旦腐败，就会形成迷信与狂热，造成恶劣的影响。在休谟看来，迷信与狂热都源于人之本性。人常怀有一种无法解释的恐惧与忧虑心灵，它可能源于个人或公共生活的不幸、身体的病弱、精神的忧郁，或源于这一切祸不单行。而一旦恐惧没有实际的目标，加上人的思想又容易形成偏见，并且一意孤行，最后人们就会找到一些想象的事物并认为它们拥有无边的邪恶力量。因此，软弱、恐惧、忧郁，再加上无知，是迷信的真正源头。同样不可理喻的是，人的思

---

① 休谟，《论道德与文学》，马万利、张正萍译，杭州：浙江大学出版社，2011，第6页。

② 哈奇森，《道德哲学体系》（上），第191、194、191、204页。

③ 休谟，《宗教的自然史》，曾晓平译，北京：商务印书馆，2014，第56、59页。

想还有一种狂妄自大的倾向，它源于人们事业的成功、身体的强健、精神的强大，或者源于刚愎自用的天性。在这样的精神状态下，人的想象力无限膨胀，整天胡思乱想。希望、骄傲、臆断、丰富的想象力，再加上无知，是狂热的真正源头。[1] 休谟这些切中要害的分析，是对迷信与狂热从心理层面进行的一次相当全面的望闻问切。

在休谟看来，与狂热相比，迷信更可恶：第一，迷信有利于僧侣权势的增长，而狂热甚至与真正的理性与哲学一样，不利于僧侣权势的增长。迷信建立在恐惧、悲痛、精神沮丧的基础之上，使人意志消沉，往往容易缺乏主见，迷信牧师与教义。与迷信不同，所有的狂热分子都不甘于接受教职人员的摆布，他们蔑视形式、仪式和传统，在自己的信仰上表现出极大的独立性、主动性。第二，相比带有迷信色彩的宗教，带有狂热色彩的宗教在早期都比较暴烈，但后来就慢慢变得更温和、更中庸。宗教狂热以强大的精神为基础，以狂傲自大为特色，自然容易寻求极端的解决问题的办法，特别是它狂热到一定程度之后，就会用上帝的启示，用对理性、道德与审慎原则的蔑视去蛊惑狂热的信徒。人类社会绝大多数的严重混乱，都是由狂热导致的。但是，它就像雷电和风暴，短时间内过度宣泄之后，留下的是一片更加清澈而平静的天空。当第一把狂热之火燃尽后，一切狂热教派都会自然陷入对神圣事务的空前疏忽与冷漠，他们中再也没有什么人拥有足够的权威，依然一心支持宗教精神。另一方面，迷信渐渐地、不知不觉地潜入人的灵魂深处，使人们变得服帖顺从，地方长官能接受它，人民似乎也不反感它，到最后，教士树立起牢固的权威，成为人类社会的乱臣暴君，引发无尽的论争、迫害与宗教战争。第三，迷信是公民自由之敌，狂热是公民自由之友。迷信使人在牧师的专擅下呻吟，而狂热能瓦解一切教士权力。狂热者虽然有胆大妄为、野心勃勃的缺点，但天然地伴随着一种自由精神。相反，迷信却使人顺从而卑贱，最后只适合去做奴隶。[2]

---

[1] 休谟，《论道德与文学》，第 6—7 页。

[2] 休谟，《论道德与文学》，第 7—10 页。

休谟把主要矛头指向迷信，得到了他的同胞们的纷纷响应。斯密在《国富论》中言简意赅地指出："把真的宗教除外，其余一切宗教都有极大的害处，而且都有一种自然倾向，把迷信、愚想及幻想强烈地灌输到真的宗教里面，使其陷于邪道。"① 凯姆斯认为，在"一个迷信的时代"，那些"最具有判断力的人们也受到了感染"，而在"启蒙时代，迷信则限制在庸俗之人当中"。② 这种认同主要还体现在对迷信与狂热的认识根源与社会根源及其哲学的治疗上。

8.2.2　无知与愚昧

迷信、狂热有一个共同的源头，那就是无知与愚昧。"无知是虔诚之母"③，"一切超自然的神奇的传闻特别在无知的野蛮民族为多"④，这是宗教产生的认识根源，亦是宗教不断变质与败坏的认识根源。正是基于这样的研判，休谟反复强调哲学的治疗："哲学能带来的一大好处是，能为迷信与错误的信仰提供最有效的药方。对于这类膏肓之症，其他一切疗法都无济于事，至少不那么可靠。""一旦健康的哲学占据人的心灵，迷信就会被根除。……迷信是建立在错误的观点基础之上，一旦真正的哲学激起人们强有力的、更加正直的情操，迷信就立即破灭。""在所有的宗教中，特别是在那些迷惑性的宗教中，迷信占很大的成分。因此，除了哲学，没有别的什么能征服这种不可名状的恐惧。"⑤ 斯密所见完全相同，"科学是对于狂妄及迷信之毒的大消毒剂"。⑥ 除"哲学"的治疗之外，斯密还增补一个方法："增进民众的娱乐。"斯密这样娓娓道来：俗众的迷信及狂妄，常起于心中的忧郁或悲观情绪。一大部分人民的这种情绪，不难由绘画、诗歌、音乐、舞蹈，乃至一切戏剧表演消除。因而，在不流于伤风败俗的范围内，对专门

---

① 亚当·斯密，《国民财富的性质和原因的研究》（下），第 348 页。
② 克里斯托弗·J. 贝瑞，《苏格兰启蒙运动的社会理论》，第 198 页。
③ 休谟，《宗教的自然史》，第 96 页。
④ 休谟，《人类理解研究》，第 105 页。
⑤ 休谟，《论道德与文学》，第 155—156、156、7—8 页。
⑥ 亚当·斯密，《国民财富的性质和原因的研究》（下），第 354 页。

从事引人发噱、叫人解闷的艺人，国家当予以奖励，或者完全听其自由。煽动俗众的狂信者，总是恐惧公众娱乐，厌恶公众娱乐。因为由娱乐引起的快适与乐意，与他们的目的及意图是全然相反的。加之，戏剧表演常会揭穿他们的奸诡手段，使其成为公众嘲笑的目标，有时甚至使其成为公众憎恶的目标。因此，斯密得出结论，"戏剧一项，比其他任何娱乐，更为他们所嫌忌"。①

8.2.3 教会与牧师

迷信与狂热、无知与愚昧，还有其组织根源，这就是教会与牧师的推波助澜以至蓄意而为。因为，教会、牧师与迷信之间存在一种正相关性：迷信越盛，他们能行使的权力就越大，利益就越多，地位就越高。休谟直接宣称，牧师与教会助长了迷信，"几乎所有的宗教派别里都存在牧师，迷信成分越高，牧师的威信就越高"②。"牧师们不是矫正人类的这些败坏的观念，而是经常被发现乐于培育和鼓励它们。神被描绘得愈巨大，人们就愈驯服和愈顺从地变成他的使节；神要求的接受标准愈不可说明，放弃我们的自然理性、屈服于他的使节的幽灵般的指导和指引就变得愈必要。"③罗伯逊的看法如出一辙："在轻信和愚昧的年代里，宗教的牧师们就成为迷信和崇拜的对象。"约翰·米勒更是激进地认为，教会是通过迷信的实施而进行有效的管理的，因为他们的权威正是基于此。④因此，休谟、斯密在著作中都对牧师的"勤勉"与"热心"保持警惕。"有些人对来世怀有某种不可名状的恐惧，如果我们所受的规训和教育没有人为地助长这些恐惧，恐惧很快就会消失。助长这些恐惧的人，其用心是什么呢？那些人只是以此谋生，只是想获得此生的权势与财富。因此，那些人的热忱和勤勉，恰恰成了反驳这种恐惧的一个证据。"⑤

---

① 亚当·斯密，《国民财富的性质和原因的研究》（下），第 354 页。
② 休谟，《论道德与文学》，第 8 页。
③ 休谟，《宗教的自然史》，第 93 页。
④ 克里斯托弗·J.贝瑞，《苏格兰启蒙运动的社会理论》，第 200 页。
⑤ 休谟，《论道德与文学》，第 169 页。

8.3 真正的启蒙

无论宗教信仰上有多么大的不同，苏格兰启蒙学者都憧憬"真正的宗教"，哈奇森、罗伯逊、弗格森如此，休谟、斯密亦然。卡西尔在《启蒙哲学》中对这种憧憬与构想有个精彩的论述："在18世纪全部汗牛充栋、千差万别的宗教和神学文献中，有一个始终如一的中心论题——建立起一种'人性范围内的宗教'。其实这已不是一个新问题，它所要做的只是用新的精神武器对之进行探讨。"[①] 怎样去打磨"新的精神武器"呢？彼得·盖伊认为有这样四种资源可资借鉴，我们还是转引他的原话："在18世纪，启蒙哲人对基督教的指控之中，有些人是欧赫迈罗斯的信徒，认为诸神最初是一些威武的英雄或仁慈的君主被崇拜他们的仰慕者加以神化，奉为全人类的楷模。另外一些人认为，诸神是各种智能的化身，代表了天上的星宿。第三种则追随斯多葛派的观点，把诸神解释为美德、恶习和道德寓意的人格化身。最后还有一种心理学理论，把宗教解释成人类恐惧和期盼的产物，反映了人类对永生的欲念、对重返童真的渴望、对未知事物的恐惧。"[②] 在彼得·盖伊看来，在这几个流派里，启蒙哲人更偏爱最后一个。其实，启蒙时代不仅是"心理学的时代"，也是"科学的时代"，苏格兰启蒙思想家不是仅局限于心理学维度，而是采用了多学科、多视角去启蒙"真正的宗教"。

8.3.1 宗教的真正起源

"清源"才能够"正本"。"真正的宗教"的提法首先是一种追根究底的态度，追问原初的宗教是什么样的。自然神论的观念是启蒙运动中最为广泛接受的，苏格兰启蒙思想家也不例外，尽管就信仰本身而论，休谟很可能没有加入到这一共识之中去[③]；然而，休谟却比任何自

[①] 卡西尔，《启蒙哲学》，第124页。
[②] 彼得·盖伊，《启蒙时代：现代异教精神的兴起》，第380页。
[③] 克里斯托弗·J.贝瑞，《苏格兰启蒙运动的社会理论》，第200页。

然神论者都热衷于研究"自然宗教",如《宗教的自然史》《自然宗教对话录》。如果说《自然宗教对话录》主要是用"怀疑论"去质疑上帝的"设计论",那么《宗教的自然史》其实更具颠覆性,直接用历史的眼光来揭示宗教的真正起源。

尽管篇幅不长,《宗教的自然史》很有层次感,全书由导言和十五个章节构成,从内容上可以分为五个部分:第一部分,导言,揭示全书研究的主题——宗教的起源问题;第二部分,从第一章到第五章,立论多神信仰是宗教的最初形式,探究多神信仰的起源及其形式;第三部分,从第六章到第八章,历史考察从多神信仰到一神信仰的流变;第四部分,从第九章到第十四章,比较通俗宗教(一神信仰)与初始的宗教(多神信仰);第五部分即第十五章,是全书的结论与总结。囿于主题的关系,我们重点关注宗教的历史起源相关内容。

在《宗教的自然史》中,休谟提出两个核心观点:第一,宗教的信仰不是"普遍的"也不是"齐一的"。"对不可见的理智性力量的信念在一切地区和一切时代的人类中间非常广泛地传播着;但是这个信念或许既不是那样普遍以至于不容许任何例外,也不是对其提出的观念在某种程度上保持齐一。人们已经发现一些并不怀有宗教情感的民族,而且几乎没有任何两个人在同一些宗教情感上是精确一致的。"[1]第二,宗教的原则是"派生的"。休谟的论证是从恒常的人性出发,既然有些民族不怀有宗教情感,不同的民族之间、不同的个人之间宗教情感也不是精确一致的,那么宗教情感就不是发源于那种产生自爱、两性之间的感情、对子女的爱、感激和怨恨等原始本能或自然情感,因为这类情感中的每一种在一切民族和一切时代里都是绝对普遍的。据此,休谟得出结论:"最初的宗教原则必定是派生的。"[2]这两个研判,是休谟的《宗教的自然史》乃至其整个宗教思想的总纲。宗教既然既非普遍的,又非单一的,还不是自然的,那无疑是历史的,在源头上是多样的。

---

[1]　休谟,《宗教的自然史》,第 1 页。
[2]　休谟,《宗教的自然史》,第 1—2 页。

休谟从两个维度立论了多神信仰是宗教的最初形式：一是历史的维度。休谟写道，一个无可辩驳的事实材料是，"我们向古代追溯愈远，我们就愈发现人类沉湎于多神信仰"。"就书写或历史所及而论，古代人类似乎普遍曾经是多神信仰者。"二是逻辑的维度。"如果我们考虑人类社会从粗野的开端到具有较大完善性的状态的改进，那么多神信仰或偶像崇拜就曾经是，而且必然必定一直是人类的最初的和最古老的宗教。"因为，正如人们在居住宫殿之前，先居住茅屋，或者在研究几何之前，先研究农业；神在显现给人们一个全知、全能和全在的纯粹精神之前，先被人们领悟为一个具有人的激情和欲望、肢体和器官的有限的存在者。心灵从低级到高级逐渐上升；通过对不完善的东西的抽象，它形成完善性的观念；通过缓慢区分高贵的部分和粗野的部分。[1] 基于这两个维度，休谟得出结论，人类最初的宗教形式不可能是一神信仰[2]。

宗教的情感不是自然的原始本能或最初情感，那么它是一种什么样的情感呢？休谟通过探讨多神论的起源而找到了答案。由于多神信仰是"未受教化"的原始信仰[3]，哪些动机、哪些好奇心、哪些激情能引起"未受教化"的早期人类的关注呢？休谟逐一排除，"思辨性的好奇"或"对真理的纯粹热爱"，这些动机"太精致""太宏大""太综观"而不适合于他们的"狭隘的能力""粗浅的领悟力"。因此，"能够被假定对这样的野蛮民族产生作用的激情就不是别的，只是人类生活的日常感情：对幸福的急切关怀、对未来苦难的惧怕、对死亡的恐怖、对复仇的渴望、对事物和其他必需品的嗜欲"。[4]"在一切已经接受多神信仰的民族中，对宗教的最初观念不是产生于对自然作品的静观，而是产生于对生活的事件的关怀，产生于那些驱动人的心灵的永无止息的希望和恐惧。"[5]简单地说，宗教产生于希望与恐惧，这是宗教的人性

---

① 休谟，《宗教的自然史》，第 3—5 页。

② 休谟，《宗教的自然史》，第 7 页。

③ 休谟，《宗教的自然史》，第 9 页。

④ 休谟，《宗教的自然史》，第 12 页。

⑤ 休谟，《宗教的自然史》，第 11 页。

之基。

　　上文，我们较系统地诠释了休谟的宗教人性起源论。尽管休谟的论证思路、论证方式，尤其是其多神论向一神论演进的历史谱系，很多苏格兰启蒙学者都不太接受与认可，但共享的情感主义的立场让他们都接受与认同——宗教产生于希望与恐惧。哈奇森认为，"对不可见力量"的信仰是"希望"的灯塔，"对永恒存在的未来状况希望，是探讨整体秩序的希望，是渴望这种秩序的希望，是想认识它的创造者的希望，或者说关于死后存在的预想的希望"。[①] 尽管不能等同，凯姆斯也是从人性中追溯宗教的起源，并讲述了与休谟大体类似的故事。[②]

8.3.2 "宗教的正当职务"

　　对于"真正宗教"的功能与作用，即休谟所谓的"宗教的正当职务"，他说得直接而明了："宗教的正当职务在于规范人心，使人的行为人道化，灌输节制、秩序和服从的精神。"那么，为什么在现实中宗教总是与"党争""内战""迫害""政府的倾覆""压迫""奴役"等等灾祸联系在一起呢？休谟认为，除了我们上文分析的迷信与狂热、无知与愚昧、教会与牧师等原因以外，还有一个重要原因，那就是背离了"宗教的正当职务"。在休谟看来，宗教的"正当职务""只在于加强道德与正义的动机"，也就是说必须与道德链索在一起，"当它自己独立一格，作为一个独立原则来控制人类，那么它就离开了它的正当范围，而只变成内乱或野心的掩护了"。[③]

　　把"真正宗教"的功能与作用主要界定在道德方面，休谟在很大程度上受惠于哈奇森。在17至18世纪，如果说自然哲学把无所不能的上帝设定为"钟表匠"的形象的话，那么在"精神哲学"领域，上帝的形象被恢复为"伟大的建筑师"，其功能主要是道德的"守望者""管理者""监督者""慰藉者"。在这方面，哈奇森最为着力。他把基督教神

---

① 哈奇森，《道德哲学体系》（上），第186页。
② 克里斯托弗·J. 贝瑞，《苏格兰启蒙运动的社会理论》，第195页。
③ 休谟，《自然宗教对话录》，第101页。

学、斯多亚主义与自然法传统杂糅与融通，发展出具有浓郁自然神学底色的情感主义道德哲学，深深影响了斯密、弗格森等苏格兰启蒙运动的后继者。对于宗教的地位，哈奇森不无自信地指出，"真正的宗教显然会增加个人和社会的幸福"，"消除一切宗教，你就消除了对所有社会职责中忠诚和热情的一些最有力的约束和一些最高尚的动机"。[①] 非常有意思的是，在休谟与哈奇森的著作中，都讨论了"一个无神论组成的社会是否能够存在下去，或者说他们的状况是否会比具有某种邪恶迷信的人们的状况更好或更差"。[②] 在《自然宗教对话录》中，自然神论者克里安提斯给出的答案是，"宗教，不管是怎么坏的，总比根本没有宗教的好"。[③] 哈奇森的答案也是如此，"一个由无神论者构成的社会还从未试行过。假如某些迷信的效果比无神论的效果更糟，那这仍不失宗教的荣耀。宗教的最佳状况无可比拟地比任何无神论的状况都更幸福"。[④] 因为他认为，即使那些包含许多邪恶迷信的宗教教义体系也可能同时包含许多高尚的戒律、规则和动机。[⑤] 而休谟无疑并不这么认为，他借斐罗之口说道："没有时期能比得上从未注意或从未听到过宗教的时期，更为幸福、更为繁荣的了。"[⑥] 尽管存在这样的分歧，苏格兰启蒙思想家应该都认同哈奇森这样的论断："如果说宗教当其堕落时会造成巨大的灾难，那么一种纯洁有益的宗教则是众多善的有力引擎"。[⑦]

8.3.3　宗教的科学治理

如何管理宗教事务是任何时代都无法回避的问题。在哈奇森看来，宗教的第一要义是对神要有崇拜的情感与责任。因而，在他那里，宗教的治理问题很大程度上也就可以归结为情感的治理。在《自然宗教

① 哈奇森，《道德哲学体系》（上），第 203 页。
② 同上。
③ 休谟，《自然宗教对话录》，第 100 页。
④ 哈奇森，《道德哲学体系》（上），第 204 页。
⑤ 哈奇森，《道德哲学体系》（上），第 203 页。
⑥ 休谟，《自然宗教对话录》，第 101 页。
⑦ 哈奇森，《道德哲学体系》（上），第 204 页。

对话录》里，休谟转引了塞内卡的一句名言，"理解上帝也就等于是礼拜上帝"。相较于哈奇森，休谟更强调"理解"上帝，并把所有其他的礼拜看作是"荒谬的""迷信的"，甚至是"不虔敬的"，因为"所有其他的礼拜都将他降到爱好央求、恳求、献礼和阿谀的人类的低极情况"①。休谟甚至做出了这样具有争议性的论断，"配得上神的慈恩和厚爱的人们只是哲学上的怀疑主义者"。② 因而，休谟的宗教治理更主要是一个认识论问题。而这一问题，在斯密那里，是一个真正的社会问题，既关涉政治，也关涉经济，还关涉教育。

在《国富论》第五篇第三节"论各种年龄人民的教育经费"中，斯密讨论了牧师、教派与教会的治理问题，此部分是运用政治经济学视角阐释宗教自由市场理论的典范。首先，在关于牧师的供养方式上，斯密与休谟存在很大分歧。一般而论，牧师的薪资有两种方式，"有的专靠听讲者的自由贡献，有的则来自经国家法律认可的某些财源"；"他们的努力，他们的热心和勤勉，在前一场合，似乎比后一场合要大得多"。③ 我们在上文提及了休谟和斯密都警惕牧师的"热心"和"勤勉"，但他们的治理之策完全不一样。斯密在《国富论》中大段地引用休谟《英国史》（第四卷第二十九章）中的论述，休谟先是将职业分为两类："一个国家的大多数技术及职业，都具有这样性质，在促进社会利益的同时，并对某些人有用或适合于某些人"；"有些职业，对国家虽属有用，甚至必要，但在个人，却无何等利益或快乐"。粗略地看，前者是营利性职业，后者是非营利性职业，如"从事财政、海军及政治的人"，需要"予以公家的奖励"。在对职业进行这种类型化的分析之后，休谟进而讨论了牧师、教士的职业："乍看起来，我们可能自然地认为：牧师、教士的职业属于第一类的职业，和法律家及医师的职业一样，对于他们的奖励，我们可以把它安然委托那些信仰其教义并从其精神上的服务及帮助得到利益或安慰的人们的施舍。他们的勤

---

① 休谟，《自然宗教对话录》，第 108 页。
② 休谟，《自然宗教对话录》，第 109 页。
③ 亚当·斯密，《国民财富的性质和原因的研究》（下），第 345 页。

勉，他们的注意，无疑都会由于这个附加的动机而增加。他们职业上的技巧，他们支配人民思想的机智，亦必由于不断增加的实践、研究和注意，而日有进益。"然而，休谟很快话锋一转，"但是，我们把这事体更仔细考察一下，就会知道：牧师们这种利己的勉励，就是一切贤明的立法者所要防止的"，"政府将发现：不为教士们设定定俸表面像是节省，而所付代价却是昂贵的"。这或许是休谟人性幽暗意识使然，或者是对牧师与迷信、狂热相关性的忧虑。休谟给出的治理之策是："政府要与心灵指导者结成最适宜、最有利的关系，就是给他们固定薪俸，用贿赂引诱其怠惰……这样，宗教上的定俸制度，通常在最初虽是生于宗教的见地，但结果却说明是有利于社会的政治上的利益。"① 休谟的方案粗略地看是"以恶制恶""以毒攻毒"。而斯密对此不以为然："给予牧师、教士以独立的给养，不论利弊如何，定立此制者，恐怕很少考虑到这些利弊。""宗教上争论激烈的时代，大概也是政治上斗争激烈的时代。"② 在斯密看来，独立的给养可能使某一宗教派别养肥养大，从而尾大不掉。斯密治理之策的主要理念是自由竞争，主要思路是"党争"理论，这突出表现在对教会、教派的管理上。

对于教会的管理，斯密信奉的是宗教市场理论、自由良性竞争，"这种教会管理方案，更适当地说，这个教会无管理方案"③。斯密的分析非常深刻，我们悉数摘引："宗教教师利己的、积极的热心，只在社会只容许一个教派的场合，或一个大社会全体只分成为两三个教派，而各教派的教师，又在一定纪律、一定服从关系下协力共作的场合，才会发生危险与麻烦。如果一个社会分为二三百乃至数千小教派的势力范围，那其中就不会有一个教派的势力能够搅扰社会，而他们教师的热心，也就全然无害于事了。在这种场合，各宗派教师见到围绕他们四周的，敌人多于朋友，于是就不得不注意到那常为大教派教师

---

① 亚当·斯密，《国民财富的性质和原因的研究》（下），第 345—349 页。

② 亚当·斯密，《国民财富的性质和原因的研究》（下），第 349 页。

③ 亚当·斯密，《国民财富的性质和原因的研究》（下），第 351 页。

所漠视的笃实与中庸；大教派教师所以如此，因为大教派的教理，有政府为其支援，博得广大王国或帝国几乎一切居民的尊敬，而教师们的周围，因此就布满了门人、信徒及低首下心的崇拜者，没有一个反对的人。小教派教师，因为觉察到自己几乎是独立无助的，通常不得不尊敬其他教派的教师；他们彼此相互感到便利而且适意的这种互让，结果可能使他们大部分的教义，脱去一切荒谬、欺骗或迷妄的夹杂物，而成为纯粹的、合理的宗教。"[①]斯密的这番宗教派别治理论证，与休谟的大共和国理论异曲同工，对《联邦党人文集》与美国的宪政体制产生了深远的影响。

8.4　在传统与现代之间

最后，我们拟通过简要评述苏格兰启蒙的宗教思想，回应苏格兰启蒙运动在宗教启蒙上的理论贡献。客观地说，由于宗教问题的极端复杂性，苏格兰启蒙学者的宗教思想整体上确实较为传统。首先，他们在著述中关注的主题是传统的宗教论题。比如，上帝的存在、上帝的属性、神义论、灵魂不朽等问题。哈奇森、凯姆斯勋爵、弗格森、罗伯逊等都是如此，即使是休谟，也是围绕这些论题提出质疑。而休谟式的质疑其实一直伴随着基督教扩疆辟土，因而根本不是什么新问题，甚至之前有很多思想家比休谟更激进，更不用说同时代法国启蒙学者对宗教的猛烈批判。其次，他们致思的取向总体上是传统的。他们没有否认神学，尽管学界对休谟的宗教思想存在很多争议，但有基本的共识面，即休谟不是无神论者，没有否认"不可见的力量"。他们更没有否认宗教的功能与作用，尤其是其道德层面的。作为世俗的启蒙学者，他们深谙孟德斯鸠的告诫，公共道德是建立自由民主社会秩序唯一可靠的原则。而要培育公众美德，在启蒙时代，思想家们认为这须臾离不开宗教信仰，即使斯密那么信任同情共感的合宜性的社会化机制，晚年还是不断地向斯多亚主义靠拢，思想深处呈现自然主

[①]　亚当·斯密，《国民财富的性质和原因的研究》（下），第 350—351 页。

义与斯多亚主义、自然神学与基督教神学的张力。最后，他们的理论工具还是传统的，深受牛顿主义、斯多亚主义、自然神论的影响。在17 至 18 世纪的欧洲，自然神论吸取了牛顿主义、理性主义、加尔文主义，是宗教观念上主导性的思维范式。正如英国自然神论研究专家约翰·奥尔所评述的："自然神论涉及很多重要的方面，从其中的某一方面来看，它可以被归于一种与其他信仰分庭抗礼的独立的宗教信仰，也可以被看作一个理性主义的神学流派。就另外一个方面来说，它似乎又是一种哲学体系。由于它倾向于摒弃礼仪和奥义，将宗教几乎完全变成一个道德伦理的问题，因此也可以被当成是一个伦理思想的学派。事实上，自然神论处在宗教、神学、哲学、伦理学和科学之间的一个非常模糊的地带上。一些自然神论者在写作上具有一种神学倾向，另一些人则倾向于科学。把托兰德定位于哲学家可以说是再合适不过了，而另一位自然神论者沙夫茨伯里则更应该被归于伦理学的领域。"①在苏格兰启蒙思想家那里，如果对号入座的话，他们很多都具有自然神论的宗教倾向，即使休谟也不例外；但更为显著的是，他们是将其作为一种研究范式的。

然而，另一方面，苏格兰启蒙学者的宗教思想是静水潜流，在"破"与"立"两个层面上，既净化了宗教信仰，又进一步使现代性的政治、经济、道德、社会生活摆脱宗教的束缚，从而成功完成了宗教启蒙的现代化使命。

进一步推进宗教的去神秘化，从而大大净化了宗教信仰。在西方，历史地看，现代化的一项最棘手、最复杂、最艰巨的工作就是如何安置宗教，如何净化信仰。文艺复兴运动很大程度上就是试图通过复兴古希腊和希腊化时期的人文主义、科学精神来对抗中世纪的蒙昧主义、神秘主义；宗教改革直接将矛头对准宗教自身，对异化的宗教教义与教会组织动刀子；科学革命在自然观上打开了缺口，把上帝定位为"钟表匠"的形象；启蒙运动继续推进宗教"祛魅"的任务。客观地

---

① 约翰·奥尔，《英国自然神论：起源和结果》，周玄毅译，武汉：武汉大学出版社，2008，第 9 页。

说，在启蒙时代，这仍然是极具挑战性的难题。启蒙学者宣称要让一切接受理性的检验；然而正如休谟所敏锐洞见到的，这是神学绝对无法承受的审判，因为神学最好最牢固的基础乃是信仰而非理性①。宗教的本真是一种信仰。"神"最初表征的是"不可见力量"，用霍布斯的话说，它是人们"想象"的创造物。② 因而，启蒙时代对宗教的"祛魅"，其实就是要回溯其本真状态，就是要通过清源而正本。苏格兰启蒙思想家热衷于研究人类学、历史学，社会发展演进很可能也是源于这种问题意识。通过考察，无论是身兼教授与教士身份的哈奇森、弗格森、罗伯逊，还是休谟与斯密，都认为它源于人性的情感，有着深刻的人性根源。在理性主义盛行的时代，提出宗教的人性情感之源，是苏格兰启蒙思想家在宗教启蒙领域最卓越的贡献。此外，在推进宗教回归本真的过程中，他们还深刻揭示了宗教与迷信、狂热、无知、愚昧之间纷纷扰扰的纠葛，休谟更是质疑"神迹""神意""来世""灵魂不朽"，这些方面的阐释都极富学理性，是启蒙时代宗教思想中的经典。

进一步推进牛顿主义向社会领域进军，使宗教回归到"属灵"的世界，从而使现代性的政治、经济、道德、社会生活真正成为可能。我们在上文就反复强调过，宗教问题的一大困难是如何安置宗教。17世纪的科学革命成功地把上帝从自然界中逐出，18世纪的启蒙学者毫无疑问会竞相效仿。正如有的研究者所揭示的："启蒙运动的一个重要方面是同化科学革命文化。科学革命始于哥白尼，并在物理科学方面达到了一个完满的阶段——牛顿在他的《原理》（1687）中对天地物理学进行了伟大的综合。自然研究获得如此惊人的结果，是通过科学的或被一些人称为'实验'的推理方法。于是，可以理解，许多思想家想把新的推理应用到其他领域，那些迫切需要关注的领域——社会、道德、宗教、人类精神本身。这种扩大科学领域的努力实际上是改变西方社会及其传统世俗和宗教权威体系的一系列事件的一部分。一系

---

① 休谟，《人类理解研究》，第 145 页。
② 霍布斯，《利维坦》，第 81 页。

列重要的历史发展，从新教改革的解放影响到资本主义的兴起，以及随之而来的中产阶级意识，正在将西方从中世纪晚期以传统为导向的古代的共同体社会，转变为充满活力、进步和理性的现代社会。"①在吸收或者说"同化"科学革命文化方面，苏格兰启蒙思想家群体成绩斐然、星光熠熠。作为"苏格兰启蒙运动之父"的哈奇森，尽管其思想体系具有浓郁的加尔文基督教主义与斯多亚主义色彩，但在人性与道德感问题上开创了情感主义与自然主义的新路径；作为"政治经济学领域的牛顿"的亚当·斯密，尽管其两本巨著《道德情操论》与《国富论》都具有"神学"的背景，但卓有成效地启蒙了道德的同情共感的社会化机制、经济的市场化机制；作为所谓的"第一位社会学家"的弗格森，尽管其社会学思想新近被解读为一种神意社会学②，但无疑颇具说服力地解释清楚了社会秩序的自生自发；如此等等。这深刻揭示了现代性的经济、政治、道德社会生活均有其自身的基础与运行机制，宗教的世俗空间不断被挤压，留存的仅有所谓属灵的世界。不仅如此，即使在属灵的世界里，休谟也不放过。比如，对于是否存在"神迹"，休谟强调"信念和证据适成比例"③，逻辑学被运用得炉火纯青。又比如，是否有"神意"与"来世"，休谟通过辨析推论的法则与可行性而提出质疑。再比如，对于灵魂不朽的问题，休谟从形而上学、道德哲学、物理学等多学科维度进行了证伪。可见，苏格兰启蒙思想家将牛顿主义大大地推进了，不仅使宗教回归到"属灵"的世界，而且回应了诸多长期以来困扰大众的问题——若没有宗教，世俗的经济、政治、道德、社会生活如何可能。

著名学者石元康将韦伯所言及的理性祛魅后的现代世界的基本特征概括为——非伦理化的政治、非政治化的经济、非宗教化的伦理。④

---

① H. Meyer. The Uniqueness of the American Enlightenment. American Quarterly, Vol. 28, No. 2, Special Issue: An American Enlightenment (Summer, 1976).

② Lisa Hill. The Passionate Society: The Social, Political and Moral Thought of Adam Ferguson. Springer Netherlands, 2006, pp.43–56.

③ 休谟，《人类理解研究》，第 98 页。

④ 石元康，《从中国文化到现代性：典范转移？》，北京：生活·读书·新知三联书店，2000，第 167 页。

而苏格兰启蒙思想家的启蒙思想不仅对这三个命题做了最好的启蒙，还超出了其涵盖的范围，卓有成效地启蒙了最棘手的宗教，使现代性的政治、经济、伦理、宗教等各得其所。

9　新时代与新趣味——苏格兰启蒙思想家论科学与"美的情操"

新的科学学科的创造很可能是启蒙运动对科学的现代化做出的最重要贡献，这是我们易于忽视的一个贡献。它标志着启蒙运动是一个旧新转变的时期。[①]

——托马斯·L.汉金斯

启蒙时代不仅要对"传统"或破旧立新或推陈出新或返本开新，还要回应新的时代、新的生活。18世纪不仅是哲学的世纪、理性的世纪，而且也在开启科学的新时代、文雅的新时代。随着科学与艺术日益走向公共生活的舞台中央，诚然有大量的赞美之声，但亦不时回响卢梭早年《论科学与艺术》一文中的隐忧；而且这种隐忧不仅仅是理论上的、思辨性的，譬如，能否如达朗贝尔在《百科全书》"日内瓦"词条中所建议的，在日内瓦建立剧场呢？卢梭式的反击又是否完全是杞人忧天呢？

苏格兰启蒙是属于启蒙家族的，它深受"科学革命"时代的滋养，

---

① 托马斯·L.汉金斯，《科学与启蒙运动》，第12—13页。

并反哺了新科学，有力推进了启蒙时期各学科的发展与蒸汽时代的来临。同时，这一群体自信在知识、自由、美德、文雅、幸福之间有一道链索，自信科学文明的时代亦是社会文明的时代、人性与趣味闪耀的时代。

9.1 苏格兰启蒙运动与新时代

9.1.1 科学与启蒙运动

长期以来，在追溯启蒙运动的时间光谱时，我们常常提及的是文艺复兴与宗教改革，很大程度上忽视了"科学革命"阶段及其它们之间的相互影响。而在有限的论及科学革命与启蒙运动之间关系的文献中，达朗贝尔的提法被视为经典，比如卡西尔在《启蒙哲学》中、托马斯·L.汉金斯（Thomas L. Hankins）在《科学与启蒙运动》中、安东尼·帕戈登在《启蒙运动：为什么依然重要》中大段引述达朗贝尔在《哲学原理》（"Essay on the Elements of Philosophy", 1759）开篇中的论述："如果仔细考察一下我们生活于其中的 18 世纪中叶，考察一下那些激励着我们，或者至少也对我们的思想、风俗、成就甚至娱乐活动产生了重大影响的事件，就不难看出，我们的观念在某些方面正在发生一种极为显著的变化，这种变化的速度之快，似乎预示着一种更为巨大的转变即将来临。唯有时间才能告诉我们这场革命的目标、性质和范围，后人将比我们能更好地了解它的缺点和功绩……我们的世纪因此而被人们特别称为哲学世纪……如果我们不带偏见地思索一番我们的知识现状，那就无法否认，我们时代的哲学取得了进步。自然科学一天天地积累起丰富的新材料。几何学扩展了自己的范围，携带着火炬进入了与它最邻近的学科——物理学的各个领域。人们对世界的真实体系认识得更清楚了，表述得更完美了。……一句话，从地球到土星，从天体史到昆虫史，自然哲学的这些领域中都发生了革命；几乎所有其他的知识领域也都呈现出新的面貌……一种新的哲学思维方式的发现和运用，伴随着这些发现而来的那种激情，以及宇宙的景象使我们的观念发生的某种升华，所有这些原因使人们头脑里产生了一种强烈的亢奋。这种亢奋有如一条河流冲决堤坝，在大自然中朝四面八方急流勇进，汹涌地扫荡挡住它去路的一切……于是，从世俗科学的原理到宗教启示的基础，从形而上学到鉴赏力问题，从音乐到道德，从神学家们的烦琐争辩到商业问题，从君王的法律到民众的法律，从自然法到各国的任意法……这一切都受到了人们的讨论和分析，或者至少也都被人们所提到。人们头脑中的这种普遍的亢奋，其产物和余波使人们对某些问题有新的认识，而在另一些问题上却投下新的阴影，正像潮涨潮落会在岸边留下一些东西，同时也要冲走一些东西一样。"①

诚然，达朗贝尔的叙述线索的重心是历时态的思想史梳理，即试图展示每个世纪的中叶（他写作时正是这一阶段）试图摒弃前期沉淀的历史：文艺复兴运动始于 15 世纪中叶；宗教改革运动在 16 世纪中叶达到高潮；而在 17 世纪中叶，由于笛卡儿哲学的胜利，人们对整个世界的看法发生了根本转变；最后，18 世纪中期，出现了"我们的思想的显著变化"。②诚然，我们在一定程度上可以因循它们之间历史与逻辑的关系，做出这样的论断：正是因为有了文艺复兴、宗教改革，或者更直接地说，正是因为有了科学革命，以及从新科学中产生的启蒙运动，现代世界才得以形成。③但是，严格地说，无论是达朗贝尔的学术梳理，还是历史的真实情况，首先，科学革命与启蒙运动不是严格的独立的前后两个阶段，或者更直接地说，18 世纪启蒙运动时期科学革命依然如火如荼在进行。其次，启蒙运动的一般观念与自然科学的重大进步之间表现出错综复杂的互为因果关系④，也就是说：一方面，启蒙运动无疑受益于科学革命，另一方面，启蒙运动也大大地促进、推动了科学革命。这两个方面，在苏格兰启蒙运动中表现得尤为突出和明显，尽管被很多学者漠视。

科学革命与启蒙运动的关系被二元化地解读，在我们看来，主

---

① 卡西尔，《启蒙哲学》，第 1—2 页。
② 同上。
③ 安东尼·帕戈登，《启蒙运动：为什么依然重要》，第 26—27 页。
④ 赖尔、威尔逊，《启蒙运动百科全书》，第 86 页。

要有两个方面的原因：一是偏狭地把启蒙运动理解为"文人之文化运动"，认为启蒙运动聚焦的是人与社会、政治与经济、道德与文化，有关自然方面的探究被排除在外。比如，有些学者就持这样的看法来审视苏格兰启蒙运动，认为苏格兰启蒙运动应该定义为在道德哲学、历史学和政治经济学等方面进行的相关探索，而自然科学和医学对苏格兰和大西洋世界的启蒙家们来说只不过是旁枝末节。[1] 二是对"科学"的概念理解缺乏科学的历史态度。我们不应不加区别地用现代的科学学科分类来衡量当时那个时代，否则不仅误入歧途，还会犯时代错误。实际上，在 18 世纪初，人们只是偶然地用"科学"这个术语来表示研究自然界的各门学科，当时更为常见的名称是"自然哲学"，这表明对自然界的研究被看成是与道德哲学、认识论和本体论研究密切相关的。此外，自然哲学、神学和宗教所关注的问题也有着十分密切的关系。当时的分支学科也不像现代学科的划分有明确的界定和范围。例如，启蒙运动之初，物理学被视为一门讲授一切有生命和无生命实体存在原因的科学；化学属于炼金术和医学这两个领域；生物学也不是一门独立的学科，而是被当作医学、化学甚或物理学的一个组成部分。[2] 再譬如，对 17 至 18 世纪的机械哲学，我们不能望文生义，想当然地认为它指代的是哲学上的机械唯物主义。机械哲学用机器来象征宇宙和生物的构造模式，在启蒙运动前三分之二的时间里一直支配着绝大多数科学学科，它也是启蒙运动基本观念的主要来源之一。[3] 了解 18 世纪学科的实际情况，有助于我们更好地接受科学与启蒙运动之间的复杂互动关系。

9.1.2　苏格兰启蒙运动与苏格兰科学的发展

新近研究认为，对自然知识的不断探求构成苏格兰启蒙运动文化内核的几个主要因素之一[4]。苏格兰启蒙运动的知识谱系中，有心灵的知识、人性的知识、道德的知识、社会的知识、上帝的知识；当然也

---

① 亚历山大·布罗迪编，《剑桥指南：苏格兰启蒙运动》，第 90 页。
② 赖尔、威尔逊，《启蒙运动百科全书》，第 86 页。
③ 赖尔、威尔逊，《启蒙运动百科全书》，第 28 页。
④ 亚历山大·布罗迪编，《剑桥指南：苏格兰启蒙运动》，第 90 页。

包括自然的知识，尤其是自然科学与医学。苏格兰自然科学的繁荣，得益于苏格兰启蒙运动着力推动的大学的学科改革，得益于苏格兰启蒙思想家培养的一批崭露头角的科学家，得益于苏格兰活跃的学术团体、科研机构以及公共领域的成长。反之亦然，自然科学和医学在苏格兰启蒙运动的知识变革中起到了中心作用，是这些变革的主要推动力。

9.1.2.1　大学的学科改革

正如我们在前文所反复强调的，大学在苏格兰启蒙运动中有着关键作用：大学既是学术交流的中心，也是大众教育的中心；大学既是哲学家、历史学家、文学艺术家等"文人的共和国"的根据地，也是自然哲学家、医生等进行科学实验的基地。大学形塑了苏格兰启蒙运动的主要特色。从对自然科学发展最直接的影响上说，17 至 18 世纪的苏格兰大学普遍进行了课程设置和教学实践的改革，纷纷设立数学、天文学、化学、医学等教职，添置科学仪器设备，增加数学与自然科学知识的授课内容。比如，在数学方面，马歇尔学院在 1668 年、爱丁堡大学在 1674 年、格拉斯哥大学在 1691 年、阿伯丁国王学院在 1703 年分别设立了数学教职。在天文学方面，圣安德鲁斯大学于 1677 年、国王学院于 1675 年、马歇尔学院于 1694 年修建了各自的天文台，并纷纷扩充了他们的科学仪器设备。在医学方面，爱丁堡大学在 1685 年、马歇尔学院在 1700 年、格拉斯哥大学在 1713 年、圣安德鲁斯大学在 1722 年设立了医学教职。

9.1.2.2　苏格兰的科学家群体

苏格兰尽管经济社会落后，但有着让欧洲各国垂涎的高等学府。17 至 18 世纪苏格兰活跃着一群数学家、化学家、医学家。尤其需要强调的是，这一群体与哈奇森、休谟、斯密、弗格森等文人群体一样，都是公共知识分子，他们共同开创了苏格兰启蒙运动时期的公共科学。由于在前文苏格兰启蒙思想家群体的传记中，这些科学家的生平、著述与事迹并未涉及，因而在论述相关问题时我们尽可能对此做一简要介绍。

苏格兰早期的数学家与自然科学家有乔治·辛克莱（George Sinclair）、罗伯特·西巴尔德爵士（Sir Robert Sibbald）、詹姆斯·考斯

（James Corss）、戴维·格利戈里（David Gregory）、詹姆斯·格利戈里（James Gregory）等。他们熟谙伦敦和欧洲大陆的最新科学进展，积极参与苏格兰的大学课程改革，使大学摆脱了对亚里士多德自然哲学的倚重，而在 17 世纪 60 年代与 70 年代逐渐转变为笛卡儿体系，在 18 世纪初又转变为牛顿体系。其中，乔治·辛克莱和罗伯特·西巴尔德爵士这两位大师是 17 世纪末那一代知识分子中，为科学在 18 世纪苏格兰的辉煌奠定坚实基础的典型代表。辛克莱曾是格拉斯哥大学校委员会的委员，复辟时期由于其热衷于长老会教派事业而于 1666 年被罢黜，光荣革命后被重新起用，并于 1691 年被聘为数学教授。辛克莱被认为是在苏格兰通过公开讲座来普及数学和自然哲学的第一人。1670 年 11 月，他接受爱丁堡城镇委员会的聘请，在该市"讲授几门实用科学"，包括力学、气体力学、流体静力学、天文学以及数学的许多分支，并在讲授过程中利用抽气机等科学仪器进行了许多演示实验。它们是欧洲最早的此类讲授，证明了辛克莱在 17 世纪方兴未艾的公共领域中普及自然知识并解释其功用的努力。因此，在苏格兰，对公众进行科学教育的做法可以追溯到 17 世纪 70 年代。那时，辛克莱向公众推广他的知识和专业技能，而这也标志着自然知识逐渐与苏格兰大众文化互相融合的开端。

如果说乔治·辛克莱是 17 世纪苏格兰普及自然科学教育的第一人，那么罗伯特·西巴尔德爵士就是创立科研组织机构的先驱。罗伯特·西巴尔德爵士曾在莱顿学习医学，后又在巴黎学习植物学，在自然哲学、医学、自然史、市民史、地方志和古物研究等众多领域都有所涉猎。在推动苏格兰社会逐步认识自然知识的重要性方面，西巴尔德在同时代的人中发挥了最积极的作用。由于西巴尔德及其友人的不懈努力，一大批自然科学研究机构在爱丁堡建立起来。比如，1670 年他和友人开辟了一个药用植物园，这个植物园正是爱丁堡植物园的前身。1681 年爱丁堡皇家内科医学院成立。1687 年，他们又推动爱丁堡大学组建了博物馆。西巴尔德一手创立的植物园和爱丁堡皇家内科医学院在整个苏格兰启蒙运动时期都是医学和自然历史研究的核心机构。此外，为编写一部苏格兰自己的自然史（即《图解苏格兰，或自然历史绪论》），他通过与朋友的通信来收集有关苏格兰的植物、动物、地形、自然资源以及人文等信息。这种学术交流与通信网络使原本相对封闭的苏格兰学者逐渐培养起一种社群意识。

随着体制改革、科研机构的设立以及学术的累积，18 世纪 20 年代，苏格兰的自然科学开始进入了大繁荣的时期，涌现出不仅仅在苏格兰赫赫有名，而且在英伦三岛乃至整个欧洲都闻名遐迩的科学家，如柯林·麦克劳林（Colin Maclaurin）、詹姆斯·赫顿等。

柯林·麦克劳林 1698 年 2 月生于苏格兰的基尔莫登，1746 年 6 月 14 日卒于爱丁堡。麦克劳林是 18 世纪英国最具有影响力的数学家之一。麦克劳林是一位牧师的儿子，半岁丧父，9 岁丧母，由其叔父抚养成人。叔父也是一位牧师。麦克劳林是一个"神童"，为了当牧师，他 11 岁考入格拉斯哥大学学习神学，但入校不久却对数学产生了浓厚的兴趣，一年后转攻数学。1713 年毕业于格拉斯哥大学，其毕业论文堪称精妙。在文中，他运用牛顿的万有引力理论解释发酵、结晶、沉淀以及液体、电流和其他自然现象的特性。毕业后，麦克劳林先是学了一阵子神学并担任助教，不久之后他便在科学上初露锋芒。19 岁（1717 年）被任命为马歇尔学院的数学教授。在麦克劳林及其同事的合力推动下，马歇尔学院逐渐成为牛顿主义思想的堡垒。然而，麦克劳林并不满足于仅在阿伯丁大学的成功，他有着更远大的抱负，开始发展与牛顿及其他皇家学院重量级任务的关系。他的这些努力很快就有了回报，1719 年他被推选为英国皇家学会会员，并在同年访问伦敦时拜见了牛顿，从此便成为牛顿的得意门生。1725 年，麦克劳林离开马歇尔学院前往爱丁堡大学，成为多病的小詹姆斯·格利戈里的助手，并最终接替了他的位置。在爱丁堡大学，麦克劳林的事业进入全盛时期。尽管教学工作繁忙，麦克劳林仍然积极活跃在科学领域，不断有论文和著作面世，最有代表性的是《流数论》。《流数论》以泰勒级数作为基本工具，是对牛顿的流数法做出符合逻辑的、系统解释的第一本书，回应了贝克莱对牛顿的微积分理论的质疑。麦克劳林也是一位实验科学家，设计了很多精巧的机械装置。他还为多个项目中对数学的实际应用献言献策，并与他的学生一起为爱丁堡的上流社会举

办关于实验哲学的公共讲座。他不但学术成就斐然，而且关心政治，
1745 年参加了爱丁堡保卫战。不幸的是，他忙碌的一生在 1746 年 6
月戛然而止，死后他的墓碑上刻有"曾蒙牛顿推荐"几个大字，以表
达他对牛顿的感激之情。其家人在他身后出版了他的权威著作《牛顿
爵士之哲学发现》，该书是整个启蒙运动时期普及牛顿自然哲学的权威
力作之一。麦克劳林可以说是 18 世纪上半期的苏格兰，甚至是整个英
国，倡导牛顿主义思想最得力、最积极的人。

科学与启蒙运动的互动，在自然历史学中表现得最淋漓尽致。步
入 18 世纪，苏格兰自然历史学家不仅继续西巴尔德在这一领域未竟的
事业，还积极参与讨论布封的《自然史》。自然历史学的繁荣为地质学
在 19 世纪成长为一门独立的学科提供了肥沃的土壤，詹姆斯·赫顿就
是这一进程中最为重要的代表性人物之一。詹姆斯·赫顿是苏格兰地
质学家、农业家，近代地质科学的奠基人。赫顿出生在爱丁堡的一个
名绅富商家庭，兴趣广泛，接受了良好的教育。1740 年，年仅 14 岁
的赫顿进入爱丁堡大学学习，毕业后先后去过巴黎、莱顿、伦敦等地
广泛游历访学。他曾从事过法律和医生行当，最终决定研究农业和地
质学，成为当时很有名气的农业家、地质学家。在地质学上，赫顿是
地质学中火成论的创始人，这方面的论著主要有：《地球学说，或对陆
地组成、瓦解和复原规律的研究》（1785 年）、《地球学说：证据和说
明》（1795 年）、《地球的理论及其证据和解说》（1799 年）。赫顿的火
成论学说克服了水成学派的片面性，在承认水成岩存在的前提下提出
了熔体冷凝成岩的火成论。这就是 18 世纪地质学上的"水火之争"，
即一方是以德国地质学家维尔纳（Abraham G. Werner）为代表的"水
成论"，强调形成岩石过程中的水的作用；另一方是以苏格兰科学家
赫顿为代表的"火成论"，强调火的作用。现今已经知道，岩石主要
由三大类构成，除了水成为主的沉积岩和火成为主的岩浆岩，还存在
一类变质岩。水成过程和火成过程在岩石的形成中都扮演了重要角色。
这是地质学史上的首次学术争论，大大推动了地质学的发展。除火成
论学说外，赫顿还提出了"地质循环"（geological cycles）的概念，这
是他对地质学的又一个重要贡献。1797 年，詹姆斯·赫顿与世长辞，

但其理论却开启了地质史上的一个新时代。

1785 年，赫顿在爱丁堡皇家学会宣称，"我们无法找到能证明世界开始的痕迹，也无法找到能证明世界末日的征兆"，潜台词不言而喻，自然与社会处在不断的进化之中。这样一种有关自然与人类的新观点的舞台搭建了起来，就像人类社会之于苏格兰历史学派，自然、物理的世界也被证明是动态的、发展的。至少有一位科学家牢牢记住了赫顿的思想，这位科学家虽然生在英格兰，却在爱丁堡接受训练，他名叫伊拉斯谟斯·达尔文（Erasmus Darwin）。在其著作《生物学》（*Zoonomia, or the Laws of Organic Life*）中，伊拉斯谟斯将赫顿的思想发展成了一种成熟的作为自然发展史的自然理论。伊拉斯谟斯的洞见被他的孙子查尔斯·达尔文（也受教于爱丁堡医学院）提升到了新的层次。在苏格兰地质学家查尔斯·莱尔爵士（Sir Charles Lyell）的帮助下，查尔斯·达尔文发展了自己的生物进化理论。达尔文创造了一种自然历史视野，这种视野堪与苏格兰人为人类的历史精心创造的视野相媲美，而人类的历史是一部进步的历史，是从原始、简单向更加复杂的社会稳定上升的过程，并且自然会在人类自身中达到极点。《物种起源》（*On the Origin of Species*）显示，苏格兰学派的设想正在变得不仅对社会科学不可或缺，而且对自然科学也不可或缺。在英语世界中，对世界的"科学认识"意味着正在与苏格兰认识等同。

9.1.2.3 科研机构

在苏格兰启蒙时期，科学与启蒙运动之间的互动还表现在双方的人员一起创立社团、科研机构与学会。比如，麦克劳林参与创建了爱丁堡哲学学会，参加了"苏格兰农业改良者的光荣俱乐部"，该俱乐部成立于 1723 年，旨在将农业实践发展为一门理性的应用科学。詹姆斯·赫顿与亚当·斯密、约瑟夫·布莱克一起召集"牡蛎俱乐部"，他还广泛结交了苏格兰启蒙运动史上的一些杰出人士，如弗格森、蒙博杜勋爵。这些社团学会推动了自然科学的讨论，在各处举办的讲座以及学术专著、报纸和期刊的出版也协力了自然科学的普及。到苏格兰启蒙运动末期，自然知识已经转变为真正意义上的公共知识。

在苏格兰，科学与启蒙运动的互动，还表现在有一种共同的精神或者说情怀贯穿于两者之中，这就是务实、实用、改进与完善化。我们前文立论过苏格兰思想家的道德情操、政治情操、经济情操等，这种情怀也就是苏格兰启蒙运动的科学情操。这种科学情操无论在科学家身上还是在普通群众身上都显露无遗。在 18 世纪，普通的苏格兰人热衷于学习化学和自然哲学等实用课程，比如在爱丁堡大学，约瑟夫·布雷克教授的化学课人数最后竟达 200 人，而他的后任托马斯·查尔斯·霍普（Thomas Charles Hope）教授的学生有时更达 500 人。我们前文论及的数学家、科学家与医学家都显露出强烈的实践精神、浓郁的经世致用的情结。因而，有的学者径直宣称："医学、科学，再加上数学，它们构成了苏格兰实践精神的三角基座。"①

9.2 苏格兰启蒙与美的情操

9.2.1 美的学科视野

正如塔达基维奇（W. Tatarkiewicz）在《西方美学概念史》中所指出的："从 18 世纪中期开始，已经毫无疑问，手工艺就是手工艺而不再是艺术，科学就是科学也不再是艺术，这样，实际上也就只有'美的艺术'才是艺术……因为，再也别无其他的艺术了。"② 正是在这样的历史境况下，1750 年鲍姆加登颇具独创性地提出要在哲学体系中给"美的艺术"一个恰当的位置，并创设了一门新的学科——"Aesthetic"（美学）。虽然美学并非肇始于苏格兰启蒙哲学家，但他们无疑为这一学科的发展做出了巨大的贡献。该领域的两位权威是苏格兰人哈奇森和休谟，其他如乔治·特恩布尔（George Turnbull）、乔治·坎贝尔（George Campbell）、亚历山大·杰拉德、艾伦·拉姆齐（Allan Ramsay）、亨利·霍姆、亚当·斯密、托马斯·里德、休·布莱尔（Hugh Blair）、阿奇博尔德·艾利森（Archibald Alison）等也是美学研究领域的重要学者。在美学方面，有如此众多的独创性思想家是苏格

---

① 阿瑟·赫尔曼，《苏格兰：现代世界文明的起点》，第 309 页。
② 塔达基维奇，《西方美学概念史》，褚朔维译，北京：学苑出版社，1990，第 27 页。

兰启蒙运动的一个显著特点。[①]

"不管美学这一学科多么新颖，古希腊、古罗马哲学以及后来的各种思想体系都探讨过它的基本问题。启蒙运动沿袭了 17 世纪两种不同的美学传统。一种传统源于法国理性主义，体现于各种形式的新古典主义之中。另一个传统源于英国经验主义，在心理学和道德哲学的领域内提出美学问题。"[②] 从总体倾向上看，苏格兰启蒙学者的美学思想一般被归于经验主义美学传统。然而，正如前文反复强调的，苏格兰启蒙思想家不是近代经验主义的亦步亦趋者，他们开创了情感主义的新路径。在这一论域上，他们关注的核心问题是美的"情操"，为美学独立出形而上学[③]，从而成为哲学的一个独立分支做出了贡献。

当然，这种学科的视野与贡献不是一蹴而就的。从进程来看，经历了两个环节：一是让美学与伦理学从认识论（逻辑学）中独立出来；二是审视审美与伦理问题的差别。在这两个环节中，美学与伦理学不可避免地被经常关联起来。也正是因此，如很多研究者所洞见到的，美与道德的关系一直是苏格兰启蒙运动的一个重要课题。[④] 从发生学看，苏格兰启蒙运动最着力、最具特色的道德哲学，与这里所要探讨的美学思想同根同源，甚至其源泉与灵感都取自美的问题研究，"苏格兰启蒙运动之父"哈奇森的第一部著作《论美与德性观念的根源》就是很好的例证。这部著作由两篇论文构成，即《对美、秩序等的研究》与《对我们的德性或道德善的观念根源的研究》，探讨的问题具有严密的相关性与匹配性：美的感官（内在器官）与道德感官、美与道德的情感之源、美与德性的属性（直接性、普遍性，无关利益，超越习俗、教育和典范等）。因而，在哈奇森思想的深处，美学与伦理学是一对孪生学科，它们成功摆脱了形而上学的"脐带"而独立出来了。

---

① 亚历山大·布罗迪编，《剑桥指南：苏格兰启蒙运动》，第 266 页。

② 赖尔、威尔逊，《启蒙运动百科全书》，第 32 页。

③ 包括本体论、认识论、逻辑学等。随着近代认识论的转向，本体论的内容已不再是形而上学的重心。

④ 亚历山大·布罗迪编，《剑桥指南：苏格兰启蒙运动》，第 275 页；克里斯托弗·J.贝瑞，《苏格兰启蒙运动的社会理论》，第 205 页。

美学的学科视野在休谟这里更加明确和自觉。在 1739 年出版的《人性论》中，休谟一方面认为"一切科学对于人性总是或多或少地有些关系，任何学科不论似乎与人性离得多远，它们总是会通过这样或那样的途径回到人性"。① 从广义上说，一切科学都是"人"学。另一方面，他又把一切科学按照当时的传统分为"自然哲学"（"实验科学"）与"精神哲学"，而他着力要建立的人性科学（狭义上）即"精神哲学"②，主要包括逻辑学、道德学、批评学与政治学等学科。也就是说，休谟把美学（批评学）视为人性科学的四大主要学科之一。难能可贵的是，休谟还揭示了这些学科在研究对象上的差别："逻辑的唯一目的在于说明人类推理能力的原理和作用，以及人类观念的性质；道德学和批评学研究人类的鉴别力和情绪；政治学研究结合在社会里并且互相依存的人类。"③ "道德学和批评学宁可说是趣味和情趣的对象，而不可说是理解的对象。所谓美，不论是道德的，抑或自然的，只可以说是被人所感觉的，而不可说是被人所观察的。"④ 因而，判断事物的美与丑、可爱与可恨的品质，与判断真理与谬误是不同的。⑤ 休谟举了几个例子，一个人可能十分了解哥白尼体系的全部圆形与椭圆形，以及托勒密体系的全部不规则的螺旋形，但却不觉得前者比后者美得多。欧几里得充分解释了圆的每种性质，但没有任何著作里提到圆的美。数学家在阅读维吉尔的作品时，他可能完全理解那位非凡作家所使用的每一个拉丁词的意思，对其叙述的一切也都清楚明了，但是对其中的美却浑然不觉。因为严格说来，美不在于诗作之中，而在于读者的情感或者趣味之中。⑥ 因而，毫不夸张地说，在休谟这里，美学已经具有自己独立的学科研究对象与属性，只是他使用的概念是"批评学"。尽管休谟没有像鲍姆加登那样被视为"美学之父"，但无疑为这一学科的发展做出了突出贡献。

---

① 休谟，《人性论》，第 6 页。
② 休谟，《人类理解研究》，第 9 页。
③ 休谟，《人性论》，第 7 页。
④ 休谟，《人类理解研究》，第 145 页。
⑤ 休谟，《论道德与文学》，第 58 页。
⑥ 休谟，《论道德与文学》，第 59 页。

在美学、艺术、文艺批评问题上，苏格兰启蒙思想家追随休谟的分析视野，即审美问题不同于认知问题，也有别于价值问题，它的研究主题是"趣味"而非"理解"（休谟）、是"感受力"而非"分辨力"（杰拉德）[①]。一旦有了这样坚实的基础，苏格兰启蒙思想家在论及美的本质、趣味的标准、审美与文明等启蒙时代的热点话题时，势必与其他论题一样，不仅在学理上形成颇具特色的苏格兰启蒙美学，而且在生活实践层面有助于启蒙与培育美的情操。

9.2.2　美的主体性

什么是美？美的本质是什么？这是美学中最为基本的问题。长期以来，两种不同的美学传统在这个问题上分庭抗礼，莫衷一是：（新）古典主义传统认为美是客观的，它独立于观察者而存在；英国的经验主义传统，尤其是洛克主义把美学引向了主观主义。美被视为一种经验，它是观察者体会到的"某种感受"——而不是被观察之物的内在性质。[②]从属于英国经验主义美学传统的苏格兰启蒙美学，学界一般认为他们主张美是主观的。但也有不同的声音，尤其是对休谟美学的看法更为复杂，这一派的内部也有很多分歧，甚至有的研究者提出，"休谟的美学观点受哈奇森的影响很深，但休谟得出的结论却与哈奇森的不同"[③]。因而，需要我们做具体的分析。更为重要的是，我们需要跳出"美是主观的""美是客观的"这样的思维定式，立足于苏格兰启蒙时代的社会情境，挖掘苏格兰启蒙思想家美学启蒙的初心，即凸显审美主体的主体性、能动性。限于篇幅，我们重点剖析苏格兰启蒙美学史上两位最具代表性的人物哈奇森与休谟的美学思想。

9.2.2.1　哈奇森：美是一种观念

哈奇森的美学思想主要体现在《论美与德性观念的根源》的第一

---

① 克里斯托弗·J.贝瑞，《苏格兰启蒙运动的社会理论》，第204页。
② 克里斯托弗·J.贝瑞，《苏格兰启蒙运动的社会理论》，第203页。
③ 亚历山大·布罗迪编，《剑桥指南：苏格兰启蒙运动》，第266页。

篇论文《对美、秩序等的研究》（"An Inquiry Concerning Beauty, Order, Harmony, Design"）之中。在这篇文章的开篇，哈奇森着重比较了美感与一般的感觉：首先，"所有的各种感官似乎都有其特有的器官"①，比如眼睛与视觉、舌头和味觉，不过它们都是外在的感觉器官；而美的感官是一种"内在感官"②。其次，一般的感觉是"被动的"③，"因外在对象的呈现并作用于我们的身体而在心灵中唤起的那些观念被称为感觉"④；而"'美'这个词是指在我们心中唤起的观念"⑤，是主体的感受，是主动的。最后，洛克式观念论有第一性的质与第二性的质的分殊，前者被认为是事物自身的属性；而哈奇森认为，不论美的对象是第一性的质还是第二性的质，"不可被理解为假定存在于对象中的某种属性"，尽管"基于我们对某种第一性质的知觉而唤起并与外形和时间相联系的美的观念与和谐的观念，或许确实比这些感觉更近似于对象……然而，如果没有具有美的感官的心灵去沉思对象，我就不会明白，它们如何会被称为美的"。⑥

哈奇森用一个章节的篇幅（"第一节　论区别于通常为感觉所理解的某些知觉能力"）不厌其烦地将美感与一般感觉进行多角度的对比，意在揭示美的本质、审美判断的特殊性。其思想的内核，如果要沿用"美是主观的""美是客观的"类似的句式来表述的话，那最为符合的应该是"美是主体性的"。这种看法一方面传承了英国传统的经验主义美学，同时又克服了其滑向主观主义偏狭，尽管它批判的矛头主要指向的是新古典主义刻板的"美是规则的"的客观主义。对于后者，哈奇森无论在论及"本原美"或"绝对美""公理之美"，还是"相对美"或"比较美"，甚至"上帝之美"时，都强调美的对象的特质——"多

① 哈奇森，《论美与德性观念的根源》，第3—4页。
② 哈奇森，《论美与德性观念的根源》，第7页。
③ 哈奇森，《论美与德性观念的根源》，第4页。
④ 哈奇森，《论美与德性观念的根源》，第3页。
⑤ 哈奇森，《论美与德性观念的根源》，第7页。
⑥ 哈奇森，《论美与德性观念的根源》，第12页。

样性于一致"，认为其是"美的观念的一般基础或诱因"[1]："能唤起我们美的观念的形体，似乎是那些寓多样性于一致的形体"[2]，"在普遍公理之中，我们可以更好地看出，无数对象的这种一致性或统一性是伴随它们的被发现而产生的美或快乐的基础……"[3]，"相对美时常被视为某种本原美的摹本"[4]。这也充分说明，认为美是一种观念、体验、感受，并不必然是主观主义，定位为强调主体性更为贴切。哈奇森这一论题为苏格兰启蒙美学奠定了坚实的基调，后继者对美的本质的解读基本上秉持这种强调主体性的立场。

9.2.2.2　休谟："美只是一种形相"

与哈奇森一样，休谟确实在很多场合都强调美的主观性，否认美是对象自身的属性，主张美只是一种"感受"。休谟关于"圆形之美的阐释"广为引用："美并不是圆的性质。圆的美并不在于圆周的任何一点都与圆心距离相等。它只是这种图形对心灵造成的印象，心灵的特殊机理或构造使这种图形容易产生这种感受。不论是在圆上寻找这种美，还是通过某种数学推理，或者通过你的感官，在那一图形的全部属性里探寻这种美，都是徒劳。"[5]和哈奇森一样，休谟也认为美和丑与甜和苦一样，都不是对象中的性质，而是完全属于内在或外在的情感，"寻找真正的美，或真正的丑，就像声称获知真正的甜或真正的苦一样，是徒劳无益的研究"。[6]那么，什么样的研究不是徒劳无益的呢？去哪里探寻美不是徒劳的呢？美的本质到底是什么呢？休谟站在哈奇森的肩膀上，力图回答这些问题，以期进一步推进美学启蒙。

尽管休谟从其一贯的悬疑本质论的立场出发，认为美是"不能下

---

① 哈奇森，《论美与德性观念的根源》，第 14 页。
② 哈奇森，《论美与德性观念的根源》，第 14—15 页。
③ 哈奇森，《论美与德性观念的根源》，第 25 页。
④ 哈奇森，《论美与德性观念的根源》，第 32 页。
⑤ 休谟，《论道德与文学》，第 59 页。
⑥ 休谟，《论道德与文学》，第 96 页。

定义"①的，但在《人性论》第二卷"论美与丑"这一章节中，他对美的本质有两段相当明了的论述：

> 美是一些部分的那样一个秩序和结构，它们由于我们天性的原始组织，或是由于习惯，或是由于爱好，适于使灵魂发生快乐和满意。这就是美的特征，并构成美与丑的全部差异，丑的自然倾向乃是产生不快。因此，快乐和痛苦不但是美和丑的必然伴随物，而且还构成它们的本质。②
>
> 美只是产生快乐的一个形相（beauty is nothing but a form, which produces pleasure），正如丑是传来痛苦的物体部分的结构一样；而且产生痛苦和快乐的能力既然在这种方式下成为美和丑的本质，所以这些性质的全部效果必然都是由感觉得来的……③

"美只是产生快乐的一个形相"，这是典型的情感主义美学定义，是休谟美学最言简意赅的主题句，也是理解休谟美学思想的主要线索。

从这些论述中也可以看出，哈奇森的"美是观念"的主观因素得到了进一步稀释。诚然，把快乐和痛苦的感觉说成是美和丑的本质，否认美在对象中，这确实是一种主观主义。但相较于哈奇森极其强调审美的内在感官的先在性、直接性，休谟在论述审美取决于主观因素（感觉、情感、心灵的原始构造）的同时，几乎都指出美离不开对象的某种性质，其中包括对象的形相、结构、比例等等，甚至还提及了哈奇森所谓美的无功利性极为排斥"效用"和"便利"。休谟认为，"人们所赞赏的动物的或其他对象的大部分的美是由方便（convenience）和效用（utility）的观念得来的"，并不厌其烦地举例论证，比如：有的动物强健的体形是美的；有的动物轻捷的体形是美的；

---

① 休谟，《人性论》，第 334 页。
② 同上。
③ 同上。

对一所宫殿美来说，其规则和便利与其形状和外观一样是必要的；同样，建筑学的规则也要求柱子的顶部应比地基更加尖细，这样的形状才能给我们传来一种令人愉快的安全感。

质言之，关于什么是美，休谟秉承英国经验主义传统，认为美依赖于主观的情感、感受，但这种情感和感受并不是由心灵独自产生出来，完全依赖于心灵的，它必须以审美对象的性质为参照，或以它们为材料。休谟从来不认为对象的美与对象本身的性质无关，他总是把心灵的作用和对象的性质结合起来谈论美。用他自己的话说，美存在于人的愉悦感之中，"这种愉悦感乃是特定的对象在特定的心灵中结合心灵的特定组织与构造而生成的"。其美的主体性色彩比哈奇森的更浓郁。休谟甚至认为美学上也要进行哥白尼式的革命，从对象转向主体性，"惯于思考的人正是从主体的属性上，得出更令人信服的、至少更具普遍性的结论"。[①]

正如休谟自己所归纳总结的："如果说我们从哲学中能学到什么可以值得信赖的原理，我认为唯一确定无疑的是，事物本身谈不上什么高贵与卑贱、可爱与可憎、美与丑，所有这些特性都不过源于人的喜恶性情的特殊构造与搭配。"[②] 那么，如何提升"性情的特殊构造与搭配"即美的情操，无疑是探讨美的本质、倡导审美主体性的主要鹄的。在《怀疑论者》这篇文章中，休谟较为系统地论述了美的情操及其培养的途径与方法。

在休谟看来，"就一个人与另一个人在生活方面的幸福而言，全部的差别在于情感，或者快乐感受上。这种差异巨大时，就产生了幸福与不幸这两个极端"。从这些格言式的论述中可以看出，休谟坚持美与善的统一，认为美与善的共同基础是都能给人快乐的感觉。或者简单地说，美感、幸福感与快乐感是相通的。那么，什么样的情感才有助于通向幸福感与美感呢？休谟认为，首先人的情感既不能猛烈，也不能过于分散。在前一种情况下，人的思想永远处于躁动不安之中，在

---

① 休谟，《论道德与文学》，第57、57页。
② 休谟，《论道德与文学》，第57页。

后一种情况下，人的思想会限于令人难受的懒惰和懈怠。其次，人的情感应该是温和的、友善的，而不应该是粗野的、猛烈的。再次，情感必须是欢快愉悦的，而不应该是低沉抑郁的。容易看到希望、感受快乐的人是真正的富人，容易感到恐惧与悲伤的人是真正的穷人。最后，情感更多的应该内化而非外求。休谟认为，"人的那些追求外部对象的情感，不如我们本身就有的情感更能使人感到幸福。这是因为，我们既不知道自己能不能接近那些对象，也不能保证能拥有它们。就幸福感而言，求知优于求财"，"最能使人幸福的心灵是有道德的心灵。"[①]

如何培育情感，无论是美的情操还是道德的情操，休谟主要提及了以下五个方面：（1）人几乎无一例外地受肌体结构与性情的引导，一个人如果天生就一副怪异的心理结构，性情冷漠而不善感，对仁爱与品德无动于衷，对同伴没有同情心，不需要赞誉和掌声，这样的人注定不可救药，连哲学也无计可施。反之，一个人如果有很强的荣誉感与道德感，又有适度的激情，他就自然愿意依道德法则去行动，即便偶有偏离，也很容易、很快就回到正轨。（2）关注科学与人文的人，会性情更温和，更有人情味，会更加珍视蕴含了真正美德与荣誉的美好情感。（3）学习与实践。教育的巨大效果让我们相信，人的心灵并非冥顽不化、不可改变，而是有可能改变其最初的构造。（4）习惯是另一种能够改造心灵的有力手段，它能够将好的性情倾向注入人的心灵之中。（5）艺术与哲学，它们能启迪我们哪些品行应该通过不断的思想修正和习惯重复去努力培养。在休谟看来，拥有如此情感的人，势必会拥有敏锐的激情与优雅的趣味。

9.2.3 趣味及其标准

确定文艺批评的原则或者审美的标准，是启蒙运动中讨论最广泛的话题之一，包括孟德斯鸠、伏尔泰和康德的许多大作家都在其列。苏格兰人显然也是其中之一。休谟写过最著名的论文，凯姆斯的著作位于最具影响力之列，但也有其他人参与。这种讨论的广泛性可

---

① 休谟，《论道德与文学》，第 60—61 页。

能要归因于 18 世纪对"公共世界"的讨论。① 相较于认为"美是客观的""美是规则的"阵营，主张"美是主观的"美学思想家们势必要回应审美的一致性及其标准这样的棘手问题。因为，如果对象的美只是人的主观感受，而不同的人其感受肯定会不同，那么人们关于审美的感受是否具有一致性，或者说审美是否有确定一致的标准就需要给出解答。这里，我们还是采用 18 世纪约定俗成的话语——趣味——来探究这两个方面的问题。

在哈奇森那里，他主要聚焦于美的感官及其特性，对审美标准关涉的不多。但他无疑认为审美具有一致性。他主要是通过立论美的感官的普遍性而进行说明的。而美的感官的普遍性，在哈奇森看来，既有经验的佐证，亦体现了神的设计与智慧②。诚然，这种论证在学理层面显得较为粗糙，甚至没有触及问题的核心。他自己也意识到审美过程中会遭遇这样一个问题，"其他感官能给予我们快乐，也能给我们带来痛苦，这种美的感官能否也会使这些对象令我们感到不悦，并成为痛苦的诱因"。③ 基于美的感官、美的本质，哈奇森断然否认了内在感官是不悦与痛苦的源泉，"美的感官，似乎被设计为要给我们以肯定性的快乐，而不是肯定性的痛苦或不快以及超过由失望所引起的更大不快"。那么审美中，不悦与痛苦的缘由为何呢？哈奇森解释道："对于我们美的感官而言，带来令人不悦的简单观念的对象的结构本身似乎肯定不会令人不快或使人痛苦，如果我们从来没有看到过任何同类的更好事物的话。""有许多面孔一看就容易引起厌恶，但这通常不是源于其自身肯定会使人不快的某种明确的畸形，而是要么源于所期许的美的缺乏，要么更多源于他们带有与不道德行为意向有关的某些天然特征。""观念的联想使对象令人愉悦，使人喜悦，但并非天然总是会产生这种快乐；同样，偶然的观念关联会引起厌恶，而该形式自身却丝毫没有令人不悦的地方。"④ 简单地说，观念的联想会影响我们的判

---

① 克里斯托弗·J. 贝瑞，《苏格兰启蒙运动的社会理论》，第 202 页。
② 哈奇森，《论美与德性观念的根源》，第 57、77 页。
③ 哈奇森，《论美与德性观念的根源》，第 55 页。
④ 哈奇森，《论美与德性观念的根源》，第 55—57 页。

断，甚至会带来完全不同的审美感受。哈奇森正是利用这一联想机制来解释人们在审美问题上的分歧。①

休谟在《论趣味的标准》一文中直接回应了启蒙时代关于审美判断的这两个方面的问题。首先，休谟注意到这样一个"明显的事实"——"和千差万别的观念一样，世上流行的趣味，也是多种多样的"；"趣味千差万别"，这种差别实质比表面上看起来还要大，"一个人认为那是丑，而另一个人却认为是美"，这也就是所谓"趣味无争辩"。②

但这并不意味着我们要放弃探求趣味的标准。实际上，寻求趣味的标准是"很自然的"，"它是一种能够协调人们各种不同情感的原则"。③ 相较于其他原则（真理原则）而言，情感的原则、审美的原则具有特殊性和复杂性：一千个人对同一对象有一千种不同的观点，但是，有且只有一种观点是正确和真实的，唯一的困难是选定并搞清楚这种观点。反之，由同一个对象激发而生的一千种不同的情感也都是对的。因为没有一种情感能代表这个对象的真正含义。④ 因而，在生活中可能存在这样的困境：我们在推论的时候很容易承认科学中的一项标准，却否认情感上的这一标准。很有意思的是，休谟认为实际的情况也不完全是这样。他思辨道，"事实是人们承认科学标准要比承认情感标准困难得多"。抽象的哲学理论，深奥的神学体系，在某个时代可能风靡一时，但在接下来的时期中，这些理论又会被普遍推翻：它们的荒谬之处被悉数洞察；另外一些理论和体系又会取代它们的位置，再次成为它们的后继者——没有什么比这些所谓的科学结论更能顺从于机会和风尚的变革了。但这一情形并不适用于雄辩和诗歌之美。对激情和天性的合理表述在短时间之内能获得众人的认可，也将永远获得这种认可。亚里士多德、柏拉图、伊壁鸠鲁、笛卡儿的地位可能会前后相续，但泰伦斯、维吉尔却在人们心中占据着共同的、无可争议的地位。西塞罗的抽象哲学失去了它的声誉，但他热烈的演说却仍然

---

① 亚历山大·布罗迪编，《剑桥指南：苏格兰启蒙运动》，第 269 页。
② 休谟，《论道德与文学》，第 92、92、96 页。
③ 休谟，《论道德与文学》，第 95 页。
④ 同上。

值得我们推崇。[①] 同一位荷马，两千年前在雅典和罗马受到欢迎，如今在巴黎和伦敦依然受到称赞。风土、政体、宗教、语言的变化，都不可能磨灭他的光辉。威权和偏见会让一位糟糕的诗人和演说家风行一时，但他的名声不会持久，不会永远广为人知。[②]

休谟不仅在与科学原则的比较中确认了艺术原则的确定性、稳定性、持久性，还深入分析了艺术原则的深层根源——来自人性的普遍性、情感的相通性、习惯与风俗的稳定性。这种看法是苏格兰启蒙思想家最为本原性的理念，我们就不再赘述。因而，休谟反复指出，"趣味的一般法则是人性中共同的法则"[③]，"艺术所有的普遍原则都不过是源于经验以及对人性普遍情感的观察"[④]，"确定这种趣味的最好方式，是诉诸那些由各民族、各时代的共同认可、共同经验所形成的典范和规律"[⑤]。这样休谟辩证地解答了趣味存在共识、审美具有一致性的第一个方面的问题。

对于第二个方面的问题——审美的标准是什么？休谟没有像第一个方面的问题那样直接问答，而是引入一个相同类型的问题："虽然趣味的原则普遍存在，在所有人中间几乎——如果不是完全——相同。但是，仍然很少有人能有资格对一件艺术品作出判断，将自己的感受建立在美的标准之上。"[⑥] 这样的问题转换，休谟似乎在将趣味的一般标准与"有资格的"批评家的趣味标准等同起来。而影响批评家的趣味的因素主要有五个方面：（1）内感觉器官是否健全、是否有缺陷、是否敏锐。（2）实践、观察。"除了在具体艺术领域进行实践，经常观察或思考这一艺术领域的美"，此外没有什么能增加或提升趣味的敏锐性；"实践对于美的鉴别力益处多多"。（3）比较。一个人若没有机会比较不同的美，实际上就完全没有资格对摆在他面前的任何作品发表意见。

---

① 休谟，《论道德与文学》，第 108 页。
② 休谟，《论道德与文学》，第 98 页。
③ 休谟，《论道德与文学》，第 109 页。
④ 休谟，《论道德与文学》，第 98 页。
⑤ 休谟，《论道德与文学》，第 102 页。
⑥ 休谟，《论道德与文学》，第 95 页。

只有通过比较，我们才能给出褒贬之词，并学会如何指出每种优点应有程度的美。（4）摆脱偏见。"摆脱一切偏见，心无杂念"，"偏见足以毁掉正确的判断，颠倒所有心智机能的运行；它不仅与良好趣味相反，而且还会影响和腐蚀我们对美的情操。"（5）判断力。虽然审美主要是情感的体验，但理性在这方面如果不是趣味的基本因素，至少也是需要的。"理性的优越才能、清晰的概念、精确的定义、活跃的理解力，对纯正趣味的运行都是必不可少的，也是纯正趣味的可靠品质。一个具有判断力和艺术经验的人，却不能判断美，这种情况非常少见，几乎不可能；一个有着正确趣味的人却没有健全的理解力，这种情况也是极为罕见的。"这样，休谟勾勒出了好的批评家的形象，也得出了审美趣味的标准："只有良好的判断力和敏锐的情感结合在一起，在实践中提高，在比较中完善，清除所有的偏见，批评家才能获得这样有益的品格，如此情形下，无论他们给出怎样的断言，都是趣味和美的真正标准。"①

休谟对趣味标准的论证，经常被指责为"循环论证"：好的艺术是由好的评论家界定的，而好的评论家又是界定好艺术品的人。② "在休谟的理论中，审美判断的标准和好批评家的标准到底谁为本谁为末，抑或它们互为本末（即循环论证）。"③ 除了这种指责之外，更多的批评针对其中的精英主义：苏格兰人不会接纳庸俗之人的美学观点，正如不让投票一样，体现了苏格兰人不稳固的民主观念。④ 诚然，我们承认这是启蒙时代思想家共有的思想局限，如果说苏格兰启蒙思想家有这种审美精英主义的话，那么他们更热衷于推进美的情操的大众化，关心审美与文明的论题。

9.2.4　审美与文明

改善与文明是苏格兰启蒙思想家的核心关切，有关美的本质、审

---

①　休谟，《论道德与文学》，第 99—107 页。
②　克里斯托弗·J. 贝瑞，《苏格兰启蒙运动的社会理论》，第 204 页。
③　亚历山大·布罗迪编，《剑桥指南：苏格兰启蒙运动》，第 274 页。
④　克里斯托弗·J. 贝瑞，《苏格兰启蒙运动的社会理论》，第 207 页。

美标准等问题的讨论归根结底是启蒙与培育具有美的情操的人，推进社会的文雅与文明。其实，这一问题意识在很大程度上是启蒙时代思想家所共有的。因而，正如有研究者新近指出的，18 世纪启蒙美学的研究要开拓新思路，即以公共性为视角，依托社会政治理论发掘启蒙美学之于人类现代文明建设性的价值，从而走出启蒙美学研究的三大局限：其一，启蒙美学仅具有"史"价值，即作为康德美学的铺垫与注脚；其二，哲学心理学的视角遮蔽了启蒙美学的历史语境；其三，对启蒙美学的批判性的重视远大于对其建设性的重视。而苏格兰美学是个极佳的切口。①

休谟最为自觉地考察了艺术、科学与社会的关系，尤其是艺术发展的政治土壤。在《谈艺术与科学的起源与发展》一文中，休谟一方面指出："艺术和科学，像某些植物一样，需要新鲜的土壤。不论土地如何肥沃，不论你如何精心培养，一旦地力耗竭，它决不会再产生任何完美的作品。"② 如同"地力"影响植物的生长一样，艺术与科学的发展深受"社会土壤"的影响。然而，这种影响及其作用的机理到底是怎样的，长期以来是一个比较复杂的问题，"没有什么课题比探索艺术和科学史更需要谨慎了"③。在休谟看来，对于任何一个王国商业的兴起和发展较易做出解释，而对于其学术的起源和发展则较难说明缘由；而且一个国家致力于促进商业的发展较之致力于培育学术往往更有把握获得成效。贪婪或获利的欲望是一种普遍的激情，它在所有的时候、所有的地方，对于所有的人都起作用；而好奇之心，或对知识的热爱，其作用却甚为有限，它需要青春、闲暇、教育、天才以及先例的配合，方能影响一些人。④ 对于这一需要"谨慎"作答的难题，与很多其他问题一样，休谟不是形而上地抽象解答，而是融入了社会的、历史的、比较人类学的方法，并将其转换为探究"一个民族在某一特定时期为

---

① 范昀，《审美与公共性：重审十八世纪欧洲启蒙美学的价值》，载《文艺理论研究》，2010 年第 4 期。
② 休谟，《休谟政治论文选》，第 84 页。
③ 休谟，《休谟政治论文选》，第 64 页。
④ 休谟，《休谟政治论文选》，第 63—64 页。

何较其他民族更有教养和更有文化"。这种视角转换的根据在于："关于艺术、科学的产生和发展的问题，并不完全仅是涉及少数几个人的爱好、才智和精神状态的问题，它涉及整个人们的爱好、才智和精神状态；因而在某种程度上，可用普遍的原因和原理进行解释。"① 对于影响艺术发展的"普遍的原因和原理"，休谟主要提出了如下四种看法：

"第一个看法：任何民族，如果不享有自由政府提供的幸福，艺术和科学最初是不可能从他们之中产生的。"简言之，艺术与科学的发展需要自由的空气与土壤。在休谟看来，专断之权在一切情况之下都多少带有压制性和贬抑性，受到如此统治的人民，是十足的名副其实的奴隶。他们绝不可能想到要提高自己欣赏或推理的能力，甚至不敢要求享受丰衣足食的生活，过安全的日子。基于此，休谟得出结论："期望艺术和科学最初会在君主国中产生，等于期望河水倒流。""在野蛮的君主制所必然产生的压迫和奴役之下，科学决不可能成长。"②

"自由政体成为唯一适于艺术和科学生长的苗圃。"这种研判的背后，是对前文我们论及的伟大链索的自信表达："法律提供安全，安全产生好奇之心，好奇之心求得知识。这一前进过程的后二阶段可能带有更多的偶然性，但前一阶段则是完全必然的。"③

"第二个看法：没有什么东西能比许多由商业和政策联系在一起的、相邻而又独立的小国更有利于文明和学术的发展了。"质言之，艺术与科学的发展需要自由竞争的氛围。在休谟看来，这一看法完全是经验的事实，古希腊城邦如此，美洲亦然："古希腊是一群小公国，不久都变为共和国。由于地域相邻、语言相同、利害一致而联结在一起，相互间的商业和文化交往极为密切。那里气候温和，土地亦不贫瘠，语言又极为和谐丰富，因而那里人民的一切条件看来都有利于艺术和科学的产生。""美国城邦都产生了若干艺术家和哲学家，他们不愿邻邦占先，相互之间的竞争和论辩磨砺了人们的智慧，不同的成品提供

---

① 休谟，《休谟政治论文选》，第 65 页。
② 休谟，《休谟政治论文选》，第 65、66、67、67、68 页。
③ 休谟，《休谟政治论文选》，第 69、68 页。

给大家评判，各显所长，互不相让。科学由于不受权威压抑，苗壮成长，成果突出，时至今日仍为人们赞颂。"而当时的欧洲大体上被视为希腊小型模式的放大复本，休谟乐观主义地希冀欧洲成为科学与艺术常住不迁之所。①

"第三点看法：虽然自由国家是唯一适于这些高贵植物生长的苗圃，但它们可以移植于任何国家，共和国最有利于科学的成长，而文明君主国则最适于优雅艺术的成长。"如果前面两点强调的是艺术与科学的产生与发展得益于自由的政体、自由的竞争，休谟在这里论及的艺术与科学的传播问题，尤其是在所谓文明的君主国家的"移植"之可能性及其特殊性。我们在前文指出过，苏格兰启蒙思想家的政体学说，把君主制与共和制、专制政体并称，突出其法治的面向。尽管休谟断然否认了君主制内生文明化之可能，"不论在某些政治家看来君主制这种体制如何完善，可它的完善全得自于共和制。一个建立于野蛮民族中的纯粹专制制度决不可能依靠本身力量实现文明化。它必须借鉴自由国家的法律、方法和体制，以建立它自己的稳定和秩序。只有共和制能够产生这些好处"；但是他没有排除其"移植"之可能性，因为，"在文明化的君主国中和在共和国中一样，人民都能安全享受自己的财产"，具备艺术与科学移植与成长的安全环境。此外，休谟还进而考察了两种体制下艺术与科学发展的不同方向："在共和国中，谋求职位的候选人必须两眼向下，争取民众的选票；而在君主国中则须两眼向上，祈求大人物的恩宠。走前一途径获得成功，人们必须使自己成为有用之人，必须依靠自己的勤勉、能力或知识；以后一种方式兴旺发达，则必须是自己善于取悦于人，依靠自己的机智、殷勤或彬彬有礼。最杰出的天才在共和国中最易取得成功，文雅的风度则使人易于在君主国中飞黄腾达。"根据这种政治生态，休谟认为，"科学较自然地在共和国中生长，而高雅的艺术则较自然地在君主国中出现"。②

"第四点看法：艺术和科学在任何国度达到完美境地之后，即会

① 休谟，《休谟政治论文选》，第 69—72 页。
② 休谟，《休谟政治论文选》，第 72—75 页。

自然走向衰落或者不如说必然走向衰落，并很少在它们以前曾经昌盛过的国度里复兴。"客观地说，休谟的这一看法还是相当武断的，尽管他自己有所论辩，"必须承认这条规律虽然符合经验，初看却可能被认为是不合情理的"；但是休谟提及了一个艺术与科学乃至社会发展过程中由盛极而衰的难题。遗憾的是，休谟没有详尽地分析，他主要论及的是过往的艺术成就与权威造成的历史包袱：从艺术与科学的发展历程来看，一个人的天赋才能总是要经过频繁的尝试才能有所成就。然而，假如这个国家有许多优秀杰出的典型，他自然会将自己的初次尝试与之比较，从而感到距离实在太大，就会丧气不想再试了，就不想与这些他十分敬佩的人物相抗衡。高尚的竞赛是产生杰出成果的源泉，敬佩和谦虚则自然取消这种竞争。可是伟大的天才却又最容易过分敬佩别人、贬抑自己。当然这是一种社会心理包袱，休谟给出的也是心药，对后来者也要多鼓励、多包容、多称颂、多赞美，"称颂和荣誉，仅次于竞争，是崇高艺术的最大促进者"[1]。

　　在启蒙时代，休谟条分缕析，启蒙了艺术发展需要社会政治条件，揭示了艺术发展的一些基本规律，体现了18世纪启蒙美学的主要诉求。需要特别强调的是，从苏格兰启蒙运动的主要特质来看，他们看问题的根本维度是社会的视角、文明的视野，"决定性的变量是社会学上的"。[2]在他们有关美学与文学批评的著作文献中，"野蛮"与"文明"、"庸俗"与"优雅"是最为常见的分析框架。因而，在他们看来，艺术的问题、社会文雅化的问题归根结底还是社会发展进步的问题。不过，正如克里斯托弗·J.贝瑞所洞见到的，在艺术问题上，这种维度存在一定的张力：将庸俗之人和野蛮之人进行类比，将会贬斥他们"艺术"尝试的价值。[3]

---

① 休谟，《休谟政治论文选》，第82—83页。
② 克里斯托弗·J.贝瑞，《苏格兰启蒙运动的社会理论》，第206页。
③ 克里斯托弗·J.贝瑞，《苏格兰启蒙运动的社会理论》，第207页。

10 "小地方大影响"——苏格兰启蒙运动的历史影响

哲学家们只是用不同的方式解释世界，而问题在于改变世界。[①]

——马克思

"哲学家们只是用不同的方式解释世界，而问题在于改变世界。"这是马克思的经典名句，然而却常常引起这样的误解：有人认为马克思以前的一切哲学家及他们的哲学都只是用不同的方式"解释世界"，只有马克思和他的哲学才主张要"改变世界"；有人甚至把全部哲学分为两大类，一类是"解释世界"的哲学，另一类是"改变世界"的哲学，只有马克思主义哲学才是"改变世界"的哲学，其他哲学都仅是"解释世界"的哲学。有的研究者对此做了很好的澄清："这里的'哲学家们'指的是马克思以前的一切哲学家，还是指特定的哲学派别？我认为不是指前者，而是指后者。具体地说，是指黑格尔哲学解

[①] 中共中央马克思恩格斯列宁斯大林著作编译局，《马克思恩格斯选集》第 1 卷，北京：人民出版社，2015，第 61 页。

体过程中产生的青年黑格尔派……"① 我们不打算去深究这样的误读、误解，只是想转引这样一句名言表明，苏格兰启蒙思想深刻地影响了世界，也改变了世界。

2010年4月，美国哈佛大学启动了一项名为"社会科学难题"的征集计划，邀请十余位各领域的社会科学家提出他们认为最紧要、最根本的问题，并在网站上征求意见。这项活动的灵感来源于"希尔伯特问题"。1900年，德国数学家大卫·希尔伯特在巴黎国际数学家大会上提出23个数学难题。他指出："只要一门科学分支能提出大量的问题，它就充满着生命力，而问题缺乏则预示着独立发展的衰亡和终止。"希尔伯特的问题激发了无数青年数学家们的研究热情，深刻影响了数学的发展，被称为"20世纪数学的路线图"。社会科学也希望以提问的形式推动学科进步。2011年2月，美国国家科学基金会公布了最终选出的十大社会科学难题——"如何才能引导人们关注他们的健康？""社会如何创造出高效、有弹性的制度，如政府组织？""人类如何才能增进自己的群体智慧？""为什么那么多女性工人还是比男性工人挣得少？"等问题。除此之外，提问和讨论中还诞生了许多"副产品"。"何以有时候小群体能够在短时期内取得与其地位不成比例的成就，诸如在苏格兰发生启蒙运动，在佛罗伦萨发生文艺复兴？这种情形在今天有没有可能仿效出现？"就是其中之一。②

这个问题直白地说就是："小地方"为什么会产生"大能量""大智慧""大影响"？正如前文历史背景所述，18世纪之初的苏格兰不仅是个"小地方"，而且是个人口稀少、领土狭小、经济落后的"小地方"。然而，小地方有大能量，"苏格兰人发明了现代世界"，催生了"第一个现代性社会"；小地方有大影响，苏格兰启蒙思想"输出"美国，演绎理论学说在大共和国成功试验与实践的历史佳话。作为18世纪启蒙运动的"双骄"，苏格兰启蒙与法国启蒙通过"互动"相映成

---

① 赵家祥，《如何理解〈关于费尔巴哈的提纲〉第十一条》，《高校理论战线》，2012年第4期。
② 李纯一，《格拉斯哥大学教授克里斯托弗·贝瑞：苏格兰启蒙运动——小地方大智慧》，《文汇报》，2011-3-7。

趣，孔多塞的"经济情操论""社会情操论""科学情操论"是启蒙时代的合成版。在德国，苏格兰启蒙思想是各个启蒙学派"批判性的转化"之重要灵感与资源，在门德尔松那里如此，在康德那里亦然。因而，在这一部分，我们既关注其对英国现代性社会的成形之"历史性"影响，又关注其对欧美启蒙运动的"思想性"影响。

10.1 苏格兰启蒙运动与"第一个现代性社会"

10.1.1 "苏格兰人发明了现代世界"

关于苏格兰启蒙运动的历史影响，在过去的半个世纪里，学术界涌现出一大批论著，其中最具影响的首推阿瑟·赫尔曼的《苏格兰：现代世界文明的起点》。在该书的"前言"部分，赫尔曼和盘托出其写作的主题："本书即将讲述的是苏格兰人如何创造出现代性的基本理念的故事。我们还将揭示，在 18 世纪，那些理念是如何改变了苏格兰人的文化和社会，他们又是如何让思想随着移民传遍世界各地的。"[1] 阿瑟·赫尔曼断言，"现代世界的大部分都带有'苏格兰'的性质"[2]，"作为第一个现代民族与现代文化，大体而言，苏格兰让这个世界更加美好"[3]。依照其写作主题与思路，赫尔曼将全书分成两大部分：第一部分，"顿悟"（Epiphany）；第二部分，"大迁徙"（Diaspora）。粗略地看，"顿悟"部分关注的是 18 世纪苏格兰人的大觉醒，即苏格兰启蒙运动；"大迁徙"部分展示的苏格兰启蒙运动巨大的溢出效应。

正像格拉斯哥大学专门研究苏格兰启蒙运动的学者贝瑞教授所言，这并不是一本很严肃的学术著作，但很有参考价值。[4] 赫尔曼不仅为我们提供了苏格兰启蒙运动改变苏格兰社会、推动英国工业革命、造就"日不落帝国"、影响美国立国等非常详尽的故事，而且深入揭示了造

---

① 阿瑟·赫尔曼，《苏格兰：现代世界文明的起点》，"前言"，第 2 页。
② 同上。
③ 阿瑟·赫尔曼，《苏格兰：现代世界文明的起点》，第 411 页。
④ 阿瑟·赫尔曼，《苏格兰：现代世界文明的起点》，"中文版序"，第 i 页。

就这些沧桑巨变背后的现代性"理念"——"科学技术、资本主义和现代民主"。用赫尔曼的话说，"当代世界由科学技术、资本主义和现代民主构成，但当我们审视这个世界并试图自我定位时，实际上就是透过苏格兰人的视角去观察的"。苏格兰人贡献的这些基本理念甚至超出了文化范畴，"还意味着一种心态，一种世界观"。[1] 限于篇幅与主题，更主要的是我们前文已对苏格兰启蒙的思想意蕴做了深入的诠释，而且大大超出了"科学技术""资本主义""现代民主"三个面向，这里就不再详尽转述赫尔曼条分缕析的注解，仅引用全书最后一段总结性的评述："他们教导世界，真正的自由既要求一种个人权利感，也要求一种个人义务感。他们显示了现代生活何以既能在精神上，也能在物质上令人满意。同时，他们还显示了一种对科学和技术的尊重何以能够与对艺术的热爱结合在一起，个人富裕何以能加强一种公民责任感，政治和经济民主何以能一起兴旺，对未来的信心何以有赖于对过去的保存。"[2] 那么，这种相得益彰的奥秘在哪儿呢？质言之，就是让经济、政治、伦理、信仰、科学与艺术等现代性的一切规定都"各得其所"。

10.1.2 "各得其所"的现代性

黑格尔说得好："市民社会是在现代世界中形成的，现代世界第一次使理念的一切规定各得其所。"[3] 著名学者石元康将韦伯所言的理性祛魅后的现代世界的基本特征概括为：非伦理化的政治、非政治化的经济、非宗教化的伦理。[4] 而苏格兰启蒙思想家的启蒙思想不仅对这三个命题做了最好的注脚，还超出了其涵盖的范围，因而更确切地说，他们卓有成效地启蒙了"理念的一切规定"——政治、经济、伦理、宗教、个体、社会与国家等"各得其所"。

非政治化的经济是现代社会最为基本的特征。前文在考察经济学的产生时已指出，苏格兰启蒙思想家之前的经济学没有完全走出"政

---

① 阿瑟·赫尔曼，《苏格兰：现代世界文明的起点》，"前言"，第 2、1 页。
② 阿瑟·赫尔曼，《苏格兰：现代世界文明的起点》，第 411 页。
③ 黑格尔，《法哲学原理》，第 197 页。
④ 石元康，《从中国文化到现代性：典范转移？》，第 167 页。

治计算"的窠臼，在经济生活中占主导的思想观念，在英国主要是重商主义，在法国主要是重农主义，而两者又殊途同归于要对工商业的发展采取行政干预。这种纰漏，在思想上主要源于一个政治理论问题的困惑——如果没有政府这只强有力的手，经济秩序如何可能？公益如何可能？在这一问题上，无论是霍布斯还是法国重农主义都犯了糊涂。前者认为，只有在君主掌控的国家下，私利才能形成公益："公私利益结合得最紧密的地方，公共利益所得到的推进也最大。在君主国家中，私人利益和公共利益是同一回事。君主的财富、权力和尊荣只可能来自人民的财富、权力和荣誉。因为臣民如果穷困、卑贱或由于贫乏、四分五裂而积弱，以致不能作战御敌时，君主也就不可能富裕、光荣与安全。然而在民主政体或贵族政体中，公众的繁荣对于贪污腐化或具有野心者的私人幸运说来，所能给予的东西往往不如奸诈的建议、欺骗的行为或内战所给予的那样多。"[1]重农主义者心仪自然秩序与自由放任主义，然而吊诡的是他们又要靠君主来维护和实现这种自然秩序，因而不仅赞成政府干涉市场，而且试图在制度化的设计中将君主的利益与经济体制捆绑在一起，甚至提出将国民财产的一个固定份额给予君主。与形形色色的干涉主义不同，第一，苏格兰启蒙学者有力地佐证了，社会秩序是可以在个人丝毫不考虑公共利益的情况下追求各自最大利益而无意识地造成的，凸显了人的道德情感与市场机制的自我调节能力。第二，苏格兰启蒙学者对经济的非政治化理念的推进还是在一个更宏阔的视野下做出的，这就是他们明晰地界分了市民社会与国家，凸显了市民社会（市场和经济生活）的自主性与优先性。当然，在这一问题上，他们没有走向极端，也肯定了国家的政治职能。

非伦理化的政治是现代民主政治的基本特质。前文在梳理德性传统的演变过程时，突出强调了古典政治是一种美德之治。而随着"共同体"向"社会"的转型以及现代市民社会的兴起，"共同体的德性"转向了"个体的德性"，这不仅解放了德性，更解放了政治。苏格兰启蒙学者在这种转型中发挥了重要作用，以至于麦金太尔不无哀婉地将

----

[1] 霍布斯，《利维坦》，第 144 页。

亚里士多德主义的日落西山归咎于这一群体的"颠覆"。在对非伦理化的政治之启蒙上，苏格兰启蒙学者没有重蹈马基雅维里那种政治祛道德化的覆辙，而是立足于市民社会或者他们所说的"大型社会"，在条分缕析各种德性的品质与功能的基础上，一方面考量对自己、对他人有用与愉悦的品质有哪些，另一方面权衡在一个"陌生人社会"中哪一种美德具有优先性与不可或缺性，提出了正义优先于善，从而通过正义规则而既将德性与"规则之治""法律之治"相联系又相界分。同时，他们又反对国家对个人价值生活的干涉，力主每一个人自己最适合关心自己，强调市民社会在伦理上是自足的，而不是霍布斯与后来的黑格尔所主张的那样需要国家的道德救济。这样在两个层面确证了政治的非伦理化与伦理的非政治化。

非宗教化的伦理是现代道德文明自主性的根基。正如石元康教授所界定的，"非宗教化的伦理所意谓的当然是指，文艺复兴的俗世化以来，人们无法再毫无怀疑地接受宗教，因而奠基在它之上的伦理也必须找另外一个新的基础。有的理论家提出了契约作为道德的基础，有的则提出效益主义的理论"[1]。不过，苏格兰启蒙思想家既反对契约论的理性建构主义，也与边沁的功利主义保持距离，他们将伦理的基础牢固树立在人的道德情感之中，并且对"道德感的民主化"进行了启蒙，从而既把人从精英主义、禁欲主义的禁锢中解放出来，又展示了新兴的市民社会时期是一个全民嘉年华的年代。

非神秘化的宗教是祛魅后的现代社会最重要的共识。启蒙的工作很大程度上就是韦伯所言及的祛魅，宗教是启蒙时代无法回避的主题，亦是当时思想启蒙最艰巨、最复杂、最棘手的课题。"所有时代的绝大多数人都有宗教信仰。对于一个批判的时代来说，这个事实就需要解释了。"[2] 与法国启蒙哲人相比，苏格兰启蒙学者的"解释"更温和、更平静，即使休谟也是如此，他们共同为祛魅后的现代社会在宗教问题上凝聚了诸多共识。第一，他们共同指出，宗教作为一种信仰，有着

① 石元康，《从中国文化到现代性：典范转移？》，第168页。
② 彼得·盖伊，《启蒙时代：现代异教精神的兴起》，第380页。

深刻的人性根源，无论是身兼教授与教士职责的哈奇森、弗格森，还是休谟与斯密，都认为它源于人性中的希望与恐惧情感。第二，他们一致认为，"真正的宗教"并不是洪水猛兽，它不是科学的敌人，科学的敌人是迷信与狂热、无知与愚昧，这同样是宗教的流毒。第三，他们共同认为，宗教最为核心之处是信仰自由，他们反对严苛的教义，主张教会的世俗化改革，斯密甚至主张按照自由市场理论管理教会。最后，他们似乎都对一个无神论的社会保持疑虑。

追求文雅、幸福新生活是现代社会生活的主旋律。苏格兰启蒙运动生发于商业社会兴起之际，他们不仅正视人的欲望与需求，而且积极为"勤勉""奢侈""文雅""趣味"进行了有力的理论辩护与思想启蒙。哈奇森着力阐发的追求幸福的权利被写进了《独立宣言》，"为最大多数人获得最大幸福的那种行为就是最好的行为"[1] 被功利主义者边沁作为最基本的教义，不过哈奇森偏爱的是情感的快乐主义。弗格森更是在《文明社会史论》中专辟一节论述"幸福"，意犹未尽后还接续一节，可能还嫌不够充分，又接着设置一节论"国家的幸福"[2]。弗格森指出，"幸福不等于连续不断地一味享受肉体快乐"，"幸福并不是舒舒服服的休息，也不是幻想中的无忧无虑"，"幸福应该是来自追求"。[3] 休谟告诫我们："人是一个有理性的动物……但是人类理解的范围是过于狭窄的，所以在这方面，我们并不能从成功的把握或已有的成就来希望得到满意。其次，人又不仅是一个理性动物，还是一个社会动物；但是他又不能老是享受可意的有趣的交游，而且他也不能对它们常保持相当的爱好。再次，人又是一个活动的动物；因为这种趋向以及人生中其他的许多必然，他又不得不来从事职业或事务；但是人心也需要松宽些，不能尽管继续来操心、来勤劳。由此看来，自然似乎指示给我们说，混合的生活才是最适宜于人类的，它并且秘密地警告我们不要让这些偏向中任何一种所迷惑，免得使他们不能适合于别的业务

---

① 哈奇森，《论美与德性观念的根源》，第 127 页。
② 这三节即《文明社会史论》第一章第七节"幸福"、第八节"续第七节"、第九节"国家的幸福"。
③ 弗格森，《文明社会史论》，第 53 页。

和享乐。它说，你可以尽量爱好科学，但是你必须让你的科学成为人的科学，必须使它对于行为和社会有直接关系。它又说，奥妙的思想和深刻的研究，我是禁止的，如其不然，那我将严厉地惩罚你，我将使它们给你带来沉思的忧郁，将使它们把你陷在迷离恍惚的境地，将使你的自命的发明在发表出去以后受到人们冷淡的待遇。你如果愿意做哲学家，尽管做好了，但是你在你的全部哲学思维中，仍然要做一个人。"[①]这是多么通俗的生活哲学，乃至于我们不需要再去援引他们关于新趣味与雅致生活的具体论述。

　　非伦理化的政治、非政治化的经济、非宗教化的伦理、非神秘化的世俗宗教信仰、文雅与精致的幸福生活，这些都表征着现代社会的基本特征。苏格兰启蒙思想有力推动了这些理念的生根发芽以及不断地茁壮成长，一个现代性的国家、现代性的社会、现代性的文化率先在英伦三岛问世。当然这不是突然间的破土而出，之前的时代也功不可没。

　　当然，这种"各得其所"的现代性也不是尽善尽美的，它的最大特质就是"分格化"，用黑格尔的话说，现代社会最大的特性就是一个分殊化（differentiate）社会。马克思也说过，在商业社会中，"人分为公人或私人这种二重性"[②]。比如，人们在市场中依自利而行事，充当公民的角色时按照公众的利益行事，而作为道德的主体又要根据更普遍的美德要求行事。但是，分殊化走向极端就很容易形成罗尔斯所谓的"私有社会"（private society）[③]，以至于这构成卢梭的主要抱怨："我们有的是物理学家、几何学家、化学家、天文学家、诗人、音乐家和画家，可是我们再也没有公民了"。[④] 在苏格兰启蒙思想家那里，他们在呼唤市民社会的同时，也程度不一地表示了对现代性的隐忧。诚然，由于时代精神的规约，他们运思的主要方向无疑在前者，即使是弗格森，对后者的思考也是批判多于构建。或许，思考如何在这种分化的基础上再建立起一个自由而和谐的社会，是后启蒙时代的一个课题。

---

① 休谟，《人类理解研究》，第11—12页。
② 《马克思恩格斯全集》（第1卷），1956，第430页。
③ 罗尔斯，《正义论》，何怀宏等译，北京：中国社会科学出版社，1988，第510页。
④ 卢梭，《论科学与艺术》，第32页。

10.2　苏格兰启蒙运动与欧美启蒙运动

我们接着来探讨苏格兰启蒙运动对欧美启蒙运动的历史影响。其实，在思想史的研究中，这方面的研究比解读思想本身更困难、更复杂，也更有争议。因为这种研究不能再只是谈论思想本身，而是思想本身在何种程度上预示了以后的关注，包括理论上的、实践上的，过去的、当下的，乃至未来的；而如果涉及跨文化的情况，那会更为复杂，"当我们研究一国对另一国的影响，或一种哲学传统对另一种哲学传统的影响时，我们不能忽视一系列松散联系的事件之间夹杂的偶发事件和具体情况。我们必须考虑到译著发挥的作用（以及译者的能力），哲学或文学期刊对这一理论的接受程度，该理论在某一特定知识背景下的意义，该学者的地位，该理论的可塑性，哲学家对新想法和新思路的消化能力，等等"①。

在这一块内容的开篇，插入这样一段评述，是反思我们应该如何去关注思想运动的影响与意义，尤其要避免不切实际的思想拔高。我们更主要从思想传播的维度来看待苏格兰启蒙思想的影响与价值。传播的方向类型一般界分为两种：单向传播与双向互动。苏格兰启蒙思想的传播有的主要是单向输出，比如在美国立国前后；有的表现为明显的互动，比如与法国启蒙运动。我们研究的结论如章节标题所示："小地方大影响"。

10.2.1　苏格兰启蒙思想在美国

在美国早期的历史中，苏格兰人扮演着极其重要的角色。苏格兰启蒙思想对美国的影响被认为最为直接、最为深刻，美国启蒙思想被视为苏格兰启蒙思想的姐妹篇，美国的社会政治体制被视为苏格兰启蒙思想的具体实践。阿瑟·赫尔曼声称苏格兰人影响了世界，但他主要考察的是苏格兰人如何影响美国与英国，甚至在著作的篇章结构上，

①　亚历山大·布罗迪编，《剑桥指南：苏格兰启蒙运动》，第283—284页。

他首先论及的还是苏格兰人对美国的影响——"伟大的设计：苏格兰在美洲"；然而意犹未尽，在要收尾之时还再辟一章"自力更生：苏格兰在美国"。也就是说，在该书第二大部分（论及苏格兰人的历史影响）的首尾都是这同一主题，可见其分量。

"大觉醒运动"、独立革命、立宪建国是美国早期历史的主要大事件，从时间上看，正好基本上与苏格兰启蒙运动同期。一般而论，苏格兰启蒙思想对美国的影响主要体现在政治体制、教育与宗教方面。关涉的人物一方主要有哈奇森、休谟、斯密、里德等苏格兰启蒙大师；另一方是美国的国父们，如杰斐逊、麦迪逊、富兰克林、本杰明·拉什等等；当然还有作为思想传播之桥梁的众多苏格兰移民和苏格兰裔弟子，比如威瑟斯庞。鉴于我们不是专论苏格兰启蒙运动对美国、对美国启蒙运动的影响，同时限于篇幅，我们拟以"小切口、大框架"，尝试重点关注一个核心点，将其影响的方方面面尽可能说透，下文的苏格兰启蒙思想在德国、在法国也是这样安排的。这里我们就重点关注苏格兰启蒙思想与《联邦党人文集》，尽管"追求幸福的权利"与《独立宣言》也是很好的话题，但这里我们不得不忍痛割爱。

《联邦党人文集》（又译为《联邦主义者文集》或《联邦论》）是由85篇文章组成的一个系列集，其作者分别为亚历山大·汉密尔顿、詹姆斯·麦迪逊和约翰·杰伊。这些文章（以普布利乌斯为笔名）最初是为了支持1787—1788年批准美国宪法的运动而发表的。它们被公认为是对美国政治制度的自治、共和主义、代议制、联邦主义、分权说和两院制等基本原则和制度的经典性阐述和辩护。[1]在美国历史上，其他任何人在制定本国政治制度和政治思想方面都不曾像麦迪逊那样起到如此之大的作用。麦迪逊在这方面的历史地位使得他作为国会议员、国务卿（1801—1809）和总统（1809—1817）的身份黯然失色，当之无愧地赢得了"宪法之父"的雅号。[2]因而，在这个专题下，我们将主要关注苏格兰启蒙思想家与麦迪逊宪政思想的关联。这里着重强调的

---

① 米勒、波格丹诺主编，《布莱克维尔政治学百科全书》，第256页。
② 米勒、波格丹诺主编，《布莱克维尔政治学百科全书》，第437—438页。

是，我们不像道格拉斯·阿代尔（Douglas Adair）那样仅关注休谟对麦迪逊的影响，也不仅仅像塞缪尔·弗雷斯切克那样，仅仅把那种影响再扩展到亚当·斯密，讨论的文本不仅限于《联邦党人文集》第十篇和第五十一篇，关注的主题也不仅限于"党争"，而是全面考量苏格兰启蒙思想的立体影响。

（1）人性论。约翰·格雷曾指出，"更普遍地说，《联邦党人文集》的精神与法国启蒙运动的精神大相径庭。因为联邦党人的著作弥漫着一种人类不完善的感觉，而正是这种感觉激发了他们所有的宪政建议。在强调人类的不完善性这一点上，美国的宪政主义者与对他们产生过重大影响的苏格兰启蒙运动的思想家们尤其是亚当·斯密倒是一脉相传。"[1] 约翰·格雷深刻洞见到，《联邦党人文集》弥漫的人性的幽暗意识来自苏格兰启蒙思想家。我们不再赘述苏格兰启蒙思想家的人性观，而《联邦党人文集》的人性分析我们在下文还会提及，这里仅仅引用其中一句最经典的话作为注脚："如果人都是天使，就不需要政府了。"[2] 不过，需要强调的是，人性的幽暗意识，并不意味着主张人性恶。我们反复指出过，苏格兰启蒙思想家对人性的看法是辩证的、公允的，这样的"气质"也感染了麦迪逊等联邦党人：他们一方面认为，"人类有某种程度的劣根性，需要某种程度的慎重和不信任"；另一方面也信誓旦旦，"人类本性中还有其他品质，证明某种尊重和信任是正确的"。因为他们明白，"共和政体要比任何其他政体更加以这些品质的存在为先决条件。如果我们当中某些人的政治妒忌所描述的图景与人类特性一模一样，推论就是，人们没有充分的德行可以实行自治，只有专制政治的锁链才能阻止他们互相残杀"。[3]

（2）政府：必要的"恶"。"人"不是天使，那政府会像"天使"一样吗？苏格兰启蒙思想家断然拒绝了这样天真的想法，休谟的"无赖假设"是最好的宣言书："在设计任何政府体制和确定该体制中的

---

[1] 约翰·格雷，《自由主义》，第 35 页。

[2] 汉密尔顿、杰伊、麦迪逊，《联邦党人文集》，程逢如、在汉、舒逊译，北京：商务印书馆，1980，第 264 页。

[3] 汉密尔顿、杰伊、麦迪逊，《联邦党人文集》，第 286 页。

若干制约、监控机构时，必须把每个成员都设想为无赖之徒，并设想他的一切作为都是为了谋求私利，别无其他目标。我们必须利用这种个人利害来控制他，并使他与公益合作，尽管他本来贪得无厌，野心很大。不这样的话，他们就会说，夸耀任何政府体制的优越性都会成为无益空谈，而且最终会发现我们的自由或财产除了依靠统治者的善心，别无保障，也就是说根本没有什么保障。因此，必须把每个人都设想为无赖之徒确实是条正确的政治格言。"[①] 接过苏格兰启蒙学者的衣钵，《联邦党人文集》给出了"野心对抗野心"的治理之策，并申辩道："用这种种方法来控制政府的弊病，可能是对人性的一种耻辱。但是政府本身若不是对人性的最大耻辱，又是什么呢？""如果人都是天使，就不需要任何政府了。如果是天使统治人，就不需要对政府有任何外来的或内在的控制了。在组织一个人统治人的政府时，最大困难在于必须首先使政府能管理被统治者，然后再使政府管理自身。"[②]

（3）**大共和国理论**。未来美国广阔的领土实行什么样的政治体制？这是困惑美国国父们的最大难题。美国独立革命与《独立宣言》的使命是要建立一个自由、平等、幸福的新国家。因而，从根本上无法接受专制政体，而只能选择共和政体。然而，幅员辽阔的国土，能实行共和政体吗？更让人感到沮丧的是，从亚里士多德到广受敬仰的法国政治思想家孟德斯鸠都否认了这种可能。按照孟德斯鸠在《论法的精神》中的说法，民主共和国政府需要人民的参与，其范围必须要小；只有在专制政府下，国土的范围才可以尽其所能的辽阔；相比之下，君主国的范围则以中等为宜。"在费城制宪会议上，苏格兰政治科学学派最具创造性和哲学性的门徒是詹姆斯·麦迪逊。"[③] 麦迪逊在普林斯顿学院求学期间，在校长威瑟斯庞的引介下，研读了从哈奇森、凯姆斯到亚当·斯密、大卫·休谟等苏格兰先进思想家的著作。在休谟的《关于理想共和国的设想》这篇论文中，麦迪逊找到了解决美国政

---

① 休谟，《休谟政治论文集》，第 27 页。
② 汉密尔顿、杰伊、麦迪逊，《联邦党人文集》，第 264 页。
③ 道格拉斯·阿代尔，《"政治或可化约为一种科学"——大卫·休谟、詹姆斯·麦迪逊和〈联邦主义文集〉第十篇》，陈舒婕、韩亚栋译，载《政治思想史》，2010 年第 4 期。

治体制难题的答案。

　　休谟那篇给麦迪逊巨大灵感的论文，与大共和国理念最为相关的也就文中两三个段落，区区几百字而已，这可能是人类思想史上最具影响力的几百字。在《关于理想共和国的设想》的尾声，休谟突然话锋一转，直奔这样一个问题："考察一种普遍流传的谬误"，"许多人认为像法国或大不列颠这样的大国绝不能塑造成为共和国，有人认为这种体制的政府只能产生于一个城市中或一个小国中。看来情况很可能与此相反。在幅员广阔的国家中建立一个共和政府虽然比在一个城市中建立一个这样的政府更为困难，但这样的政府一旦建立却更易于保持稳定和统一，不易发生混乱和分裂"。[①] 休谟这种拒斥"普遍流传的谬误"的看法完全建立在科学的客观分析之上。他首先承认大共和国建立之难，"一个大国的边远地区很难为了建立自由政府的任何方案而联合起来，但却易于因为推崇某一个人而采取一致行动。这个人由于公众的支持就可能夺取政权，并在压服顽固反抗者后建立一个君主政府"。而与此相比，小共和国建立较易，"一个城市欣然赞同相同的政府概念，产权的自然平等就会有利于自由，而居住的邻近就会使公民可以互相帮助。甚至在专制君主统治下，所属城市的政府通常都是共和国，而郡政府和省政府则是君主制的"。然而，政治和生活一样是富于辩证法的。小共和国维系较难，首先是"内忧"，"城市有利于建立共和国的这种情况同时也使得其体制脆弱和不稳。民主制度总是骚动不安的。不管人民在表决或选举时分成许多部分，他们在一城的邻近居住总是使民众的力量成为最易感受的潮流"。[②] 其次是"外患"，"小型共和国本身是世界上最幸福的政体，因为治理者对一切了如指掌，但它却可能被外部强大的武力征服"。[③] 相比之下，这些缺陷反而成就了大共和国的"优势"，"在巧妙建立的大国政府中，从允许参加共和国初选和初步计划的底层民众到指导一切活动的高级官员，均有改进民主制的

① 休谟，《休谟政治论文集》，第 169—170 页。
② 休谟，《休谟政治论文集》，第 170 页。
③ 休谟，《休谟政治论文集》，第 167 页。

充分余地。同时，由于各个部分相距甚远，不论是阴谋、成见或激情都很难促使他们联合采取措施，反对公众利益"。① 最后，难得撰写理想题材的休谟，也禁不住大胆预测，"世界某个遥远的地方将人们组织起来，建立一个全新的政府"。② 这个理想的大共和国不久便在大西洋彼岸的美国建立起来了，麦迪逊等人的理论引介与思想启蒙也功不可没。道格拉斯·阿代尔称麦迪逊为苏格兰政治科学学派的门徒，此言不虚。

麦迪逊对大共和国理论的发展，首先体现在他从学理层面区分了共和政体与民主体制之间的混淆及其引起的思想混乱。他在《联邦党人文集》的第十四篇中写道："把共和政府只限于一个狭小区域的错误看法……这种错误看法的产生和传播，似乎主要由于把共和政体和民主政体混淆起来，并且把根据后者的性质得出的推论应用于前者。"③在麦迪逊看来，在民主政体下人民会合在一起亲自管理政府，在共和政府下，他们通过代表和代理人组织和管理政府。因而，民主政体囿于这种直接民主形式只能限于一个小小的地区，共和政体因实行代议制民主而能扩展到一个大的地区。这种学理的阐释是对休谟实证分析的很好补充。其次体现在把单一的共和制推进到"复合共和制"。当然这种发展，用我们今天的政治理论术语来说是国家结构形式方面的，不再属于政体理论了。麦迪逊认为，"复合共和制"让疆域辽阔问题不仅不再成为障碍，反而是一种优势："在美国的复合共和国里，人民交出的权力首先分给两种不同的政府，然后把各政府分得的那部分权力再分给几个分立的部门。因此，人民的权利就有了双重保障。两种政府将互相控制，同时各政府又自己控制自己。"④"倘若社会在一个实际范围内，它越大，就越能充分实行自治。对共和主义来说可喜的是，通过对联邦原则的合宜修正和混合，可以把实践范围扩充到极大的范围。"⑤

---

① 休谟，《休谟政治论文集》，第 170 页。
② 休谟，《休谟政治论文集》，第 158 页。
③ 汉密尔顿、杰伊、麦迪逊，《联邦党人文集》，第 66 页。
④ 汉密尔顿、杰伊、麦迪逊，《联邦党人文集》，第 265—266 页。
⑤ 汉密尔顿、杰伊、麦迪逊，《联邦党人文集》，第 267 页。

最后，麦迪逊的大共和国理论既在理论层面又在操作层面推进了对"党争"问题与权力制衡问题的研究。这个问题我们想单独列一个主题来进行较为详尽的讨论。

（4）**党争问题**。麦迪逊等联邦党人熟谙休谟、斯密、弗格森等苏格兰启蒙思想家对党争问题的理论剖析，并将党争理论运用到复杂的政治实践，寻求现代的治理之道。限于篇幅，我们扼要地从三个层面解读党争问题在他们师生之间的传承与发展。

首先，对人之党争本性的认识。苏格兰启蒙思想家认为，党派性是人之本性之一。休谟说道："假若人类不是天生强烈倾向于分成派系，社会上其他人的冷漠对待定然久已抑压了这种愚蠢的敌对。这种敌对如果无人火上加油，增添什么新的利害冲突和新的创伤，无人同情和反对，自会消失。"[①] 弗格森说得简单明了，人既有"联盟的天性"，也有"争斗的天性"。休谟从群体心理学分析了这种人性："人类的心灵是很富于模仿性的。任何一群人经常交往而不互相濡染、不互相感染彼此的善善恶恶，是不可能的事。一切有理性的生物结伴和结社的倾向很强。给予我们此一倾向的这种本性，使我们能互相深入了解彼此的情绪，并使相似的感情和意向像感染一样传遍整个俱乐部或人群。"[②]"民众暴动、党派热情、对宗派领袖的忠诚服从，这些都是人类本性中这种社会性的同情的一些最明显、尽管较不可称道的结果。"[③]亚当·斯密在《国富论》中分析了"靠租金生活的人""靠工资生活的人""靠利润生活的人"不同的利益诉求。在《联邦党人文集》中，人之党派性作为约定俗成的公理被直接"拿来"："党争的潜在原因，就这样深植于人性之中……人类互相仇恨的倾向是如此强烈，以致在没有充分的机会表现出来时，最琐碎、最怪诞的差别就足以激起他们不友善的情感和最强烈的冲突。"[④]"在人类中间，为了调和不一致的意见、减少相互嫉妒和调整各自利益的所有重大会议和协商的历史，就是一部

---

① 休谟，《休谟政治论文集》，第 40 页。
② 休谟，《休谟政治论文集》，第 88—89 页。
③ 休谟，《道德原则研究》，第 75 页。
④ 汉密尔顿、杰伊、麦迪逊，《联邦党人文集》，第 46 页。

党争、争辩和失望的历史，而且可以列入显示人性的懦弱和邪恶的最黑暗和卑鄙的景象之中。"①

其次，对党争之类型与根源的认识。休谟曾写过"概论党派"的专论，"派别可以分为情缘派别和实在派别，即分成建立在个人亲疏恩怨上的派别，包括那些形成敌对的党派，以及建立在某些实在意见或利益分歧上的派别"。"实在派又可分为利害派、原则派和感情派。"②麦迪逊显然接纳休谟的这种界定与分类："党争就是一些公民，不论是全体公民中的多数或少数，团结在一起，被某种共同情感或利益所驱使，反对其他公民的权利，或者反对社会的永久的和集体利益。"③对于党争的根源，麦迪逊更多从经济原因着眼，"造成党争的最普遍而持久的原因，是财产分配的不同和不平等。有产者和无产者在社会上总会形成不同的利益集团。债权人和债务人也有同样的区别。土地占有者集团、制造业集团、商人集团、金融业集团和许多较小的集团，在文明国家里必然会形成，从而使他们划分为不同的阶级，受到不同情感和见解的支配"。④

最后，如何治理党争问题。苏格兰启蒙思想家在解决党争问题上的思路不是消弭党派，而是通过党派之间的制衡达到超越党争的目的，休谟的大共和国的思路如此，斯密关于解决宗教的派别问题亦然。塞缪尔·弗雷斯切克在论及斯密对麦迪逊的影响时非常推崇下面这段话中隐含的超越党派的智慧，我们也就不厌其烦地再转引一次，其实斯密谈论的是怎样防止教会牧师们之热忱的利己之心。"宗教教师利己的、积极的热心，只在社会只容许一个教派的场合，或一个大社会全体只分成为两三个教派，而各教派的教师，又在一定纪律、一定服从关系下协力共作的场合，才会发生危险与麻烦。如果一个社会分为二三百乃至数千小教派的势力范围，那其中就不会有一个教派的势力能够搅扰社会，而他们教师的热心，也就全然无害于事了。在这种场合，

---

① 汉密尔顿、杰伊、麦迪逊，《联邦党人文集》，第183—184页。
② 休谟，《休谟政治论文集》，第39、41页。
③ 汉密尔顿、杰伊、麦迪逊，《联邦党人文集》，第45页。
④ 汉密尔顿、杰伊、麦迪逊，《联邦党人文集》，第46—47页。

各宗派教师见到围绕他们四周的，敌人多于朋友，于是就不得不注意到那常为大教派教师所漠视的笃实与中庸；大教派教师所以如此，因为大教派的教理，有政府为其支援，博广大王国或帝国几乎一切居民的尊敬，而教师们的周围，因此就布满了门人、信徒及低首下心的崇拜者，没有一个反对的人。小教派教师，因为觉察到自己几乎是独立无助的，通常不得不尊敬其他教派的教师；他们彼此相互感到便利而且适意的这种互让，结果可能使他们大部分的教义脱去一切荒谬、欺骗或迷妄的夹杂物，而成为纯粹的、合理的宗教。"①

在《联邦党人文集》中，麦迪逊站在巨人的肩膀上，深入思考了在一个大共和国里如何去治理党争这一顽疾。他的分析富有层次性与逻辑性，"消除党争危害有两种方法：一种是消除其原因，另一种是控制其影响"。麦迪逊继而指出，消除党争原因有两种方法：一种是消除其存在所必不可少的自由；另一种是给予每个公民同样的主张、同样的热情和同样的利益。关于第一种纠正方法，信奉自由主义的麦迪逊认为它比这种弊病本身更坏。不能因噎废食，这是很简单的道理。而第二种办法是做不到的，因为，"只要人们可以自由运用理智，就会形成不同意见。只要人们的理智和自爱之间存在联系，他们的意见和情感就会相互影响"。②因而，结论很顺理成章，"党争的原因不能排除，只有用控制其结果的方法才能求得解决"。那么，如何控制其影响呢？麦迪逊又分了两种情况，一种情况是，如果党争所包括的人只是少数而非多数，麦迪逊认为可用共和政体的原则来求得解决，即使多数人用正规投票的方法来击败少数人的阴险企图。另一种情况是当党争波及大多数人时，用什么方法才能控制其影响呢？麦迪逊指出有两种可供选择的方案：一种是防止大多数人同时存在同样的情感或利益，另一种是使具有同样情感或利益的大多数人由于他们的人数和当地情况而不能同心协力实现损害他人的阴谋③。按照休谟的理论，大共和国非

---

① 亚当·斯密，《国民财富的性质和原因的研究》（下），第350—351页。
② 汉密尔顿、杰伊、麦迪逊，《联邦党人文集》，第45—46页。
③ 汉密尔顿、杰伊、麦迪逊，《联邦党人文集》，第48—49页。

常有助于第二种方案的施行。这种分析就与上文探究过的大共和国理论无缝对接了，也就是说，麦迪逊很好地将党争问题的解决之道与大共和国完美地结合了起来。

（5）政治风格：**稳健、渐进与调和**。在苏格兰启蒙学者的政治思想中，有着浓郁的稳健、渐进、调和的政治风格。"如果学者们有时候开玩笑说，大卫·休谟是《联邦党人文集》第 10 篇的真正作者，那么这并不仅仅是因为它呈现了休谟关于一个扩展版的共和国……"[①] 不仅仅第 10 篇给人以这样的印象，第 14、28、35、37、51、55、62 篇乃至整个《联邦党人文集》都如此，这不仅仅是思想、观点的传承所致，更主要的是精神的相通、风格的契合。也就是说，《联邦党人文集》处处闪烁着稳健、渐进与调和的政治智慧，尤其在关注纷繁复杂的现实问题时亦能如此更加难能可贵。鉴于学界对美国宪法和《联邦党人文集》中有关制衡的制度安排、有关调和的政治智慧等方面的研究文献非常深入广泛，这里我们就不再赘述，仅用《联邦党人文集》第 62、85 篇的两句话作为结语："我们的宪法并不是什么抽象理论的产物，而是'我们政治形势特点所不可或缺的互相尊重忍让、友好敦睦精神'的产物。"[②] "一切经过集体讨论制定的方案均为各种意见的混合体，必然混杂每个个人的良知和智慧、错误和偏见。将十三个不同的州以友好、联合的共同纽带联结在一起的契约，必然是许多不同利益与倾向互相让步的结果。此种原料安能制出完美无缺的成品？"[③]

10.2.2　苏格兰启蒙运动在法国

为了这一部分各章节标题的对称，这里我们依然采用这样的格式，尽管在 18 世纪至 19 世纪苏格兰启蒙思想对法国的影响是一个非常隐晦的话题，似乎无论在广度、深度上，尤其是在可视度上与其对美国、德国的影响不可同日而语。我们刚论及了苏格兰启蒙思想真实地

---

① 阿瑟·赫尔曼，《苏格兰：现代世界文明的起点》，第 246 页。
② 汉密尔顿、杰伊、麦迪逊，《联邦党人文集》，第 314 页。
③ 汉密尔顿、杰伊、麦迪逊，《联邦党人文集》，第 437 页。

为美国的国父们实验与实践，这深刻地"创造了美国"。而据考察，18世纪50年代到19世纪初的这段时间是欧洲翻译苏格兰作品的一个新阶段。在1760至1800年之间，有四十多部作品被翻译成德语，英语原著出版和德语译著出版之间的时间差也不断被缩短。而相比之下，法国在苏格兰作品的翻译方面则逊色很多，其译著只占德国翻译和出版总数的大约三分之一。[①] 休谟的《人性论》直到1878年才有法文版本。[②] 从思想的碰撞来看，在18世纪至19世纪风靡的苏格兰常识哲学在法国并不受待见，里德的《按常识原理探究人类心灵》在法国并未大获成功[③]；作为座上宾的好人大卫·休谟，在法国盛名远播，甚至远远超过在英伦三岛的名声，他在道德、政治和经济方面的论文集以及《英国史》也较早就被移译，但是这些著作也只是偶尔被《百科全书》提到，他本人更是鲜有被提及。狄德罗曾借鉴过休谟的观点，但在作品中却从未明确说明。[④] 休谟的宗教思想被自然神论者如伏尔泰指责为是怀疑论，被"无神论者"嫌弃不够彻底，因而引述休谟宗教观点的著作也是凤毛麟角。甚至因斯密曾拜访过重农学派，《国富论》在19世纪还引发了一段学术争论。如果从这些层面看，苏格兰启蒙思想对法国的影响甚微。

然而，我们认为这是一个亟待挖掘的课题。我们在前文广泛论及了法国启蒙运动对苏格兰启蒙思想家的影响，现在轮到解释互动影响的另一个层面，即苏格兰启蒙运动对法国启蒙思想家的影响。为避免

---

① 亚历山大·布罗迪编，《剑桥指南：苏格兰启蒙运动》，第286页。

② 同上。

③ 在米歇尔·马勒布看来，里德的常识哲学被法国读者忽视主要有三个方面的原因：第一，休谟的《人性论》在法国的读者寥寥，因此主要是为回应休谟而写的《按常识原理探究人类心灵》在法国读者中也就没有多少现实意义。第二，法国读者并不习惯于检视自己的确定观念，或是探讨是否可能存在实验性的人的科学，因此怀疑论对它们来说过于极端，而里德的评论也就毫无用处了。第三，里德反对理念论的观点在法国也没有引起多少共鸣，因为法国人从表面上看是洛克的信徒，其实骨子里还是笛卡儿的后人。米歇尔·马勒布，《对欧洲的影响》，载亚历山大·布罗迪编，《剑桥指南：苏格兰启蒙运动》，第289页。

④ 亚历山大·布罗迪编，《剑桥指南：苏格兰启蒙运动》，第288—289页。

过于泛论，即不在伏尔泰、狄德罗、霍尔巴赫、杜尔哥、达朗贝尔乃至卢梭那里去零碎寻找影响的思想片段，我们拟东施效颦，借鉴艾玛·罗斯柴尔德（Emma Rothschild）的《经济情操论：亚当·斯密、孔多塞与启蒙运动》一书的研究成果，她主要关注的是亚当·斯密与孔多塞的"经济情操"，我们接着论及苏格兰启蒙思想与孔多塞的"科学情操"与"社会情操"。

10.2.2.1　经济情操论

在"经济情操论"这个论题上，我们转引与评论一下英国著名经济学家、哈佛大学历史学教授艾玛·罗斯柴尔德的《经济情操论：亚当·斯密、孔多塞与启蒙运动》的若干研究结论，这里不打算展开讨论。她认为，"与杜尔哥一样，孔多塞的道德情操的构想受到了苏格兰道德哲学，尤其是亚当·斯密的强烈影响。它是一种情操观，而不是一种感受观"。[①]"孔多塞作为准苏格兰的家庭情感理论家与准德国的主权个体的理论家，他原来是在 18 世纪知识领域的有序划分中的一个制造混乱的人物。"[②] 在这种思想渊源的揭示之后，艾玛·罗斯柴尔德比较了亚当·斯密与孔多塞的经济思想与哲学思想，认为两者存在着很多共同点，尽管她认为两人在个性、阅历、经济政策上"十分不同"。斯密与孔多塞在经济思想与哲学思想上的第一个共同点是关于经济的自由。经济自由是 18 世纪 90 年代的一个创新。在大革命前夕的世界背景下，斯密与孔多塞对贸易自由的关注都是杰出的。斯密与孔多塞第二个共同的关注点是经济的情操。斯密的道德情操体系对孔多塞的道德思想有着深刻的影响，孔多塞认识到，经济关系与道德关系一样都充满了情操。斯密与孔多塞都深切召唤自然平等，所有人（哲学家与街道

[①]　艾玛·罗斯柴尔德，《经济情操论：亚当·斯密、孔多塞与启蒙运动》，赵劲松、别曼译，北京：社会科学文献出版社，2013，第 247 页。

[②]　在注释中，艾玛·罗斯柴尔德援引保罗·珍妮特的类型划分，认为孔多塞思想的类型"难以捉摸"。保罗·珍妮特指出，"在 18 世纪，道德哲学把自己分为三个主要的学派，这三个学派本身又被法国、英国和德国这三个主要的欧洲国家所分割"。这三个主要的派别是：（法国的）快乐与兴趣的学说、（英国—苏格兰的）道德情操的学说、（德国的）纯粹理解力的学说。参见：艾玛·罗斯柴尔德，《经济情操论：亚当·斯密、孔多塞与启蒙运动》，第 252 页。

搬运工、哲学家与普通水手）有着许多相同的普遍性情。去了解经济
生活中的人们（麦芽商人与池塘业主、缝纫女工与花商）的决定方式，
就是把他们想成是与我们自己一样的人，就是把自身放在他们的生活
中去考虑。在斯密与孔多塞的思想中，第三个相似的关注点与公共教
育及公众启蒙有关。在斯密与孔多塞的经济思想中，第四个相似之处
是不确定性。[1]

　　总体来说，艾玛·罗斯柴尔德的斯密与孔多塞的比较研究具有重
要开拓性价值，尤其是在"经济情操论"下将两种不同风格的启蒙联
系起来了：孔多塞强调的是其理性、普世的启蒙意义，关于人类社会
前景的"乌托邦"式启蒙观，而斯密只强调简化的自由主义经济学的
启蒙意义——"保守"式的启蒙观。[2] 毋庸讳言，艾玛·罗斯柴尔德
对这两种不同启蒙观的概括与研判，或许是囿于"经济学"主题，还
是相当偏狭的，也不是很严谨。尽管越把孔多塞定位为"乌托邦"式
启蒙，越能凸显苏格兰启蒙的价值与意义；但是我们下文的比较研究，
很大程度上是为孔多塞的启蒙思想正名，希望这并没有偏离我们论说
的主题。

　　当下，关于孔多塞的生平与思想研究，伊丽莎白·巴丹德、罗贝
尔·巴丹德合著的《一个知识分子的政治理想》非常值得一读，它既
是一本"故事"完整的孔多塞传记，也是一本很有深度的研究论著。
作者认为，孔多塞的启蒙思想有两大主题：一是将数学应用于一种新
的科学，这种新科学的对象是人本身，其直接目的是人的幸福；二是
阐述人类精神能够无限进步。[3] 这两个主题与苏格兰学者所着力的启蒙
事业完全契合，其契合度不亚于艾玛·罗斯柴尔德所论及的经济与贸
易自由问题。这样，我们可以借鉴艾玛·罗斯柴尔德"经济情操"的
概念术语，关注"科学情操""社会情操"。限于篇幅，我们还是紧扣
"影响"的意蕴，仅扼要而论某方面的思想在何种程度上预示了以后的

---

① 艾玛·罗斯柴尔德，《经济情操论：亚当·斯密、孔多塞与启蒙运动》，第 263—269 页。
② 艾玛·罗斯柴尔德，《经济情操论：亚当·斯密、孔多塞与启蒙运动》，第 2 页。
③ 伊丽莎白·巴丹德、罗贝尔·巴丹德，《一个知识分子的政治理想》，马为民等译，
上海：华东师范大学出版社，2016，第 108—109 页。

关注。

10.2.2.2 科学的情操

在前文，我们转引过这样的评述，"新的科学学科的创造很可能是启蒙运动对科学的现代化做出的最重要贡献，这是我们易于忽视的一个贡献"。[①] 苏格兰启蒙运动在新的学科的创造方面贡献斐然。休谟《人性论》的科学情怀昭然若揭："在精神科学中采用实验推理方法的一个尝试"，创立人的"科学"。这样的情愫同样出现在他对政治学的"科学化"追求之中，从"谈政治可以析解为科学"的文题可窥一斑。亚当·斯密被弟子约翰·米勒称为"政治经济学领域的牛顿"，一般认为，从亚当·斯密开始，政治经济学才被定义为"关于财富的科学"，得以与全然不同的政治学区分开来[②]。"社会学先于孔德"，"苏格兰人现在已经被公认为是社会学历史上的重要人物"，弗格森甚至被认为是所谓的"第一个社会学家"。[③] "美学并非肇始于苏格兰启蒙哲学家，但他们无疑为这一学科的发展做出了巨大的贡献"[④]，哈奇森和休谟非常熟谙美的学科分析。除了这些社会科学的科学化努力，苏格兰人在数学、医学、自然科学领域也贡献甚多……这些核心论点我们在前文均分章节、分专题做了详尽的研讨，全书把苏格兰启蒙运动的学科贡献作为一项重要内容置于突出位置。这就是苏格兰启蒙运动的科学情操。

在启蒙思想家中，传承苏格兰人的科学情操最为着力、最为出色、最有影响的当推孔多塞。他被誉为"社会科学的先驱"，"社会科学"这个术语据考察是他首先使用。孔多塞所追求的完全是苏格兰人式的目标，使社会科学具有同一切实验科学一样的确定性。他也具有得天独厚的优势，他年少成名，是名满天下的数学家，"是他那个时代乃至任何时代最伟大的数学家之一"[⑤]；又有"最负盛名的人做其精神之父"，"达朗贝尔给他的是热爱真理，杜尔哥传给他的是热心公益，伏尔泰

---

① 托马斯·L. 汉金斯，《科学与启蒙运动》，第 12—13 页。
② 艾玛·罗斯柴尔德，《经济情操论：亚当·斯密、孔多塞与启蒙运动》，第 3 页。
③ 克里斯托弗·J. 贝瑞，《苏格兰启蒙运动的社会理论》，第 227—228 页。
④ 亚历山大·布罗迪编，《剑桥指南：苏格兰启蒙运动》，第 266 页。
⑤ 安东尼·帕戈登，《启蒙运动：为什么依然重要》，第 1 页。

传给他的是反对不公正"①。孔多塞接受了他的"精神之父"达朗贝尔的看法，一种认识只有当其符合数学推理，并得到数学方法验证时，它才是确实的。因而，像达朗贝尔一样，他当时认为，全部真理以及他的大部分幸福都有一个姓："数学"②。根据这种社会科学的情操和追求，他创立了"社会数学"，宣称要"像研究海狸那样研究人类社会"，这比涂尔干早 100 年。在 20 世纪之前 200 年，他就看出了统计和概率计算在政治与社会方面的应用③，这使他成为"现代政治科学的鼻祖"④。

10.2.2.3　社会的情操

这里的"社会的情操"更确切地说是寻求社会发展进步的情操。"进步的观念是西方文明主要的本源性概念之一，其渊源一直可以追溯到古希腊和古罗马时期。其他一些文明早已了解行善、求知、自强和谋福等概念，但这些概念仅仅涉及单个的个人，与人类全体或国民全体并无关系。而西方的进步概念却有所不同，因其关注的中心恰是全体人类；它揭示出人类之初在愚昧、悲惨和恐惧之中，尔后才在科学与艺术方面，在了解自身处境方面，广而言之，是在知识缓慢而又不断地提高到更高的层次。进步就是对过去的综合概括，对未来的憧憬展望。"⑤这种诠释尽管有较强烈的西方文化中心论色彩，但也客观揭示了西方的进步观主要建基于知识主义，而非西方文化更多的是伦理取向上的。在关于"进步"的学术史中，苏格兰历史学派的"四阶段论"影响深远，孔多塞的《人类精神进步史表纲要》（以下简称《史表》）也是一部重要的思想文献。至于前者对后者是否具有影响，或者更直接地说，它们之间有没有前后相传承的关系，很遗憾，《史表》没有给出任何这方面的文字说明。或许这很大程度上缘于《史表》是一部匆忙之作。退一步说，即使我们不能证实它们之间有直接影响，然而通过比较也有助于揭示苏格兰启蒙思想家"社会情操"的特色与意义。特别需要强调

① 伊丽莎白·巴丹德、罗贝尔·巴丹德，《一个知识分子的政治理想》，第 24 页。
② 伊丽莎白·巴丹德、罗贝尔·巴丹德，《一个知识分子的政治理想》，第 25 页。
③ 伊丽莎白·巴丹德、罗贝尔·巴丹德，《一个知识分子的政治理想》，第 109 页。
④ 安东尼·帕戈登，《启蒙运动：为什么依然重要》，第 1 页。
⑤ 米勒、波格丹诺主编，《布莱克维尔政治学百科全书》，第 604 页。

的是，在苏格兰启蒙的集体智慧之中有一条"知识之链"，孔多塞乐观
地书写了一条"进步之链"，我们在揭示后者的内涵时，同时也是在反
刍苏格兰启蒙思想家的进步理想与进步图示。很多研究者在批判孔多
塞的"进步之链"时也把休谟放在一起进行批判，因而我们有必要进
行甄别，同时指出孔多塞的进步观的问题与不足到底在哪里。

应该说《史表》的写作意图是启蒙哲人的共同意愿：通过"对人
类社会所经历的各个不同时代的持续观察"，"显示出这些变化的秩序，
展现出每一个时刻对随后时刻所施加的影响……他们所遵循的进程，
他们向真理和幸福所迈出的步伐"。"对于人类曾经是什么样子和今天
是什么样子的这些观察，于是便会引导我们找到保证并加速我们的天
性所容许我们还能希望有新的进步的种种办法"。[1] 在启蒙时代，无论选
择的是"以学术为业"，还是选择"以政治为业"，抑或两者兼而有之，
如学者型政治家；归根结底都是"以进步为业"，苏格兰启蒙思想家如
此，孔多塞即使在政治逃亡中也依然如此。

《史表》中的"结论"或许是由于太美好、太乐观，不仅曲高和
寡，还常常引起诟病。孔多塞乐观主义地认为："在过去的经验之中，
在观察科学和文明迄今为止所做出的进步之中，在分析人类精神的进
程及其能力的发展之中"，发现"自然界对于我们的希望并没有设置
下任何限度"。"自然界对于人类能力的完善化并没有标志出任何限度，
人类的完美性实际上乃是无限的；而且这种完美性的进步，今后是不
以任何想要扼阻它的力量为转移的……"[2] 这种"无限进步论"被纷纷
贴上乌托邦主义、空想主义的标签。今天，这种指责怎么看都太过了，
发展的无限性、永恒性被视为唯物辩证法最为基本的观点之一，更何
况孔多塞对无限进步论还进行了绝对与相对意义上的区分：一种是指
"连续不断地趋近于一个没有限制的范围而又永远不可能达到那里"；
第二种是"绝对意义上"，即"可以获得一个比任何事先所曾指定其限

---

① 孔多塞，《人类精神进步史表纲要》，何兆武、何冰译，北京：北京大学出版社，2013，
第2页。
② 孔多塞，《人类精神进步史表纲要》，第140、2页。

度的固定数量都要更大的范围"，因而"并不存在一条那种增加在其限度之内就必须停止下来的边界"。①

《史表》中将人类的历史分为"三个阶段"和"十个时代"。彼得·盖伊认为"这样一种时代划分看似武断，却不无深意。不论是每个时代所占的篇幅，还是用来断代的事件，都是围绕一个中心主题：人类精神在世界历史中的作用。孔多塞划分不同时代的标准不是王朝更迭，而是文化事件"②。这种"人类精神史"的历史分期是经济史、政治史等历史分期的很好补充，很有意义与价值，特别是孔多塞并不是抽象谈论理性精神发展史，而是谈论广义的精神生活史。比如前三个时代重点考察了谋生的手段、生产的技术、生活的技能、社会的结合与体制，也探讨了科学、宗教、语言、文艺等的起源；人类进入文明与开化时期，主要考察的是自然科学史表、工艺史表、哲学史表、政治史表等。因而，孔多塞对人类发展进步的描绘其实是很丰富与丰满的。诚然，由于主要是一部人类精神进步发展的概要，很多内容是抽象线条式的，详尽具体的论述确实不多。尤其值得一提的是，在撰写人类不开化的蒙昧期时，孔多塞采用了苏格兰历史学派"猜测的历史""理论的历史"的研究方法。他这样写道："我们在这里就别无指导，而只能是靠对我们智识能力和道德能力的发展进行理论观察。""没有任何直接的观察教给过我们有关这种状态以前的情形；于是我们就只好考察人类的智识能力、道德能力及其体质的构造，才能够推测他们是怎样上升到文明的这一最初阶段的。"③

最后，我们打算细致地探究孔多塞的"进步之链"。在《史表》中，孔多塞的"进步之链"不是单一的线串，而是一条五彩斑斓的彩色链索。迄今为止，学界很少注意到孔多塞的"进步之链"的复杂面向，我们拟从四个方面呈现这条扭在一起的牢不可破的链索。

（1）**历史连续性的链索**。"孔多塞是西方哲学中历史进步观的主要

---

① 孔多塞，《人类精神进步史表纲要》，第159、160页。
② 彼得·盖伊，《启蒙时代》（下），第106页。
③ 孔多塞，《人类精神进步史表纲要》，第5、9页。

奠基者之一。"①《史表》一书鲜明地反映了启蒙时代的历史观，全面阐释了人类历史发展的进程、阶段、主要表征、动力及其规律，深入揭示了人类发展进步的总体进程。他首先呈现给我们这样一条"链索"："在历史时代的开始和我们所生活的世纪之间，在我们所知道的最早的各民族和欧洲今天的各民族之间，便形成了一条绵延不断的链索"，"因而这幅史表便是历史性的"。② 对于这一条绵延不断的"链索"，孔多塞将其分为"十个时代"：第一个时代人类结合成部落；第二个时代游牧民族，由这种状态过渡到农业民族的状态；第三个时代农业民族的进步，下迄拼音书写的发明；第四个时代人类精神在希腊的进步，下迄亚历山大世纪各种科学分类的时期；第五个时代科学的进步，从它们的分类到它们的衰落；第六个时代知识的衰落，下迄十字军时期知识的复兴；第七个时代科学在西方的复兴，从科学最初的进步到印刷术的发明；第八个时代从印刷术的发明，下迄科学与哲学挣脱了权威束缚的时期；第九个时代从笛卡儿，下迄法兰西共和国的形成；第十个时代人类精神的未来进步。在每一个时代中我们看到的或是"发明"，或是"进步"，或是"复兴"，或是与"迷信"、与"愚昧"的斗争。即便是在"第六个时代知识的衰落"的中世纪，我们也看到了"家内奴隶制"借日耳曼蛮族的残暴性之手被"摧毁了"。

（2）知识、自由、美德、权利、幸福的链索。这是《史表》中最知名的一条链索："自然界是以什么样的纽带把知识的进步和自由、德行、对人的自由权利的尊重的进步都不可分割地联系在一起；这些真正美好的事物是如此之经常地被分割开来，以至于人们竟然曾相信它们是互不相容的。"③ 其实，这一条链索有鲜明的论战性，那就是反对卢梭的"第一论"（"论科学与艺术"）、"第二论"（"论不平等"）。与卢梭的看法截然不同，"我们将要表明，自由、艺术和知识曾经怎样地有助于风俗的驯化和改善"，"当邪恶不能摧毁知识和艺术文化时，知识

---

① 孔多塞，《人类精神进步史表纲要》，"译者序"，第 iii 页。
② 孔多塞，《人类精神进步史表纲要》，第 5、2 页。
③ 孔多塞，《人类精神进步史表纲要》，第 6 页。

和艺术文化便节制了邪恶"，"这些反对科学和艺术的夸夸其谈，都是奠定在对历史学的一种错误的应用之上；并且相反地，德行的进步总是伴随着知识的进步，正如腐化的进步总是继之以没落或者是宣告了没落一样"。①

这一条链索与我们前文论及的苏格兰启蒙学者的进步理念在很多方面是相通的，诚然也有根本的区别。就相通点而言，第一，凸显"知识"的力量，反对鼓吹"高尚野蛮"的"原始主义"。孔多塞对知识的力量甚是着迷，"只要知识一旦在大多数的国家里达到一定的地步并且渗透到整个广大人民群众中间去，他们的语言就会普及，他们的商业关系就会包括整个的大地在内。这种结合一旦在整个启蒙了的人类中间起着作用，那时我们就只能期待着它会是人道的朋友，同心协力在促进自己的完善和自己的幸福"②。同时，他坚定地认为，"产生了开化民族的罪恶的并不是知识的增长，而是知识的堕落"，"知识绝没有败坏人类，而是使他们变得柔和，尽管知识尚未能纠正或改变他们"。因而，我们需要反思与追问的是，知识的有机链索怎么没有连接起来："何以随着精神的进步而来的并非总是社会朝着幸福与德行进步，而偏见与错误两者的混合又怎样可能变更本来应该是由知识产生善，而善之有赖于知识的纯洁性更甚于有赖于其广泛性。"③第二，推崇知识与自由的链环。这一链索是由不同的链环连接而成，而知识与自由的链环无疑是最重要的。在论及知识与自由时，孔多塞与弗格森的想法如出一辙，"当代人绝不可忽视保全并扩大我们的知识，假如我们想要变得自由或保持自由的话；并且绝不可忽视维护自己的自由，假如我们不想丧失知识为我们所取得的好处的话"。④因为这是一条经验教训的总结："天才诞生于希腊，依傍着自由，但它既不能阻止它的衰亡，也不能保卫理性反对已经被奴隶制所败坏了的那些民族的偏见。"⑤孔多塞还

---

① 孔多塞，《人类精神进步史表纲要》，第 41 页。
② 孔多塞，《人类精神进步史表纲要》，第 6 页。
③ 孔多塞，《人类精神进步史表纲要》，第 17 页。
④ 孔多塞，《人类精神进步史表纲要》，第 69 页。
⑤ 同上。

发出了这样的警世良言:"在自由的垂死痉挛之中,社会科学是不可能自我同化并自我完善的。"①第三,最终归宿都是人类的幸福。这里我们看到,孔多塞用与弗格森近乎一样的句式强调幸福的终极意义:"我们看到晚近这些时代曾经为人类精神的进步做过许多工作,但是为人类物种的完善化却做得很少;为人们的光荣做得很多,为人类的自由做了一些事,但是为未来人类的幸福几乎还没有做任何事。"②

这一链索与苏格兰启蒙思想家的进步观念的最根本的区别在于对进步的动力机制的理解不同。尽管孔多塞也有这样的闪光的思想片段:"新观念和新感觉的需要乃是人类精神进步的首要动力","对那些奢侈的、多余物品的兴趣乃是对工业的刺激"③。但他的这条链索最根本的动力是理性的进步,因而他念兹在兹的是"理性的进步""精神的进步"。孔多塞深情地写道,"人类的幸福对理性的进步依赖到什么地步","人类精神在解脱了所有这些枷锁、摆脱了偶然性的王国以及人类进步之敌的王国以后,就迈着坚定的步伐在真理、德行和幸福的大道上前进",不再"被错误、罪行和不公正所污染"。④此外,苏格兰启蒙思想家那里也没有弥漫这种浪漫的乐观主义。

(3)国家、民族之间进步的链索。这是一条关于文明的链索,亦是一条最有争议的"链索"。孔多塞指出:"所有的国家都将会有一天趋近于最启蒙的、最自由的、最终摆脱了偏见的民族(例如像法国人和英裔美国人)所已经达到了的文明状态。"⑤这种文明的图景显然是"西方中心主义论",对于如何通向这种文明图景,孔多塞考虑了多种可能性:一是殖民地的革命,"造成新世界的独立"⑥。二是工业与商业贸易。"制糖业正在辽阔无垠的非洲建立起来,它将摧毁两个世纪以来腐蚀非洲并使非洲人口减少的那种可耻的掠夺";宗主国与殖民地

① 孔多塞,《人类精神进步史表纲要》,第53页。
② 孔多塞,《人类精神进步史表纲要》,第135—136页。
③ 孔多塞,《人类精神进步史表纲要》,第24页。
④ 孔多塞,《人类精神进步史表纲要》,第20、160、161页。
⑤ 孔多塞,《人类精神进步史表纲要》,第139页。
⑥ 孔多塞,《人类精神进步史表纲要》,第141页。

之间正常的商业贸易，将会摧毁"以大量的背信弃义、暴行和罪孽所维持的那种垄断"①。在孔多塞看来，这不仅是欧洲进步之确凿无误的后果，而且也是欧洲各宗主国所具有的最现实的利益。②三是文明的交流。"这些民族的进程或许要比我们的更为迅猛而又更为确实，因为他们会从我们这里接受我们曾不得不要去发现的一切，并且为了要认识我们只能是经历了长期的错误之后才能达到的这些简单的真理、这些确凿的方法，他们只要掌握我们的言论和我们的书中的那些发挥和证明就够了。"③这三种途径，是各民族、各国家通向文明之路的正当方式，也是与苏格兰启蒙思想家发展主义的世界主义所相通的。然而，孔多塞还提出了一项所谓的"文明化的使命"，后世批评启蒙运动种下霸权主义、殖民主义、帝国主义的种子，孔多塞的文明链索也确实为启蒙的敌人找到了口实。我们就不去作任何文字的修辞，仅摘录一段原文，其中文明的"解放者"的文字非常刺眼："这些公民将在非洲、亚洲传播欧洲的自由、知识和理性的原则和先例……这些辽阔的国土上有着大量的民族，他们有的地方仿佛就只是在期待着接受我们的办法来使自己文明化，并在欧洲人中间找到自己的兄弟们来使自己变成他们的朋友或者他们的学徒；又有的地方是在神圣不可侵犯的专制君主或愚蠢不堪的征服者之下饱受奴役的民族，他们许多世纪以来都在召唤着解放者；另有的地方则几乎还是野蛮的部落，气候的恶劣使他们远离着已经完善化了的文明的甜美，而那样一种恶劣又同样推开了那些想要使他们认识到那种好处的人；或者还有征服者的游牧部落，他们除了武力就不懂得任何法律，除了抢劫不懂得任何行业。这后面两类民族的进步将缓慢得多，并且伴随着更大的风暴；或许甚至随着他们将被文明民族所驱退，人数缩减得更少，他们始终将不知不觉地消灭或者消失在文明民族的内部。"④正如有的学者所评论的，"孔多塞憧憬中的未来所具有的某些特征，今天听起来非常令人不安地像是 19

---

① 孔多塞，《人类精神进步史表纲要》，第 141 页。
② 孔多塞，《人类精神进步史表纲要》，第 142 页。
③ 孔多塞，《人类精神进步史表纲要》，第 143 页。
④ 孔多塞，《人类精神进步史表纲要》，第 142 页。

世纪洪水般席卷世界的文明化使命的目标的一个先兆。尽管他相信势不可挡的西方文明进程最终会带来的益处，他也强烈地意识到文明的浩劫"。[1]"让我们来检阅一下我们在非洲和亚洲的经营和建设的历史吧，我们将会看到我们对商业的垄断、我们的背信弃义、我们血腥地鄙视另一种肤色或另一种信仰的人们；我们肆无忌惮地篡夺，我们的教士们横行霸道地使人改变宗教信仰，他们的阴谋诡计——这一切摧残了我们知识的优越性和我们商业的优势最初所博得的那种敬意和好感。"[2]

（4）**个体与人类之间进步的链索**。这是一条关于"平等"的价值链索。"平等"是启蒙时代尤其是法国启蒙运动的着力点。孔多塞对平等的认识应该说集启蒙时代之大成，他看到了法律平等、政治平等背后"事实的不平等"："在检阅社会的历史时，我们将有机会使人看到，在法律所认可的公民权利和公民所实际享有的权利这两者之间、在由政治体制所确立的平等和人与人之间所存在的平等这两者之间，总存在着一条巨大的鸿沟。"[3]继而他深入分析了三种不平等及其根源："财富的不平等""谋生手段的不平等""教育的不平等"，或"知识上的""手段上的""财富上的"不平等。[4]这种对不平等的洞察显然有着强烈的苏格兰格调，法国的启蒙语境很大程度上是"政治挂帅"。艾玛·罗斯柴尔德认为斯密与孔多塞在经济情操上的很多共同点，很大程度上基于他们对不平等的认识。最后，再反复强调一下，学界或许过多地渲染了孔多塞的理想主义与乐观主义，其实他对这些问题的洞察是相当有深度的。比如，谋生手段的不平等，他看到了"劳动"与"资本"两种不同谋生手段的根本不同，看到了"依赖关系"是贫困的必然原因，提出一方面要防止"资本"的特权，另一方面要通过建立社会福利机构、发展社会保障事业来保障劳动者，"把大量的家庭从那种周期性的毁灭、从那种使得腐化和贫困得以永远再生的根源之中解

---

① 安东尼·帕戈登，《启蒙运动：为什么依然重要》，第 5 页。
② 孔多塞，《人类精神进步史表纲要》，第 141 页。
③ 孔多塞，《人类精神进步史表纲要》，第 143—144 页。
④ 孔多塞，《人类精神进步史表纲要》，第 144、140 页。

脱出来"。[①] 再比如，他看到平等之间力量的链索："平等有这些不同的原因，它们并不是以孤立的方式在活动的，它们互相结合、互相渗透、互相支持，而且从它们的联合作用中就产生了一种更有力的、更确凿的、更长久的作用力。如果教育更平等的话，它就会在勤奋中，也就由此而在财产中产生一种更大的平等；而财产的平等必然有助于教育的平等；同时各民族之间的平等以及每个民族所确立的平等也在彼此之间有着一种相互的影响"，"加以良好引导的教育就纠正了才能方面的天然不平等……正如良好的法律弥补了谋生手段方面的天然不平等"。[②]

孔多塞被认为是"最后的百科全书派"与"最后的启蒙哲人"；《史表》被称为"启蒙运动伟大的思想遗嘱"。链索就是联系，本质的联系就是规律。孔多塞凭借自己渊博的学识和非凡的记忆力，揭示了人类发展进程中诸多本质的东西，从中我们也能辨识出很多苏格兰人贡献的真理颗粒，尽管与苏格兰启蒙运动的主要"气质"存在着很多的不同，但他们的"社会的情操"相映成趣。

10.2.3 苏格兰启蒙思想在德国

如果说苏格兰启蒙思想对美国的影响主要是一种"输出"，与法国之间主要是"互动"，那么苏格兰启蒙思想在德国的情况比较特殊，其主要特征我们可以简单地概括为是一种"批判性的转化"。正如曼弗雷德·库恩所评论的："德国启蒙运动不是一个孤立的现象。它与欧洲其他国家以及北美的发展紧密联系在一起。同其他国家的思想家一样，德国的思想家也倡导一种新的知识理想。他们从理性的观点出发对先前接受的学说和制度进行批判性考察。虽然德国启蒙运动有其自身独特的声音，然而如果没有来自外国的影响，它就会是迥异的。在德国启蒙运动的形成中，有两个国家尤其重要，这就是英国和法国。如果没有来自英国的影响，德国启蒙运动就是不可能的，这种说法或许并

---

① 孔多塞，《人类精神进步史表纲要》，第145页。
② 孔多塞，《人类精神进步史表纲要》，第147页。

不夸张。"① 不过长期以来，在"启蒙—革命"的研究范式下，德国启蒙运动、德国古典哲学被"看成是法国革命的德国理论"②，苏格兰启蒙思想的影响受到不应有的忽视。在介绍这种影响之前，我们先粗略地了解一下 18 世纪中叶德国启蒙的思想概况。

在德国，如同启蒙时代各国一样，不约而同地在拒斥"形而上学"，用摩西·门德尔松（Moses Mendelssohn）的话说就是"放逐"形而上学，"笛卡儿放逐经院哲学，沃尔夫放逐笛卡儿，对整个哲学的轻蔑最后又放逐沃尔夫……"③ 这种"放逐"在 1754 年沃尔夫去世之后达到高潮，以至于门德尔松与康德都把当时德国的思想状况描绘成无政府状态。门德尔松说，在这种状态中，哲学"这位可怜的贵妇人"（沙夫茨伯里语）"已经被流放出上流社会，贬入学校和大学中……甚至不得不离开这个布满灰尘的角落"。④ 康德在《纯粹理性批判》"第一版序"中也有一段精彩的评论："曾经有一个时候，形而上学被称为一切科学的女王……今天，时代的时髦风气导致她明显地遭到完全的鄙视……最初，形而上学的统治在独断论者的管辖下是专制的。不过，由于这种立法还带有古代野蛮的痕迹，所以它就因为内战而一步步沦为了完全的无政府状态，而怀疑论者类似游牧民族，他们憎恶一切地面上的牢固建筑，便时时来拆散……"⑤ 如何走出这种"无政府状态"，这是德国早期的思想启蒙面临的一个突出问题，尤其是既要防止再度陷入独断论，又要防止滑向怀疑论。而苏格兰的常识哲学被认为是不错的替代方案，备受青睐。⑥

在一部广受好评的专著《苏格兰常识哲学在德国：1768—1800》中，曼弗雷德·库恩把当时德国的思想流派分成五类："柏林启蒙派"

---

① 斯图亚特·布朗主编，《英国哲学和启蒙时代》，高新民等译，北京：中国人民大学出版社，2009，第 357 页。
② 《马克思恩格斯全集》（第 1 卷），1956，第 100 页。
③ 斯图亚特·布朗主编，《英国哲学和启蒙时代》，第 362 页。
④ 同上。
⑤ 康德，《纯粹理性批判》，"第一版序"，第 1—2 页。
⑥ 亚历山大·布罗迪编，《剑桥指南：苏格兰启蒙运动》，第 293 页。

（the "Berlin enlightenment"）、哥廷根常识学派（the "Göttingen common sense school"）、"感觉主义"（the "sensationists"）、"经验批判主义"（the "critical empiricists"）、反启蒙派（the "counter enlightenment"）。[①]这种划分主要是根据对德国传统的沃尔夫主义、英国的经验主义尤其是苏格兰常识哲学学派的不同态度。第一类所谓的"柏林启蒙派"哲学家，其成员包括戈特霍尔德·莱辛（Gotthold Lessing）、摩西·门德尔松、约翰·乔·苏尔泽（Johann Georg Sulzer）和约翰·奥古斯特·爱伯哈德（Johann August Eberhard）等知名学者。该学派秉承日渐式微的德国本土传统，力图使沃尔夫哲学焕发新的生机。第二类"哥廷根派"哲学家，包括约翰·费德（Johann Feder）和克里斯蒂安·迈纳斯（Christian Meiners）等。该学派采取折中主义态度，但更倾向于常识论的观点。第三类哲学家包括迪特里希·替德曼（Dietrich Tiedemann）、卡尔·弗朗茨·冯·欧文（Karl Franz von Irwing）、克里斯蒂安·洛修斯（Christian Lossius）和欧内斯特·普拉纳（Ernest Platner）等人。与"哥廷根派"一样，他们也赞同经验主义的观点，但同时认为，感觉及其生理基础是科学地解读人类本质的关键，因此与"哥廷根派"相比，他们更注重生理学分析；但与此同时，他们并未像爱尔维修、拉美特利、霍尔巴赫等人那样成为唯物主义者。第四类哲学家不乏克里斯蒂安·加夫（Christian Garve）、约翰·海因里希·兰伯特（Johann Heinrich Lambert）、约翰·尼古拉斯－特滕斯（Johann Nicolaus Tetens）等重量级学者，还包括写作《纯粹理性批判》之前的康德。这一类哲学家受到苏格兰的影响最深。第五类哲学家包括那些所谓的"反启蒙派"哲学家，他们是18世纪70年代"狂飙运动"（storm and stress）的积极参与者，否认知识具有理性基础。这些学者，包括约翰·格奥尔·哈曼（Johann Georg Hamann）、约翰·戈特弗里德·赫尔德（Johann Gottfried Herder）和弗里德里希·海因里希·雅可比（Friedrich Heinrich Jacobi）等人，在批判启蒙运动的过程

---

① Manfred Kuehn. Scottish Common Sense in Germany, 1768—1800: a contribution to the history of critical philosophy, Kingston and Montreal: McGill's University Press, 1987, p.40.

中发现了苏格兰哲学的妙用。①

从苏格兰常识哲学中找寻苏格兰启蒙运动对德国启蒙运动的影响是一个新的理论成长点。不过，客观地说，苏格兰的常识哲学与德国启蒙时代的"批判哲学"还是有很大的距离，它主要是批判莱布尼茨－沃尔夫体系的一个理论工具。当"放逐"沃尔夫主义的任务完成之后，常识论的问题也就突显出来了。首先，常识论认为我们对物体的感知是直接的和即刻的，是无须通过任何中间表征来实现的，这就违背了德国悠久的唯心主义传统，尽管很多学者反对怀疑论，但他们却并未准备好为了反对怀疑论而放弃表象论。其次，由于比蒂和奥斯瓦德以常识的名义不加批判地认定了一大批第一原则，因此，如何认定第一原则就成为一个紧要的问题。很多学者并不认同简单地将常识作为第一原则的做法，而坚持认为应该对所谓的第一原则进行理性检视。再次，在哲学上，一直以来都存在着两种理性主义，即后验或实验性的理性主义和先验或形而上学的理性主义。常识学派倾向于将内部感觉与理性区分开来，这就使里德实验方法的缺点充分暴露出来。②

在《未来形而上学导论》中，康德对休谟及其怀疑论给予了高度评价，这篇"导论"依然是我们当下把握德国启蒙思想脉络及其批判主义关怀的最重要的引论。我们最耳熟能详的一句话是："我坦率地承认，就是休谟的提示在很多年以前首先打破了我教条主义的迷梦，并且在我对思辨哲学的研究上给我指出来一个完全不同的方向。"③那么，这个方向是什么呢？康德自己的回答很明确："自从洛克《人类理智论》和莱布尼茨《人类理智新论》出版以来，甚至尽可能追溯到自从有形而上学以来，对于这一科学的命运来说，它所遭受的没有什么能比休谟所给予的打击更为致命。休谟并没有给这一类知识带来什么光明，不过他却打出来一颗火星，如果这颗火星遇到一个易燃的火捻，而这个星星之火又得到小心翼翼的护养并且让它着起来的话，从这个

---

① 亚历山大·布罗迪编，《剑桥指南：苏格兰启蒙运动》，第 294—295 页。
② 亚历山大·布罗迪编，《剑桥指南：苏格兰启蒙运动》，第 294 页。
③ 康德，《未来形而上学导论》，庞景仁译，北京：商务印书馆，1982，第 7—9 页。

火星是能得出光明来的……休谟主要是从形而上学的一个单一的然而是很重要的概念，即因果联结概念出发的。他向理性提出质问，因为理性自以为这个概念是从它内部产生的……休谟无可辩驳地论证说，理性绝不可能先天地并且假借概念来思维这样一种含有必然性的结合。"[①] 简单地说，如何寻找必然性的基础，这是休谟给康德指出的研究方向，即康德在《纯粹理性批判》中着力论证的"先天综合判断如何可能"。这个研究方向其实是德国启蒙各派共有的问题意识。

在收录于斯图亚特·布朗主编的《英国哲学和启蒙时代》的一篇短文《德国启蒙运动与英国哲学》中，曼弗雷德·库恩对此进行了很好的梳理。他写道："门德尔松为他自己（也为其他德国人）提出一个新的问题或任务。他把这个任务构想为（至少首先）把英国的'观察'纳入一种综合性的理论……他认为，必需的是一种关于思想和感觉的普遍理论。这样一种理论将会在理论的、道德的和审美的语境中解释感觉和思想的关系，它将会利用英国的'观察'和德国的（即沃尔夫派的）'解释'。"[②] 门德尔松探求"关于思想和感觉的普遍理论"，在特滕斯那里得到了共鸣。特滕斯相信，即使我们在"依照洛克、休谟、孔狄亚克以及其他人（包括某些德国哲学家）使用的分析法"来规定和描述人类心灵的全部原则时取得成功，我们还会有许多其他工作要做，我们还会不得不继续发展一门关于事物的"普遍理由"的基本科学。[③]

当我们明晰这种德国启蒙之综合"感觉"与"解释"、"观察"与"理性"的思路脉络之后，我们很认同曼弗雷德·库恩的这一研判："实际上，在一种重要意义上，康德的最终理论与他同时代的德国人的反应并没有不同。他也力图提出一种关于思想和感觉的普遍理论。他也希望表明感官的单纯主观的必然性（对英国哲学家来说，它似乎足以谈得上是确定性）能够被表明是客观的。此外，当他试图表明感官知觉以概念为前提时，他也遵从其他德国人的指引。尽管他对感官怎

---

① 康德，《未来形而上学导论》，第5—6页。
② 斯图亚特·布朗主编，《英国哲学和启蒙时代》，第368—369页。
③ 斯图亚特·布朗主编，《英国哲学和启蒙时代》，第370页。

样以概念为前提的说明与他同时代的德国人给予的说明并不相同，然而他的说明在很大程度上归功于他们，他的说明单独并不能把他的立场与他们的立场彻底地区别开来。""人们可以说，康德完成了门德尔松早先设定的任务。（英国的）观察被纳入（德国的）理论。他的《纯粹理性批判》至少就意图而言正是门德尔松努力寻求的、那个时期大多数德国人力图提出的那种关于思想和感觉的普遍理论。但是当《纯粹理性批判》出版时，它却并没有被看作是对那个问题的解决，毋宁说被看作是一个问题本身。"① 确实，康德在一定程度上终结了启蒙运动。因为，"康德的问题"置换了启蒙的问题。

非常有意思的是，康德非常不满于常识论，并对其进行尖锐的批评，这在当时德国启蒙思想界是很罕见的。康德说："休谟得不到任何人的理解。他的论敌里德、奥斯瓦尔德、比蒂，以及后来的普里斯特利等人完全弄错了问题之所在，偏偏把他所怀疑的东西认为是他所赞成的，而反过来，把他心里从来没有想到要怀疑的东西却大张旗鼓地甚至时常是厚颜无耻地加以论证，他们对他的趋向于改革的表示非常漠视，以致一切仍保持旧观，好像什么都没有发生过似的……这位杰出人物的论敌们本来应该深入到理性的性质里边去钻研，因为理性之所司就在于纯思维；然而这对他们说来是不相宜的。他们妄自尊大，不去做任何考察研究，竟发明了一个更为省事的办法，即向良知求救。不错，具有一种正直的良知确是一个伟大的天赋。不过，这种良知是必须用事实，通过慎思熟虑、合乎理性的思想和言论去表现的，而不是在说不出什么道理以自圆其说时用来像祈求神谕那样去求救的……而且，认真看起来，向良知求救就是请群氓来判断，群氓的捧场是哲学家为之脸红，而走江湖的假药骗子却感到光荣而自以为了不起的事情。"② 除后面一句话显露出精英文化论色彩外，前面几个方面对常识论及其与怀疑论之争论的评价还是较客观的。正如我们一再强调的，苏格兰启蒙运动是一个整体，任何个人或学派都代表不了苏格兰启蒙，

---

① 斯图亚特·布朗主编，《英国哲学和启蒙时代》，第371页。
② 康德，《未来形而上学导论》，第7—9页。

更不用说"常识论"了。在论及苏格兰启蒙运动的影响时，我们要克服抬高一方而贬低另一方的错误做法。

"谁"能代表苏格兰启蒙运动？既然这里提到这个问题，那么便简要地回答一下。有的学者就曾感叹过："我们如何来界定苏格兰哲学呢？我们是否应该排除休谟，因为他的怀疑论受到广泛的抵制？我们是否也应该排除亚当·斯密，因为人们总是把他的《国富论》和《道德情操论》分开来看？我们是否应该只关注托马斯·里德、詹姆斯·比蒂和詹姆斯·奥斯瓦德这三位哲学家？"[①] 其实亚历山大·布罗迪在为《剑桥指南：苏格兰启蒙运动》所写的绪论中就给了我们很好的解答："本书关注的另一个焦点是苏格兰启蒙运动所具有的高度社会性。这一时期的思想家们过从甚密——他们经常一起研修理论，指点江山，并组成协会和社团来促进这些讨论和交流。这种高度的社会性是苏格兰启蒙运动的一个重要特点。""……他们在哲学、自然神学、经济学、社会学、法学、历史学、语言学、数学、化学、工程学和地质学等诸多领域做出了杰出的贡献。这些领域看似互不相干，但在苏格兰启蒙运动时期，它们之间的整体性却被再三强调，而这种整体性原则本身就是一个值得严肃探讨的哲学命题。"[②]

---

① 亚历山大·布罗迪编，《剑桥指南：苏格兰启蒙运动》，第 284 页。
② 亚历山大·布罗迪编，《剑桥指南：苏格兰启蒙运动》，"绪论"，第 1—2 页。

11　结语：苏格兰启蒙运动依然重要

　　一个幽灵——启蒙，徘徊在社会科学领域[1]。

——托马斯·奥斯本

　　在要给拙著做"结语"之时，手边安东尼·帕戈登的《启蒙运动：为什么依然重要》把我的注意力再次引向了这样一个相类同的话题：苏格兰启蒙运动为什么依然重要？因而，在"结语"部分，我们就不去对全书的内容做简单的归纳了，而是漫谈这样一个问题。如果要最简单明了的回答，那可以借用贝瑞访谈录中的那句话："小地方"产生了"大智慧"。

11.1　启蒙运动依然重要

　　正如安东尼·帕戈登所指出的："当今世界思想上的分歧很多很多，但其中最为持久，最令人不安，而且日益最能引发争议的分歧是

---

[1]　托马斯·奥斯本，《启蒙面面观：社会理论与真理伦理学》，郑丹丹译，北京：商务印书馆，2007，"导论：论启蒙性"，第12页。

对启蒙运动遗产的争夺。"① 在导论部分我们引用这句话用来说明启蒙运动的"事实"之争，在第三部分我们考察了关于启蒙运动的各种价值上的论争与指责——激进主义、理性主义、极权主义、虚无主义、乌托邦主义、欧洲中心主义、帝国主义、毁灭性的个人主义、男人至上主义，也申辩苏格兰启蒙运动乃至整个启蒙运动本身与这些"坏"主义之间没有直接的瓜葛。现在我们可以反过来说，只要这些"坏"主义还存在，我们就需要不断地再启蒙，我们就需要倍加珍视启蒙运动尤其是苏格兰启蒙运动思想遗产。当然，21 世纪的我们应该会对思想遗产有更好的辨别力。

正如安东尼·帕戈登对启蒙运动所定位的，"启蒙运动"是指欧洲历史上 17 世纪末到 19 世纪初的那段时期，与此前所有的智识变革相比，启蒙运动对现代世界的影响要更为重大而深远。文艺复兴和宗教改革，虽然也以一种不可逆转的方式改变了欧洲的文化，并继而改变了整个基督教社会，但对今天的大多数人来说，那只不过是历史阶段而已。启蒙运动则不然。如果我们认定自己是现代人，如果我们的思考是前瞻性的，如果我们的思维是宽容和开放的，如果让我们感到害怕的不是干细胞研究而是原教旨主义的宗教信仰，那么，我们会认为自己是"受过启蒙了"。而如此思考时，不管亲疏如何，我们实际上在宣称自己是那场特殊的思想和文化运动的继承者。② 这正如我们在上一章所评论的，尽管赫尔曼的《苏格兰人如何发明现代世界》一书有些言过其实，但无疑苏格兰启蒙学者为现代性理念贡献良多，我们还在随后详尽诠释了他们非伦理化的政治、非政治化的经济、非宗教化的伦理、非神秘化的世俗的宗教、新趣味与雅致生活之"各得其所"的现代性。因而，按照安东尼·帕戈登的说法，我们会认为自己是"受过苏格兰启蒙了"，或用赫尔曼的话说，"现代世界的大部分都带有'苏格兰'的性质，只是我们没有注意到而已"③。

---

① 安东尼·帕戈登，《启蒙运动：为什么依然重要》，"序"，第 1 页。
② 安东尼·帕戈登，《启蒙运动：为什么依然重要》，"序"，第 1 页。
③ 阿瑟·赫尔曼，《苏格兰：现代世界文明的起点》，"前言"，第 2 页。

安东尼·帕戈登进一步列举了启蒙运动的贡献及我们受惠于启蒙的诸多方面：启蒙运动已被确认为是一种对进步和人类自我改善能力的信念——虽然还有保留并时有怀疑。启蒙运动被普遍理解为是主张所有人有权由自己而不是由他人来决定自己的命运，主张每个人尽可能地过自己的美好生活。自由、宽容、非教条、世俗化等对政治的现代理解，普遍主义的各种现代形式，从对人类本质上是统一性以及对奴隶制和种族主义的罪恶性的认识，直至"无国界医生组织"背后的人文关怀，都被认为起源于启蒙运动。所有人都享有基本的人权，女性与男性，非洲人与亚洲人，在思想和感觉方式上没有什么不一样，这一尚在缓慢形成中的信念也被普遍认为在思想上起源于启蒙运动。作为一场智识运动，启蒙运动也促使了一些学科的产生——经济学、社会学、人类学、政治学和道德哲学的某些分支。一个总体上世俗的、实验的、个人主义的、进步的现代世界应归功于启蒙运动。① 我们认为，安东尼·帕戈登这段话是对启蒙运动，亦是对苏格兰启蒙运动的思想遗产很好的总结，他著述的《启蒙运动：为什么依然重要》本身就具有明显的苏格兰启蒙的"气质"，该书的章节标题"找回同情""人的科学""伟大的人类社会"等就是苏格兰启蒙运动的核心论题，我们前面分专题解读过。

11.2　苏格兰启蒙运动依然重要

上面这些论述很大程度上是把安东尼·帕戈登对"启蒙运动依然重要"的论辩"拿来"共享，因而，我们还有一个需要进一步回答的问题：有什么特别之处让苏格兰启蒙运动特别重要吗？在前文第2章，我们从否定性的方面，否认了苏格兰启蒙运动具有"激进主义"、理性自负和极权主义、欧洲中心主义和帝国主义等面向。那么苏格兰启蒙运动是一种什么样的"主义"呢？如果非要正面界定的话，那么我们认为苏格兰启蒙是一种发展主义、知识主义、幸福主义的启蒙理论。

---

① 安东尼·帕戈登，《启蒙运动：为什么依然重要》，"序"，第1—2页。

这也是全书想表达的核心理念，尽管不能全面囊括。

11.2.1 发展主义

苏格兰启蒙是一种关于发展主义的启蒙理论。苏格兰启蒙学者的出身、地位、职业、阅历各异，但他们均以"进步"为业，致力于苏格兰社会的"改进"与"文明"。苏格兰启蒙学者在很多问题上有观点分歧，乃至尖锐对立，而且他们本性上也好争善斗[1]，但是他们有一个共同目标、共同的认同，那就是进步与发展；苏格兰启蒙学者经常为自由与秩序、财富与德性、权力与权利、个人与社会等吵吵闹闹，但是他们在价值排序上往往并不犹犹豫豫，发展是最基础性的基石。全书贯穿了这种"发展主义"的基调，这里不再赘述。

11.2.2 知识主义

苏格兰启蒙运动是一种知识主义的启蒙理论。"知识"是全书的核心线索，一大半的篇幅即在介绍苏格兰启蒙运动关于心灵与观念的知识、人性的知识、美德的知识、社会的知识、政治经济学的知识、宗教的知识、科学与艺术的知识等等。"启蒙运动把传播知识当成解决一切社会纠纷的灵丹妙药。如果知识就是力量，使一切人获得知识，使知识成为大家的共同财富，也就意味着把打开人类生存奥秘的钥匙交到人们的手中。钥匙一转，秘密宝库就打开了，一切财富就到手了。"[2]苏格兰启蒙思想家也确实相信，在知识、自由、美德、文雅、幸福之间有一道链索，自信科学文明的时代亦是社会文明的时代、人性与趣味闪耀的时代。

有比较才有区别。我们在前文分析过孔多塞的"进步的链索"，指出孔多塞的"进步之链"不是单一的线串，而是一条五彩斑斓的彩色链索，包括"历史连续性的链索""知识、自由、美德、权利、幸福的链索""个体与人类之间进步的链索"。我们也比较过苏格兰启蒙运

---

[1] 亚历山大·布罗迪编，《剑桥指南：苏格兰启蒙运动》，第 317 页。

[2] 阿尔森·古留加，《康德传》，第 8—9 页。

动的"知识之链"与"孔多塞的进步之链"的"同"与"异"，两者的相同点有：第一，凸显"知识"的力量，反对鼓吹"高尚野蛮"的"原始主义"。第二，推崇知识与自由的链环。第三，最终归宿都是人类的幸福。两者最根本的区别在于对进步的动力机制的理解不同，孔多塞的"进步之链"归根结底是理性之链，而苏格兰启蒙运动的"知识之链"建基于社会的发展。此外，苏格兰启蒙运动也没有弥漫孔多塞那样的浪漫的乐观主义。也就是说，苏格兰启蒙运动的知识主义与发展主义互为表里，而目标都是"幸福主义"。

11.2.3　幸福主义

苏格兰启蒙运动是一种幸福主义的启蒙理论。苏格兰启蒙运动一直传播一种正能量，尤其把精致、文雅、幸福的世俗生活作为思想启蒙的主基调和主旋律。他们不仅正视人的欲望与需求，而且积极为"勤勉""奢侈""文雅""趣味"进行有力的理论辩护与思想启蒙。哈奇森所着力阐发的追求幸福的权利被写进了《独立宣言》，"为最大多数人获得最大幸福的那种行为就是最好的行为"[①]被功利主义者边沁作为最基本的教义，不过哈奇森偏爱的是情感的快乐主义。弗格森更是在《文明社会史论》第一章中用三个章节专门论述了"幸福"[②]。这个论题我们在前文未详细展开，这里做一简单的增补，更何况这关乎幸福主义的立论。

弗格森首先也是感叹道："这个意蕴丰富的词（指"幸福"。——引者注）最经常地出现在我们的交谈中，也是我们最熟悉的一个词，但是，仔细考虑一下，或许它是我们最不了解的一个词。"[③]两百多年过去了，我们今天对"幸福"还是如此这般感叹。那么，什么是幸福呢？弗格森的界定也是很经典的，"幸福用以表达我们的满足感"[④]。但

① 哈奇森，《论美与德性观念的根源》，第 127 页。
② 这三节即《文明社会史论》第一章第七节"幸福"、第八节"续第七节"、第九节"国家的幸福"。
③ 弗格森，《文明社会史论》，第 43 页。
④ 同上。

是弗格森明确反对"把人当作引擎来对待的物质主义者"①，认为"幸福不等于连续不断地一味享受肉体快乐"，"幸福并不是舒舒服服的休息，也不是幻想中的无忧无虑"，"幸福应该是来自追求"。②如果再进一步阐释弗格森的幸福哲学的话，那就是他把共同体的幸福摆在更显著的位置，具有强烈的公民人文主义或者说社群主义的取向，当然我们一再强调要慎用这种"主义"谱系。

在幸福问题上，休谟反而不谈哲学，只是用平实的语言告诫我们：人不仅是一个理性动物，而且是一个社会动物，也是一个活动的动物，混合的生活才是最适宜于人类的，我们不要被这些偏向中的任何一种迷惑，免得使他们不能适合于别的业务和享乐。"你可以尽量爱好科学，但是你必须让你的科学成为人的科学，必须使它对于行为和社会有直接关系。""你如果愿意做哲学家，尽管做好了，但是你在你的全部哲学思维中，仍然要做一个人。"③简而言之，人不是目的，人的幸福才是目的，这是休谟幸福哲学的内核。

长期以来，启蒙总是与"解放""革命"联系在一起，启蒙研究的理论分析话语，正如彼得·盖伊所概括的，"启蒙运动可以用两个词来概括：批判与权力（力量）"。彼得·盖伊解释说，启蒙哲人使用破坏性的批判来为建设清理出场地，因此批判本身也就成为一个创造性角色④。与法国启蒙运动、德国启蒙运动相比较而言，苏格兰启蒙运动更注重的是"生产功能"而非"批判功能"。如果套用彼得·盖伊的言说格式的话，那么苏格兰启蒙运动凸显的就是发展、知识与幸福。如果再加几个关键词，那就是情操、美德与文明。如果不嫌冗长的话，知识、改善、发展、进步、财富、情操、美德、文明等是苏格兰启蒙运动影响后世的主要力量。

总之，苏格兰启蒙运动铺就了知识进步的阶梯，把知识、自

---

① 弗格森，《文明社会史论》，第 50 页。
② 弗格森，《文明社会史论》，第 53 页。
③ 休谟，《人类理解研究》，第 11—12 页。
④ 彼得·盖伊，《启蒙时代：现代异教精神的兴起》，"前言"，第 3 页。

由、美德、文雅等建立在社会进步的基石上，找到了通往幸福生活的锁钥。苏格兰启蒙运动是一场知识主义、发展主义、幸福主义的思想与行动的大启蒙。时至今日，苏格兰启蒙运动依然重要。

参考文献

1 基本文献

1.1 英文版

Ferguson, Adam

An Essay on the History of Civil Society, edited by Fania OZ-Salzberger, Cambridge University Press, 1995.（other eds，北京：中国政法大学出版社，2003，影印本。）

Institutes of Moral Philosophy (1769), 2nd rev. edn. London, 1773. (books.google.com)

Principles of Moral and Political Science, 1792. (books.google.com)

The History of the Progress and Termination of the Roman Republic, 1783. (books.google.com)

Hutcheson, Francis

System of Moral Philosophy, 2 vols, Hildesheim: Olms reprint, 1990. (books.google.com)

Inquiry into the Original of Beauty and Virtue, in The Classical Moralists, edited by Benjamin Rand, London, 1910. (books.google.com)

Hume, David

The Philosophical Works of David Hume (4 volumes), edited by T.H.Green&

T.H.Grose, Scientia Verlag Aalen, 1964. (Volume 1-2. A Treatise of Human Nature, Volume 3-4. Essay On Moral, Political and Literary.)

Political Essays, edited by Knud Haakonssen, Cambridge University Press, 1994. (other eds，北京：中国政法大学出版社，2003，影印本。)

The Letters of David Hume, edited by J. Greig, Clarendon Press, 1932.

Kames, Lord

Historical Law Tracts (1758), 3rd edn, Edinburgh, 1776. (books.google.com)

Essays on the Principles of Morality and Natural Religion (1751), 3rd edn, Edinburgh, 1779. (books.google.com)

Millar, John

The Origin of Distinction of Ranks (1779), 3rd edn, rept. in John Millar of Glasgow, William C. Lehmann, Cambridge: Cambridge University Press, 1960. (books. google.com)

Smith, Adam

The Theory of Moral Sentiments, Beijing: China Social Sciences Publishing House, 1999.

An Inquiry Into The Nature And Causes of The Wealth of Nations, edited by Edwin Cannan, Beijing: China Social Sciences Publishing House, 1999.

Essays on Philosophical Subjects, edited by W.Wightman, Oxford: Oxford University Press, 1980.

Lecture on Justice, Police, Revenue, and Arms, Reported by a student in 1763, edited by Edwin Cannan, The Clarendon Press, Oxford, 1896.

Correspondence of Adam Smith, eds E. Mossner and I. Ross, Indianapolis: Liberty Press, 1987.

Steuart, James. An Inquiry into the Principles of Political Economy, 2 vols, edited by A. Skinner, Chicago: University of Chicago Press, 1966.

1.2　中文版

弗格森

《文明社会史论》，林本椿、王绍祥译，沈阳：辽宁教育出版社，1999。

《道德哲学原理》，孙飞宇、田耕译，上海：上海人民出版社，2005。

哈奇森

《论美与德性观念的根源》，高乐田等译，杭州：浙江大学出版社，2009。

《论激情和感情的本性与表现，以及对道德感官的阐明》，戴茂堂等译，杭州：

浙江大学出版社，2009。

《道德哲学体系》（上、下卷），江畅等译，杭州：浙江大学出版社，2010。

《逻辑学、形而上学和人类的社会本性》，强以华译，杭州：浙江大学出版社，
    2010。

里德

《按常识原理探究人类心灵》，李涤非译，杭州：浙江大学出版社，2009。

《论人的理智能力研究》，李涤非译，杭州：浙江大学出版社，2010。

《论人的行动能力》，丁三东译，杭州：浙江大学出版社，2011。

休谟

《人性论》，关文运译，北京：商务印书馆，1980。

《道德原则研究》，曾晓平译，北京：商务印书馆，2001。

《道德原理探究》，王淑芹译，北京：中国社会科学出版社，1999。

《人类理解研究》，关文运译，北京：商务印书馆，1957。

《休谟政治论文选》，张若衡译，北京：商务印书馆，1993。

《休谟经济论文选》，陈玮译，北京：商务印书馆，1984。

《自然宗教对话录》，陈修斋、曹棉之译，北京：商务印书馆，1962。

《宗教的自然史》，曾晓平译，北京：商务印书馆，2014。

《论道德与文学》，马万利、张正萍译，杭州：浙江大学出版社，2011。

斯密

《道德情操论》，蒋自强等译，北京：商务印书馆，1997。

《道德情操论》，余涌译，北京：中国社会科学出版社，2003。

《国民财富的性质和原因的研究》（上卷），郭大力、王亚南译，北京：商务印
    书馆，1972。

《国民财富的性质和原因的研究》（下卷），郭大力、王亚南译，北京：商务印
    书馆，1974。

《国民财富的性质和原因的研究》（上、下册），杨敬年译，西安：陕西人民出
    版社，2001。

《国富论》，谢祖钧译，长沙：中南大学出版社，2003。

《亚当·斯密关于法律、警察、岁入及军备的演讲》，坎南编著，陈福生、陈振
    骅译，北京：商务印书馆，1962。

《亚当·斯密通信集》，莫斯纳、罗斯编，林国夫等译，北京：商务印书馆，
    1992。

《修辞学和文学讲演录》，石小竹译，北京：商务印书馆，2014。

《亚当·斯密哲学文集》，石小竹、孙明丽译，北京：商务印书馆，2016。

2 研究文献

2.1 英文文献

Allan, D. Virtue, Learning and the Scottish Enlightenment, Edinburgh University Press, 1993.

Barnes, Harry Elmer. Review on Man and Society: the Scottish Inquiry of the Eighteenth Century, The American Historical Review, Vol. 51, No. 3. (Apr., 1946)

Berry, Christopher J. Social Theory of the Scottish Enlightenment, Edinburgh University Press, 1997.

Broadie, Alexander. (ed.), The Scottish Enlightenment, Cambridge University Press, 2003.

Bryson, G. Man and Society: the Scottish Inquiry of the Eighteenth Century, Princeton University Press, 1945.

Campbell, R.H.&A.S.Skinner, The Origins and Nature of the Scottish Enlightenment, Edinburgh: John Donald, 1982.

Campbell, T.D.Francis Hutcheson: "Father" of the Scottish Enlightenment in R.H. Campbell& Skinner A.S. (eds.), The Origins and Nature of the Scottish Enlightenment, Edinburgh, 1982.

Chitnis, A.The Scottish Enlightenment: A Social History, London: Croom Helm, 1976.

Davie, G.E. Anglophobe and Anglophil, Scottish Journal of Political Economy, Vol. XIV. (1967)

Davie, G. E. Berkeley's Impact on Scottish Philosophers, Philosophy, Vol. 40, No. 153. (Jul., 1965)

Davidson, Neil.Origins of Scottish Nationhood, London, 2000.

Forbes, Duncan. Hume's Philosophical Politics, Cambridge University Press, 1975.

Forbes, Duncan. Scientific Whiggism: Adam Smith and John Millar, The Cambridge Journal, 7.

Fleischacker, Samuel. A Third Concept of Liberty: Judgment and Freedom in Kant and Adam Smith, New Jersey: Princeton University Press, 1999.

Foucault, Michel.What Is Enlightenment? (1978), in The Foucault Reader, Paul Rabinow (ed.), 1984. (books.google.com)

Gay, Peter. The Enlightenment: An Interpretation: The Rise of Modern Paganism, New York: A.Knopf, Inc., 1977.

Gay, Peter. The Enlightenment: An Interpretation: The Science of Freedom, New York: A.Knopf, Inc., 1977.

Gelderen&Skinner, Q.Republicanism: A Shared European Heritage (2 volumes), Cambridge: Cambridge University Press, 2002.

Goldsmith, M.M.Regulating Anew the Moral and Political Sentiments of Mankind: Bernard Mandeville and the Scottish Enlightenment, Journal of the History of Ideas, Vol. 49, No. 4. (Oct. -Dec., 1988)

Haakonssen, Knud Natural Law and Moral Philosophy: From Grotius to the Scottish Enlightenment, Cambridge University Press, 1996.

Haakonssen , Knud. The Science of a Legislator, Cambridge University Press, 1981.

Harpham, Edward J. Liberalism, Civic Humanism, and the Case of Adam Smith, The American Political Science Review, Vol. 78, No. 3. (Sep., 1984)

Herman, Arthur. How the Scots Invented the Modern World, New York: NY, 2001.

Hill, Lisa. Eighteenth-Century Anticipations of the Sociology of Conflict: The Case of Adam Ferguson, Journal of the History of Ideas, Vol. 62, No. 2 (Apr., 2001), pp.281-299.

Hont, Istvan. & Ignatieff. Michael (eds), Wealth and Virtue: The Shaping of Political Economy in Scottish Enlightenment, Cambridge University Press, 1983.

Hopfl, M. From Savage to Scotsman: Conjectural History in the Scottish Enlightenment, British Journal of Sociology, Vol. 17, No. 2. (Spring, 1978)

Jones, P. (ed.) The Science of Man in the Scottish Enlightenment : Hume, Reid, and their contemporaries, Edinburgh University Press, 1989.

Jones, P. Philosophy and Science in the Scottish Enlightenment, Edinburgh: John Donald, 1988.

Lehmann, W. Henry Home, Lord Kames and the Scottish Enlightenment, The Hague: Martinus Nijhoff, 1971.

Miller T. Francis Hutcheson and the Civic Humanist Tradition, in A.Hook and R.Sher (eds.), The Glasgow Enlightenment, East Linton: Tuckwell Press, 1995.

Moore James. Hume's Political Science and the Classic Republican Tradition, Canadian Journal of Political Science, 10.

Norbert Waszek, The Scottish Enlightenment and Hegel's Account of "Civil Society", Boston: Kluwer Academic Publishers, 1998.

Pocock, J. G. A. The Machiavellian Moment: Florentine Political Thought and The Atlantic Republican Tradition, Princeton, N.J.: Princeton University Press, 2003.

Pocock, J. G. A. Barbarism and Religion, Cambridge University Press, 1999.

Rendall, Jane. The Origins of the Scottish Enlightenment, New York: St. Martin's Press, 1978.

Robbins, Caroline. The Eighteenth-Century Commonwealthman, Harvard University Press, 1959.

Robertson, J. "Scottish political economy beyond the civic tradition: government and economic development in the Wealth of Nations", History of Political Thought, 4. (1983)

Robertson, J. The Scottish Enlightenment and the Militia Issue, Edinburgh, 1985.

Ross, I. Lord Kames and the Scotland of his Day, Oxford: Clarendon Press, 1972.

Ross, I.The life of Adam Smith, Oxford: Clarendon Press, 1995.

Sakamoto, Tatsuya. and Tanaka, Hideo.The Rise of Political Economy in the Scottish Enlightenment, London: Routledge, 2003.

Scott, William Robert. Francis Hutcheson: His Life, Teaching and Position in the History of Philosophy, Cambridge University Press, 1900.

Sheldon S. Wolin, "Hume and Conservatism", The American Political Science Review, Vol. 48, No. 4. (Dec., 1954)

Sher, R. Church and University in the Scottish Enlightenment: the moderate literati of Edinburgh , Edinburgh University Press, 1985.

Skinner, A. A. System of Social Science: Papers relating to Adam Smith, Oxford University Press, 1979.

Skinner, Quentin. The Foundations of Modern Political Thoughts, 2 volumes, Cambridge University Press, 1978.

Stewart, Dugald. An Account of the life and writings of Thomas Reid, in Thomas Reid's Philosophical Works, With notes and supplementary dissertations by Sir William Hamilton, With an introduction by Harry M. Bracken, Georg Olms verlage, 1983.

Smout, T.C. A History of the Scottish People: 1560–1830, London: Fontana, 1972.

Swingewood, Alan. "Origins of Sociology: The Case of the Scottish Enlightenment", The British Journal of Sociology, Vol. 21, No. 2. (Jun., 1970)

Winch, Donld. Riches and Poverty: An Intellectual History of Political Economy in Britain, 1750–1834, Cambridge University Press, 1996.

Wolin, Sheldon S. Politics and Vision: Continuity and Innovation in Western Political Thought, Princeton University Press, 2004. (1960)

Wood, Paul. (ed.) The Scottish Enlightenment: Essays in Reinterpretation, Rochester University Press, 2000.

Franco Venturi. Utopia and Reform in the Enlightenment, Cambridge University Press, 1971.

Gay, Peter. The Enlightenment: An Interpretation. New York: Knopf, 1977, p.3.

2.2 中文文献（含译著）

阿尔蒙德、鲍威尔，《比较政治学：体系、过程和政策》，曹沛霖等译，上海：上海译文出版社，1987。

阿马蒂亚·森，《伦理学与经济学》，王宇、王文玉译，北京：商务印书馆，2000。

赫希曼，《欲望与利益：资本主义走向胜利前的政治争论》，李新华、朱进东译，上海：上海文艺出版社，2003。

奥克肖特，《哈佛演讲录：近代欧洲的道德与政治》，顾玫译，上海：上海文艺出版社，2003。

欧克肖特，《政治中的理性主义》，张汝伦译，上海：上海译文出版社，2004。

托马斯·奥斯本，《启蒙面面观：社会理论与真理伦理学》，郑丹丹译，北京：商务印书馆，2007。

阿克顿，《自由与权力：阿克顿勋爵论说文集》，侯健、范亚峰译，北京：商务印书馆，2001。

巴里，《正义诸理论》，孙晓春、曹海军译，长春：吉林人民出版社，2004。

包利民，《生命与逻各斯：希腊伦理思想史论》，北京：东方出版社，1996。

包利民、M. 斯戴克豪思，《现代性价值辩证论》，上海：学林出版社，2000。

卡尔·贝克尔，《18 世纪哲学家的天城》，何兆武译，北京：北京大学出版社，2013。

贝尔，《社群主义及其批评者》，李琨译，北京：生活·读书·新知三联书店，2002。

贝瑞，《苏格兰启蒙运动的社会理论》，马庆译，杭州：浙江大学出版社，2013。

毕建宏，《苏格兰启蒙运动中的商业秩序与公民美德》，北京大学硕士学位论文，2006。

卡尔·波兰尼，《大转型：我们时代的政治与经济起源》，冯钢、刘阳译，杭州：浙江人民出版社，2007。

卡尔·博格斯，《政治的终结》，陈家刚译，北京：社会科学文献出版社，2001。

博登海默，《法理学：法律哲学与法律方法》，邓正来等译，北京：中国政法大学出版社，1999。

伯林，《启蒙的时代：十八世纪哲学家》，孙尚扬、杨深译，南京：译林出版社，2005。

约翰·伯瑞，《进步的观念》，范祥涛译，上海：上海三联书店，2005。

亚历山大·布罗迪编，《剑桥指南：苏格兰启蒙运动》，贾宁译，杭州：浙江大学出版社，2009。

陈岱孙，《亚当·斯密思想体系中，同情心和利己主义矛盾的问题》，载《真理的追求》，1990 年第 1 期。

陈弱水，《公共意识与中国文化》，北京：新星出版社，2006。

陈晓曦，《理性、情感与道德区分——兼论苏格兰启蒙运动中情感主义学派的论证及意义》，载《湖南社会科学》，2011 年第 5 期。

丛日云，《西方政治文化传统》，大连：大连出版社，1996。

丛日云，《在上帝与恺撒之间：基督教二元政治观与近代自由主义》，北京：生活·读书·新知三联书店，2003。

大河内一男，《过渡时期的经济思想：亚当·斯密与弗·李斯特》，胡企林、沈佩林译，北京：中国人民大学出版社，2000。

狄德罗主编，《狄德罗的〈百科全书〉》，梁从诫译，广州：花城出版社，2007。

邓正来、J. C. 亚历山大主编，《国家与市民社会》，北京：中央编译出版社，1999。

董小燕，《西方文明：精神与制度的变迁》，上海：学林出版社，2003。

范迪尔门，《欧洲近代生活：宗教、巫术、启蒙运动》，王亚平译，北京：东方出版社，2005。

方朝晖，《市民社会的两个传统及其在现代的汇合》，载《中国社会科学》，1994 年第 5 期。

弗里德曼，《资本主义与自由》，张瑞玉译，北京：商务印书馆，1986。

彼得·盖伊，《启蒙时代：现代异教精神的兴起》，刘北成译，上海：上海人民出版社，2015。

彼得·盖伊，《启蒙时代：自由的科学》，王皖强译，上海：上海人民出版社，2016。

高力克，《斯密与严复：苏格兰启蒙运动在中国》，载《浙江社会科学》，2014

年第 11 期。

高力克，《正义伦理学的兴起与古今伦理转型：以休谟和斯密的正义论为视角》，载《学术月刊》，2012 年第 7 期。

高力克，《严复的伦理观与苏格兰启蒙哲学》，载《哲学研究》，2009 年第 2 期。

高力克，《五四的思想世界》，上海：学林出版社，2003。

高力克，《历史与价值的张力：中国现代化思想史论》，贵阳：贵州人民出版社，1992。

高力克，《求索现代性》，杭州：浙江大学出版社，1999。

高力克，《调适的智慧：杜亚泉思想研究》，杭州：浙江人民出版社，1998。

高一涵，《国家非人生之归宿论》，载《青年杂志》，第一卷第四号。

高全喜，《休谟的政治哲学》，北京：北京大学出版社，2004。

格雷，《自由主义》，曹海军、刘训练译，长春：吉林人民出版社，2005。

阿尔森·古留加，《康德传》，贾泽林等译，北京：商务印书馆，1981。

顾肃，《自由主义的基本理念》，北京：中央编译出版社，2003。

郭博文，《弗格森社会哲学述论》，载《人文及社会科学集刊》，第九卷第一期。

贡斯当，《古代人的自由与现代人的自由》，阎克文、刘满贵译，上海：上海世纪出版集团，2003。

哈孔森，《自然法与道德哲学：从格老秀斯到苏格兰启蒙运动》，马庆、刘科译，杭州：浙江大学出版社，2010。

哈孔森，《立法者的科学：大卫·休谟与亚当·斯密的自然法理学》，赵立岩译，杭州：浙江大学出版社，2010。

哈耶克，《法律、立法与自由》，邓正来等译，北京：中国大百科全书出版社，2000。

哈耶克，《哈耶克论文集》，邓正来译，北京：首都经济贸易大学出版社，2001。

哈耶克，《经济、科学与政治：哈耶克思想精粹》，冯克利译，南京：江苏人民出版社，2000。

哈耶克，《自由秩序原理》，邓正来译，北京：生活·读书·新知三联书店，1997。

哈耶克，《个人主义与经济秩序》，贾湛等译，北京：北京经济学院出版社，1989。

汉密尔顿、杰伊、麦迪逊著，《联邦党人文集》，程逢如、在汉、舒逊译，北京：商务印书馆，1980。

汉普生，《启蒙运动》，李丰斌译，台北：联经出版社，1984。

黑格尔，《法哲学原理》，范扬、张企泰译，北京：商务印书馆，1961。

黑格尔，《哲学史讲演录》（第4卷），贺麟、王太庆译，北京：商务印书馆，1978。

伊什特万·洪特、米凯尔·伊格纳季耶夫编，《财富与德性：苏格兰启蒙运动中政治经济学的发展》，李大军等译，杭州：浙江大学出版社，2013。

霍布斯，《利维坦》，黎思复、黎廷弼译，北京：商务印书馆，1985。

霍布斯，《论公民》，应星、冯克利译，贵阳：贵州人民出版社，2003。

阿瑟·赫尔曼，《苏格兰：现代世界文明的起点》，启蒙编译所译，上海：上海社会科学院出版社，2016。

贾旭东，《利己与利他："亚当·斯密问题"的人学解析》，北京：北京师范大学出版社，2002。

基恩，《市民社会：旧形象，新观察》，王令愉、魏国琳译，上海：上海远东出版社，2006。

威尔·金里卡，《当代政治哲学》，刘莘译，上海：上海三联书店，2004。

康德，《历史理性批判文集》，何兆武译，北京：商务印书馆，1990。

康德，《未来形而上学导论》，庞景仁译，北京：商务印书馆，1982。

康德，《纯粹理性批判》，邓晓芒译，北京：人民出版社，2004。

康芒斯，《制度经济学》（上册），于树生译，北京：商务印书馆，1962。

卡西尔，《启蒙哲学》，顾伟铭等译，济南：山东人民出版社，2007。

克罗波西，《国体与经体：对亚当·斯密原理的进一步思考》，邓文正译，上海：上海人民出版社，2005。

琳达·科利，《英国人：国家的形成，1707—1837年》，周玉鹏、刘耀辉译，北京：商务印书馆，2017。

孔多塞，《人类精神进步史表纲要》，何兆武、何冰译，北京：北京大学出版社，2013。

亨利希·库诺，《马克思的历史、社会和国家学说：马克思的社会学的基本要点》，袁志英译，北京：商务印书馆，1988。

赖尔、威尔逊，《启蒙运动百科全书》，刘北成、王皖强编译，上海：上海人民出版社，2004。

拉波希尔，《亚当·斯密》，李燕晴、汪希宁译，北京：中国社会科学出版社，1990。

迈克尔·莱斯诺夫等著，《社会契约论》，刘训练等译，南京：江苏人民出版社，2005。

约翰·雷，《亚当·斯密传》，胡企林、陈应年译，北京：商务印书馆，1983。

李家莲，《道德的情感之源：弗兰西斯·哈奇森道德情感思想研究》，杭州：浙江大学出版社，2012。

李非，《富与德：亚当·斯密的无形之手》，天津：天津人民出版社，2001。

李丽颖，《英格兰、苏格兰合并过程中的宗教问题》，载《世界宗教研究》，
　　2011 年第 2 期。

李虹、项松林，《道德的民主化启蒙：以苏格兰启蒙运动为中心的考察》，载
　　《学术界》，2012 年第 5 期。

李虹、项松林，《在洛克、孟德斯鸠与黑格尔之间——苏格兰启蒙思想家论市
　　民社会与国家》，载《湖南师范大学社会科学学报》，2012 年第 3 期。

李勇主著，《启蒙时期苏格兰历史学派》，上海：上海三联书店，2017。

林毓生，《从苏格兰启蒙运动谈起》，载《读书》，1993 年第 1 期。

李强，《自由主义》，北京：中国社会科学出版社，1998。

李雪丽，《苏格兰启蒙运动概论》，载《湘潭大学学报》，2005 年增刊 2 期。

刘军宁，《保守主义》，北京：中国社会科学出版社，1998。

刘小枫、陈少明主编，《卢梭的苏格拉底主义》，北京：华夏出版社，2005。

刘晓霞、刘海霞，《论苏格兰启蒙运动时期的宗教世俗化——以休·布莱尔的
　　宗教思想为中心》，载《学术交流》，2015 年第 3 期。

卢克斯，《个人主义》，阎克文译，南京：江苏人民出版社，2001。

卢梭，《论科学与艺术》，何兆武译，北京：商务印书馆，1963。

卢梭，《论人类不平等的起源和基础》，李常山译，北京：商务印书馆，1962。

卢梭，《社会契约论》，何兆武译，北京：商务印书馆，2003。

卢梭，《论政治经济学》，王运成译，北京：商务印书馆，1962。

洛克，《人类理解论》（上册），关文运译，北京：商务印书馆，1959。

洛克，《政府论》（下篇），叶启芳、瞿菊农译，北京：商务印书馆，1964。

罗宾斯，《过去和现在的政治经济学——对经济政策中主要理论的考察》，陈尚
　　霖、王春育译，北京：商务印书馆，1997。

罗尔斯，《政治自由主义》，万俊人译，南京：译林出版社，2006。

罗尔斯，《正义论》，何怀宏等译，北京：中国社会科学出版社，1988。

罗桑瓦隆，《乌托邦资本主义——市场观念史》，杨祖功等译，北京：社会科学
　　文献出版社，2004。

艾玛·罗斯柴尔德，《经济情操论：亚当·斯密、孔多塞与启蒙运动》，赵劲
　　松、别曼译，北京：社会科学文献出版社，2013。

罗国杰、宋希仁，《西方伦理思想史》（下卷），北京：中国人民大学出版社，
　　1988。

罗卫东，《情感、秩序、美德——亚当·斯密的伦理学世界》，北京：中国人民

大学出版社，2006。

中共中央马克思恩格斯列宁斯大林著作编译局，《马克思恩格斯选集》第1—4卷，北京：人民出版社，1995。

中共中央马克思恩格斯列宁斯大林著作编译局，《马克思恩格斯全集》（第1卷），北京：人民出版社，1956。

中共中央马克思恩格斯列宁斯大林著作编译局，《马克思恩格斯全集》（第13卷），北京：人民出版社，1962。

中共中央马克思恩格斯列宁斯大林著作编译局，《马克思恩格斯全集》（第25卷），北京：人民出版社，1974。

中共中央马克思恩格斯列宁斯大林著作编译局，《马克思恩格斯全集》（第26卷），北京：人民出版社，1973。

麦金太尔，《谁之正义？何种合理性？》，万俊人等译，北京：当代中国出版社，1996。

麦金太尔，《追寻美德》，宋继杰译，南京：译林出版社，2003。

麦金太尔，《德性之后》，龚群译，北京：中国社会科学出版社，1995。

麦金太尔，《三种对立的道德探究观》，万俊人等译，北京：中国社会科学出版社，1999。

麦克里兰，《西方政治思想史》，彭淮栋译，海口：海南出版社，2003。

曼德维尔，《蜜蜂的寓言》，肖聿译，北京：中国社会科学出版社，2002。

孟德斯鸠，《论法的精神》（上），张雁深译，北京：商务印书馆，1961。

孟德斯鸠，《论法的精神》（下），张雁深译，北京：商务印书馆，1963。

孟建伟、郝苑，《苏格兰启蒙运动与科学》，载《自然辩证法通讯》，2012年第1期。

密尔，《论自由》，许宝骙译，北京：商务印书馆，2006（1998）。

米勒、波格丹诺主编，《布莱克维尔政治学百科全书》，北京：中国政法大学出版社，2002。

宁军明，《路径依赖、路径创造与中国的经济体制转轨》，载《学术月刊》，2006年第4期。

皮特·纽曼主编，《新帕尔格雷夫法经济学大辞典》（第三卷），许明月等译，北京：法律出版社，2002。

潘恩，《潘恩选集》，马清槐等译，北京：商务印书馆，1981。

安东尼·帕戈登，《启蒙运动：为什么依然重要》，王丽慧等译，上海：上海交通大学出版社，2017。

菲利普·佩迪特，《共和主义：一种关于自由与政府的理论》，刘训练译，南京：江苏人民出版社，2005。

任裕海，《苏格兰启蒙思想与美国宪政生成关系简论》，载《学海》，2012 年第 3 期。

萨托利，《民主新论》，冯克利译，北京：东方出版社，1998。

萨拜因，《政治学说史》（上），盛葵阳、崔妙因译，北京：商务印书馆，1986。

拉齐恩·萨丽等著，《哈耶克与古典自由主义》，秋风译，贵阳：贵州人民出版社，2002。

石元康，《从中国文化到现代性：典范转移？》，北京：生活·读书·新知三联书店，2000。

石元康，《当代西方自由主义理论》，上海：上海三联书店，2000。

石元康，《罗尔斯》，桂林：广西师范大学出版社，2004。

劳埃德·斯宾塞（文），安杰伊·克劳泽（图），理查德·阿皮尼亚内西（编），《启蒙运动》，盛韵译，北京：生活·读书·新知三联书店，2016。

昆廷·斯金纳，《现代政治思想的基础》，段胜武等译，北京：求实出版社，1989。

施特劳斯，《霍布斯的政治哲学》，申彤译，南京：译林出版社，2001。

施特劳斯，《自然权利与历史》，彭刚译，北京：生活·读书·新知三联书店，2006。

施特劳斯、克罗波西主编，《政治哲学史》（上、下册），李天然等译，石家庄：河北人民出版社，1993。

巴里·斯特德，《休谟》，周晓亮、刘建荣译，济南：山东人民出版社，1992。

杜格尔德·斯图尔特，《亚当·斯密的生平和著作》，蒋自强等译，北京：商务印书馆，1983。

斯温杰伍德，《社会学思想简史》，陈玮、冯克利译，北京：社会科学文献出版社，1988。

孙于惠，《麦迪逊宪政思想与苏格兰启蒙思想》，浙江大学 2011 年硕士学位论文。

唐士其，《西方政治思想史》，北京：北京大学出版社，2002。

查尔斯·泰勒，《自我的根源》，韩震等译，南京：译林出版社，2001。

查尔斯·泰勒，《现代性之隐忧》，程炼译，北京：中央编译出版社，2001。

布赖恩·特纳编，《公民身份与社会理论》，郭忠华、蒋红军译，长春：吉林出版集团有限责任公司，2007。

马克斯·韦伯，《新教伦理与资本主义精神》，彭强、黄晓京译，西安：陕西师范大学出版社，2002。

马克斯·韦伯，《学术与政治》，冯克利译，北京：生活·读书·新知三联书店，2005（1998）。

沃特金斯，《西方政治传统》，黄辉、杨健译，长春：吉林人民出版社，2001。

万俊人，《"德性伦理"与"规范伦理"之间和之外》，载《神州学人》，1995年第 12 期。

王超，《奢侈概念的现代性诠释——苏格兰启蒙时代的奢侈思想研究》，载《山东理工大学学报》，2012 年第 6 期。

王超，《苏格兰启蒙运动与现代性关系初探》，载《求是学刊》，2010 年第 4 期。

帕特里夏·沃哈恩，《亚当·斯密及其留给现代资本主义的遗产》，夏镇平译，上海：上海译文出版社，2006。

西季威克，《伦理学史纲》，熊敏译，南京：江苏人民出版社，2008。

熊彼特，《经济分析史》（第一卷），朱泱等译，北京：商务印书馆，1991。

徐大同主编，《西方政治思想史》，天津：天津教育出版社，2000。

许纪霖、宋宏编，《史华慈论中国》，北京：新星出版社，2006。

徐鹤森，《试论苏格兰启蒙运动》，载《杭州师范学院学报》，2005 年第 6 期。

斯图亚特·布朗主编，《英国哲学和启蒙时代》，高新民等译，北京：中国人民大学出版社，2009。

格特鲁德·希梅尔法布，《现代性之路：英法美启蒙运动之比较》，齐安儒译，上海：复旦大学出版社，2011。

项松林、李虹，《18 世纪启蒙运动比较研究：意义、进展和思路》，载《理论探索》，2015 年第 3 期。

项松林、李虹，《西方政治伦理思想的历史流变及其启示》，载《伦理学研究》，2006 年第 5 期。

项松林，《卢梭、弗格森社会思想之比较研究》，载《理论探索》，2014 年第 3 期。

项松林，《启蒙理想与现代性——以苏格兰启蒙运动为中心的考察》，载《贵州社会科学》，2013 年第 4 期。

项松林，《市民社会的思想先驱：弗格森的启蒙思想探究》，载《湖南师范大学社会科学学报》，2013 年第 4 期。

项松林，《苏格兰启蒙运动对古典政治经济学创建的意义及启示》，载《经济纵横》，2013 年第 7 期。

项松林，《苏格兰启蒙运动的思想主题：市民社会的启蒙》，载《同济大学学报（社会科学版）》，2011 年第 2 期。

项松林，《市民社会的德性之维：以苏格兰启蒙运动为中心的考察》，载《伦理学研究》，2010 年第 5 期。

项松林，《苏格兰启蒙运动的历史、思想及其现实意义探析》，载《浙江社会科学》，2009 年第 11 期。

项松林，《卢梭：现代形式的社会宗教之父》，载《宗教学研究》，2009 年第 3 期。

项松林，《苏格兰启蒙思想家的市民社会理论研究》，浙江大学 2009 年博士学位论文。

项松林，《苏格兰启蒙思想家的社会哲学探究》，载《西南交通大学学报》，2012 年第 4 期。

项松林，《苏格兰启蒙学者的政治思想探究》，载《武汉科技大学学报》，2012 年第 2 期。

项松林，《休谟、斯密论政治权威与政治义务》，载《西南交通大学学报》，2011 年第 6 期。

项松林，《英国古典政治经济学视域中的市民社会与商业文明》，载《中南大学学报》，2011 年第 4 期。

项松林，《生活史视野下的苏格兰启蒙运动》，载《中南大学学报》，2010 年第 4 期。

项松林，《寻求秩序与意义——卢梭的社会伦理思想论析》，载《中南大学学报》，2008 年第 5 期。

项松林，《苏格兰启蒙学者扬弃理性主义自负》，载《中国社会科学报》，2013-9-23。

项松林，《理解弗格森：市民社会政治学的先驱者》，载《中国社会科学报》，2011-8-18。

理查德·B. 谢尔，《启蒙与出版：苏格兰作家和 18 世纪英国、爱尔兰、美国的出版商》，启蒙编译所译，上海：复旦大学出版社，2012。

亚里士多德，《政治学》，吴寿彭译，北京：商务印书馆，1965。

亚里士多德，《尼各马可伦理学》，廖申白译注，北京：商务印书馆，2003。

雅诺斯基，《公民与文明社会》，柯雄译，沈阳：辽宁教育出版社，2000。

严存生，《法律与自由》，天津：南开大学出版社，1987。

杨芳，《"商业社会"的建构——亚当·斯密启蒙思想研究》，华东师范大学博士学位论文，2007。

应奇、刘训练编，《公民共和主义》，北京：东方出版社，2006。

应奇、刘训练编，《第三种自由》，北京：东方出版社，2006。

应奇，《从自由主义到后自由主义》，北京：生活·读书·新知三联书店，2003。

伊特韦尔等编，《新帕尔格雷夫经济学大辞典》，北京：经济科学出版社，1992。

郁建兴等，《政治学导论》，杭州：浙江大学出版社，2003。

于海,《西方社会思想史》,上海:复旦大学出版社,2004。

臧峰宇,《苏格兰启蒙运动与青年马克思的市民社会理论》,载《天津社会科学》,2014 年第 2 期。

翟宇,《论苏格兰启蒙思想家弗格森的政治思想》,吉林大学硕士学位论文,2007。

翟宇,《苏格兰启蒙运动的兴起》,载《贵州社会科学》,2009 年第 10 期。

张灏,《幽暗意识与民主传统》,北京:新星出版社,2006。

张灏,《危机中的中国知识分子:寻求秩序与意义》,高力克、王跃译,北京:新星出版社,2006。

张凤阳等,《政治哲学关键词》,南京:江苏人民出版社,2006。

张晓梅,《托马斯·里德常识哲学研究》,上海:上海人民出版社,2007。

张翼飞、张国清,《苏格兰启蒙运动和建构公民社会的渐进路径》,载《江苏行政学院学报》,2012 年第 6 期。

张正萍,《情感正义论:从诗性正义回到苏格兰启蒙》,载《浙江大学学报》,2014 年第 3 期。

周辅成编,《西方伦理学名著选辑》(上卷),北京:商务印书馆,1987。

周保巍,《苏格兰启蒙运动中的"道德原则"与"社会变迁"——以"勤勉"观念为个案的研究》,载《浙江学刊》,2008 年第 3 期。

周保巍,《"自由主义"的自由与"共和主义"的自由——苏格兰启蒙运动中的观念冲突》,载《华东师范大学学报》,2006 年第 1 期。

周保巍,《走向文明——苏格兰启蒙运动中的"历史叙事"与"民族认同"》,载《浙江学刊》,2007 年第 3 期。

周保巍,《走向"文明"——休谟启蒙思想研究》,华东师范大学博士学位论文,2004。

周晓亮,《休谟哲学研究》,北京:人民出版社,1999。

附录　苏格兰启蒙运动大事年表 *

1620	培根《新工具》
1624	培根《新大西岛》
1625	格老秀斯《战争与和平法》
	詹姆斯一世（苏格兰的詹姆斯六世）去世，查理一世继位（在位时间：1625—1649）
1632—1704	洛克
1632—1677	斯宾诺莎
1637	笛卡儿《方法谈》

---

* 主要参考了：（1）亚历山大·布罗迪编的《剑桥指南：苏格兰启蒙运动》一书中的"苏格兰启蒙运动大事年表"。英文版有几处错误，中文译本又添了几个笔误。参见：Broadie ed. The Scottish Enlightenment, Cambridge University Press, 2003, "Chronology of events relating to the Scottish Enlightenment", pxii–pxvi。（2）斯图亚特·布朗主编的《英国哲学和启蒙时代》"历史年表"，该年表时间跨度为 1620 至 1800 年，涉及"政治与宗教""艺术""科学和技术""哲学"四大板块，我们主要参考了其中的"哲学"方面。参见：斯图亚特·布朗主编，《英国哲学和启蒙时代》，"历史年表"，第 8—35 页。（3）理查德·B. 谢尔的《启蒙与出版：苏格兰作家和 18 世纪英国、爱尔兰、美国的出版商》"表一：苏格兰启蒙运动作家，1746—1800""表二：苏格兰启蒙运动作家在英国、爱尔兰、美国的第一版"。参见：理查德·B. 谢尔的《启蒙与出版：苏格兰作家和 18 世纪英国、爱尔兰、美国的出版商》，第 666—672 及 673—712 页。

1638—1715	马勒伯朗士
1639	苏格兰第一次主教战争
1640	苏格兰第二次主教战争
1641	笛卡儿《第一哲学沉思集》
1642—1727	牛顿
1642	霍布斯《论公民》
1642—1646	英国内战爆发
1644	笛卡儿《哲学原理》
	伽桑狄《形而上学的诘难》
1645	格老秀斯去世（1583—1645）
	切尔伯里的赫伯特《论错误的原因》
1646—1716	莱布尼茨
1647	第二次英国内战（1647—1648）
1647—1706	培尔
1649	查理一世上了断头台，苏格兰宣布查理二世为国王
	克伦威尔入侵苏格兰
1650	笛卡儿去世（1596—1650）
1651	霍布斯《利维坦》
1653	克伦威尔成为护国主
1655	霍布斯《论物体》
	伽桑狄去世（1592—1655）
1656	哈林顿《大洋国》
1658	伽桑狄《逻辑原理》
	霍布斯《论人》
1662	英国皇家学会成立
1665	牛顿发现微积分学
1670	斯宾诺莎《神学政治论》
1670—1733	曼德维尔
1671—1713	沙夫茨伯里第三伯爵
1672	普芬道夫《论自然和国家的法则》
1674	莱布尼茨独立发现微积分
1674—1675	马勒伯朗士《探求真理》
1677	斯宾诺莎《伦理学》（去世后出版）
1678	卡德沃思《宇宙的真实的理智系统》

1679	霍布斯去世（1588—1679）
1679—1754	沃尔夫
1680	马勒伯朗士《论自然和神恩》
1681	斯太尔爵士《苏格兰法律制度》
1684—1758	艾伦·拉姆齐（诗人）
1684	莱布尼茨《关于知识、真理和思想的沉思》
	马勒伯朗士《论道德》
1685—1689	詹姆斯二世（苏格兰詹姆斯七世）统治
1685—1753	贝克莱
1687	牛顿《自然哲学的数学原理》
1688	马勒伯朗士《关于形而上学和宗教的对话》
	英国"光荣革命"，詹姆斯二世逃亡法国
1689	《权利法案》
	威廉与玛丽登基
	路易十四对英国宣战
1690	洛克《人类理解论》与《政府论》
1694—1746	哈奇森
1695—1748	卡诺克的约翰·厄尔斯金
1696—1782	亨利·霍姆（1752年进入高等法院，凯姆斯爵士）
1697	培尔《历史与批判辞典》
1698—1746	柯林·麦克劳林
1698—1748	乔治·特恩布尔
1701—1751	托马斯·布莱克维尔
1702	威廉三世去世，安妮女王继位（统治时期：1702—1714）
1704	牛顿《光学》
	克拉克《论神的存在和属性》
1705—1729	曼德维尔《蜜蜂的寓言》
1707	英格兰、苏格兰《联合法案》
1710—1796	托马斯·里德
1710	贝克莱主教《人类知识原理》
	哈奇森在格拉斯哥大学入学
1710—1790	威廉·卡伦
1711—1776	大卫·休谟
1711	沙夫茨伯里《论特质》

1711	约翰·艾迪生与理查德·斯梯尔创办《旁观者》
1712—1778	卢梭
1713—1784	艾伦·拉姆齐（画家）
1713—1780	詹姆斯·斯图亚特
1713—1784	狄德罗
1713	沃尔夫《关于人类理解力的理性思考》
1714—1727	乔治一世统治
1714	莱布尼茨《单子论》
1714—1762	鲍姆加登
1715	詹姆斯党人叛乱
1718	卡迈克尔注释普芬道夫的《人与公民的职责》
1718—1800	休·布莱尔
1719—1796	乔治·坎贝尔
1721—1793	罗伯逊
1721—1771	托比亚斯·斯摩莱特
1722	里德进入阿伯丁的马修学院
1723—1790	亚当·斯密
1723—1816	亚当·弗格森
1723	休谟进入爱丁堡大学
1724—1804	康德
1725	哈奇森《论美与德性观念的根源》
	麦克劳林，爱丁堡大学数学教授
1725—1726	哈奇森《笑的反思》与《蜜蜂的寓言的评注》
1726—1797	詹姆斯·赫顿
1728	哈奇森《论激情和感情的本性与表现，以及对道德感官的阐明》
1728—1792	罗伯特·亚当
1728—1799	约瑟夫·布莱克
1729	格拉斯哥大学道德哲学教授卡迈克尔逝世
	哈奇森，格拉斯哥大学教授，1730 年任道德哲学教授
1729—1797	埃德蒙·柏克
1729—1786	摩西·门德尔松
1730—1794	詹姆斯·亚当
1733—1817	门罗第二

1735—1801	约翰·米勒
1736—1819	詹姆斯·瓦特
1737	爱丁堡哲学协会
1738	伏尔泰《牛顿哲学原理》
1737—1794	吉本
1739—1740	休谟《人性论》
1740	乔治·特恩布尔《古代绘画研究》和《道德哲学与基督教哲学原理》
1740—1795	威廉·斯梅利
1740—1795	詹姆斯·鲍斯威尔
1741—1809	亚历山大·亚当
1743—1786	吉尔伯特·斯图亚特
1743—1819	雅可比
1743	伏尔泰《哲学通信》
1745—1746	詹姆斯党人在查尔斯王子的带领下叛乱
1747	威廉·卡伦，格拉斯哥大学化学教授
1748	休谟《人类理解哲学文集》（后改名为《人类理解研究》） 柯林·麦克劳林《牛顿爵士之哲学发现》 里德的《韵律学（Quantity）论文集》，载《皇家学会哲学会刊》 孟德斯鸠《论法的精神》
1749	布封《自然史》（第一卷） 狄德罗《论盲人书信集》
1750	鲍姆加登《美学》（第一卷） 卢梭《论科学与艺术》 拉美特利《论快乐》 杜尔哥《人类心智发展的哲学全景》
1751	斯密，格拉斯哥大学逻辑学与修辞学教授，1752年任道德哲学教授 里德，阿伯丁学院 休谟《人类道德原则研究》 达朗贝尔《百科全书》（绪论）
1752—1757	休谟，爱丁堡律师图书馆管理员
1752	格拉斯哥文学社成立
1753—1828	杜格尔德·斯图尔特

1754—1762	休谟《英国史》
1754	精英协会成立
1755	哈奇森《道德哲学体系》
	卢梭《论人类不平等的起源和基础》
	孔狄亚克《动物论》与《上帝存在论》
1757	休谟《宗教的自然史》
	柏克《关于崇高与美的观念的根源的哲学探讨》
1758	阿伯丁哲学学会，又称"智者俱乐部"
	爱尔维修《论精神》
1759—1796	罗伯特·彭斯
1759	亚当·斯密《道德情操论》
	威廉·罗伯逊《苏格兰史》
	吉拉德《品味论》
1761	约翰·米勒，格拉斯哥大学民法教授
1762	卢梭《社会契约论》和《爱弥儿》
	乔治·坎贝尔《神迹论》
	休·布莱尔，爱丁堡大学修辞学与文学教授
1763	坎贝尔《论神迹》
	门德尔松《哲学对话》
1764	里德《按常识原理探究人类心灵》
	里德，格拉斯哥大学道德哲学教授
	亚当·弗格森，爱丁堡大学气体力学与道德哲学教授
	伏尔泰《哲学辞典》
	门德尔松《论形而上学科学的证明》
1767	亚当·弗格森《文明社会史论》
	詹姆斯·斯图亚特《政治经济学原理》
1768—1771	威廉·斯梅利编辑，《不列颠百科全书》（第一版）出版
1770	霍尔巴赫《自然的体系》
1771	约翰·米勒《等级制的起源》（1779 年出版修订版）
1771—1832	沃尔特·司各特
1773	卡诺克的约翰·厄尔斯金《苏格兰法律制度》
1774	凯姆斯勋爵《人类历史札记》
1776	亚当·斯密《国富论》
	乔治·坎贝尔《修辞哲学》

1776	美国《独立宣言》
1776—1788	吉本《罗马帝国衰亡史》
1779	休谟《自然宗教对话录》
1780	詹姆斯·邓巴《愚昧与文明时期人类历史文集》
1781	康德《纯粹理性批判》（第一版、第二版，1787）
1783	爱丁堡皇家学会成立
1785	里德《论人的理智能力》
	康德《实践理性批判》
1786	门德尔松《致莱辛的朋友》
1787	赫尔德《上帝：对话》
	雅可比《大卫·休谟论信仰》
	麦迪逊、汉密尔顿与约翰·杰伊，《联邦党人文集》
1788	里德《论人的行动能力》
1789	法国大革命
	边沁《道德和立法原理导论》
1790	柏克《对法国大革命的反思》
	威廉·斯梅利《自然历史哲学》（第一卷）；1799 年，第二卷
	康德《判断力批判》
1790—1793	贝蒂《道德科学原理》
1791—1799	约翰·辛克莱《苏格兰统计报告》
1792	亚当·弗格森《道德与政治科学原理》
	斯图尔特《人类心灵的哲学原理》
1793	康德《单纯理性限度内的宗教》
	斯图尔特《道德哲学概要》
1794—1799	费希特《全部知识论的基础》
1795	詹姆斯·赫顿，地球理论
	亚当·斯密《哲学论文集》